Alessandro Barbero

Waterloo

Traduit de l'italien
par Elizabeth Auster

Champs histoire

Titre original : *La battaglia. Storia di Waterloo*,

ISBN : 978-2-0812-1310-4

L'histoire d'une bataille, c'est un peu comme celle d'un bal. Certains peuvent se souvenir de tous les petits faits dont le grand résultat est la bataille gagnée ou perdue, mais personne ne peut se souvenir de l'ordre et du moment exact où ils sont advenus, et c'est précisément cela qui fait toute la différence.

Je m'oppose à toute intention d'écrire une histoire de la bataille de Waterloo. Car si l'on en écrit la véritable histoire, qu'adviendra-t-il de la réputation de moitié de ceux qui s'en acquirent une et qui la méritèrent par leur courage, mais qui ne s'en tireraient peut-être pas aussi bien si leurs erreurs étaient rendues publiques ?

Laissez tomber avec la bataille de Waterloo.

Wellington

Prologue

Dans l'après-midi du 1er mars 1815, une flottille composée d'un navire de guerre et de six petites embarcations jeta l'ancre au large d'Antibes, en vue de ce qui constitue aujourd'hui l'une des villégiatures les plus luxueuses de la Côte d'Azur et n'était alors que de misérables villages de pêcheurs agrippés à un territoire inhospitalier. Les bateaux à peine ancrés, leurs chaloupes étaient mises à l'eau et des escadrons de soldats commençaient à débarquer, sous les yeux ébahis du fonctionnaire des douanes accouru pour contester la régularité de l'abordage. Les premiers soldats qui touchèrent terre allèrent frapper au fort d'Antibes, et y furent promptement arrêtés. Mais les chaloupes continuaient à en transporter d'autres, jusqu'à ce qu'il y eût sur la plage plus d'un millier de grenadiers, deux canons et même un escadron de lanciers qui parlaient polonais entre eux. Finalement, vers le soir, le maître de tous ces gens descendit en personne à terre par une passerelle improvisée que soutenaient pour lui ses hommes, entrés dans l'eau jusqu'à la taille, et un officier fut dépêché au commandant du fort afin de lui notifier que l'empereur, après dix mois d'exil à l'île d'Elbe, avait regagné la France pour y reprendre possession de son trône.

La nouvelle du retour de Napoléon était si extraordinaire que, même en ce temps qui ignorait encore les médias, elle fit en quelques jours le tour du continent, suscitant partout consternation ou enthousiasme. L'Europe avait réellement cru terminées les guerres napoléoniennes et, avec elles, la Révolution qui avait incendié le monde pendant vingt-cinq ans. Les rois avaient repris possession de leur trône, les armées avaient été démobilisées et la conscription obligatoire abolie ; une classe politique cosmopolite et satisfaite d'elle-même s'apprêtait à gérer tranquillement une longue paix. Le fait que Napoléon fût encore vivant, en exil sur une île, quelque part dans la Méditerranée, était certes ennuyeux, mais l'on s'efforçait de le refouler : quand le duc de Wellington annonça au Congrès de Vienne que l'exilé s'était enfui d'Elbe et avait débarqué en France, les délégués éclatèrent de rire, croyant à une plaisanterie. Quelques jours suffirent à leur faire changer d'opinion : le 13 mars, le Congrès publia une résolution, formulée dans le français diplomatique de l'époque, où il déclarait Napoléon hors la loi, sujet à la « vindicte publique ». Après quoi le Parlement anglais et les chancelleries de la moitié de l'Europe commencèrent à discuter pour établir si, sur la base de cette formule, tout homme pouvait le tuer impunément ou s'il fallait au contraire l'arrêter et le faire comparaître en procès.

Le 20 mars, l'empereur entrait pour sa part triomphalement dans Paris, d'où il envoya des lettres personnelles à tous les souverains d'Europe : il y assurait sur le plus modeste des tons ne désirer que la paix et renoncer à toute revendication sur les territoires qui avaient appartenu à la France à l'apogée de son empire. Les chancelleries européennes ne daignèrent pas y répondre. À Londres, le Premier ministre n'autorisa même pas le prince régent à ouvrir la missive et la fit retourner encore cachetée. Dès le 25 mars, les quatre grandes puissances – Angleterre, Autriche, Russie et Prusse – qui avaient défait Napoléon l'année précédente signaient un traité d'alliance par lequel elles s'engageaient à mettre sur pied une armée de cent cinquante mille hommes chacune en vue d'envahir la France sitôt que possible. L'Angleterre, la puissance économique alors dominante dans le monde, accepta de financer la mobilisation de ses alliés, et la banque Rothschild commença à récupérer de toutes parts les liquidités afin de fournir au gouvernement de Sa Majesté l'énorme somme de six millions de livres sterling que l'on estimait nécessaire pour payer le tout.

Dans ces conditions, il ne restait plus à Napoléon qu'à réarmer. Il le fit avec ses extraordinaires capacités d'organisation, qui n'avaient en rien diminué au fil des ans. L'armée laissée en héritage par les Bourbons fut ramenée à ses pleins effectifs. Les conscrits de l'année précédente furent rappelés. La Garde nationale fut mobilisée. On entama une production massive de fusils. On acquit ou confisqua tous les chevaux disponibles. On brûla en quelques semaines les réserves du Trésor et on extorqua aux banques réticentes des financements. Même ainsi, l'empereur ne pouvait penser s'opposer avec succès aux quatre armées qui s'apprêtaient à envahir la France. Il s'y était essayé un an auparavant alors qu'il avait nettement plus de ressources, et cela ne lui avait rien valu. L'unique espoir était de les prendre de vitesse. De fait, même si la période d'entraînement des conscrits pouvait se réduire à quelques petites semaines en cas d'urgence, les armées de l'époque avaient besoin de plusieurs mois pour s'équiper et se mettre sur le pied de guerre. Au début de l'été, seules deux des quatre armées d'invasion étaient rassemblées aux frontières de la France : l'une, commandée par le duc de Wellington, comprenait en sus du contingent britannique les troupes des Pays-Bas et de diverses principautés allemandes ; l'autre était l'armée prussienne au commandement du vieux feld-maréchal von Blücher. Chacune de ces deux armées, prise en elle-même, était plus faible que celle que Napoléon avait destinée à la défense de la frontière septentrionale, l'Armée du Nord. Aussi l'empereur avait-il de bonnes chances de les battre s'il réussissait à les attaquer séparément.

Si l'on veut comprendre le plan de Napoléon, il convient de savoir qu'une armée qui avait pris ses quartiers en attendant le début des opérations occupait un territoire immense. Les soldats, à l'époque, étaient logés chez les civils qui avaient l'obligation légale de les héberger ; or, pour loger et nourrir une telle quantité d'hommes et de chevaux, il était indispensable de les disperser. Début juin, l'armée de Wellington et celle de Blücher étaient cantonnées sur presque tout le territoire de la Belgique, l'une au nord-ouest, l'autre au sud-est. Pour concentrer ses troupes et livrer combat dans des conditions optimales, chacun de ces deux généraux allait avoir besoin de deux ou trois jours au moins. En avançant par surprise au milieu d'eux, l'empereur comptait anéantir le premier des deux qui viendrait à sa portée, sans que l'autre fût en mesure d'intervenir. Le succès du plan dépendait, à l'évidence, de son caractère secret. Dans les premiers jours de juin, Napoléon ferma les frontières et donna ordre que pas un homme, pas une diligence, pas une lettre ne sortît de France. Puis, avec une extrême rapidité, il concentra l'Armée du Nord derrière la frontière belge. À l'aube du 15 juin, les premières patrouilles de cavalerie entrèrent en territoire ennemi, sitôt suivies par de longues colonnes d'infanterie. Ainsi commençait la campagne de Waterloo en laquelle les survivants des deux camps, tous également convaincus d'avoir lutté pour la juste cause, devaient voir, comme l'écrit un officier anglais, « un terrible combat mené pour un enjeu terrible : la liberté ou l'esclavage de l'Europe ».

Première partie

« NOUS VERRONS DEMAIN »

1. La veille

C'était presque le soir. Depuis le début de l'après-midi il avait commencé à pleuvoir et les collines du Brabant gorgées d'eau s'étaient transformées en une mer de boue. Seule la route pavée, la grand-route qui menait de la frontière française à Bruxelles, était encore praticable, bien qu'à grand-peine. S'y pressaient les soldats, les chevaux, les canons de Napoléon, à la poursuite de l'armée de Wellington en retraite. Dans des conditions normales, ce 17 juin, il aurait dû faire jour jusqu'à plus de neuf heures ; mais, depuis que le soleil chaud du matin avait fait place à des averses, l'horizon s'était obscurci, comme à la tombée d'un crépuscule précoce. Dans l'une et l'autre armée, tous les soldats, jusqu'au dernier jeune homme hollandais ou allemand recruté depuis quelques petites semaines dans la milice et totalement ignorant de ce qu'était la guerre, comprenaient que, pour ce jour-là, il n'y aurait plus de bataille. Mais le lendemain ?

Chevauchant sous le déluge, Napoléon arriva à l'auberge dénommée la Belle-Alliance qui se dressait et se dresse toujours en un point panoramique à côté de la grand-route, dans la commune de Plancenoit. De là, on voyait la route descendre par à-coups à travers une vaste zone de champs cultivés que la pluie avait réduits à l'état de marécages, puis remonter vers une longue crête, parallèle à la ligne de l'horizon, sur laquelle se détachait à l'époque un grand orme solitaire. Là, la route de Bruxelles croisait une autre route, de moindre importance, appelée localement le chemin d'Ohain, qui courait tout le long de la crête ; une fois passé le croisement, la grand-route descendait, désormais invisible, vers une autre ferme et un petit groupe de maisons, pas vraiment un village, nommés tous deux Mont-Saint-Jean. Un homme à pied avait et a besoin d'un bon quart d'heure pour parcourir la distance entre la Belle-Alliance et ce croisement, qui existe encore aujourd'hui, même si les routes sont toutes asphaltées et qu'à la place de l'orme a surgi un groupement d'hôtels et de restaurants.

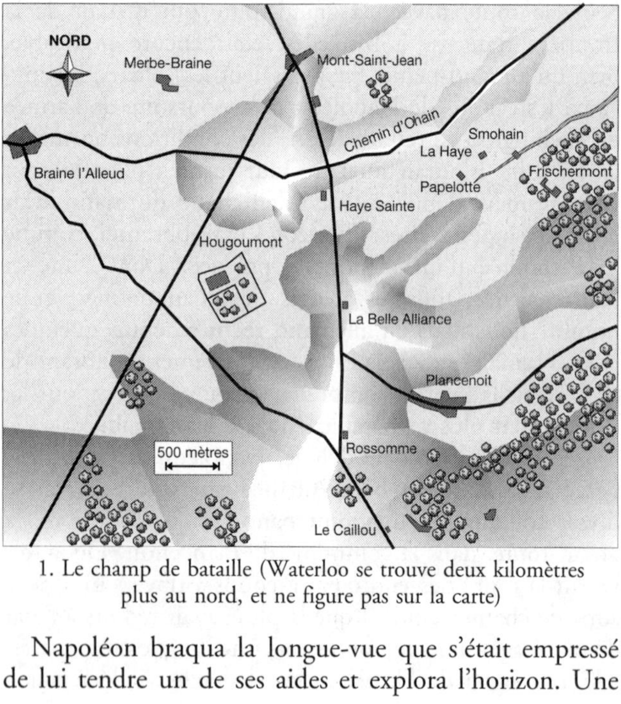

1. Le champ de bataille (Waterloo se trouve deux kilomètres plus au nord, et ne figure pas sur la carte)

Napoléon braqua la longue-vue que s'était empressé de lui tendre un de ses aides et explora l'horizon. Une sombre colonne d'infanterie ennemie traversait d'un bon pas le vallonnement et s'apprêtait à remonter le versant opposé, sous la protection d'une ligne de cavalerie anglaise déployée le long de la crête et prête à charger pour couvrir la retraite des derniers fantassins, comme elle l'avait déjà fait à plusieurs reprises au cours de cette fatigante journée. Les premières avant-gardes de la cavalerie française étaient elles aussi descendues dans le vallonnement et se tenaient à faible distance de l'arrière-garde ennemie pour lui faire sentir le souffle de la poursuite. Il pleuvait à torrents et, sous le ciel bas et sombre, il était impossible de voir quoi que ce soit de plus. Le gros de l'armée de Wellington, cette armée de bric et de broc dans laquelle on parlait quatre langues, composée comme elle l'était de troupes anglaises, allemandes, belges et hollandaises, avait déjà disparu derrière la dorsale de Mont-Saint-Jean.

L'empereur descendit de cheval, entra dans l'auberge et, le temps d'ôter lui-même son chapeau et sa capote trempés par la pluie, fit étendre sur la table la carte qu'il emportait toujours avec lui, dans un compartiment de sa berline de campagne prévu à cet effet, avec tous les livres et les documents qui pouvaient lui être utiles pendant la campagne. Sur la carte de géographie réalisée par Ferraris pour le gouvernement autrichien en 1777 et imprimée à Paris par Capitaine en 1795, on voyait assez clairement que la grand-route, après avoir dépassé la crête et le village de Mont-Saint-Jean, longeait encore quelques fermes isolées et un moulin à vent avant d'atteindre un autre gros village : Waterloo. Derrière celui-ci s'étendait un grand bois, la forêt de Soignes. Après Waterloo, la route s'enfonçait résolument entre les arbres. En continuant à la suivre du doigt sur la carte, on pouvait aisément calculer qu'une colonne d'infanterie, en marchant sur le pavé, allait mettre quelques heures à traverser la forêt et à sa sortie se trouverait en vue des clochers de Bruxelles.

Pour Napoléon, la situation s'éclaircissait, car il n'y avait que deux solutions. Si le duc de Wellington avait l'intention de défendre Bruxelles, il devait livrer bataille avant Waterloo. Son armée devait donc s'être arrêtée là, à l'abri de cette crête longue et basse qui la dissimulait à la longue-vue de l'empereur. On ne livrait pas bataille dans une forêt, en un temps où il n'était d'autre moyen de manœuvrer une armée et d'en maintenir la cohésion que la figure et la voix de son général et de ses aides. Quant à se réfugier dans la métropole avec toute l'armée et y attendre passivement les événements, les généraux d'une autre génération l'auraient peut-être fait ; mais, après ce que Napoléon avait appris au monde, personne n'aurait été assez fou pour se fourrer de soi-même dans une chausse-trape, et précisément face à cet homme-là. Si Wellington voulait défendre Bruxelles, évitant à son allié, le roi des Pays-Bas, la honte de perdre une de ses capitales dès les premiers jours de la guerre, il allait donc passer la nuit à Mont-Saint-Jean et livrer bataille le lendemain.

Si, au contraire, les colonnes ennemies poursuivaient leur triste retraite sous la pluie, cela voulait dire que leurs avant-gardes s'étaient déjà enfoncées dans la forêt de Soignes et que le duc avait renoncé à défendre Bruxelles. Mais cette hypothèse, pour favorable qu'elle ait été en apparence, ne réjouissait pas l'empereur. Au milieu de ces mêmes douces collines, plus à l'est, mais pas très loin de là, une autre armée était en marche sous la pluie : l'armée prussienne que Napoléon avait battue le jour précédent à Ligny et qui se retirait à présent, sans que l'on ait encore su bien clairement par quelles routes et dans quelle direction. En acceptant d'abandonner Bruxelles et en se retirant encore plus en arrière, Wellington pouvait se joindre aux Prussiens. En pareil cas, la prise de la ville n'aurait plus aucun sens. Si Napoléon était entré en Belgique, attaquant le premier les deux armées ennemies qui s'amassaient aux frontières de la France, c'était précisément pour les affronter et les battre séparément : laisser s'enfuir les Anglais maintenant et permettre qu'ils s'unissent aux Prussiens revenait à voir s'évanouir l'objectif de la campagne.

L'empereur préférait donc voir Wellington s'arrêter pour livrer combat le long de la dorsale de Mont-Saint-Jean plutôt que de le voir prolonger la marche de ses hommes épuisés dans l'obscurité de la nuit. Cette bataille-là, Napoléon se sentait capable de la gagner : la forêt de Soignes allait se transformer en un piège mortel au dos de l'ennemi vaincu. Il était donc urgent de découvrir ce que Wellington avait en tête. Car si, de l'autre côté de la colline, ses troupes continuaient leur retraite, il fallait se porter immédiatement en avant et continuer la poursuite sans concéder de répit. Si, au contraire, l'armée ennemie se préparait à bivouaquer à l'abri de la crête, les troupes françaises recrues de fatigue pouvaient elles aussi, à mesure qu'elles atteignaient les hauteurs de la Belle-Alliance, être orientées vers les bivouacs pour y faire la soupe et essayer de dormir quelques heures sous la pluie, en vue de la bataille du lendemain.

Avec l'avant-garde de la cavalerie française étaient arrivées à la Belle-Alliance deux batteries d'artillerie à cheval dotées de douze pièces de six livres. L'empereur donna ordre à ces canons de se mettre en position et d'ouvrir le feu contre la crête où l'on entrevoyait encore, derrière un voile de pluie, la cavalerie ennemie en attente. À cette

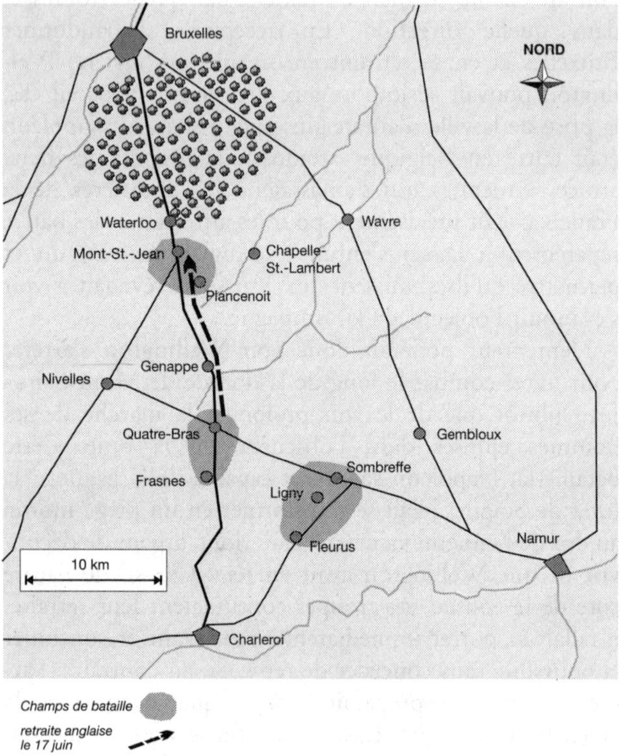

2. L'aire stratégique de la campagne

distance et sous l'averse, les canons ne pouvaient causer de grands dommages, mais si les Anglais n'étaient là qu'en couverture, ils allaient abandonner la position pour reprendre leur marche, à présent que toute l'infanterie était en sûreté. Il ne se passa guère de temps avant que l'artillerie ennemie commence, au contraire, à répondre au feu, non point avec quelques pièces, mais avec un grand nombre de batteries réparties tout le long de la crête. L'infanterie française qui arrivait en colonne sur la grand-route se trouva sous le feu et subit quelques pertes avant que ses officiers parviennent à la faire reculer vers une position plus abritée, et quelques boulets de canon touchèrent l'auberge de la Belle-Alliance. Après un court laps de temps, Napoléon décida qu'il en savait assez et ordonna d'interrompre l'action : Wellington avait résolu d'accepter la bataille devant la forêt ; son armée était perdue.

Tant qu'il resta un peu de lumière, l'empereur continua à observer, à l'aide de sa longue-vue, ce qui, le lendemain, allait devenir le champ de bataille. La principale position défensive était la dorsale de Mont-Saint-Jean. L'ennemi attendrait sans aucun doute l'attaque française à l'abri de ce relief apte à le protéger des bombardements d'artillerie : à ce que racontaient ses généraux, cela avait toujours été la tactique favorite de Wellington, qui les avait battus l'un après l'autre durant la longue et féroce guerre d'Espagne. En avant de cette crête se trouvaient quelques points susceptibles de gêner l'offensive française, que l'ennemi allait certainement fortifier. Au centre, juste à côté de la route pour Bruxelles, se dressait la ferme de la Haye-Sainte, un édifice de pierre entouré d'une robuste enceinte, à demi caché dans un pli du terrain. Il faudrait la prendre, avant de pouvoir percer le dispositif ennemi en son centre. Au fond à gauche, sa longue-vue montrait à Napoléon un bouquet d'arbres. L'œil ne saisissait rien d'autre, mais la carte indiquait que se cachait dans ce bois un ensemble d'édifices, le château d'Hougoumont. S'il décidait de déborder l'ennemi de ce côté, Napoléon devrait avant toute chose se rendre maître de ce bois, qui se trouvait fortement décalé vers lui, au fond du vallonnement, à mi-chemin entre la

3. Agrandissement de la carte de Ferraris et Capitaine

dorsale de la Belle-Alliance et celle de Mont-Saint-Jean. Du côté opposé, enfin, sur la droite de l'empereur, il y avait, difficilement visibles au milieu de maigres touffes d'arbres, différents petits hameaux habités, signalés sur la carte par les noms de Papelotte, la Haye et Smouhen (ou Smohain, selon la graphie actuelle), qui, s'ils étaient défendus, pourraient protéger l'ennemi d'un débordement par son flanc gauche.

Tandis que Napoléon examinait la position, ses commandants de corps arrivèrent au rapport et reçurent des instructions pour le bivouac des troupes sur la ligne de crête de la Belle-Alliance ou, plus en arrière, le long de la route, dans le cas des corps qui se trouvaient encore trop loin pour parvenir jusque-là. Hormis ces ordres concernant le bivouac, les généraux ne se virent transmettre aucune disposition par l'empereur. « Nous verrons demain », dit Napoléon à d'Erlon, commandant du 1er corps, avant de monter à cheval pour gagner la ferme du Caillou, quelques kilomètres plus en arrière, où le nombreux personnel de sa cour lui préparait son dîner et son lit de camp. En vérité, l'empereur savait trop peu de chose de la disposition adoptée par l'ennemi à l'abri de la crête pour pouvoir décider à l'avance ce qu'il adviendrait. Lui-même, par ailleurs, avait toujours répété que l'on ne peut planifier les batailles sur le papier, comme si elles étaient des représentations théâtrales, mais qu'il fallait savoir les gérer en improvisant : « On s'engage, et puis on voit. » Du moment que l'ennemi restait où il était, on avait tout le temps de le contraindre à dévoiler ses positions ; c'est alors que l'on verrait où déclencher l'attaque décisive.

À la ferme du Caillou, Napoléon dîna seul dans une pièce.

Dans une salle adjacente avait été dressée une table où prirent place ses aides de camp et plusieurs officiers supérieurs, dont le colonel Combes-Brassard, chef d'état-major du 6ᵉ corps. Au cours du dîner, l'un des hommes évoqua la bataille qui les attendait le lendemain à voix forte et fut entendu de l'empereur. Ce dernier fit alors irruption dans la pièce et, après quelques pas, les mains derrière le dos, sans s'adresser à l'un ou à l'autre, s'exclama : « Une bataille ! messieurs ! Savez-vous bien ce que c'est, une bataille ? Il y a des empires, des royaumes, le monde ou le néant, entre une bataille gagnée et une bataille perdue ! » Et, sur ce, il regagna son appartement. Le colonel Combes-Brassard devait déclarer plus tard qu'il avait cru entendre un arrêt du Destin.

2. « Qui attaquera en premier demain ? »

Le duc de Wellington n'avait jamais eu l'intention d'abandonner Bruxelles sans combattre. Deux jours plus tôt, en recevant la terrifiante nouvelle que Napoléon avait envahi la Belgique sans que ses espions soient parvenus à l'en avertir, le duc avait tenté de concentrer son armée entre Bruxelles et la frontière pour intercepter au plus vite l'avancée ennemie, tandis que son collègue prussien, le feld-maréchal Blücher, rassemblait ses troupes plus à l'est. Il en était résulté, le 16 juin, la double bataille des Quatre-Bras et de Ligny, au cours de laquelle Wellington était parvenu avec peine à arrêter les colonnes françaises commandées par le maréchal Ney, lieutenant en cette campagne de Napoléon, cependant que l'empereur, non loin de là, avait défait les Prussiens avec le gros de son armée. Le matin suivant, constatant que la défaite prussienne rendait indéfendable la position des Quatre-Bras, Wellington avait ordonné la retraite (« le vieux Blücher s'est fait sérieusement malmener et s'est retiré. Lui parti, nous devons nous en aller nous aussi »). Mais le duc était bien décidé à tenter de nouveau le sort devant Bruxelles. S'il abandonnait la capitale de la Belgique sans combattre, la bataille des Quatre-Bras apparaîtrait comme une défaite, car c'est le perdant qui se retire et abandonne à l'ennemi les objectifs stratégiques au lendemain d'un affrontement : la presse anglaise allait le manger tout cru. Le duc de Wellington était un général prudent, mais c'était aussi un politique ambitieux, avec une image à défendre : il n'avait d'autre choix que d'affronter une nouvelle bataille.

Vu la situation, il y avait un seul endroit où cela allait lui être possible : devant ce village de Waterloo qui constituait le dernier centre habité avant la grande forêt. La légende s'est emparée de l'épisode où Wellington, le soir du 15 juin, en consultant la carte de géographie chez le duc de Richmond à Bruxelles, après avoir exprimé son irritation touchant la manière dont se déroulaient les choses (« Napoléon s'est joué de moi, Bon Dieu !), aurait indiqué du doigt deux points l'un après l'autre : les Quatre Bras (« mais nous ne l'arrêterons pas là ») et Waterloo (« alors, je dois l'affronter ici »). En réalité, il ne s'agissait pas d'une prédiction surnaturelle : la série de crêtes et de vallonnements parallèles au sud de Waterloo était l'endroit le plus adapté pour une bataille défensive sur tout le trajet de trente-cinq kilomètres environ qui séparait les Quatre-Bras de Bruxelles. Dès l'année précédente, Wellington, arrivé là lors d'un tour d'inspection, avait repéré le lieu avec l'œil du professionnel habitué à évaluer, où qu'il aille, le terrain, et à en prendre mentalement note à toutes fins utiles dans l'avenir.

Dans les derniers temps, lorsqu'il était devenu clair que Napoléon se préparait à frapper, le duc était retourné à Waterloo et avait confirmé à plus d'un officier que tel était l'endroit où il entendait livrer bataille, s'il se trouvait dans la nécessité de défendre Bruxelles. Déjà à l'aube du 16 juin, alors que les troupes alliées venaient à peine d'être mises en alerte, le bruit courait parmi les officiers anglais qu'il fallait marcher vers un endroit du nom de Waterloo, même si celui-ci ne disait rien à la plupart d'entre eux. Sir Augustus Frazer, qui commandait l'artillerie à cheval, écrivit ce matin-là dans une lettre à sa femme, après un entretien avec son supérieur, sir George Wood : « Je viens d'apprendre que le duc partira dans une demi-heure. Wood pense vers Waterloo, que nous ne parvenons cependant pas à trouver sur la carte. C'est la même histoire qu'à l'ordinaire. » Le lendemain, la retraite des Quatre-Bras avait à peine commencé que Wellington renvoyait en arrière, à Waterloo, son chef d'état-major, le colonel de Lancey, avec la tâche de repérer précisément la position à défendre. Lancey considéra d'abord la dorsale de la Belle-Alliance, mais décida que la ligne défensive y serait trop longue, et finalement opta pour la ligne de crête suivante, celle de Mont-Saint-Jean.

En cette fin d'après-midi du 17, à mesure que les troupes remontaient la pente et disparaissaient à la vue de l'ennemi, le duc de Wellington ne les fit donc pas poursuivre sur Bruxelles, mais les envoya bivouaquer tout le long de la crête, déjà en position pour recevoir l'attaque française le matin suivant. Le long de toute la dorsale courait, transversal à la route pour Bruxelles, le chemin d'Ohain. Les troupes alliées prirent position derrière ce chemin creux, dont les bords abrupts étaient plantés de saules et de ronces. Les artilleurs mirent leurs canons en batterie et se préparèrent à bivouaquer sous les wagons de munitions, tandis que l'infanterie, épuisée, qui n'avait pas même cet abri, se jetait dans les champs pour dormir comme elle pouvait. Seuls les innombrables chariots sur lesquels avaient été chargés les blessés graves des Quatre-Bras et la foule des blessés moins graves qui parvenaient encore à se traîner sur leurs jambes continuèrent la triste marche sur le pavé vers les hôpitaux de Bruxelles.

Quand les Français apparurent en force sur les hauteurs de la Belle-Alliance et que leur artillerie commença à tirer, tout le long de la ligne de Wellington, les servants tournèrent leurs pièces et répondirent au feu, sur ordre des généraux les plus proches ou sur initiative des commandants de batterie eux-mêmes. « Nous ouvrîmes le feu sur l'infanterie française qui nous avait suivis d'un peu trop près et était disposée à continuer, se souvient un de leurs officiers ; le point de référence que nous avions était la Belle-Alliance, précisément là où la route, à cette époque, s'élargissait en une sorte d'esplanade. » Le duc de Wellington, qui n'avait donné aucun ordre, fut plutôt agacé de ce bombardement sans discrimination qui dévoilait ses positions et s'employa à le faire cesser, ce qui fut fait, même s'il fallut un peu de temps pour que l'ordre parvienne aux batteries les plus éloignées.

Le capitaine Cavalié Mercer, commandant d'une batterie à cheval, participait allègrement à la canonnade quand un individu en civil débarqua au milieu de ses canons et se mit à bavarder avec lui. L'homme portait un manteau usé et un chapeau rond qui avait été en meilleur état. Mercer le prit pour un touriste anglais venu de Bruxelles pour voir la bataille et le traita plutôt avec brusquerie. On ne l'avertit qu'une fois l'homme parti qu'il s'agissait de sir Thomas Picton, un des généraux les plus connus de l'armée, respecté pour son courage et craint pour son caractère irascible (mais pour qui l'avait bien connu en Espagne, il était simplement « ce vieux chenapan de Picton »). Entre-temps, la nuit était tombée et tout le long de la ligne les canons progressivement se taisaient. Un des officiers de Mercer agita la main en direction des Français et cria : « Bonsoir, à demain ! »

Dans le village de Waterloo, les officiers affectés au commandement avaient réquisitionné les maisons des paysans et griffonné à la craie sur les portes les noms des généraux qui devaient y passer la nuit. Avant d'aller dormir, le comte d'Uxbridge, commandant de la cavalerie, songea à aller demander au duc quels étaient ses plans pour le lendemain. Lord Uxbridge était un de ces nombreux officiers qui n'avaient jamais combattu sous les ordres de Wellington et qui lui avaient été imposés par le ministère de la Guerre, ce qui avait suscité de très désagréables commentaires de la part du duc. La présence d'Uxbridge était d'autant plus déplaisante que ce noble lord, un protégé et compagnon de bringue du prince régent, s'était enfui six ans auparavant avec lady Charlotte Wellesley, épouse du frère de Wellington et mère de quatre enfants. Bien qu'il ait été marié lui-même et père de huit enfants, Uxbridge avait finalement épousé cette lady, après un an et demi d'hésitations et de commérages, un double divorce, un duel et la naissance d'une fille illégitime. L'époque victorienne était encore à venir, et le duc de Wellington n'était certes pas homme à se scandaliser pour si peu. Il n'apparaît cependant pas qu'il ait été précisément heureux de se retrouver avec

Uxbridge dans les jambes, y compris en Belgique. Parmi les officiers de la cavalerie, sa nomination avait été tout aussi impopulaire : Shakespear, du 10e Hussards, passa la veille de la bataille à réfléchir aux erreurs que Sa Seigneurie avait commises jusque-là et à celles qu'elle commettrait probablement le lendemain. Selon Tomkinson, du 16e Dragons Légers, c'était « un soldat trop jeune pour qu'on pût lui confier un commandement indépendant » (le style crâne d'Uxbridge, qui continuait à porter l'uniforme de son ancien régiment, le 7e Hussards, masquait, semble-t-il, plutôt bien ses quarante-sept ans).

Lord Uxbridge gagna donc l'auberge de Waterloo, sur la porte de laquelle était écrit à la craie « Sa Grâce, le duc de Wellington », et alla lui demander quelles étaient ses intentions pour le jour suivant. Sa Grâce répliqua par une question :

« Qui attaquera le premier demain, Bonaparte ou moi ? »

« Bonaparte », répondit le général.

« Bien, poursuivit le duc, Bonaparte ne m'a pas informé de ses plans, et comme les miens dépendent des siens, comment voulez-vous que je puisse vous en parler ? »

Puis, comprenant qu'il était allé trop loin, Wellington s'efforça d'y porter remède. Il posa familièrement une main sur l'épaule du hussard perplexe et ajouta :

« Il y a une chose certaine, Uxbridge. C'est que, quoi qu'il arrive, vous et moi ferons notre devoir. »

3. « Le moment décisif du siècle »

À l'instar de Napoléon et de Wellington, le prince Blücher, commandant de l'armée prussienne, avait chevauché tout le jour au milieu des averses, à cette différence près qu'il n'avait pas quarante-six ans comme ses deux collègues, mais soixante-douze. La veille au soir, à la fin de la bataille de Ligny, le vieillard avait failli se faire tuer alors qu'il commandait une charge de cavalerie, et n'avait échappé à la capture que par miracle : un aide l'avait couvert de son manteau, tandis que les cuirassiers français passaient au galop à petite distance. Mais le 17, Blücher était de nouveau en selle, après s'être fait masser ses contusions avec de l'ail et du schnaps et s'être fortifié l'estomac avec un magnum de champagne. En rencontrant l'officier de liaison anglais, sir Henry Hardinge, il se sentit en devoir de s'excuser : « *Ich stinke etwas* – je pue un peu » ; même s'il est probable que sir Henry avait tout autre chose à penser, puisque les chirurgiens venaient de lui couper un bras broyé par un boulet de canon. Jusqu'au soir, le vieux prince resta en selle sous la pluie, au milieu de ses soldats qui se retiraient vers le nord, en direction du nœud routier de Wavre.

Dans le chaos qui avait suivi la bataille de Ligny, cette petite ville avait été choisie comme point de ralliement de toutes les troupes prussiennes en retraite surtout parce qu'on pouvait l'identifier clairement sur les cartes. Quand le baron Müffling, l'officier de liaison prussien accrédité auprès de Wellington, la trouva sur la carte le matin du 17, il resta ébranlé en voyant combien elle se trouvait en arrière (« Ma foi, c'est fort loin ! » De toute évidence, les entretiens entre les officiers anglais et prussiens se tenaient en français, la langue internationale de l'époque, bien qu'elle ait été la langue de l'ennemi.) C'est à ce moment précis que Wellington, jusqu'alors persuadé que Blücher avait tenu bon à Ligny, se rendit compte qu'il lui fallait abandonner les Quatre-Bras et se retirer d'autant en arrière pour éviter d'être encerclé.

Mais la carte montrait aussi que, de Wavre, les troupes de Blücher, plutôt que de poursuivre leur retraite vers le nord, pourraient fort bien infléchir leur trajectoire vers l'ouest et marcher en direction de Waterloo. En décidant de se retirer vers Wavre plutôt que vers l'est, vers Liège et Namur, où se trouvaient leurs places fortes et leurs magasins, les généraux prussiens avaient maintenu ouverte la possibilité de rester en contact avec leur allié. Rarement une décision stratégique prise en quelques minutes, à la lumière des lanternes, sous la pluie battante et au milieu du chaos d'une armée en déroute, se révélerait plus judicieusement prise. « Ce fut le moment décisif du siècle », observa plus tard Wellington – un commentaire qui devrait mettre fin une fois pour toutes aux discussions touchant à l'importance de la contribution prussienne à la défaite de Napoléon. (L'empereur, quant à lui, n'eut jamais le moindre doute. « Ah ! Qu'il doit un beau cierge au vieux Blücher, observa-t-il un jour à Sainte-Hélène en parlant de Wellington. Sans celui-là, je ne sais pas où serait Sa Grâce, ainsi qu'ils l'appellent, mais moi, bien sûrement, je ne serais pas ici. »)

Après avoir décidé de se retirer, le duc envoya un billet à Blücher l'informant que le lendemain il livrerait bataille à Mont-Saint-Jean, pourvu que le feld-maréchal vienne à son aide avec au moins un corps d'armée. Ce soir-là, les généraux prussiens discutèrent longuement de ce qu'il convenait de faire, au milieu de l'immense bivouac de leurs troupes dans les campagnes autour de Wavre. L'avis décisif était celui du chef d'état-major, von Gneisenau. Car, si Blücher, considéré comme un héros national et capable d'exercer un extraordinaire ascendant moral sur ses soldats, était le commandant en chef, Gneisenau était celui qui planifiait vraiment toutes les manœuvres. Comme l'observe avec malignité Müffling, « ce n'était un secret pour personne en Europe que le vieux prince Blücher, qui avait passé les soixante-dix ans, ne comprenait absolument rien à la conduite d'une guerre, tant et si bien que lorsqu'on lui soumettait un plan il ne parvenait pas à s'en faire une idée claire, ni à juger s'il était bon ou mauvais. Cette particularité faisait qu'il fallait mettre à ses côtés quelqu'un en qui il eût confiance et qui possédât des aptitudes et des inclinations à employer dans l'intérêt général ». Ce système duel de commandement, que l'Allemagne impériale devait reprendre cent ans plus tard, avec l'autre couple célèbre composé de Hindenburg et de Ludendorff, ne se résumait pas à faire travailler un politique et un technicien en tandem, comme on dirait aujourd'hui. Car le « technicien », Gneisenau, avait, en l'occurrence, ses idées – qui ne concordaient pas toujours avec celles de son supérieur.

Gneisenau ne se fiait guère à Wellington, avec qui il s'était disputé pendant la préparation de la campagne. En envoyant Müffling à son commandement, il lui avait recommandé de bien se tenir sur ses gardes avec le duc de Wellington, ajoutant que par le biais de ses relations avec l'Inde et l'habitude de négocier avec les rusés nababs, ce distingué général s'était tellement habitué à la duplicité qu'il y excellait au point d'y surpasser lesdits nababs. Pendant la nuit catastrophique qui avait suivi la défaite de Ligny, Gneisenau avait repensé avec amertume aux promesses de Wellington qui, dans les jours précédents et le matin encore de la bataille, avait garanti qu'il viendrait en aide aux Prussiens. Que le duc, sévèrement pressé lui-même aux Quatre-Bras, se soit trouvé dans l'impossibilité de tenir ses engagements, c'est ce que nous savons aujourd'hui. Mais Gneisenau, en ces heures d'angoisse, ne pouvait ni ne voulait le savoir. Aussi était-il resté sur la conviction que l'on ne pouvait se fier à cet allié.

On peut donc comprendre que l'idée de courir des risques pour venir au secours de Wellington n'ait pas du tout plu à Gneisenau, d'autant que, le soir du 17, le commandement prussien n'avait toujours pas de nouvelles d'une grande partie de ses convois de munitions, avec lesquels il avait perdu contact pendant la retraite. Mais Blücher était décidé à tenir les pactes et, à la fin, il parvint à convaincre son chef d'état-major réticent. À onze heures du soir, il put donner la bonne nouvelle à sir Henry Harding (« Gneisenau a cédé ! Nous allons joindre le duc ») et dicter aussitôt un billet pour Wellington, dans lequel il donnait la garantie qu'à l'aube le 6e corps d'armée de von Bülow – le seul des quatre corps prussiens qui n'avait pas encore combattu, et donc le plus frais – se dirigerait sur Waterloo, alors qu'un autre corps, le 2e au commandement de von Pirch, se préparerait à le suivre. Sur le papier, ces deux corps équivalaient presque à toute l'armée de Wellington. S'ils arrivaient sur le champ de bataille, le rapport de force se renverserait dramatiquement en défaveur de Napoléon.

4. La nature des armées

Pendant que les troupes se préparent péniblement à bivouaquer, pataugeant dans la boue et cherchant un peu de paille et de bois sec pour allumer le feu, il est temps de nous arrêter pour observer d'un peu plus près la nature des armées en présence et mettre en évidence ce qui les rapproche et ce qui les sépare. En général, la qualité des troupes qui allaient s'affronter entre la Belle-Alliance et Mont-Saint-Jean était relativement homogène. L'Europe de 1815 était en guerre depuis vingt ans et, au travers de cette expérience, toutes les armées avaient appris le métier à un haut niveau finissant par se ressembler. Un peu comme en 1918 et en 1945, l'écart tactique entre les armées les plus modernes, comme l'était à l'époque l'armée française, et les armées les plus conservatrices, comme l'anglaise, était désormais bien moindre qu'il ne l'avait été au début des guerres de la Révolution. Les troupes françaises étaient encore capables de marcher plus vite et de manœuvrer avec plus de désinvolture que toute autre, mais ce n'était plus un écart suffisant pour décider de l'issue d'une bataille.

Les différences que l'on peut malgré tout repérer dans la qualité des armées en présence n'avaient pas grand-chose à voir non plus avec le caractère national. Pareille affirmation aurait certainement surpris les contemporains, qui accordaient grande foi aux clichés sur les caractéristiques raciales des différents peuples, auxquels ils attribuaient une indéniable valeur scientifique. Mais il est de fait que le comportement des troupes, de quelque nationalité qu'elles aient pu être, fut, pour l'essentiel, le même à Waterloo. L'écart entre les troupes britanniques et les troupes « étrangères » – que les officiers et les soldats anglais, dans leur profond chauvinisme, considéraient comme impossible à combler – ne se révéla pas très significatif à l'épreuve du feu. Que seuls 35 % des soldats de l'armée de Wellington aient appartenu à l'armée britannique, tandis que 26 % appartenaient à celle des Pays-Bas, 16 % à celle du Hanovre, 9 % à celle du Brunswick, 9 % à ladite King's German Legion et 5 % à celle de Nassau était certes un désavantage du point de vue de l'organisation, mais n'était pas aussi grave, sur le plan tactique, qu'on l'a parfois soutenu.

Une différence importante naissait, en revanche, du mode de recrutement des troupes, qui était essentiellement le fruit d'une décision politique. Les armées de 1815 se trouvaient à mi-chemin dans l'évolution conduisant du recrutement professionnel ou, disons, mercenaire, typique de l'Ancien Régime, à la conscription obligatoire qui devait caractériser les armées nationales du futur. La France révolutionnaire avait été la première à adopter le principe de la conscription universelle, selon lequel tous les jeunes gens en âge de porter les armes étaient soumis à l'appel, même si, dans les faits, seule une minorité se trouvait enrôlée chaque année à la suite d'un tirage au sort. En général, sous l'Empire, étaient appelés cent mille conscrits par an, ce qui équivalait à en tirer au sort environ un sur sept. Les derniers conscrits qui rejoignirent en masse leurs régiments furent ceux de 1814, dont l'appel avait été avancé à l'année précédente. L'armée reconstituée par Napoléon à son retour de l'île d'Elbe était donc composée en majorité de soldats qui avaient au moins une campagne derrière eux, même si les conscrits de 1814 (surnommés les « Marie-Louise », du nom de l'impératrice) n'étaient que des gamins aux yeux des vétérans d'Égypte ou d'Austerlitz.

Outre la France, le seul royaume qui pratiquait la conscription obligatoire était la Prusse, où le réveil national lié aux guerres de libération de 1813-1814 avait permis au gouvernement de faire passer le principe révolutionnaire du service militaire universel. Le potentiel humain à disposition étant peu abondant, un conscrit sur cinq se trouvait chaque année tiré au sort. Mais, du fait précisément que la conscription était d'adoption très récente, les sujets âgés de plus de vingt ans n'étaient jamais passés par le service militaire et le roi ne pouvait se permettre de négliger cette ressource. Aussi, à côté de l'armée régulière, la Prusse avait-elle organisé une milice territoriale (ou *Landwehr*) composée de civils tirés au sort, sur une base provinciale, qui se soumettaient à un entraînement périodique, encadrés par des officiers prêtés par l'armée régulière ou mis à la retraite et rappelés.

Les différents contingents nationaux constituant l'armée hétérogène de Wellington étaient, au contraire, le reflet d'organisations étatiques qui, pour des raisons politiques, ne pouvaient se permettre d'adopter la conscription obligatoire. Dans les armées de la Grande-Bretagne, des Pays-Bas, du Hanovre, du Brunswick et de Nassau, les troupes régulières étaient formées de professionnels qui s'étaient engagés pour plusieurs années ou, plus souvent même, à vie et avaient été enrôlés par des officiers recruteurs qui battaient le pays en alléchant les volontaires par le versement d'une prime au comptant. Dans l'armée anglaise, le recrutement coïncidait avec les îles Britanniques : l'écrasante majorité des volontaires étaient des sujets du roi, si bien que l'armée conservait une très nette connotation nationale. Les rois des Pays-Bas et du Hanovre et les princes allemands des plus petits États, qui venaient à peine de reprendre possession de leurs territoires après la longue parenthèse de l'occupation française, avaient, en revanche, constitué leurs régiments réguliers en enrôlant des soldats de métier, souvent congédiés depuis peu de l'armée française ou de celle du royaume napoléonien de Westphalie, sans se préoccuper de leur nationalité.

Tous ces souverains épargnaient ainsi à leurs sujets la charge du service militaire obligatoire. Y compris dans ces pays, le besoin d'hommes provoqué par les guerres napoléoniennes était cependant tel qu'il était nécessaire de flanquer l'armée régulière d'une milice territoriale, formée de civils que chaque province était obligée de fournir en proportion de ses habitants. En général, le tirage au sort de la milice était régi par des critères visant à en réduire au maximum l'impact social et à éviter toute confusion avec cette conscription exécrée. Aux Pays-Bas, par exemple, la milice était recrutée à raison d'un homme tous les cent habitants, avec d'amples exemptions pour les fils uniques, les orphelins ayant des sœurs à charge, et ainsi de suite, de manière à rendre la mesure plus supportable d'un point de vue politique. Ainsi pouvait-on exploiter le potentiel humain disponible dans le pays sans susciter l'opposition qu'aurait soulevée la conscription universelle. Dans l'armée de Wellington, les contingents des Pays-Bas, du Hanovre et de Nassau étaient donc formés en partie de régiments réguliers et en partie d'une milice. Seul le contingent britannique était entièrement composé de troupes régulières, car, en Grande-Bretagne, des garanties constitutionnelles empêchaient d'utiliser la milice en dehors du royaume.

Sur le plan de l'efficacité, la principale différence que l'on pouvait rencontrer sur le champ de bataille de Waterloo se situait précisément entre troupes régulières et milices. Improvisées, peu entraînées, les troupes de la milice, même si elles étaient encadrées d'officiers et de sous-officiers de métier, avaient inévitablement un niveau de préparation et de cohésion morale inférieur à celui des troupes régulières. Moins marqué peut-être chez les Prussiens, en raison du fort esprit national qui animait une grande partie de leur Landwehr, cet écart devenait particulièrement sensible dans les autres armées continentales ; et c'est une des raisons pour lesquelles le duc de Wellington, évaluant l'armée placée sous ses ordres, l'avait jugée « une armée infâme, très faible et mal équipée ».

5. L'armée anglaise : « La lie de la terre »

Le fait que l'armée anglaise ait été entièrement composée de professionnels ne comportait pas les implications élitaires que l'expression peut suggérer au lecteur d'aujourd'hui. Mal payé et soumis à une discipline très dure, le métier de soldat n'était guère prisé au Royaume-Uni ; il y constituait, au contraire, une vocation clairement prolétaire. Ce n'est pas par hasard qu'un fort pourcentage des enrôlés était des Irlandais, puisque, surpeuplée comme elle l'était de paysans misérables, l'Irlande était depuis toujours le principal fournisseur de chair à canon des armées de Sa Majesté : les bataillons d'infanterie que Wellington déploya à Waterloo, exception faite de quelques régiments écossais à recrutement nettement régional, comprenaient, en règle générale, entre 20 et 40 % d'Irlandais.

Par ailleurs, au fil des guerres napoléoniennes, l'armée britannique, désespérément à court d'hommes, avait dû elle aussi avoir recours au réservoir de recrues formé par la milice. De fortes pressions s'exerçaient sur les hommes localement tirés au sort pour les régiments territoriaux afin qu'ils signent un engagement dans l'armée régulière après avoir achevé leur entraînement. À Waterloo, de nombreux régiments étaient ainsi formés pour plus de moitié d'hommes qui s'étaient enrôlés après une expérience dans la milice. On considère communément que ces recrues contribuèrent, du point de vue statistique, à élever l'origine sociale et l'éducation de la troupe, qui comprenait désormais quelques jeunes gens de la petite bourgeoisie, dotés d'une certaine instruction, par ailleurs immanquablement destinés à devenir sous-officiers. Nous devons à des hommes de ce genre les rares lettres ou journaux provenant de l'armée de Wellington et écrits par des hommes de troupe, et non des officiers. Cependant, la grande majorité des soldats était toujours composée de chômeurs qui n'avaient pas trouvé d'autre moyen de subvenir à leurs besoins. Les maigres données statistiques à disposition montrent qu'avant de s'enrôler près de la moitié étaient des journaliers agricoles et les autres des ouvriers du textile ou des apprentis artisans. Dans une société de classe comme la société anglaise, cette origine prolétaire ouvrait un abîme entre les officiers et leurs hommes : le duc de Wellington, qui n'était pas homme à nourrir des sentiments démocratiques, affirma un jour sans ménager ses termes que l'armée anglaise était recrutée parmi « la lie de la terre ».

Ce jugement charitable était partagé par ses ennemis. Lorsqu'ils parlent des « Angluches », les vétérans français se montrent toujours étonnés de la dure démarcation de classe qui sépare les soldats de leurs officiers. Les soldats anglais obéissent aveuglément, sont punis du fouet s'ils se trompent et, quand ils ont quartier libre, se saoulent comme personne. Les sous-officiers sont excellents, « ils ne montent jamais plus haut et trouvent la chose toute naturelle, tant l'idée de classe est innée dans leur esprit ». Quant aux officiers, « ils sont le plus souvent fort courageux, mais assez ignorants de leur métier, car l'éducation anglaise n'est pas tournée vers la profession des armes. De plus, ce sont des aristocrates dans toutes leurs manières, distants et hautains ». Sur le plan social, en somme, l'impression que les Français ont des Anglais et de leur armée est sans appel : « Les officiers, tous de la classe des nobles ou des gentlemen, étaient obéis sans discussion des soldats, tous de la classe des prolétaires », note un vétéran de Napoléon.

Une sensibilité plus moderne, qui suggérait de traiter la troupe plus humainement, commençait à peine à naître dans la société anglaise. Mais la Grande-Bretagne était encore un pays où l'on encourait la peine de mort pour plus de soixante délits différents et où il arrivait tous les jours que des femmes ou des enfants soient pendus pour le vol d'un fruit. On comprend que, dans les rangs de l'armée, les officiers, surtout ceux de la vieille école, aient maintenu la discipline avec une extrême cruauté. Pour des infractions même banales, un soldat pouvait écoper de centaines de coups de fouet, qui devenaient mille ou deux mille dans les cas les plus graves, et étaient administrés avec le chat à neuf queues jusqu'à évanouissement de la victime. Dans les semaines qui précédèrent Waterloo, bon nombre de condamnations de ce genre furent exécutées en public, provoquant en Belgique une réaction de dégoût chez les civils et d'effarement chez les autorités locales qui intervinrent auprès des commandements anglais pour les inviter à limiter ces démonstrations de barbarie.

Pour ce qui est de la composition aristocratique du corps des officiers, le jugement doit être nuancé. Parmi les officiers inférieurs des régiments anglais, il y avait aussi beaucoup de fils d'employés ou de négociants, des représentants de la bourgeoisie urbaine laborieuse qui créait la richesse de l'Angleterre. Ceux-ci faisaient toutefois difficilement carrière et vieillissaient comme lieutenants ou, tout au mieux, capitaines, n'ayant pas l'argent nécessaire pour payer leur avancement. De fait, une promotion s'obtenait ordinairement en acquérant ce que l'on appelle en anglais une *commission* et que l'on traduit mal par « grade », car il s'agit plutôt d'une charge de commandement, comparable aux offices publics vendus, dans toutes les monarchies d'Ancien Régime, au plus offrant. L'acquisition d'un grade était un véritable investissement, du moment que n'importe quel officier pouvait revendre sa *commission* lorsqu'il s'était fatigué de la vie militaire. Le ministère se contentait de sanctionner l'opération et de vérifier que personne ne puisse sauter un ou plusieurs passages : il fallait absolument occuper tous les grades, l'un après l'autre, pour s'élever dans la hiérarchie. Mais les riches avançaient malgré tout très vite, acquérant une *commission* de grade supérieur dès que s'en offrait une dans un quelconque régiment. Arthur Wellesley, avant d'être le duc de Wellington, fut cornette à dix-huit ans et lieutenant-colonel à vingt-quatre : en six ans, il avait eu cinq promotions, toutes sur paiement, et était passé par sept régiments différents, sans jamais avoir prêté un seul jour de service à la guerre.

La promotion au mérite n'était cependant pas inconnue dans l'armée de Sa Majesté et l'on peut citer quelques cas d'ascension stupéfiants : sir John Elley, colonel des Royal Horse Guards, blessé à Waterloo tandis qu'il servait dans l'état-major de Wellington, était fils de concierge et était entré dans l'armée comme simple soldat. Selon le critère suivi par le ministère, la promotion au mérite ne s'appliquait qu'au remplacement des officiers tombés au combat, puisque, dans ce cas, les postes se libéraient d'eux-mêmes sans que personne ait à rembourser qui que ce soit. On comprend dès lors que, lorsque la brigade de sir John Lambert, faisant route de l'Amérique vers l'Angleterre au printemps 1815, sut que Napoléon s'était enfui de l'île d'Elbe et avait repris le pouvoir en France, les officiers s'abandonnèrent à des manifestations de joie. Le major[1] Harry Smith, ayant appris la grande nouvelle d'un marchand croisé dans la Manche, lança son chapeau en l'air en criant : « Hourrah ! Je serai

1. Dans l'armée anglaise, commandant ou chef de bataillon [N.d.T.].

lieutenant-colonel avant la fin de l'année ! » Le 40e régiment, embarqué à bord d'un autre navire, reçut la nouvelle d'une frégate anglaise, et « les jeunes officiers, dans l'attente d'une promotion, furent si heureux qu'ils payèrent un verre de grog à leurs hommes pour qu'ils soient tous aussi joyeux qu'eux » (ils n'avaient pas tort : à quelques semaines de là, le commandant du régiment et un des capitaines allaient être tués à Waterloo et, sitôt après, quatre subalternes allaient avoir leurs promotions).

Si l'on considère qu'en 1815 l'armée anglaise combattait sans interruption depuis de nombreuses années et que les batailles dans la péninsule Ibérique s'étaient accompagnées d'un lourd tribut de sang, on peut légitimement penser qu'à Waterloo le pourcentage des officiers promus pour leur mérite était beaucoup plus élevé que quelques années plus tôt ou quelques années plus tard. Le fait que l'armée ait été, en définitive, plus bourgeoise et que la méritocratie y ait tenu davantage de place qu'on ne pourrait le croire ne signifie pourtant pas qu'il faille faire grand cas de son professionnalisme, au sens moderne du terme : « Dans l'armée anglaise, personne ne lit jamais un règlement ou un ordre, sinon à la manière d'un roman amusant », protestait le duc de Wellington et, comme nous le verrons, la conduite de nombreux officiers à Waterloo confirme cette observation. Ce qui faisait le bon officier, c'était le courage avec lequel il donnait l'exemple à ses hommes, fruit d'un sens de l'honneur rigide qu'avaient en partage tous les gentlemen, et rien d'autre.

Il convient de préciser que les mécanismes des nominations étaient entièrement différents pour les commandants de brigade, de division et de corps d'armée. Comme il ne s'agissait pas d'une commission qui pouvait être acquise, mais d'une charge temporaire conférée pour la durée d'une campagne, ceux-ci étaient choisis avec la prudence propre, dans ce domaine, aux monarchies d'Ancien Régime. C'étaient donc d'ordinaire des hommes d'âge mûr, même s'ils n'étaient pas vieux : l'âge moyen des commandants de corps et de division dans l'armée anglaise à Waterloo était de quarante-quatre ans et demi. La seule exception était le prince d'Orange, fils du roi des Pays-Bas, à qui, pour d'évidents motifs politiques et selon une habitude elle aussi répandue dans les vieilles monarchies, avait été confié le commandement d'un corps d'armée, malgré ses vingt-trois printemps.

Quoi qu'il en soit, le jugement sec que le duc de Wellington et les vétérans français portaient sur l'armée anglaise ne concernait pas, dans l'ensemble, son efficacité militaire. Pour prolétaire et semi-analphabète qu'il ait été, le soldat anglais, bien nourri de viande et de bière, réchauffé par le gin et intimement persuadé de sa supériorité sur la racaille étrangère qu'il avait à affronter, était un magnifique combattant. Wellington lui-même admit « la fréquence et l'énormité » des délits commis par ses soldats à l'encontre de la population civile et ajouta qu'il ne savait se l'expliquer sinon de ce fait : « Nous avions beaucoup d'hommes qui avaient abandonné leur famille à une vie de famine, tentés par quelques guinées avec lesquelles se saouler. »

Un général français, le général Foy, écrit à son tour, sur la base de l'expérience faite en Espagne, que « le soldat anglais est stupide et intempérant », mais ajoute que cela n'est pas un désavantage : « Une discipline de fer tire parti de certains de ses défauts, et neutralise les autres », si bien qu'en définitive « la force principale de l'armée anglaise tient au fait que des masses d'hommes ignorants se laissent conduire aveuglément par des hommes plus éclairés qu'eux ». Le duc de Wellington serait certainement tombé d'accord. Son commentaire méprisant rapporté plus haut se conclut en réalité par un éloge ambigu du soldat britannique : « Soit dit entre nous, nos amis sont la lie de la terre. Les gens disent qu'ils s'enrôlent poussés par une belle vocation militaire. Ce n'est que bavardage. Il n'existe rien du genre. Certains de nos hommes s'enrôlent parce qu'ils ont engrossé une jeune fille ; d'autres parce qu'ils sont recherchés ; de bien plus nombreux par désir de se saouler ; il est difficile d'imaginer une pareille collection d'individus, et au vrai il y a de quoi s'étonner que nous soyons parvenus à en faire des gens aussi remarquables. »

6. L'armée française : « Tout le monde doit marcher »

L'armée française, recrutée sur la base de la conscription obligatoire, présentait un visage complètement différent. Certes, même si l'obligation de se présenter au tirage au sort pesait, en théorie, sur tous les citoyens de sexe masculin, une multitude d'exemptions, de faveurs et de corruptions, ainsi que le droit parfaitement légal de se payer un remplaçant si l'on avait l'argent pour le faire, faisait surtout retomber le poids de la conscription sur le prolétariat rural. Toutefois, l'armée pouvait et voulait se considérer comme représentative de l'ensemble de la société, d'une manière qui aurait été inconcevable pour les Anglais. Wellington lui-même observa : « L'armée française est composée très différemment de la nôtre. La conscription appelle une quote-part de chaque classe ; peu importe si c'est ton fils ou le mien : tout le monde doit marcher. »

En 1815, les cadres étaient ceux des régiments maintenus en service, avec des effectifs réduits, par les Bourbons pendant la première Restauration. S'était ajouté un certain nombre d'officiers, de sous-officiers et de soldats, congédiés en 1814, qui avaient décidé de répondre à l'appel de Napoléon en revenant sous les drapeaux. Les idées égalitaires de la Révolution, restées vives dans l'armée et parfaitement conciliables avec le culte de l'empereur, se reflétaient en particulier chez les officiers, qui étaient en grande partie des soldats ou des sous-officiers promus au mérite : on a calculé que près des trois quarts de l'ensemble des officiers qui servirent sous Napoléon étaient sortis du rang. À titre de comparaison, dans l'armée anglaise, le pourcentage équivalant oscillait entre 5 et 10 %.

Aux niveaux les plus élevés, l'armée de Napoléon comptait également un grand nombre d'officiers de carrière qui avaient déjà servi sous l'Ancien Régime et qui provenaient de la vieille noblesse. Mais l'empereur ne faisait pas de différence entre ces derniers et les officiers de même grade sortis du rang qui, aux anciens temps, auraient probablement été leurs valets ou leurs ordonnances. Le comte d'Erlon, commandant du 1er corps, était un simple soldat sous la monarchie. À la Révolution, il avait été promu au rang de caporal. Parmi ses quatre commandants de division, Marcognet était le fils d'un vrai comte, de la noblesse rurale de Vendée, et était déjà officier avant la Révolution, à l'instar de Durutte, qui avait carrément été condamné à mort en tant que monarchiste sous la Terreur ; mais le troisième, Donzelot, était un simple soldat du roi promu officier au temps de Robespierre et le quatrième, Quiot, s'était enrôlé comme volontaire à seize ans, en 1791, au plus fort de la Révolution.

Socialement très mêlé et en grande partie formé de personnes d'origine humble, le corps des officiers de Napoléon à Waterloo n'était cependant plus aussi jeune que par le passé. En particulier dans les rangs élevés, l'âge moyen ne différait guère de celui d'armées bien plus conservatrices, comme l'armée anglaise. Les vingt-six commandants de corps et de division qui combattaient à Waterloo avaient en moyenne quarante-quatre ans et demi, exactement le même âge que les officiers anglais de même grade. Et, là aussi, le plus jeune était un prince de sang, Jérôme Bonaparte, frère de Napoléon, auquel avait été confiée une division en dépit de ses trente et un ans. Sous cet aspect, l'armée impériale ressemblait davantage à celles des vieilles monarchies qu'à l'armée révolutionnaire dont elle était issue. Un vétéran, le capitaine Blaze, observe à ce propos : « Après chaque bataille, une nuée d'officiers envoyés de Paris venait fondre sur nos régiments pour s'emparer des meilleures places vacantes. La nouvelle noblesse était comme l'ancienne ; toutes les noblesses possibles en sont là. Si l'Empire avait duré dix ans encore, on aurait cité comme fait remarquable qu'un roturier eût été nommé colonel. »

On a évalué de manière contrastée la qualité de l'armée que Napoléon conduisit à Waterloo. Selon certains, cette armée, dont les soldats étaient tous français, était la meilleure que l'empereur ait commandée depuis de nombreuses années. En théorie, du reste, les soldats auraient tous dû être des vétérans, dès lors que les conscrits de 1815 n'eurent pas le temps de rejoindre leurs unités. Et pourtant, bon nombre de témoignages assurent qu'il y avait dans maints régiments un fort pourcentage de jeunes soldats n'ayant jamais essuyé le feu. Le jugement sur lequel on peut le mieux s'accorder est probablement celui de Henry Houssaye, l'historien du XIXe siècle, qui, après avoir analysé une masse énorme de documents et de témoignages, conclut en ces termes : « Impressionnable, raisonneuse, sans discipline, suspectant ses chefs, troublée par la crainte des trahisons et ainsi accessible peut-être à la panique, mais aguerrie et aimant la guerre, enfiévrée de vengeance, capable d'efforts héroïques et de furieux élans, et plus fougueuse, plus exaltée, plus ardente qu'une quelconque autre armée républicaine ou impériale, telle était l'armée de 1815. Napoléon n'avait jamais eu entre ses mains un instrument de guerre aussi redoutable, ni aussi fragile. »

Les opinions des contemporains, le plus souvent négatives, se ressentent du fait qu'elles furent émises sous l'impression produite par la catastrophe. Le capitaine Duthilt observa que trop de régiments avaient été formés en amalgamant des hommes qui avaient longtemps combattu sur des fronts différents, ne se connaissaient pas entre eux et ne pouvaient pas avoir pleinement confiance en leurs officiers. Les soldats qui avaient fait l'expérience de la défaite au cours des dernières années et avaient servi les Bourbons, et plus encore les prisonniers rentrés d'Angleterre ou de Russie avaient perdu beaucoup de leur enthousiasme. Desales, qui commandait l'artillerie du 1er corps, écrivit : « J'avais un personnel assez nombreux ; à l'exception des officiers, tout cela n'était ni fort instruit, ni fort aguerri. Il s'en fallait prodigieusement qu'ils valussent nos vieux soldats du camp de Boulogne. » Mais leurs ennemis, eux, les jugèrent plus que suffisamment aguerris lorsqu'ils eurent à les affronter. Comme le dit un officier anglais à qui l'on demandait si, à Waterloo, il s'était trouvé face à la Vieille Garde : « Je regrette beaucoup, mais je n'ai pas été informé de l'identité de mes adversaires. Ce pouvait être la Vieille Garde, la Jeune Garde ou aucune garde du tout. Ce qui est certain, c'est qu'ils étaient là, et qu'ils semblaient assez dangereux et assez méchants pour pouvoir être n'importe quoi. »

7. L'armée prussienne

L'armée de la Prusse, qui sous Frédéric le Grand était considérée comme la première d'Europe, avait subi une réorganisation complète au cours des guerres napoléoniennes ; plus exactement après que Napoléon l'eut anéantie en 1806. Quoique beaucoup plus petite que la précédente, la nouvelle armée s'était montrée assez efficace pendant les guerres de libération de 1813-1814. La Prusse n'avait pas seulement adopté le système français du service militaire obligatoire ; elle l'avait modernisé en introduisant le principe selon lequel les conscrits, lorsqu'ils avaient fini leur temps, restaient inscrits aux effectifs, dans des régiments de réserve susceptibles d'être rappelés en cas de guerre. Ces régiments, encadrés par des officiers et des sous-officiers de métier, étaient certes moins efficaces que ceux de l'armée régulière, mais dans l'ensemble ils étaient tout aussi fiables. Le souffle de renouveau des guerres de libération avait rapidement transformé de sujets en citoyens les paysans allemands et en partie polonais qui constituaient le gros des recrues sans qu'ils cessent d'être les excellents soldats qu'ils avaient été dans les anciens temps.

Pour les encadrer, il y avait un corps d'officiers toujours issu dans sa totalité de la noblesse terrienne, qui maintenait un lien fort avec la vieille armée prussienne de Frédéric le Grand : à compter du grade de capitaine, tous les officiers présents à Waterloo étaient déjà en service avant 1806. Il n'est pas indifférent de noter que l'âge moyen des commandants de corps et de division était le même dans l'armée de Blücher que dans les armées de Napoléon et de Wellington, soit quarante-cinq ans – preuve, une fois encore, de la tendance au nivellement qui caractérisait toutes les armées de l'époque. Là aussi, le seul général vraiment jeune était un prince de sang, le prince Wilhelm, fils du roi, qui commandait à dix-huit ans la cavalerie du 6ᵉ corps et allait vivre assez longtemps pour devenir l'empereur du nouveau Reich en 1871.

À la veille de Waterloo, l'armée prussienne était toutefois sujette à ce que nous pouvons appeler une crise de croissance. Le Congrès de Vienne avait ramené le royaume de Prusse au rang de grande puissance européenne et avait notablement élargi ses frontières, mettant à disposition de l'armée un vaste bassin de recrutement dont le matériel humain était cependant moins fiable que celui des vieilles provinces. Dans le même temps, le gouvernement prussien avait décidé d'intégrer dans l'armée régulière les régiments de réserve tout autant que les nombreuses formations de volontaires (*Freikorps*) constituées pendant les guerres de libération et diverses troupes allemandes passées du service de Napoléon à celui de la Prusse. Sur le papier, ces multiples formations, d'efficacité inégale et vêtues des uniformes les plus divers, constituaient des régiments réguliers prussiens, mais leur réorganisation était à peine commencée quand le retour de Napoléon contraignit la Prusse à concentrer son armée en Belgique.

Quelque vingt-cinq régiments d'infanterie, sur les trente et un que comprenait l'armée prussienne, étaient sous les ordres de Blücher en juin 1815. Mais seuls sept d'entre eux étaient des régiments de longue tradition, existant déjà avant 1813, dotés d'effectifs stables et vêtus d'uniformes réguliers. Dix autres étaient des régiments de réserve, à peine recomptabilisés comme régiments réguliers, et encore en partie vêtus de vieux uniformes donnés par l'Angleterre ou d'uniformes français constituant des prises de guerre. Deux régiments avaient précédemment formé l'infanterie du grand-duché de Berg et avaient été incorporés tels quels, avec leur uniforme blanc de coupe française. Deux autres provenaient de la Légion russo-allemande, constituée par les Russes en 1812 avec des prisonniers de guerre des nationalités les plus variées, et revêtaient encore l'uniforme russe vert sombre. Enfin, trois autres régiments provenaient de la fusion des anciens combattants des Freikorps, de ce qui restait des troupes du royaume napoléonien de Westphalie et des remplaçants recrutés dans les provinces rhénanes nouvellement acquises.

Bien entendu, la plupart de ces régiments se comportèrent dignement sur le champ de bataille. Mais il est clair que leur cohésion, leur niveau d'entraînement et même leur patriotisme n'étaient pas comparables à ceux des vieux régiments prussiens. Les soldats congédiés après avoir reçu un entraînement s'avérèrent en nombre insuffisant pour compléter les nouveaux et ambitieux effectifs, si bien qu'il fallut incorporer, y compris dans les troupes régulières, un certain pourcentage de recrues trop peu préparées et que, dans l'ensemble, le rendement des régiments prussiens se révéla inégal. Comme l'écrit le plus récent historien de la participation prussienne – et allemande – à la bataille de Waterloo, Peter Hofschroer, « l'armée que le royaume de Prusse mena au combat en 1815 était, en termes de qualité du matériel humain, d'équipement et d'organisation cohérente, probablement la pire que la Prusse ait jamais employée tout au long des guerres révolutionnaires et napoléoniennes ».

Quelques mots doivent être dits de la milice ou Landwehr qui fournit quelque dix-huit régiments d'infanterie et dix-sept régiments de cavalerie à l'armée concentrée en Belgique en 1815. Par rapport aux milices d'autres pays, la Landwehr prussienne se révélait d'un peu meilleure qualité, puisque la majeure partie de ses régiments avait déjà participé aux guerres de libération et que nombre des miliciens présents dans les rangs à cette date étaient en fait des vétérans. En fin de compte, l'infanterie de la Landwehr était certes inférieure à l'infanterie régulière, mais pas aussi nettement que dans d'autres armées. On peut moins aisément porter un jugement positif sur la cavalerie de la milice, que d'autres pays évitèrent judicieusement d'organiser, car la cavalerie a besoin d'un entraînement bien plus intensif pour être réellement utilisable au combat. Mais, pour les généraux et peut-être surtout pour les politiciens prussiens, la quantité comptait beaucoup plus que la qualité en cette fin de printemps 1815.

8. Les armées mineures

Nous avons examiné jusqu'ici les trois principales armées qui s'affrontèrent sur le champ de bataille de Waterloo. Avant de continuer, il nous faut donner quelques informations sur les autres armées en présence, celles du royaume des Pays-Bas, de l'électorat de Hanovre, des duchés de Brunswick et de Nassau qui, avec la King's German Legion formée d'Allemands au service de l'Angleterre, fournissaient près des deux tiers des troupes commandées par Wellington.

Ces armées avaient toutes en commun d'avoir été constituées ou reconstituées depuis fort peu. La Belgique et la Hollande avaient été annexées à la France par Napoléon et n'avaient recouvré leur indépendance qu'en 1814 – après quoi elles avaient été unifiées, sur décision du Congrès de Vienne, en un seul royaume. Leur nouvelle armée pouvait compter sur un assez bon bassin de recrutement, puisque la Belgique et la Hollande avaient fourni chaque année à Napoléon le contingent dû pour le service militaire et que de très nombreux officiers originaires de ces deux pays avaient fait carrière dans les armées de la Révolution et de l'Empire. En absorbant ces vétérans, l'armée des Pays-Bas s'assura d'excellents cadres ayant toutefois trop longtemps combattu sous les ordres de Napoléon pour que leur fidélité n'ait pas suscité quelques soupçons. On peut comprendre de telles craintes devant des biographies comme celle de Jean-Baptiste Van Merlen, qui commandait une brigade de cavalerie à Waterloo : enrôlé volontaire à quinze ans parmi les révolutionnaires belges insurgés contre la domination autrichienne, puis réfugié en France, sous-lieutenant dans l'armée française à dix-neuf ans, vétéran de la guerre d'Espagne où il s'était précisément distingué contre les Anglais en tant que commandant de cavalerie, nommé général et baron d'Empire en 1812, Van Merlen, comme bien d'autres officiers belges et hollandais, se trouvait pour la première fois en situation de combattre contre une armée française qui avait été la sienne sa vie durant.

Les armées du Hanovre et du Brunswick avaient été reconstituées l'une et l'autre en 1813, après que les deux principautés eurent regagné leur indépendance par rapport à la France. Elles étaient toutes deux formées de recrues, encadrées par des professionnels qui avaient combattu en Espagne au service de l'Angleterre, mais aussi par des officiers et sous-officiers du défunt royaume napoléonien de Westphalie. Le Hanovre avait flanqué ses troupes régulières d'une Landwehr, qui n'avait cependant pas eu le temps d'être organisée au retour de Napoléon de l'île d'Elbe et qui dut être complétée à la hâte en quelques mois. Dans l'une et l'autre de ces armées, la troupe était, en 1815, plutôt jeune et inexpérimentée. Les Brunswichois en particulier, en dépit de leur uniforme noir menaçant et de la tête de mort qui se détachait sur les shakos de certains régiments, frappèrent surtout les officiers anglais par leur excessive jeunesse (« c'étaient tous de parfaits enfants », observa le capitaine Cavalié Mercer). Dans cette armée du Brunswick, l'âge moyen des commandants de compagnie était de vingt-huit ans, celui des commandants de bataillon de trente, soit des âges extraordinairement peu avancés si on les compare à ce qui était à l'époque la norme. De plus, en raison des lourdes pertes subies aux Quatre-Bras le jour de la bataille de Waterloo, divers bataillons étaient commandés par un capitaine et une des brigades par un major.

Bien différent était le cas d'une force mercenaire comme la King's German Legion (KGL), formée en 1803 d'officiers et de soldats de l'armée du Hanovre qui avaient fui en Angleterre quand les Français avaient envahi leur pays et que le roi George avait maintenus à son service. Au fil des années, la KGL avait combattu avec Wellington en Espagne, acquérant un tel professionnalisme que ses troupes étaient tenues pour les égales en tout point des meilleures troupes anglaises. La tentative de les assimiler dans l'armée de Sa Majesté n'avait pas entièrement abouti : les troupes de la Légion revêtaient l'uniforme anglais et étaient entraînées, au moins en partie, selon le manuel anglais, mais les ordres continuaient d'être donnés en allemand. L'assimilation était plus avancée parmi les officiers : en 1815, de nombreux officiers subalternes étaient anglais, tandis que quelques officiers allemands provenant de la KGL occupaient des positions de commandement dans l'armée britannique, tel Karl von Alten (« sir Charles Alten » pour les Anglais), qui commandait une division à Waterloo.

L'expérience des troupes de Nassau était en partie analogue, mais dans le camp opposé : Napoléon avait en effet maintenu à son service les deux régiments d'infanterie recrutés dans ce duché rhénan, et elles s'étaient battues dans l'armée française d'Espagne. Un de ces régiments, le 2e Nassau au commandement du colonel von Kruse, avait déserté, passant à l'ennemi en décembre 1813, quand le sud de la France s'était trouvé envahi par Wellington. Un an et demi plus tard, il faisait encore partie de l'armée alliée en Belgique. L'autre régiment, le 1er Nassau, avait été désarmé et interné par les Français en Espagne, mais dans le cours de l'année 1814 ses hommes avaient regagné leur patrie, et autour d'un noyau de vétérans von Kruse avait reconstitué le régiment, recrutant des volontaires et un bataillon de milice. Un troisième régiment, appelé d'Orange-Nassau, avait été recruté par le souverain de la principauté homonyme, qui confinait avec le duché de Nassau, en partant là aussi d'anciens cadres de l'armée napoléonienne en Espagne.

Ces régiments, alignant dans leur ensemble plus de sept mille hommes, soit plus d'un dixième de l'armée de Wellington, ne constituaient cependant pas un contingent unitaire. Il n'est pas inutile de dépeindre leur situation, car cela montre à quel point l'armée alliée était hétérogène et sa structure de commandement imbriquée. Après l'attribution du royaume des Pays-Bas au prince d'Orange-Nassau par le Congrès de Vienne, le régiment d'Orange-Nassau avait été incorporé dans l'armée du pays ; il revêtait l'uniforme hollandais. Le 2e Nassau, tout en continuant à porter l'uniforme vert du duché, était entré lui aussi au service de la Hollande. Aussi les deux régiments avaient-ils été réunis en une unique brigade, faisant formellement partie de la même armée, même s'ils étaient en réalité composés d'Allemands, et placée sous le commandement du prince Bernard de Saxe-Weimar. Le 1er Nassau, composé en majorité de recrues dont l'entraînement n'allait pas sans peine, n'avait, en revanche, rejoint l'armée que quelques jours avant le début de la campagne, et constituait une force indépendante dirigée par von Kruse, entre-temps promu général. L'organisation complexe de l'armée de Wellington reflète ponctuellement, en somme, l'hétérogénéité de la coalition politique dont elle était issue.

9. « La pire nuit de notre vie »

Le sergent William Wheeler, du 51e Léger, était trempé jusqu'aux os (« comme si on m'avait plongé, tête en bas, dans la rivière », dit-il). Son régiment avait établi son camp pour la nuit dans un champ de blé à l'extrême droite de la ligne alliée, derrière le château d'Hougoumont, dans l'intervalle entre les deux fronts où une patrouille ennemie pouvait surgir à tout moment dans l'obscurité. Aussi les officiers avaient-ils interdit d'allumer du feu et de s'envelopper dans les couvertures. Les hommes restèrent donc assis toute la nuit sur leurs havresacs, sous la pluie glaciale, en fumant sans interruption pour essayer de se réchauffer et de se tenir éveillés. « À la maison, l'an dernier, vous me reprochiez toujours de fumer, écrit Wheeler à sa famille, mais si je n'avais pas eu une bonne provision de tabac cette nuit, je crois que je serais mort. »

Quelque chose d'autre contribua à maintenir les hommes du 51e en vie. La veille au soir, un homme était venu du village le plus proche pour vendre du pain, du fromage et de cette eau-de-vie de genièvre typique de la région. Pendant la marche, un des soldats de l'escouade de Wheeler avait ramassé une bourse perdue par un chevau-léger belge et s'était bien gardé de la lui rendre. Sachant parfaitement qu'à la guerre les occasions ne manquent pas, les vétérans s'étaient déjà accordés avec leur sergent pour mettre tout le butin en commun. C'est ainsi que, ce soir-là, ils purent se payer largement de quoi se réconforter. À la longue, pourtant, la pluie avait fini par les mettre tous de mauvaise humeur. Qui avait déjà combattu en Espagne se souvenait que bien des grandes batailles avaient été précédées d'orages, de coups de tonnerre et d'éclairs et qu'elles avaient toutes été des victoires. Mais ce n'était pas là une bien grande consolation pour ces hommes dégoulinant de pluie et tremblant de froid. Leur seule vraie satisfaction était de savoir que l'ennemi partageait leur nuit de misère.

Wheeler et ses hommes fumaient et buvaient depuis un bon bout de temps quand le sergent Mauduit, de la Garde impériale, arriva finalement à son bivouac, trempé de la tête aux pieds et mort de fatigue lui aussi. La Garde avait été, ce jour-là, rétive à la marche et indisciplinée. Les hommes entraient de force dans les maisons des paysans pour chercher de quoi manger et arrêtaient les chariots de ravitaillement pour les saccager, riant à la face des trop rares gendarmes chargés de maintenir l'ordre le long de la route. (Le général Radet, commandant de la police militaire, en était si bouleversé qu'il offrit sa démission le soir même.) À la tombée du soir, la troupe était encore en marche et fort loin des villages où il était prévu qu'elle prenne ses quartiers. Dans l'obscurité, sous une pluie battante, certains régiments perdirent leurs commandants et ne surent plus vers où se diriger. La route était si bourbeuse que beaucoup essayaient de couper à travers champs, quitte à s'égarer dans le noir et à errer toute la nuit à la recherche de leur unité. Les vétérans de la Garde maudissaient leurs généraux, les accusant de ne pas savoir leur métier ; et plus d'un, soupçonnant les « grosses épaulettes » de sympathie pour les Bourbons, grommelait, amer : « Trahison ! » Le régiment du sergent Mauduit arriva à minuit dans la cour d'une ferme et par chance eut l'ordre de s'arrêter pour y passer la nuit. Il était temps, pensa le sergent, quelle journée et quelle nuit ! Les hommes avaient leurs pantalons et leurs capotes tout crottés ; beaucoup avaient même perdu leurs souliers et étaient arrivés jusque-là pieds nus.

Dans les champs derrière le château d'Hougoumont, le capitaine Cavalié Mercer essayait de dormir sous une tente qu'il partageait avec quatre autres officiers de sa batterie. Quand il s'aperçut qu'il était impossible de fermer l'œil, car l'eau dégouttait de la toile trempée, il sortit avec son lieutenant et trouva une haie qui offrait un faible abri. L'autre avait apporté de chez lui son parapluie, ce qui lui avait valu d'impitoyables moqueries. Mais l'on découvrait à présent qu'après tout il avait eu raison : abrités sous le parapluie, les deux hommes parvinrent à allumer un feu et s'assirent à fumer tranquillement le cigare. Il ne s'était guère écoulé de temps que passait un Allemand, un soldat débandé ou un déserteur, et qu'il s'arrêtait pour allumer sa pipe au feu. Les deux officiers le persuadèrent de leur céder une poule qu'il avait volée dans quelque basse-cour et la mirent aussitôt à la marmite. Hélas, les autres officiers eurent tôt fait de sortir de sous leur tente pour revendiquer leur part et, partagé entre autant de commensaux, le dîner se révéla frugal.

Le capitaine Duthilt, aide de camp d'un général de brigade dans le corps de d'Erlon, vit la troupe s'installer pour la nuit le long de la grand-route, sur les hauteurs au-dessus du village de Plancenoit. Hommes et chevaux étaient entièrement recouverts d'une fange noire et huileuse : le capitaine se l'expliqua par la proximité des mines de charbon et le fait que la route était utilisée pour le transport du minerai. On distribua du pain, et l'on fit tant bien que mal cuire du riz dans le village abandonné par ses habitants. Mais il n'y en avait pas assez pour tout le monde. Quant au vin et à l'eau-de-vie, il fallut s'en passer. Le jour précédent, la colonne des fourgons du 1er corps avait, en effet, été saisie d'une brusque panique ; bon nombre de ses conducteurs avaient pris le large et maints wagons avaient été saccagés. Au milieu d'un paysage surréel de sacs défoncés et de malles ouvertes, le capitaine Duthilt avait finalement retrouvé sa valise, éventrée au couteau et vidée de tout son contenu. Il avait perdu ses bagages, ses cartes et le peu d'argent qu'il possédait. Son général et l'autre aide de camp se trouvaient dans la même situation que lui.

Le capitaine Cotter du 69e régiment, campé sur la ligne de crête derrière la Haye-Sainte, avait renoncé à dormir. La nuit était trop froide, battue par un vent glacial, sibérien, et le terrain marécageux était à ce point gorgé de pluie que l'on s'enfonçait partout dans la boue jusqu'aux chevilles, si bien qu'il lui avait paru hors de question de s'allonger dans pareille fondrière. Pour essayer de se réchauffer, le capitaine fit les cent pas toute la nuit, scrutant le ciel dans l'attente des premiers signes de l'aube qui, avec toutes ses inconnues, mettrait au moins fin à la torture. Inévitablement lui revint en mémoire, comme à qui sait combien d'autres officiers anglais cette nuit-là, la célèbre page du *Henri V* de Shakespeare où, pendant la nuit qui précède la bataille d'Azincourt, les deux armées ayant planté leur camp attendent le matin. Tout comme le Dauphin, le capitaine Cotter allait se répétant de plus en plus nerveusement : « L'aube ne viendra-t-elle donc jamais ? »

Les fusiliers du 2e Léger, un bataillon de la King's German Legion, étaient un peu mieux dans la ferme de la Haye-Sainte que leurs camarades restés en plein air. Le fusilier Friedrich Lindau, pour sa part, était écœuré que sa compagnie ait été installée dans le verger, car il n'y avait pas là le moindre coin sec. « Il continuait à pleuvoir et le verger était plein de boue. Personne n'était bien. Certains s'étaient appuyés à un arbre ou à un bout de mur. D'autres s'étaient assis sur leur havresac. Se coucher était chose impossible. » Lindau entendit dire que l'on avait trouvé du vin dans la cave de la ferme, descendit et trouva un tonneau à demi plein ; il remplit sa gourde et sortit à la recherche de ses frères qui servaient tous deux dans d'autres régiments. Mais il était à peine sorti que ses compagnons l'entourèrent et lui burent tout son vin. Lindau dut redescendre un bon nombre de fois à la cave pour remplir sa gourde, sans jamais parvenir à en apporter à ses frères. En compensation, tout le monde but à satiété dans sa compagnie et cela les aida à supporter la nuit dans le verger bourbeux.

Non loin de là, les hommes du 7e Hussards, debout à côté de leurs chevaux, étaient en train de passer ce que le sergent Cotton appela dans ses souvenirs « la pire nuit de notre vie ». « Nous nous sommes enveloppés dans nos capes, en les étendant sur nos selles et en nous agrippant aux étrivières de nos étriers pour ne pas tomber au cas où nous nous serions endormis. Il était impensable de s'allonger par terre avec l'eau qui coulait en dessous de nous et il n'était pas prudent de se coucher entre les sabots des chevaux. » À la fin, un des hussards, un de ses compagnons, poursuit-il, « Robert Fischer, un homme qui avant de s'enrôler exerçait le métier de tailleur », proposa d'aller à la recherche de quelque chose sur quoi s'étendre. Le sergent Cotton partit et revint peu après avec une brassée de chaume : « Je me l'étais fait donner dans une ferme, précise-t-il, maintenant je sais que c'était la ferme de Mont-Saint-Jean. » Les hussards entassèrent les chaumes sur le sol et s'allongèrent sur ce lit improvisé. « Le pauvre tailleur fut tué le jour d'après. »

Le major Trefcon, chef d'état-major d'une division du 2e corps français, passa une grande partie de la nuit à travailler avec son commandant, le général Bachelu, dans un grenier abandonné, à couvert de la pluie. Les deux hommes reçurent les rapports des colonels et des commandants de brigade, calculèrent les effectifs disponibles et prirent toutes les dispositions pour engager le combat le lendemain. Puis ils mangèrent un peu et, s'étant partagé une botte de paille, ils s'y jetèrent pour dormir. Pendant la nuit, un des deux brigadiers de la division, qui n'avait pas trouvé d'autre logement, entra dans le grenier à la recherche d'un abri, et Trefcon dut partager sa paille avec lui. Les soldats n'étaient pas moins fatigués que nous, observa le major. Ils se couchèrent où ils pouvaient, la plupart s'endormirent tout bonnement dans la boue. La différence entre les recrues et les vétérans se révéla dans leur capacité réciproque à s'installer avec un minimum de confort, même en ces conditions exceptionnelles. Presque tous ceux qui bivouaquèrent cette nuit-là, de quelque nationalité qu'ils aient été, avaient une couverture dans laquelle s'envelopper, encore que les Écossais du 42e « Black Watch » avaient fait du petit commerce de celles qu'on leur avait distribuées après leur débarquement en Flandre. Mais certains vétérans, au fait de toutes les ficelles, enduisirent leur couverture de boue et dormirent sous cet abri comme sous une toile imperméable.

10. Sur la route de Bruxelles

Ceux qui eurent le plus de mal à dormir furent ceux des régiments installés près de la grand-route, car on ne cessa de circuler sur le pavé de toute la nuit. Le sergent Dickson, des Scots Greys, fut tenu éveillé par un grondement qui lui rappelait celui du vent dans une cheminée : c'étaient les wagons de l'armée française qui continuaient d'arriver à la Belle-Alliance. De l'autre côté, la circulation était encore plus dense, car aux fourgons militaires se mêlait une foule de blessés et de civils en fuite. Le 40e régiment avait essayé de s'abriter de la pluie dans des étables, des greniers et des porcheries aux alentours de Waterloo. Mais le sergent Lawrence, un vétéran qui, à vingt-quatre ans, avait déjà fait six ans de guerre en Espagne et en Amérique, raconte que « toute la nuit, il y eut un vacarme ininterrompu, car des milliers de civils se retiraient, à la suite de l'armée, vers Bruxelles, épouvantés à l'idée de rester là après l'affaire des Quatre-Bras. C'était un véritable spectacle, car la pluie et la circulation rendaient les routes pratiquement impraticables et les gens restaient quelquefois complètement bloqués dans la boue. Comme si cela n'avait pas suffi, le va-et-vient des fourgons se poursuivit sans trêve pendant toute la nuit ».

Le sergent Costello, du 1/95e Fusiliers, avait eu la main fracassée aux Quatre-Bras, mais les gémissements des blessés graves transportés à Bruxelles sur des wagons l'empêchaient bien plus de dormir que la douleur physique. Une quantité de gens, des femmes surtout, s'amassait autour de chaque chariot chargé de blessés pour chercher les personnes de leur connaissance. Costello, le bras en écharpe, s'approcha d'un chariot d'où il avait entendu venir un éclat de rire homérique et se fit raconter ce qu'il s'était passé. À l'approche d'une femme qu'il connaissait bien puisqu'elle était l'épouse d'un camarade, un des blessés du chariot, en qui Costello reconnut un de ses vieux compagnons, avait contrefait sa voix, si bien que, dans l'obscurité, la femme l'avait pris pour son mari. Elle lui avait aussitôt tendu une bouteille de liqueur et avait continué à marcher anxieusement à côté du chariot en s'efforçant de le voir en face, jusqu'au moment où l'homme lui avait rendu la bouteille vide accompagnée du souhait que son mari ne soit aucunement blessé. La déception et la rage de la femme avaient été accueillies par les ricanements de tous les soldats présents, auxquels le sergent Costello ne manqua pas de se joindre, félicitant son compagnon de son esprit d'initiative.

On s'étonnera peut-être de ce que les soldats aient été accompagnés de leurs femmes à Waterloo. Mais, à l'époque, il y avait de tout à la suite d'une armée. Le major Harry Smith et son frère, venu comme volontaire, avaient débarqué en Belgique en amenant avec eux l'épouse espagnole du major, Juana, deux serviteurs, une femme de chambre, six chevaux et deux mules. Un certain nombre de soldats avaient également eu la permission d'emmener et de nourrir, aux frais de l'armée, leurs femmes et leurs enfants qui autrement auraient fini dans la rue. Au moment d'embarquer en Irlande pour gagner

Ostende, le 42e « Black Watch » avait ainsi avec lui quatre femmes par compagnie ayant droit à une demi-portion par tête. Arrivé en Flandre et devant embarquer sur des péniches afin de continuer le voyage sur le canal, le régiment avait reçu l'ordre de n'emmener que deux femmes par compagnie. Les autres avaient été débarquées sans cérémonie et enfermées en larmes dans une caserne ; mais, bien vite, elles étaient toutes parvenues à s'enfuir et elles avaient rejoint leurs maris. Si la proportion était la même dans tous les régiments, l'armée de Wellington devait avoir à sa suite plusieurs milliers de femmes, auxquelles d'autres encore étaient venues se joindre après le débarquement. Le grenadier Jack Parsons, du 73e régiment, avait ramassé en chemin une jeune Flamande dont il s'était fait accompagner jusqu'à Waterloo. À l'aube, par suite d'un vilain rêve et des mauvais pressentiments dont il était la proie, il demanda à son capitaine de l'aider à faire son testament et laissa à la jeune femme ses arriérés de paie, tout ce qu'il possédait au monde.

Dans les premiers jours de la campagne, femmes et enfants étaient restés aux côtés de leurs maris et de leurs pères, courant quelquefois les mêmes risques. Pendant la retraite des Quatre-Bras, quelques fusiliers du 95e avaient trouvé le long de la route une femme tuée d'une balle dans la tête, un enfant encore en vie dans les bras. Ils avaient recueilli le petit, le gardant avec eux jusqu'à ce qu'ils aient retrouvé son père et le lui aient remis.

La nuit qui précéda la bataille de Waterloo, le duc donna cependant ordre que tous les non-combattants soient renvoyés en arrière pour ne pas entraver les opérations de l'armée. Tout le monde n'obéit pas. Et c'est ainsi qu'Elizabeth Watkins, une enfant de cinq ans, resta sur le terrain pendant toute la bataille avec sa mère qu'elle aida à déchirer de la toile pour en faire des bandages. Elle était encore en vie et s'en souvenait toujours en 1903. Mais la majeure partie des femmes et des enfants, comme d'ailleurs les autres civils, domestiques, employés et vendeurs ambulants, s'amassèrent dans le noir sur la chaussée en vue de gagner Bruxelles et sa relative sécurité.

Wellington ordonna également de renvoyer les bagages des régiments et les bagages privés des officiers dans la capitale et de les acheminer vers Anvers, de manière à ne rien avoir sur les bras qui puisse, le lendemain, limiter la mobilité de l'armée. Cette multitude de fourgons et de bêtes de somme s'ajouta à la foule des réfugiés qui déjà encombrait la chaussée, fuyant ce qui était, quelques jours plus tôt, un coin de campagne tranquille à présent menacé de dévastation. Épouvantés par les ravages causés par les soldats, tous les paysans de la région avaient quitté leurs maisons et se hâtaient vers la forêt de Soignes, emportant leur pauvre mobilier sur des charrettes et emmenant le bétail sauvé des réquisitions. Une quantité de wagons remplis de pain, de fromage et de rhum destinés aux troupes, qui essayaient de remonter la foule des réfugiés en sens inverse, restèrent abandonnés au milieu de la route : pour les transporter, l'intendance de Wellington avait réquisitionné des chevaux aux paysans, mais dans la confusion générale les propriétaires étaient venus reprendre leurs bêtes et s'étaient enfuis dans la forêt. Ceci paraît avoir donné le coup de grâce : la circulation était si intense sur la route qu'il était à peu près impossible de se mouvoir. Cette nuit-là, les hommes de la brigade de sir John Lambert, en marche de Bruxelles vers Waterloo, durent s'ouvrir la voie en renversant tout bonnement dans les fossés les chariots abandonnés ou embourbés, afin d'empêcher que ne s'obstrue complètement la seule ligne de retraite à disposition de l'armée de Wellington.

11. Lettres dans la nuit

La crainte précisément que l'ennemi ne puisse se remettre en marche et s'esquiver dans la nuit empêchait Napoléon de dormir. Sitôt après dîner, l'empereur s'était couché sur le lit de camp que ses serviteurs lui avaient préparé, dans une pièce de la ferme du Caillou, un feu allumé dans la cheminée. Mais il n'était pas une heure du matin qu'il était déjà éveillé. Comme il ne parvenait pas à dormir, il sortit avec un aide de camp pour seule compagnie, atteignit à pied la ligne des bivouacs et la parcourut tout entière, scrutant l'horizon. Entre deux averses, les soldats de l'une et l'autre armée avaient réussi à allumer des feux et la lueur de ces milliers de feux de bois dessinait clairement leurs positions dans l'obscurité. Napoléon devait se souvenir plus tard : « La forêt de Soignes apparaissait comme un incendie ; l'horizon était resplendissant du feu des bivouacs, le plus profond silence régnait. » Parvenant aux environs du bois d'Hougoumont, vers deux heures et demie du matin, l'empereur entendit la rumeur d'une colonne en marche et s'alarma. Si l'ennemi se retirait, Napoléon était décidé à réveiller immédiatement ses troupes et à reprendre la poursuite dans l'obscurité. Mais presque aussitôt cette rumeur s'éteignit, tandis que la pluie reprenait plus dru que jamais.

C'est du moins ce que raconte l'empereur dans ses Mémoires. Il est dommage que les témoignages de ses domestiques ne comportent aucune trace de cette émouvante reconnaissance nocturne. Ceux-ci s'accordent à affirmer que Napoléon dormit, fort peu il est vrai, car la circulation le long de la route était bruyante et des officiers arrivaient à chaque instant pour consigner des rapports ou demander des instructions. Quoi qu'il en soit, il serait resté à la ferme jusqu'au matin. Son valet, Marchand, le voit errer dévêtu dans la petite chambre, se couper distraitement les ongles à l'aide d'une paire de ciseaux et regarder par la fenêtre la pluie qui flagelle sans répit la campagne. Vers trois heures du matin, l'empereur déciderait effectivement de la nécessité d'une reconnaissance. Il y enverrait cependant un de ses officiers d'ordonnance, le général Gourgaud. Il serait de nouveau sous ses couvertures au moment où celui-ci rapporte que les routes sont dans de mauvaises conditions et le terrain impraticable à cause de la pluie, de sorte qu'il n'y aurait aucune hâte à se mettre en marche.

À trois heures du matin, le duc de Wellington était lui aussi éveillé dans sa chambre de l'auberge de Waterloo. Il s'était levé peu auparavant, avait fait mettre deux bougies sur la table et avait commencé à écrire un grand nombre de lettres. Leur ton montre que le duc était bien conscient des risques qu'il courait en acceptant de livrer bataille à Waterloo et qu'il n'avait pas encore reçu le billet rassurant de Blücher, avec cette promesse de joindre ses forces aux siennes le jour suivant. Au duc de Berry, frère du roi Louis XVIII, qui se trouvait alors en exil à Gand, Wellington écrivit une longue lettre en français, l'avertissant que la cour aurait mieux fait de se réfugier dans la citadelle d'Anvers pour s'embarquer à bord d'un navire au cas où sa propre armée aurait été contrainte d'évacuer la Belgique.

Au gouverneur d'Anvers il donna ordre de placer la forteresse en état de siège et de n'en concéder l'accès qu'aux Bourbons et aux civils qui fuyaient l'ennemi. À sir Charles Stuart, ambassadeur à Bruxelles, il recommanda de maintenir le calme parmi les nombreux Anglais qui se trouvaient en ville : « Qu'ils se préparent tous à partir, mais sans hâte et sans panique, car tout finira bien. » Enfin, le duc écrivit un billet à lady Frances Webster, une jeune dame qu'il avait fréquentée très intimement à Bruxelles dans les semaines précédentes.

Jusqu'où exactement était allée cette intimité, la question est depuis lors sujet à débats. Lady Frances était une délicieuse jeune femme de vingt-deux ans, mariée à un officier des Hussards qui la trompait publiquement, et elle avait appris depuis un certain temps à se venger des infidélités de son époux. Par ailleurs, elle était enceinte de huit mois, ce qui a suffi aux biographes pour laver le duc de tout soupçon. Ce zèle victorien paraît toutefois excessif si l'on considère que l'année précédente, à Paris, Wellington avait eu une aventure avec la Grassini, une cantatrice de l'Opéra, et une autre avec mademoiselle Georges, la plus célèbre actrice de la Comédie Française, toutes deux bien connues pour être déjà passées dans le lit de Napoléon. Comme, par ailleurs, les relations du duc et de sa femme étaient notoirement marquées par la plus totale indifférence, il n'y aurait pas à s'étonner si, parmi les plaisirs mondains qui avaient égayé jusqu'au dernier moment son séjour bruxellois, Sa Grâce ait trouvé le temps de nouer une liaison avec sa jeune compatriote.

C'est en tout cas à lady Frances Webster que le duc écrivit sa dernière lettre, avant de faire seller les chevaux et de rejoindre ses troupes sous la pluie battante. « Comme j'envoie un messager à Bruxelles, je vous écris une ligne pour vous dire que lord Mountnorris [le père de lady Frances] et vous devriez faire vos préparatifs en vue de quitter Bruxelles. Vendredi, j'ai mené une bataille désespérée qui a été couronnée de succès, bien que j'eusse peu de troupes. Les Prussiens ont été très maltraités et se sont retirés au cours de la nuit dernière, ce qui m'a obligé à me retirer à mon tour jusqu'ici hier. Le cours des opérations pourrait me conduire à découvrir Bruxelles et à exposer cette ville à l'ennemi. C'est pourquoi je vous recommande de vous tenir prêts à partir pour Anvers au premier signal. » On peut se demander, à lire cette lettre, si le duc était vraiment décidé jusqu'au bout à livrer bataille ou si une voix intérieure ne lui disait pas qu'il aurait mieux fait de retirer son armée de là avant qu'il soit trop tard. Quand il donna ordre à ses domestiques de seller son pur-sang, Copenhague, Wellington se demandait peut-être si, en s'arrêtant à Waterloo, il n'avait pas commis l'erreur de sa vie.

Vers quatre heures, le jour commençait à poindre. Napoléon était toujours au Caillou et il est assez improbable qu'il y ait eu une place pour une jeune femme parmi ses pensées. La crainte que l'adversaire n'évacue la position pendant la nuit s'était évanouie. Différents officiers envoyés en reconnaissance et quelques espions qui s'étaient approchés des bivouacs ennemis avaient confirmé que les Anglais n'avaient pas bougé. L'empereur était plutôt préoccupé de ce que le mauvais temps en se prolongeant l'empêche de profiter de son avantage et d'anéantir une armée assez imprudente pour s'arrêter à l'attendre. Mais lorsqu'il vit qu'entre deux ondées le disque rouge du soleil commençait à pointer entre les nuages, bas sur l'horizon, l'empereur se tranquillisa ; et il se persuada que cette aube annonçait une grande journée. « Ce soir, dit-il, nous dormirons à Bruxelles. »

Parmi les dépêches arrivées dans la nuit, il y en avait une de Grouchy, écrite le soir précédent à dix heures. Le maréchal avait été chargé de poursuivre les Prussiens défaits avec la majeure partie des troupes qui avaient combattu à Ligny. Sa dépêche contraignit Napoléon à s'occuper d'une question avec laquelle il n'avait pas l'intention de perdre du temps. Son instinct lui disait, en effet, qu'après la défaite qu'ils avaient subie les Prussiens se retiraient vers l'est, pour s'abriter derrière leurs places fortes de Liège et de Namur, et que, pour deux jours au moins, on n'entendrait plus parler d'eux. À l'inverse, Grouchy informait l'empereur que, selon les rapports de sa cavalerie, une des colonnes prussiennes au moins s'était acheminée vers le nord, en direction de Wavre. Mais la cavalerie avait aussi surpris des Prussiens en retraite au sud-est, sur la route de Namur, et avait capturé des canons et des trains. Le maréchal, à ce point, n'était pas en mesure de dire quelle était la direction prise par le gros des troupes, mais ne doutait pas de le découvrir rapidement. Dans tous les cas, s'il s'avérait que les troupes en marche vers Wavre étaient de quelque importance, Grouchy assurait qu'il les harcèlerait pour les empêcher de rejoindre Wellington.

La dépêche provenait de Gembloux, une localité au nord-est de Ligny. En soi, il n'y avait rien d'étrange à ce que le maréchal se trouve là, puisque Napoléon lui-même lui avait donné ordre de poursuivre les Prussiens dans cette direction. Mais, partant de là, comment Grouchy pensait-il pouvoir arrêter des colonnes ennemies se dirigeant vers Wavre qui, par la force des choses, étaient déjà plus près que lui du champ de bataille de Waterloo, voilà qui n'est pas clair. Et Napoléon lui-même aurait dû concevoir quelque inquiétude s'il avait accordé de l'importance à ces colonnes et vérifié leur situation sur la carte. Mais l'empereur était convaincu qu'après la défaite de Ligny le vieux Blücher se garderait bien de hasarder une autre fois son armée déjà mal en

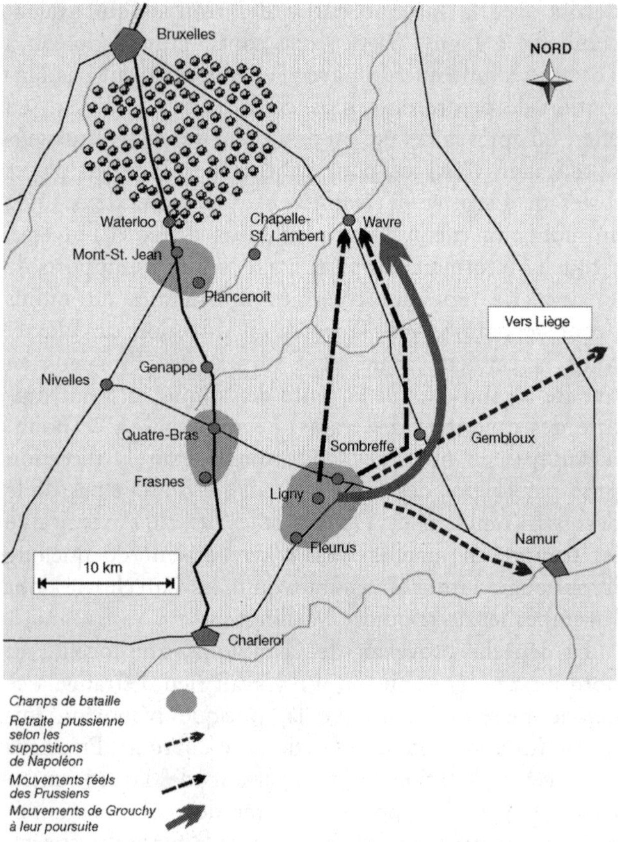

4. La retraite prussienne et la poursuite de Grouchy

point et que la seule apparition des avant-gardes de Grouchy lancées à leur poursuite sur la route de Wavre persuaderait les Prussiens d'accélérer leur retraite. Aussi conclut-il qu'il n'y avait pas lieu de s'inquiéter et, dans sa conviction tranquille que, de ce côté-là, tout irait pour le mieux, ne se soucia-t-il pas même de répondre à Grouchy.

La fatigue due à la mauvaise nuit et aux trop nombreuses heures passées à cheval la veille commença à se faire sentir pour Napoléon aux lueurs de l'aube. Un de ses officiers d'état-major, le colonel Petiet, avait déjà noté que l'empereur ne parvenait plus à rester aussi longtemps en selle que par le passé : « Quand il mettait pied à terre, soit pour examiner ses cartes, soit pour envoyer ou recevoir des renseignements, les gens de sa suite plaçaient devant lui une petite table en bois blanc et un siège grossier de la même nature sur lequel il restait longtemps assis. » Il est impossible de savoir si, à Waterloo, Napoléon fut tourmenté par des douleurs à la vessie ou, peut-être bien, par des hémorroïdes comme beaucoup en ont fait l'hypothèse, mais Petiet était resté effrayé de sa métamorphose physique depuis qu'il l'avait revu à son retour de l'île d'Elbe : « Son embonpoint, son visage d'un blanc mat, sa démarche lourde le rendaient bien différent du général Bonaparte que j'avais vu au commencement de ma carrière. » Alors qu'il faisait jour à l'extérieur, Napoléon, en se réchauffant au feu qui crépitait dans la cheminée, se fit apporter les dernières dépêches ministérielles de Paris et se plongea dans leur lecture, comme pour écarter la pensée du travail qui l'attendait.

À peine le duc de Wellington était-il en selle et sortait-il avec sa suite du village de Waterloo que l'officier prussien porteur du billet de Blücher le rejoignait. Wellington appela auprès de lui le baron von Müffling. Ensemble, ils déchiffrèrent la dépêche : Blücher y promettait de venir en aide à Wellington avec des forces deux fois supérieures à celles demandées. La collaboration entre les deux commandements avait, jusqu'à ce moment, plutôt laissé à désirer et Wellington était enclin à attribuer le retard avec lequel il avait été averti de l'avancée de Napoléon à la lenteur prussienne (« Pour m'apporter une dépêche urgente, Blücher a choisi l'homme le plus gras de son armée, auquel il a fallu trente heures pour faire trente milles »). Mais le duc avait à présent la confirmation que ses alliés n'entendaient pas l'abandonner. Ses derniers doutes quant à l'opportunité de livrer bataille à Waterloo doivent être tombés à ce moment. Restait à voir si Blücher parviendrait à tenir sa promesse et à la tenir dans un laps de temps raisonnable, car c'était de l'arrivée de ces renforts que dépendait la victoire ou la défaite.

Deuxième partie

« CE SERA L'AFFAIRE D'UN DÉJEUNER »

12. « Très peu d'entre nous seront encore vivants ce soir »

Il commençait à peine à faire jour. Dans un rayon de quelques kilomètres, près de cent cinquante mille hommes bleus de froid, revêtus d'uniformes mouillés qui déjà perdaient de leurs couleurs, pas rasés depuis plusieurs jours, crottés de la tête aux pieds, s'affairaient autour des restes des feux que la pluie avait éteints, cherchant à raviver un peu de flamme parmi les braises. Tout le bois et toute la paille que l'on avait pu trouver dans les villages et dans les fermes des alentours, en démolissant des enclos, des portes, des fenêtres et en vidant étables et fenils, avaient déjà été convoyés vers les bivouacs avec toute l'eau potable. Peu à peu, le sang recommençait à circuler dans leurs membres et même ceux, passablement nombreux, qui s'étaient réveillés ankylosés par le froid et incapables de bouger parvenaient petit à petit à se remettre debout. De tous côtés retentissait le crépitement de tirs isolés qui rappelait aux vieux soldats le bruit d'un combat d'avant-postes : après avoir essuyé et nettoyé les canons et les pierres à fusil de leurs armes, les hommes les remettaient en marche en tirant un coup pour être sûrs qu'ils étaient à nouveau utilisables. Les conditions d'hygiène devaient être épouvantables, et pourtant nous savons que beaucoup, peut-être plus qu'il n'y en aurait de nos jours, profitèrent de ces premières heures de lumière pour se faire la barbe et parfois même enfiler une chemise propre : « Car, comme l'observa un officier français, les soldats n'aiment pas combattre sales. »

Le capitaine Verner, du 7e Hussards, avait passé toute la nuit en selle avec son escadron dans un champ où le seigle était si haut que les chevaux y disparaissaient presque, afin de couvrir de cette position avancée le flanc droit de l'armée alliée. Le sentiment éprouvé, la veille au soir, quand on lui avait confié cette responsabilité avait été tout sauf de la satisfaction, car ses hommes avaient été durement mis à l'épreuve pendant la retraite des Quatre-Bras. Il n'en avait, bien sûr, pas moins obéi sans discuter, suivant le sergent-major du régiment dans la nuit noire jusqu'à l'endroit où le piquet devait prendre position. Après toute une nuit passée là, avec la pluie qui entrait dans leurs bottes, cependant que leurs chevaux enfonçaient jusqu'aux genoux dans la boue, les hussards s'aperçurent, aux premières lueurs du jour, que l'endroit où ils se trouvaient n'était qu'à quelques mètres de distance de la première ligne et que leur veille nocturne avait donc été parfaitement inutile. De son témoignage, jamais, pas même dans les plus durs moments de la guerre d'Espagne, Verner n'avait vu ses homme aussi fatigués et déprimés.

Les régiments de la brigade de sir Colin Halkett, au centre du dispositif de Wellington, essayaient de sortir de leur torpeur. Les hommes du 30e n'avaient rien mangé de chaud depuis trois jours. La veille, pendant leur retraite, ils avaient entrepris de mettre à profit une halte pour faire cuire leurs rations, mais presque aussitôt la marche avait repris en grande hâte, et l'on avait jeté soupe et viande dans les champs. Depuis, les chariots de ravitaillement n'étaient plus arrivés jusqu'à eux, si bien qu'ils avaient tous dû affronter la nuit sans rien à manger, si ce n'est les restes du kilo et demi de pain qui leur avait été distribué deux jours plus tôt. Au matin, les officiers du régiment s'aperçurent que leurs hommes, presque tous des petits nouveaux, sans expérience aucune, qui étaient allés pour la première fois au feu aux Quatre-Bras, étaient « quasiment pétrifiés de froid ; beaucoup ne parvenaient pas à tenir debout et d'aucuns étaient complètement hébétés ».

Le général Desales, commandant de l'artillerie du 1er corps, avait cédé son logement à son supérieur et passé la nuit au bivouac. Quand la pluie cessa enfin, vers l'aube, il était trempé jusqu'aux os et avait grande envie de se changer et d'enfiler du linge sec. En déambulant au milieu des wagons de l'artillerie, il trouva une voiture ouverte, à l'abandon. Il y entra sans perdre de temps pour s'y déshabiller et endosser ce qui n'avait pas pris l'humidité dans ses bagages. Célèbre pour avoir construit des ponts sur le Danube en un temps record pendant la campagne de Wagram, ce qui lui avait valu le titre de baron et quatre mille francs de rente, Desales, comme beaucoup d'autres officiers, s'était assez bien adapté au retour des Bourbons en 1814. Après tout, il était né à Versailles, et son père était un vieux serviteur de la maison royale. « J'avais, en quelque sorte, sucé avec le lait l'amour des Bourbons que, d'ailleurs, dans mon enfance, je voyais tous les jours. » Le retour inattendu de Napoléon et le départ précipité de Louis XVIII l'avaient convaincu de se présenter à l'empereur et de lui demander de rentrer à son service, pourvu que lui soit reconnu le grade de général qu'il avait obtenu après son abdication. Napoléon, qui avait grand besoin de techniciens, le lui avait confirmé.

À présent, Desales était là, au commandement des quarante-six canons du 1er corps, à scruter le ciel pour comprendre si la journée allait être réellement meilleure que la précédente.

À l'extrême gauche de la ligne alliée, sur la ligne de crête derrière la ferme de la Papelotte, les trois régiments de hussards de la brigade de sir Hussey Vivian se remettaient péniblement en ordre, après une nuit désastreuse où les chevaux, épouvantés par les coups de tonnerre et les éclairs, les avaient empêchés de fermer l'œil. Les officiers du 10e Hussards cherchèrent refuge dans une maison de paysans et, là, entièrement nus, firent sécher leurs uniformes à la cheminée. Le régiment avait le prince régent pour colonel honoraire – autant dire que c'était un régiment très à la mode, connu des mauvaises langues londoniennes comme « the Prince's Dolls », les Poupées du Prince. La compagnie était donc choisie. Elle comprenait le fils du duc de Rutland, le fils du comte de Carlisle et les neveux de quatre autres lords. Mais ils se connaissaient à peine entre eux, étant tous des nouveaux : l'année précédente, le colonel George Quentin avait comparu devant la cour martiale sous l'accusation de couardise face à l'ennemi ; les officiers du régiment, qui avaient unanimement soutenu cette accusation, avaient été transférés en masse après son absolution. Le colonel n'était pas vraiment populaire non plus parmi les nouveaux officiers : au moment de se rhabiller, l'un d'entre eux, le capitaine Wood, s'aperçut avec satisfaction que le « vieux Quentin » avait brûlé la semelle de ses bottes et ne parvenait plus à les enfiler.

Dans le château d'Hougoumont, le soldat Matthew Clay, du 3rd Foot Guards, se mit à fouiller les édifices qu'avaient abandonnés la veille maîtres et paysans, à la recherche de quelque chose à manger. Il trouva un morceau de pain rassis et une casserole où l'on avait mis à bouillir une tête de porc ; mais la viande n'avait pas fini de cuire et elle était si répugnante qu'il renonça à la goûter. Son morceau de pain mangé, Clay pensa à remettre de l'ordre dans sa tenue. La pluie l'avait transpercé, comme tous les autres ; mais, la veille, en passant à côté du cadavre d'un soldat allemand, il avait été assez prévoyant pour le déshabiller et lui prendre son linge. Ainsi avait-il à présent quelque chose de sec à se mettre sur le dos. Il changea de chemise et de caleçons, puis enfila de nouveau sa tunique écarlate encore humide, et s'en fut chercher un peu de paille pour s'asseoir au sec dans l'attente des ordres.

Les hommes du 85e de ligne avaient passé la nuit dans la boue, sans rien pour s'abriter de la pluie. Le régiment avait été formé dans les ports normands de Granville et de Cherbourg. Aussi comprenait-il un grand nombre d'anciens prisonniers de guerre qui avaient regagné la France après avoir été capturés en Espagne et parqués sur d'infernaux pontons flottants par les Anglais. Le capitaine Chapuis en avait la certitude : tous ces hommes brûlaient d'en venir aux mains avec les *Inglishmen* et de solder les comptes pour les vexations subies. Ils étaient prêts à se faire massacrer plutôt que d'être faits une nouvelle fois prisonniers. Pourtant, ce matin-là, en regardant autour de lui, le capitaine retrouva bien peu de l'esprit combatif avec lequel le 85e était parti à la guerre : le sombre silence qui régnait dans les rangs montra, au moment de l'appel, qu'après une nuit pareille les hommes auraient eu besoin de quelques heures de vrai repos avant de pouvoir marcher contre l'ennemi.

Sir Augustus Frazer, commandant de l'artillerie à cheval, avait dormi sous un toit, dans le village de Waterloo, et se sentait en assez bonne forme. Aux premières lueurs de l'aube, il s'assit pour écrire une longue lettre à sa femme, lui racontant ce qui s'était passé aux Quatre-Bras et essayant d'imaginer ce qu'il adviendrait ce jour-là. Sous un ton confiant et tranquille transparaît par endroits l'angoisse causée par les pertes subies dans les jours précédents. « Nous avons emmené tous nos blessés en lieu sûr, à l'exception de qui pourrait être resté au milieu des blés hauts sans être trouvé de personne. Les malheureux ! C'est dans ces scènes et non dans le combat lui-même que se révèle la misère de la guerre. La nuit passée, j'ai vu Henry Macleod ; il n'a plus de fièvre ni de douleurs et se remet peu à peu. Il a trois blessures de lance au côté, une égratignure à la tête et une contusion à l'épaule. Le pauvre Cameron est mort, me dit-on. Je me refuse à y croire. Adieu. Au milieu de toutes ces scènes étranges, mon esprit est avec toi, tranquille et serein malgré tout. Il n'y a pas lieu qu'il en soit autrement. Tout ira bien. Dieu te bénisse. »

Dans la batterie du capitaine Mercer, un caporal envoyé à la recherche de munitions venait de revenir avec un chariot rempli de vivres. Une fois le rhum distribué et bu sur place, les canonniers avaient mis à bouillir la farine d'avoine et avaient improvisé un porridge qu'ils qualifiaient, dans leur jargon, de « remonte-moral ». Mercer, constatant qu'il y avait aussi de la viande, refusa de manger de cette mixture et ordonna de faire la soupe. Les officiers de sa batterie et lui, tout en attendant leur pitance, se demandaient ce que la matinée allait leur réserver. Personne ne pouvait exclure une prompte reprise de la retraite, dans les conditions exactes de la veille, où l'armée anglaise aurait de nouveau les Français sur ses talons le long de la chaussée qui menait vers le nord. Comme il n'avait rien à faire, Mercer alla se promener entre les bivouacs de la cavalerie, prêtant oreille aux bavardages des hommes. « D'aucuns pensaient que les Français avaient peur de nous attaquer, d'autres au contraire qu'ils allaient rapidement le faire ; d'aucuns disaient que le duc n'attendrait pas l'attaque, d'autres que si, parce qu'il ne permettrait pas à Napoléon d'aller jusqu'à Bruxelles. » Au bout de quelque temps, le capitaine s'en retourna à sa batterie, en espérant que la soupe soit prête, pour tout simplement y découvrir que le moment était venu de se mettre en branle et que les soldats avaient tout jeté.

Un peu plus en arrière, les fusiliers du 2/95e avaient eu la permission de saccager les fermes des alentours. C'est ainsi donc qu'ils s'employaient à casser tout ce qui était en bois, pour pouvoir mettre leurs vêtements à sécher près d'un feu, et à égorger et faire cuire le peu de bétail que les paysans avaient laissé derrière eux. En entrant dans la cour d'une de ces fermes, quelques fusiliers y trouvèrent un de leurs compagnons sans vie et conclurent aussitôt qu'il avait été empoisonné, même s'il était plus probable qu'il soit tout simplement mort d'avoir bu trop d'eau-de-vie. Hors d'eux, les fusiliers commencèrent à détruire systématiquement tout ce qui se trouvait dans la ferme. Descendus à la cave, ils défoncèrent les tonneaux et remplirent leurs gourdes de vin. Puis, comme le mort appartenait à une compagnie à peine arrivée d'Angleterre et portait un uniforme neuf, alors que la leur se trouvait en Flandre depuis plus d'un an et que leurs uniformes étaient en lambeaux, ils jugèrent bon de dénuder le cadavre et se partagèrent ses effets.

Dans les champs près de la Belle-Alliance, les soldats du 28e de ligne avaient fini de démonter leurs armes pour les sécher, les graisser et en changer les pierres à fusil, et ils se préparaient à présent à manger. La veille au soir, en battant la campagne, ils s'étaient emparés d'une chèvre et avaient eu la prévoyance de la garder pour le lendemain. Un des caporaux, qui avait été garçon boucher, s'occupait donc d'abattre la bête, de la dépiauter et de la couper en morceaux. Cela fait, la viande fut mise à bouillir avec une certaine quantité de farine que le caporal Canler avait trouvée on ne sait où. Âgé de tout juste dix-huit ans, Canler n'avait jamais connu d'autre vie que celle de l'armée : fils de soldat, il avait vécu avec son père sur les champs de bataille et s'était enrôlé à quatorze ans comme petit tambour. Le jeune homme avait beau avoir mangé bien de méchantes soupes, il n'en trouva pas moins celle-là particulièrement dégoûtante : faute d'avoir du sel sous la main, le cuisinier avait eu l'idée de l'assaisonner d'un peu de poudre. Mais les hommes étaient si affamés qu'ils en mangèrent tous, le capitaine et le sous-lieutenant venant réclamer leur part comme les autres.

Un wagon de l'intendance chargé d'eau-de-vie s'était arrêté en arrière du 73e régiment et deux hommes de chaque compagnie étaient allés au ravitaillement. L'un d'eux était le grenadier Morris. Tandis qu'il attendait son tour, on lui montra un cavalier herculéen des Life Guards qui se frayait un passage et ingurgitait une grande quantité de liqueur. Morris l'observa avec admiration, car il s'agissait du fameux Shaw, un des boxeurs les plus puissants d'Angleterre. Une fois de retour dans sa compagnie, Morris découvrit que la ration d'eau-de-vie avait été calculée pour tous les hommes indiqués sur les rôles, sans tenir compte de ceux qui avaient été tués ou qui avaient fini à l'hôpital après le carnage des Quatre-Bras, si bien qu'après avoir terminé sa distribution il lui en restait une bonne quantité. Morris, qui n'avait pas encore vingt ans, et le sergent Burton, qui en avait plus de cinquante, profitèrent de l'occasion pour se préparer une double ration de grog. Puis Burton ordonna à son compagnon de mettre un peu d'eau-de-vie de côté pour après la bataille. Morris n'en voyait pas l'utilité : « Très peu d'entre nous seront encore en vie ce soir », objecta-t-il. Mais le vieux sergent avait un bon pressentiment : « Tom, je te dis les choses comme elles sont. On n'a pas encore fabriqué la bonne balle, ni pour toi, ni pour moi. »

Non loin de la Haye-Sainte, le comte d'Uxbridge allait observant les vestiges d'une cabane. La veille au soir, les fusiliers du 1/95e l'avaient partiellement démolie en alimentant leur feu avec son toit de paille. Le commandant du bataillon, sir Andrew Barnard, les avait toutefois empêchés de l'abattre, pour cette raison qu'il entendait y passer la nuit. (Sir Andrew était quelqu'un qui aimait bien vivre : il se faisait accompagner d'un cuisinier français, fait prisonnier à Salamanque, et il était capable de boire tranquillement ses trois bouteilles de vin au dîner ; au reste, il était un des officiers les plus populaires de l'armée.) Un filet de fumée montait à présent du toit de la cabane dont ne subsistaient que les pièces de charpente. Lord Uxbridge en conclut qu'il y avait là quelque chose de chaud et entra. Il y trouva effectivement sir Andrew et ses officiers en train de préparer le thé, si bien que lord Uxbridge en but une tasse avec eux, en un geste de condescendance qui, venant d'un si grand personnage, impressionna les plus jeunes officiers. Ce thé devait rester imprimé dans la mémoire de beaucoup. Le capitaine Kincaid, qui, à son réveil, n'avait plus trouvé sa jument et avait dû patauger une heure durant dans la boue avant de la découvrir au milieu des rosses de l'artillerie, se souvenait avec gratitude de la marmite bouillante sur le feu, où l'on avait versé du lait et du sucre en abondance, et dont, aux premières heures du jour, « presque toutes les grosses légumes de l'armée, du duc en descendant dans la hiérarchie, vinrent prendre une tasse ».

Il était déjà sept heures du matin quand le major von Bornstedt, commandant d'un bataillon du 1er Kurmark Landwehr [1], arriva avec ses hommes recrus de fatigue aux bivouacs préparés pour eux sur la rive de la Dyle, près de Wavre. Ces hommes, qui appartenaient au 3e corps d'armée de Thielemann, avaient marché non seulement toute la journée de la veille, mais aussi toute la nuit, en soutenant divers combats avec les patrouilles les plus avancées de l'ennemi, puisque leur bataillon constituait l'arrière-garde de l'armée prussienne. Pendant leur marche, leurs uniformes s'étaient, comme ceux de tous, gorgés d'eau et jamais ils n'avaient eu le temps de s'arrêter pour manger. On leur distribuait à présent le pain tant attendu et de l'eau-de-vie. Les hommes étaient prêts à s'écrouler sur le sol pour finalement arracher quelques heures de sommeil, mais leur major exigea qu'ils nettoient et sèchent d'abord leurs fusils, car ils pouvaient se faire attaquer d'un moment à l'autre. Les soldats, s'ils grommelèrent, comprirent qu'il avait raison.

Dès avant le point du jour, le major von Witowsky avait été envoyé, avec une patrouille du 6e Hussards, explorer les routes que le corps de Bülow devait parcourir ce matin-là pour joindre Waterloo. Plus que de

1. Note de l'auteur : je n'ai pas jugé utile de traduire les noms des régiments de la *landwehr* prussienne qui comprennent un numéro d'ordre et le nom de la province de recrutement ; dans ce cas, la marche électorale (*kurmark*) de Brandebourg.

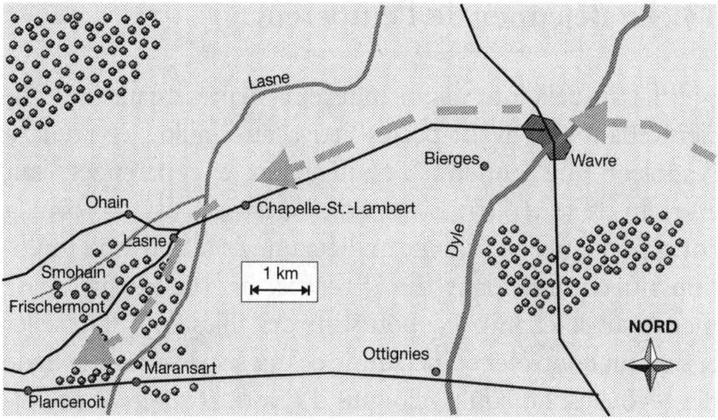

5. Parcours de von Bülow

routes, il s'agissait de pistes remplies de boue par les pluies des jours précédents. Les deux cours d'eau qui barraient la voie, la Dyle et la Lasne, roulaient des eaux troubles et grossies par les intempéries. Ne pouvant guère se fier aux gués, on ne pouvait franchir ces ruisseaux qu'en correspondance des rares ponts. Ces mauvaises nouvelles étaient largement compensées, toutefois, par la stupéfiante absence de l'ennemi. Si la cavalerie française cherchait les Prussiens, elle ne les cherchait pas de ce côté-là. Quand les Silésiens et les Polonais qui constituaient la patrouille de Witowsky entrèrent pour la première fois en contact avec une patrouille ennemie, ils étaient déjà en vue du clocher de Maransart : à l'insu de celle-ci, presque derrière l'aile droite française. D'autres officiers prussiens, partis dans d'identiques missions de reconnaissance, tiraient dans les mêmes heures les mêmes conclusions : d'ici peu, leurs rapports allaient commencer à parvenir à la tête des colonnes de Bülow, avec l'information vitale que la voie était libre.

13. Le déjeuner de l'empereur

Il faisait déjà jour depuis plusieurs heures quand un officier venant des avant-postes arriva au Caillou et référa à Napoléon que l'ennemi, à en juger par les apparences, était en train de se replier. L'empereur électrisé laissa de côté la correspondance parisienne et dicta une note hâtive à l'intention du commandant du 1er corps, lui ordonnant de se mettre sur-le-champ à la poursuite des alliés. Puis il fit seller et s'en fut contrôler en personne ce qui se passait sur la ligne des bivouacs. Lorsqu'il rejoignit d'Erlon, l'empereur découvrit que ses troupes n'avaient pas bougé : selon le général, l'ennemi face à lui ne se retirait absolument pas ; les seuls mouvements visibles étaient ceux d'unités allant occuper des positions de combat. Napoléon n'était pas convaincu. Il voulut vérifier de ses propres yeux. Parvenus aux avant-postes, d'Erlon et lui descendirent de cheval pour ne pas offrir une cible trop voyante à quelque sentinelle ennemie et observèrent à la longue-vue ce qui se produisait sur la crête de Mont-Saint-Jean. L'empereur ne tarda pas à se persuader que son général avait raison et que l'armée de Wellington était en train de prendre position pour résister à son attaque. « Ordonnez aux troupes de faire la soupe, de mettre les armes en état et nous verrons vers midi », arrêta Napoléon.

Midi peut paraître une heure très tardive, mais l'empereur avait ses raisons de prendre son temps. Une bonne moitié de son armée avait été obligée de bivouaquer très en arrière par rapport à la Belle-Alliance ; elle avait besoin de plusieurs heures pour se porter en ligne : l'avant-garde du 2e corps n'arriverait pas au Caillou avant neuf heures. Si l'on se souvient, de plus, que le terrain, rendu boueux par la pluie des dernières vingt-quatre heures, interdisait toute manœuvre à la cavalerie, et surtout à l'artillerie, qui se déplaçait toujours à grand-peine au milieu des champs, on peut facilement comprendre que l'empereur, ayant devant lui une journée tout entière et fort longue de juin, avec un soleil qui, en quelques heures, sécherait le terrain, n'avait aucune hâte de commencer. C'est ainsi qu'il s'en retourna au Caillou, et invita d'Erlon à déjeuner en sa compagnie.

Le « déjeuner à la fourchette » fut servi dans l'argenterie massive du service impérial. Ce que l'on désignait à l'époque sous ce terme était une collation matinale volontairement substantielle, avec de la viande froide et du vin, destinée à des gens qui étaient déjà debout depuis plusieurs heures et qui ne pouvaient assurément se contenter d'un café au lait. Pendant que les troupes qui étaient déjà en ligne nettoyaient leurs fusils et que celles qui avaient bivouaqué plus en arrière peinaient à travers les champs bourbeux pour se porter sur les positions assignées, Napoléon s'attarda à table avec ses généraux. La compagnie était nombreuse : outre le chef d'état-major de l'armée, le maréchal Soult, se trouvaient présents le commandant de la Garde, Drouot, et naturellement d'Erlon accompagné de ses quatre commandants de division. Son déjeuner englouti, Napoléon fit déplier la carte sur la table et, après l'avoir étudiée, annonça à ses généraux : « L'armée ennemie est supérieure à la nôtre de plus qu'un quart. Nous n'en avons pas moins quatre-vingt-dix chances pour nous et point dix contre. » Comme il l'avoua plus tard à Sainte-Hélène, jamais aucune de ses batailles ne lui avait semblé plus sûre.

C'est à ce moment qu'entra dans la pièce le maréchal Ney. Le plus courageux, sinon le plus intelligent des généraux de Napoléon avait rejoint l'armée depuis cinq jours à peine et avait déjà eu le temps de faire piteuse impression en conduisant l'attaque des Quatre-Bras avec peu de succès.

Lui aussi avait entendu dire que Wellington se retirait et il venait en grande hâte en avertir l'empereur. Napoléon, sachant gré à son général de sa démarche, l'informa qu'il se trompait et que l'armée ennemie, quand bien même elle l'aurait voulu, n'était plus en mesure de se retirer sans aller à la catastrophe. « Wellington a jeté les dès, et ils sont pour nous », conclut-il. Soult, qui avait déjà combattu contre Wellington en Espagne et qui ne s'en était pas bien tiré, suggéra que l'on donne ordre à Grouchy de les rejoindre avec une partie de ses troupes, mais Napoléon l'interrompit. « Parce que vous avez été battu par Wellington, vous le regardez comme un grand général. Et moi, je vous dis que Wellington est un mauvais général, que les Anglais sont de mauvaises troupes, et que ce sera l'affaire d'un déjeuner. »

L'empereur ne croyait peut-être pas entièrement en ce qu'il disait, mais il avait toujours eu pour ligne de conduite de déprécier l'ennemi en public afin de renforcer le moral de ses hommes : « À la guerre, le moral est tout. » Quoi qu'il en soit, sa seule expérience directe de Wellington, mûrie au cours des derniers jours, ne justifiait assurément pas la haute opinion que ses généraux semblaient avoir du commandant ennemi. Ne s'était-il pas tout d'abord fait surprendre, non préparé, par l'invasion ? Ne s'était-il pas ensuite laissé progressivement acculer à la forêt, sans aucune possibilité de retraite, face à une armée plus forte que la sienne ? Napoléon était vraisemblablement bel et bien convaincu que l'on surestimait le duc. (Même s'il avait quelque embarras à exprimer tout haut son opinion sur son adversaire et préférait en parler le moins possible, Napoléon, après Waterloo, ne changea, du reste, aucunement d'avis : comme le constata Las Cases à Sainte-Hélène, « en général, il répugnait à l'empereur de mentionner lord W... », mais lorsqu'il était amené à le faire, il en parlait en très mauvais termes.)

D'autres généraux s'unirent à la tablée : Reille, commandant du 2e corps, qui était finalement en train de rejoindre ses positions devant Hougoumont, et deux de ses commandants de division, dont le prince Jérôme, frère de Napoléon. Engagé à donner son avis, Reille, qui avait lui aussi combattu en Espagne, avertit que l'infanterie anglaise était excellente et que, dans une bonne position défensive, sa fermeté de caractère et sa supériorité de feu la rendaient presque impossible à déloger. Mais l'armée anglaise était aussi la dernière armée d'Ancien Régime, imperméable aux changements introduits par la Révolution, habituée à marcher avec prudence et sans jamais s'éloigner de ses dépôts : elle « est moins agile, moins souple, moins manœuvrière que la nôtre. Si on ne peut la vaincre par une attaque directe, on peut le faire par des manœuvres ».

Mais l'avis de Reille arrivait trop tard. Dès la veille au soir, l'empereur avait décidé que l'armée ennemie, en s'arrêtant derrière la crête de Mont-Saint-Jean pour attendre l'attaque, s'était fourrée elle-même dans une chausse-trape ; et il avait à présent hâte d'en finir. Il interrompit donc le général d'une exclamation incrédule. (Selon une autre version des faits, Reille n'aurait pas effleuré le sujet avec l'empereur. Il s'en serait simplement entretenu en privé avec d'Erlon. Son collègue lui suggérant d'en parler à l'empereur, il aurait répliqué : « À quoi bon ? Il ne nous écouterait pas ! ») Une étrange nouvelle apportée par son frère Jérôme n'ébranla pas davantage Napoléon. Cette nuit-là, le prince avait dîné à Genappe à l'Auberge du roi d'Espagne. Or, quelques heures plus tôt, c'était le duc de Wellington qui avait déjeuné dans la même auberge avec ses officiers. Et un valet de chambre avait référé à Jérôme qu'ils avaient discuté, au cours de ce repas, d'un plan de marche des Prussiens qui, partant de Wavre, devaient s'unir à l'armée alliée. Napoléon haussa les épaules, sceptique : après la raclée de Ligny, affirma-t-il, les Prussiens avaient besoin de deux jours au moins pour se reprendre, et Grouchy de toute manière allait s'occuper d'eux.

Le plan de l'empereur était encore largement indéterminé. Déceler les forces et les faiblesses du dispositif de Wellington allait encore demander beaucoup de temps et de travail. Napoléon dit à ses généraux : « Je ferai jouer ma nombreuse artillerie, je ferai charger ma cavalerie pour forcer les ennemis à se montrer et, quand je serai bien sûr du point occupé par les nationaux anglais, je marcherai droit sur eux avec ma vieille Garde. » Mais, par-delà cette procédure que l'on pourrait qualifier de routine, Napoléon était certain d'une chose : cette bataille allait sauver la France et entrer dans les annales du monde entier. À dix heures, tandis que ses généraux remontaient à cheval pour rejoindre leurs troupes, Soult écrivit à Grouchy : « L'empereur me charge de vous prévenir qu'en ce moment Sa Majesté va faire attaquer l'armée anglaise qui a pris position à Waterloo. »

14. Les forces en présence

Maints ouvrages sur Waterloo indiquent les forces en présence à la décimale près. Une telle méticulosité séduit jusqu'au moment où l'on se rend compte que ces chiffres si détaillés ne concordent jamais d'un auteur à l'autre. Du reste, les premiers ouvrages furent publiés à une époque où les officiers qui avaient pris part à la bataille étaient encore en vie, et la confiance naïve des historiens dans les chiffres officiels, reportés dans les rôles des régiments, fut parmi eux objet de dérision. Le major De

Lacy Evans, aide de camp de la brigade de cavalerie de sir William Ponsonby, en lisant dans un livre que sa brigade avait engagé le combat avec 1123 sabres, objecta : « Cela va très bien pour les rôles, mais les 1123 sabres n'étaient pas sur le terrain, selon mon humble mémoire et conviction. » Sur la foi des registres, des chercheurs ont récemment attribué à cette brigade une force globale encore supérieure : 82 officiers et 1233 hommes. Pourtant, un autre officier, le capitaine Clark, confirmait les propos de De Lacy Evans : « Pour ce qui est de la force de la brigade engagée sur le terrain le 18 juin, je ne l'ai jamais évaluée à plus de 950 hommes, ou, tout au plus, à 1000 sabres. » Sont, de fait, à décompter les domestiques des officiers, restés en arrière avec les chevaux et les bagages de leurs maîtres, les soldats chargés de s'occuper des blessés et d'assister les chirurgiens, tous ceux qui étaient employés à la marche des magasins, des hôpitaux, des prisons ou à l'escorte des convois et, pour finir, les absents sans permission. Bref, les forces réellement engagées étaient toujours très inférieures à celles prévues sur le papier.

Compte tenu de ces limites de la documentation, on peut hasarder une estimation du nombre de combattants effectivement à disposition des commandants. L'armée avec laquelle Napoléon entendait déclencher l'attaque à la crête de Mont-Saint-Jean devait compter soixante-neuf mille combattants ; plus précisément, quarante-huit mille fantassins, quatorze mille cavaliers et sept mille artilleurs affectés à environ deux cent cinquante bouches de feu. Ce n'était pas là une armée particulièrement imposante pour l'époque : à Wagram, en 1809, l'empereur avait commandé cent soixante-dix mille hommes et cinq cents canons et, à Leipzig, en 1813, pas moins de cent quatre-vingt-quinze mille hommes et sept cents canons. Les forces dont il disposait à Waterloo étaient plus semblables à celles des anciens temps, avant que l'Empire parvienne à mobiliser les ressources humaines et matérielles de la moitié de l'Europe pour multiplier ses armées : si l'on excepte les canons, en lesquels Napoléon avait une foi inébranlable et qu'il n'avait jamais cessé de multiplier, les forces sous ses ordres étaient plus ou moins les mêmes qu'à Austerlitz, où l'armée française avait déployé, dix ans plus tôt, soixante-treize mille hommes et cent trente-neuf pièces d'artillerie.

Napoléon avait tort de croire l'armée de Wellington numériquement supérieure à la sienne. Le nombre d'hommes effectivement disponibles était identique : soixante-huit mille environ, dont cinquante et un mille fantassins, onze mille cavaliers, un peu moins de six mille artilleurs. Parmi ceux-ci, les troupes britanniques comptaient à peine vingt-quatre mille hommes ; dix-huit mille environ appartenaient à l'armée des Pays-Bas et deux mille se répartissaient entre les quatre contingents allemands : la King's German Legion, avec six mille hommes, l'armée régulière du Hanovre avec onze mille hommes, celle du Brunswick avec six mille hommes et celle du duché de Nassau avec près de trois mille hommes. (En raison d'une bizarrerie dynastique à laquelle nous avons fait allusion, l'armée des Pays-Bas comptait elle aussi, outre quatre mille Belges environ et neuf mille Hollandais, un peu plus de quatre mille hommes recrutés dans les principautés de Nassau, en sorte que les Allemands étaient trente mille au total dans l'armée de Wellington.) Équivalente à l'armée de Napoléon pour ce qui était du nombre des combattants, l'armée de Wellington lui était, en revanche, inférieure pour ce qui était de l'artillerie, puisqu'elle ne déployait guère plus de cent cinquante canons sur le terrain, une centaine de moins que les Français.

La présence d'un fort contingent de la milice accentuait la faiblesse de l'armée alliée. Alors que Napoléon pouvait compter sur quarante-huit mille fantassins de ligne, Wellington n'en avait qu'à peine trente-huit mille – treize mille de ses hommes étant des miliciens inexpérimentés. C'était, avec l'énorme disproportion de l'artillerie, un des facteurs qui avaient joué la veille et fait que, de deux armées apparemment égales par le nombre d'hommes, l'une s'était retirée tout au long du jour poursuivie par l'autre. C'était aussi pourquoi Wellington, au matin du 18 juin, se préparait à se défendre et Napoléon à attaquer, convaincu qu'il était que l'ennemi avait commis une erreur fatale en acceptant de livrer bataille pour couvrir Bruxelles.

Mais Wellington comptait sur l'arrivée des Prussiens – un renfort qui pouvait changer les choses. L'armée de Blücher n'était certes plus aussi imposante qu'elle l'avait été deux jours auparavant, quand elle comptait encore dans les quatre-vingt-quinze mille fantassins, treize mille cavaliers, cinq mille artilleurs et trois cents canons – près du double, en somme, des forces dont disposait Wellington. Au cours de la désastreuse bataille de Ligny, puis de la retraite, un bon quart de l'armée prussienne avait, en effet, disparu, entre morts, blessés, prisonniers et fugitifs. Ainsi réduites, les forces prussiennes étaient encore plus que suffisantes, cependant, pour renverser le rapport de forces entre Napoléon et ses adversaires. À condition qu'elles arrivent à temps. Le 4e corps de von Bülow, qui s'était mis en marche vers Waterloo dès les premières lueurs du jour, comptait à lui seul quelque chose comme vingt-cinq mille fantassins, trois mille cavaliers, deux mille artilleurs et quatre-vingt-huit canons. Même s'il était en grande partie composé de régiments de la milice territoriale et non de troupes régulières, sa survenue sur le champ de bataille de Waterloo pouvait, à l'évidence, modifier radicalement le rapport de forces.

En définitive, la victoire ou la défaite dépendait largement de la possibilité qu'allaient avoir les Prussiens de tenir la promesse faite à Wellington, en dépit des routes transformées en fondrières, des rivières en crue, et surtout de la cavalerie de Grouchy lancée quelque part à leur recherche. La bataille de Waterloo allait également être une bataille contre la montre. C'était sans aucun doute ce à quoi pensait le duc lorsque, ce matin-là, il exprima à Uxbridge sa confiance dans les maigres troupes anglaises dont il disposait : « Je sais qu'ils ne fuiront pas, et, quoi qu'il advienne, il faudra quelques heures pour les tuer tous. »

15. Le dispositif de Wellington

Au lever du soleil, aucun des deux généraux n'avait la moindre idée du dispositif adverse, puisqu'une partie des troupes de Napoléon étaient encore en marche vers la Belle-Alliance et que celles de Wellington avaient bivouaqué à couvert de la crête de Mont-Saint-Jean. L'un et l'autre avaient donc pris leurs dispositions sur la base d'une évaluation hypothétique de ce qui pourrait se produire. Le critère selon lequel Wellington avait réparti ses troupes est révélateur de ses préoccupations touchant l'affrontement imminent. Aussi convient-il de l'observer de plus près. Ajoutons au préalable que, si les forces alliées étaient subdivisées en deux corps d'armée et une réserve, ce partage était une mesure plus administrative que tactique et qu'il fut rarement respecté sur le champ de bataille, où la division constitua l'unité de manœuvre. Lorsqu'il eut le temps de le faire, Wellington transmit ses ordres par l'intermédiaire des deux commandants de corps, lord Hill et le prince d'Orange, placés respectivement à l'aile droite et au centre de son dispositif. En cas d'urgence, le duc donna, en revanche, directement ses ordres aux divisions ; et il les déplaça librement sans tenir compte de leur appartenance. Nous décrirons donc, nous aussi, le dispositif de Wellington en nous référant avant tout aux divisions.

Le front que le duc se proposait de défendre formait un arc de moins de quatre kilomètres, ce qui était résolument peu par rapport à l'ordinaire de la bataille napoléonienne et aux dimensions de l'armée de Wellington : le champ de bataille d'Austerlitz avait une extension de huit kilomètres, celui de Leipzig en atteignait douze. Il est, dès lors, évident que le duc pouvait disposer ses troupes en profondeur en amassant une grande quantité de réserves. La route pavée qui court du sud au nord en direction de Bruxelles constituait l'axe naturel du champ de bataille. Le croisement de cette route et d'un chemin creux dit chemin d'Ohain, où se dressait l'orme devenu célèbre sous le nom d'« arbre de Wellington », représentait le centre de sa ligne défensive. On pourrait donc imaginer que les formations alliées aient été disposées de manière plus ou moins égale de chaque côté de la grand-route.

Les dispositions prises par Wellington furent entièrement différentes. Sur ce qui était pour lui à gauche de la route, entre le croisement et la Papelotte, sur une longueur de près de deux kilomètres, le duc ne disposa que deux divisions : la division anglo-hanovrienne de Picton et la division belgo-hollandaise de Perponcher, c'est-à-dire précisément celles qui avaient été le plus éprouvées deux jours auparavant au cours de la bataille des Quatre-Bras. Elles représentaient en tout onze mille baïonnettes environ, mais seuls sept mille cinq cents fantassins appartenaient à des bataillons de l'armée régulière, le reste faisant partie de la milice. Le duc lui-même se rendait compte que c'était peu pour tenir deux kilomètres de front. Il décida donc d'y déployer également en bataille les deux brigades de la division de sir Lowry Cole. Une seule cependant, comprenant plus ou moins deux mille cinq cents miliciens hanovriens au commandement du colonel Best, était déjà en ligne. L'autre brigade, celle de sir John Lambert, beaucoup plus puissante puisqu'elle comptait un peu plus de deux mille soldats des troupes régulières anglaises, était encore en marche sur la route de Bruxelles.

Le duc donna ordre à sir John de se préparer à entrer en ligne à gauche de la division Picton et de prendre le commandement des deux brigades, puisque sir Lowry Cole avait regagné l'Angleterre pour s'y marier. Comme nous le verrons, les choses se déroulèrent autrement. Mais, à supposer que les troupes de Lambert aient bien pris position sur l'aile gauche, ces forces n'auraient pas dépassé au total les seize mille baïonnettes, dont plus d'un tiers de miliciens, appuyés par trente-trois canons. Il est vrai que, dans ce secteur, étaient également disposées, en seconde ligne par rapport à l'infanterie, les brigades de cavalerie anglaises Vivian, Vandeleur et Ponsonby et que leurs trois mille sabres représentaient une réserve respectable pour une éventuelle contre-attaque. Subsiste une impression : Wellington ne s'attendait pas à être attaqué en force sur ce côté ou, du moins, ne s'en souciait pas trop, puisque c'était précisément dans ce secteur que débouchaient les routes venant de Wavre, par où devait se matérialiser le renfort prussien tant espéré.

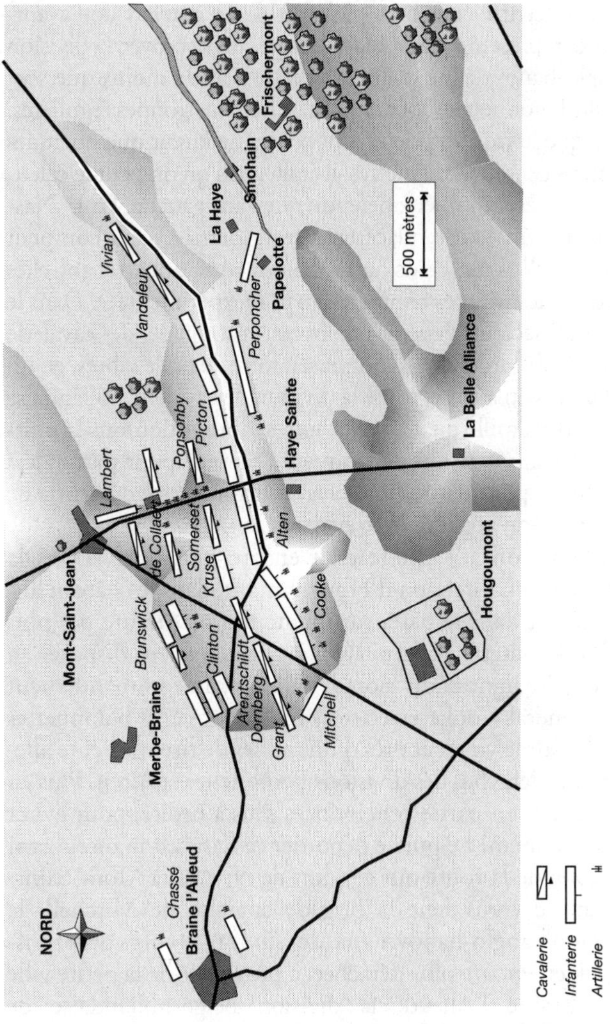

6. Le dispositif de Wellington

Son centre était bien plus fort. Là, à couvert de l'avant-poste représenté par la Haye-Sainte, fut déployée la division anglo-hanovrienne d'Alten : c'était rien de moins que sept mille baïonnettes, appartenant toutes aux troupes régulières. Vu que le front qui leur était confié ne faisait que quelques petites centaines de mètres, il était, ainsi qu'on peut le calculer, de très loin mieux défendu que l'aile gauche. Le 1er Nassau de von Kruse, placé en réserve derrière eux, comptait deux mille cinq cents autres baïonnettes, appartenant elles aussi à des troupes régulières, mais inexpérimentées. Dans le même secteur étaient déployées la brigade de cavalerie lourde de lord Edward Somerset, forte de mille sabres, et, un peu plus en arrière, toute la division de cavalerie hollandaise avec trois mille quatre cents autres sabres. Ajoutons la puissante concentration de cinquante canons, pour partie déjà en ligne, pour partie en réserve, et la robustesse du centre de Wellington apparaît avec évidence.

Mais son aile droite était encore plus forte. Dans la déclivité en direction d'Hougoumont, dans le château lui-même et dans le parc, sur un arc qui ne mesure pas plus d'un kilomètre et demi à vol d'oiseau, étaient disposés en première ligne la division des Gardes, au commandement du général Cooke, avec trois mille sept cents baïonnettes triées sur le volet, et près d'un millier de tireurs d'élite allemands détachés des divisions Perponcher et Alten. Plus en arrière et en partie échelonnées plus à droite, pour éviter que l'ennemi ne puisse déborder ce flanc en manœuvrant le long de la route qui conduit de Nivelles à Mont-Saint-Jean, se trouvaient la brigade anglaise de Mitchell, la division anglo-hanovrienne de Clinton, le corps du Brunswick et, encore plus détachée, à proximité de la petite ville de Braine l'Alleud, la division belgo-hollandaise de Chassé : en tout une puissante réserve de vingt mille baïonnettes, dont près de quinze mille soldats réguliers.

Les brigades de cavalerie anglo-hanovrienne Dornberg, Grant et Arentschildt, jointes à la cavalerie du Brunswick, apportaient en sus trois mille sept cents sabres à un secteur qui, avec ses soixante-quatorze canons, était beaucoup plus dense et mieux protégé que l'aile gauche.

Le dispositif de Wellington était, en conclusion, nettement déséquilibré, composé qu'il était d'une aile droite très forte et échelonnée en profondeur, d'un centre très solide et d'une aile gauche résolument plus faible. À en juger par ces dispositions, il est clair que le duc entendait conserver à tout prix les deux avant-postes qui protégeaient sa ligne, la ferme de la Haye-Sainte et le château d'Hougoumont, mais qu'en dehors de cela il supputait et craignait une attaque sur sa droite, redoutant peut-être aussi de devoir faire face à un mouvement tournant dans cette direction qui aurait coupé sa ligne de communication avec les ports de la Manche. En revanche, Wellington n'était pas trop préoccupé de son flanc gauche, où il avait réparti, comme pour leur faire reprendre haleine, les troupes les plus saignées à blanc aux Quatre-Bras et où l'on s'attendait à voir déboucher d'un moment à l'autre la tête des colonnes prussiennes.

Dans l'ensemble, la position que Wellington se proposait de défendre a toujours été jugée excellente. Les deux édifices entourés de murs d'enceinte d'Hougoumont et de La Haye-Sainte étaient de véritables forteresses que l'on pouvait espérer défendre tout le jour d'une quelconque attaque frontale. La dorsale de Mont-Saint-Jean cachait le gros des troupes à la vue de l'ennemi et le protégeait au moins en partie du feu de son artillerie, même si un bombardement intensif, des tirs à l'aveuglette au-dessus de la crête, pouvait toujours causer des pertes. On peut donc s'étonner du commentaire que sir Thomas Picton éprouva le besoin de faire à sir John Colborne, colonel du 52e Léger, après avoir parcouru à cheval toute la ligne de front : « Je n'ai jamais vu une armée se ranger en bataille sur une pire position. » Mais sir Thomas Picton était connu pour sa mauvaise humeur. Et un boulet de canon lui avait, de surcroît, fêlé deux ou trois côtes aux Quatre-Bras, ce qu'il n'avait dit à personne, hormis à son domestique, pour ne pas être renvoyé à Bruxelles. Il est donc bien compréhensible qu'il ait été plus irritable qu'à l'ordinaire.

16. Le dispositif de Napoléon

Qu'allait faire Napoléon ? Allait-il profiter de la faiblesse du dispositif ennemi en frappant son aile gauche vulnérable ou chercher à manœuvrer pour déborder le flanc droit de Wellington, comme le craignait le duc ? À vrai dire, Napoléon à dix heures du matin n'avait pas encore décidé de la manière dont se développerait l'action, pour la bonne raison que le dispositif de Wellington à couvert de la crête de Mont-Saint-Jean lui était inconnu, contrairement à nous. Tout ce qu'il savait, c'était que la position était défendue « par une armée de canons et des montagnes d'infanterie », comme le référa un des officiers envoyés en reconnaissance dès après le lever du soleil. L'empereur fit donc déployer ses troupes en bataille de manière aussi symétrique que possible. Il ne préjugeait ainsi d'aucune des évolutions à venir, conservant jusqu'au dernier moment la possibilité d'employer le gros de ses forces à droite, à gauche ou au centre. C'était d'ailleurs, pour Napoléon, la façon normale d'engager une bataille, en évaluant toutes les solutions possibles et en maintenant sa décision en suspens jusqu'à ce qu'il ait recueilli des indices suffisants : la qualité la plus marquante d'un plan napoléonien était d'être flexible. Après quoi, comme le répétait l'empereur, « tout tenait à l'exécution ».

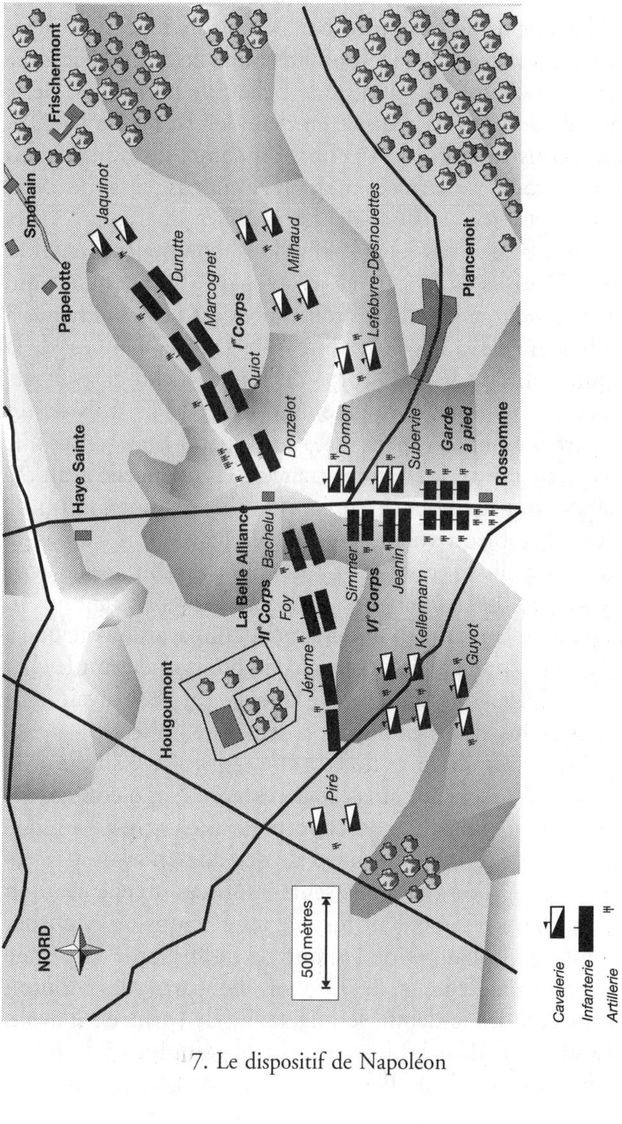

7. Le dispositif de Napoléon

La disposition adoptée par Napoléon reflétait exactement cette exigence de flexibilité. Son aile droite, déployée dans les champs au-delà de la Belle-Alliance, à l'est de la grand-route qui partageait en deux le champ de bataille, était constituée par le 1er corps du comte d'Erlon, le plus fort de toute son armée, vu qu'il n'avait pas participé, deux jours plus tôt, aux sanglantes batailles de Ligny et des Quatre-Bras : ses quatre divisions comptaient environ 16 000 fusils et 46 canons, en plus de 1500 cavaliers qui surveillaient, à l'extrême droite, les avant-postes ennemis à la hauteur de la Papelotte. Sur l'aile gauche, à l'ouest de la route, prit place le 2e corps de Reille. Celui-ci avait été encore plus fort, à l'origine, que le 1er. Mais trois de ses quatre divisions s'étaient usées aux Quatre-Bras, tandis que la quatrième avait été si maltraitée à Ligny qu'elle avait été laissée sur place pour se réorganiser (c'est du moins ce qu'affirma Napoléon ; mais, selon Clausewitz, « il n'y a pas de doute qu'elle fut oubliée »). Quoi qu'il en soit, Reille avait encore 13 000 baïonnettes, 1300 cavaliers et 36 canons. Au milieu de la matinée, son infanterie, qui avait bivouaqué à Genappe, prenait encore peu à peu position devant le château d'Hougoumont, tandis que la cavalerie avait déjà poussé plus avant, en direction de Braine l'Alleud.

Au centre, le long de la route, entre Le Caillou et la Belle-Alliance, était amassée la réserve : Napoléon comptait sur sa puissance de choc pour déclencher l'attaque décisive, si l'une ou l'autre de ses ailes n'avait pas été en mesure d'écraser à elle seule les forces qu'elle avait en face. Cette réserve était formée du 6e corps de Mouton, comte de Lobau, et de l'infanterie de la Garde impériale au commandement de Drouot. Le corps de Mouton avait été, dès le début, le plus faible de l'armée ; il avait, de surcroît, détaché une de ses trois divisions à la poursuite des Prussiens. Il ne comptait, par conséquent, que

6 000 fusils et 30 canons, mais c'étaient là aussi des troupes fraîches, qui n'avaient pas encore combattu. Quant à l'infanterie de la Garde, ses trois divisions avaient contribué à la victoire de Ligny, mais pas au point de s'y user. Avec leurs 13 000 fusils, relevant tous de troupes d'élite, et 72 canons, elles concentraient une puissance de choc et une puissance de feu considérables.

La nombreuse cavalerie de la réserve fut disposée par l'empereur selon le même principe de symétrie, de manière à assurer une flexibilité d'intervention maximale. À droite, à couvert de l'infanterie du comte d'Erlon, se trouvaient le 4e corps de Milhaud avec ses 2 700 cuirassiers et la cavalerie légère de la Garde, au commandement de Lefebvre-Desnouettes, avec ses 2 000 lanciers et chasseurs à cheval. À gauche, en soutien de l'infanterie de Reille, étaient positionnés le 3e corps de Kellermann, avec ses 3 000 sabres entre cuirassiers, carabiniers et dragons, et la cavalerie lourde de la Garde, aux ordres de Guyot, avec 1 600 sabres entre grenadiers à cheval et dragons. Au centre, enfin, derrière la Belle-Alliance, il y avait encore une ultime réserve, constituée par les deux divisions de cavalerie légère Domon et Subervie, avec en tout 2 000 lanciers et chasseurs à cheval. Toute cette cavalerie était accompagnée de dix batteries d'artillerie qui alignaient un total de soixante canons.

17. « Vive l'empereur ! »

Alors que les troupes étaient encore en marche pour gagner leurs positions, Napoléon monta à cheval afin d'explorer une nouvelle fois les avant-postes. Les officiers de l'artillerie avaient référé que le terrain s'était raffermi et qu'il serait bientôt possible de manœuvrer les pièces. Restèrent au Caillou son valet Marchand, les voitures contenant ses bagages, ainsi que ses cuisiniers qui avaient ordre de préparer le dîner pour six heures (« une épaule de mouton bien cuite »). Un habitant des lieux, un paysan appelé De Coster, propriétaire d'une auberge le long de la route, non loin de là, chevauchait avec l'empereur et ses aides de camp. À cinq heures du matin, les Français l'avaient jeté au bas de son lit et l'avaient obligé à les suivre, car l'empereur avait besoin d'un guide. Pour éviter qu'il ne prenne le large, ils lui avaient lié les mains derrière le dos et l'avaient hissé de force sur un cheval qui avait été attaché avec une courroie à la selle d'un chevau-léger de l'escorte.

Les troupes saluaient l'empereur sur son passage avec un enthousiasme croissant, à telle enseigne que les cris de ces milliers d'hommes finirent par couvrir les marches glorieuses de la Révolution et de l'Empire que s'exténuaient à jouer les musiques des régiments. Tous s'efforçaient de voir de près Napoléon, que, bien souvent, ils n'avaient pas encore vu en personne depuis son retour de l'île d'Elbe. « Il m'a eu l'air en excellente santé, extraordinairement actif et préoccupé. Il a ôté diverses fois son chapeau pour nous saluer », observa un jeune officier tout en ajoutant, un tantinet mal à l'aise : « Il semble profondément plongé dans ses pensées, parlant peu, par saccades, donnant ses ordres avec des mots concis. Quant à son teint, il est décoloré, presque de cire, non point jaune, plutôt d'un blanc de cierge pascal. » La grande majorité, toutefois, n'eut pas l'occasion de faire des observations aussi rapprochées, ni de concevoir des motifs d'inquiétude. Les fantassins levèrent haut leurs shakos sur la pointe de leurs baïonnettes, la cavalerie brandit ses sabres et de toutes parts s'éleva un rugissement puissant : « Vive l'Empereur ! » « Jamais, écrivit un officier du corps de d'Erlon, ces mots n'avaient été hurlés avec plus d'enthousiasme ; nous étions en délire. »

En réalité, cet enthousiasme n'était pas partagé de tous, notamment pas des soldats qui étaient restés le ventre vide. Un fantassin de ce premier corps, précisément, se souvint qu'on leur avait distribué une double ration d'eau-de-vie au matin : « Avec un quignon de pain, nous aurions été très bien, mais du pain, il n'y en avait pas. On peut imaginer de quelle humeur nous étions. Beaucoup disent que nous étions enthousiastes et que tout le monde chantait, mais c'est un mensonge. Marcher toute une nuit sans sa ration, dormir dans l'eau sans la permission d'allumer un feu et, pour finir, se préparer à affronter la mitraille ôtait tout désir de chanter. Nous étions simplement contents d'extirper nos souliers des trous où ils s'enfonçaient à chaque pas. Gelés comme nous l'étions et trempés d'avoir traversé le blé mouillé, même les plus courageux avaient l'air mécontent. Les musiques des régiments, il est vrai, jouaient des marches, les trompettes de la cavalerie, les tambours de l'infanterie et les trombones se superposaient et faisaient un effet grandiose. Mais je n'ai entendu personne, quant à moi, chanter à Waterloo. »

Si artificiel ou sincère qu'il ait été, l'enthousiasme avec lequel les soldats acclamèrent ce matin-là leur empereur était le fruit d'une propagande bien orchestrée. Napoléon avait tout fait pour que l'onde d'excitation qui avait traversé la France comme une secousse électrique à la nouvelle qu'il s'était enfui de l'île d'Elbe ne s'éteigne pas, surtout parmi la troupe. Pour galvaniser son armée, on avait imaginé des cérémonies triomphales au cours desquelles des aigles étaient remises aux régiments de l'armée impériale reconstituée. Il s'agissait de hampes, semblables à celles des légions de la Rome antique, surmontées d'une aigle de bronze et auxquelles étaient attaché le drapeau tricolore. Il y en avait une seule par régiment et l'empereur les avait remises à la troupe au cours d'une cérémonie solennelle sur le Champ de Mars, à peine dix-huit jours plus tôt. Les régiments qui ne se trouvaient pas à Paris les avaient reçues à une date encore plus tardive, à la veille même de la campagne : le colonel Fantin des Odoards, commandant du 22e de ligne, avait présenté l'aigle à son régiment disposé en carré le 11 juin. « Cette nouvelle enseigne, tout fraîchement sortie de l'atelier du doreur, a été solennellement bénite dans l'église de Couvins ; puis, chaque soldat, en la touchant de la main, a individuellement juré de la défendre jusqu'à la mort », rapporte, ému, le colonel. Bien que les soldats aient peu respectueusement surnommé cette aigle « le coucou », ils devaient montrer à Waterloo que ce serment avait été pris au sérieux.

Dans les semaines qui avaient précédé la bataille, Napoléon avait fait monter l'enthousiasme de ses hommes par des distributions massives de distinctions honorifiques. Le 93e de ligne avait été passé en revue à Paris sur la place du Carrousel. L'empereur avait préalablement demandé à son colonel vingt noms de soldats à décorer de la Légion d'honneur. Le colonel avait retenu vingt-cinq noms. Napoléon s'en était aperçu. Il n'avait pas accordé la décoration aux derniers de la liste et avait jeté la feuille avec irritation. Un des soldats qui avait ainsi vu lui échapper le ruban écrivit plus tard : « Je pus voir à terre le morceau de papier que le vent emporta avec mon rêve de jeune homme. Je n'ai éprouvé en ma vie une peine plus poignante. » Des erreurs médiatiques de ce genre, qu'un leader d'aujourd'hui ne commettrait plus, contribuent peut-être à expliquer que tout le monde n'ait pas nourri en son cœur le même enthousiasme pour l'empereur. Il est toutefois indéniable que Napoléon, pendant les Cent Jours, n'avait pas seulement réussi à mettre sur pied une armée, mais aussi à la galvaniser en vue de l'épreuve qui l'attendait.

Le long de la dorsale occupée par les alliés, tous les yeux étaient fixés sur l'extraordinaire spectacle qu'offrait cette armée qui prenait position, bien en vue, à un peu plus d'un kilomètre de distance, drapeaux au vent et baïonnettes scintillantes sous le soleil, et explosait en hurlements d'enthousiasme à mesure que l'empereur, à cheval, passait un régiment après l'autre en revue. Aux yeux du lieutenant Wheatley, un des nombreux officiers subalternes anglais qui étaient entrés dans la King's German Legion au cours des dernières années, le spectacle de ces masses obscures qui se découpaient sur l'horizon et descendaient vers lui « avec un mouvement saccadé, fait de contractions et de détentes, comme des mottes de terre qui se seraient animées dans un champ, avait un aspect spectral et confinait au surnaturel ». Le caporal Farmer, du 11e Dragons Légers, un des régiments de la brigade Vandeleur déployée à l'extrême gauche de la ligne alliée, compara la descente de ces colonnes apparemment sans fin à certains spectacles que l'on voit en rêve. L'enseigne Macready, du 30e régiment, un très jeune officier entré en service depuis quelques mois seulement, s'aperçut que cette vision lui donnait des frissons et pensa que les milliers d'hommes se pressant autour de lui, les yeux rivés sur l'ennemi, devaient partager à ce moment son émotion.

Plus d'un, en réalité, éprouvait des émotions encore plus fortes, et moins dignes. Dans le 40e régiment, une recrue qui n'avait jamais été au combat s'approcha du sergent Lawrence et lui dit qu'il désirait sortir du rang, car il se sentait très mal. « Je comprenais fort bien la raison de sa maladie, rapporta par la suite Lawrence, je le repoussai donc dans le rang, en lui disant : "Eh, Bartram, c'est l'odeur d'un peu de poudre qui t'a rendu malade ; c'est tout ce que tu as." Mais ce remède ne fut pas du tout de son goût : il se jeta à terre et refusa d'avancer d'un pouce. »

Le sergent estima que mieux valait laisser tomber. Autrement, il aurait dû faire feu sur lui. Quelque temps plus tard, quand l'homme se représenta au régiment, il l'envoya cependant devant la cour martiale qui lui fit administrer trois cents coups de fouet. Dans le 16e Dragons Légers, un des soldats sauta de son cheval et prit ses jambes à son cou. « Il n'avait pas toute sa tête, commenta le capitaine Tomkinson ; c'était un vieux soldat, mais pas des plus rusés. Pendant de nombreuses années, il avait servi comme cordonnier du peloton. Connaissant le type d'hommes que c'était et sa faiblesse, les hommes, après la bataille, ne s'en prirent pas à lui de les avoir abandonnés. » Il en fut un autre qui s'en tira à moins bon compte : un des dragons de Tomkinson, qui s'était absenté avant le combat pour voler, fut dénoncé à son capitaine et roué de coups par ses compagnons d'armes le lendemain matin de la bataille.

Conscients qu'ils allaient pour la première fois de leur vie se confronter au grand homme, partagés entre la haine et le mépris que l'opinion publique britannique déversait officiellement sur « Buonaparte » et l'admiration que, presque malgré eux, ils éprouvaient dans le secret de leur cœur, beaucoup cherchaient à distinguer Napoléon. Tous, jusqu'aux plus simples soldats, ressentaient dans leur for intérieur ces sentiments contrastés : « Il est parfaitement certain que l'empereur commandera l'armée française et qu'il faudra un général meilleur que d'ordinaire pour résister à un pareil jénie », avait écrit, à sa manière orthographique, le sergent Wheeler dans un courrier envoyé chez lui quelque temps auparavant. C'était, à plus forte raison, le sentiment des officiers, tel le capitaine Mercer. Ce dernier avouait éprouver « le violent désir de voir Napoléon, cet homme de guerre puissant, ce génie stupéfiant qui avait rempli le monde de sa renommée ». Naturellement, à cette distance, il était difficile d'être sûr de l'avoir vu vraiment. Sir Hussey

Vivian possédait une longue-vue et était plus ou moins assuré de l'avoir repéré, « avant que ne commence l'attaque, quand il chevauchait, accompagné d'une grande suite d'officiers et salué au cri de "Vive l'Empereur", au milieu des colonnes qui se déployaient devant lui en bataille ». « En regardant au moyen de ma longue-vue, poursuit-il, il me sembla que je parvenais à distinguer le petit Héros, et en vérité j'en suis presque sûr. »

Quand les dernières troupes furent entrées en ligne, s'égosillant en acclamations, Napoléon donna ordre au maréchal Ney de rester sur place pour coordonner l'action. Il entendait, quant à lui, conserver une vue du champ de bataille dans toute son étendue. Aussi avait-il décidé d'installer son quartier général sur une hauteur, près de deux kilomètres plus en arrière, à proximité de la ferme de Rossomme. Il était possible de là de surveiller tout l'horizon : d'Hougoumont, à gauche, jusqu'au bois dit de Paris, ou de Frischermont, et aux hauteurs de Chapelle-Saint-Lambert, qui barraient l'horizon sur la droite. Selon le rituel fixé, ses aides préparèrent un siège et une petite table sur laquelle furent dépliées les cartes. Napoléon, fatigué par sa chevauchée, s'assit lourdement et attendit le début de la bataille. Un des jeunes officiers de sa suite nota, non sans quelque inquiétude, le contraste entre l'enthousiasme des troupes et l'état par trop apathique dans lequel semblait plongé l'empereur.

18. Qu'est-ce qu'une bataille ?

La bataille était donc sur le point de commencer. Mais que signifiait exactement une bataille en 1815 ? La description la plus fine a été fournie par Clausewitz dans le quatrième livre de son traité *De la guerre*, paru de manière posthume en 1832. Le théoricien prussien n'y décrit pas Waterloo en particulier, mais pour ainsi dire l'idée générale de la bataille napoléonienne, qu'il connaissait bien pour en avoir fait l'expérience directe et pour y avoir beaucoup réfléchi. Clausewitz écrit :

> « Comment procède-t-on aujourd'hui à une grande bataille ? De part et d'autre, on dispose méthodiquement les masses à côté et en arrière les unes des autres, pour n'en employer relativement qu'une faible partie qu'on laisse, pendant de longues heures, s'épuiser à un feu de mousqueterie et d'artillerie, entremêlé çà et là d'attaques partielles à la baïonnette et de charges de cavalerie isolées, actions restreintes dans lesquelles on est tantôt repoussant, tantôt repoussé. Quand les troupes ainsi engagées tout d'abord ont usé la presque totalité de leur ardeur guerrière, quand il ne reste plus pour ainsi dire que des scories, on les retire et on les remplace par des forces fraîches.
>
> Ainsi conduite, la bataille se poursuit à une allure modérée comme se consume une masse de poudre humide, et lorsque la nuit impose le repos, parce que des deux adversaires aucun ne veut agir en aveugle, on fait de chaque côté l'estimation des forces dont on dispose encore, de celles que l'on suppose rester à l'ennemi, du terrain que l'on a gagné ou perdu et de la sécurité que présentent encore les derrières de l'armée. De cette estimation et de l'opinion que le général en chef s'est faite de l'énergie ou de la faiblesse dont il a perçu, de part et d'autre, les indices pendant l'action, résulte une impression générale unique d'où jaillit la résolution d'évacuer le champ de bataille ou de recommencer la lutte au point du jour. »

Cette esquisse correspond mieux qu'on ne pourrait le penser à la marche des choses à Waterloo, même si, dans ce cas, la sensation de défaite s'empara de l'armée française avant qu'elle se soit emparée de ses chefs, et que la décision d'abandonner le champ de bataille fut prise par les troupes elles-mêmes d'une manière plus spontanée et chaotique que l'aurait souhaité Napoléon. Du reste, la première ébauche de cette définition de la bataille se trouve précisément dans le livre précédent consacré par Clausewitz à la bataille de Waterloo :

« On assiste, dans toutes les batailles contemporaines, à une longue usure des forces en présence le long de la première ligne où elles sont en contact. Cette action se prolonge pendant plusieurs heures ; le feu de mousqueterie et d'artillerie produit de faibles oscillations dans cet affrontement jusqu'à ce qu'une des deux parties reçoive un avantage visible de ses réserves, en d'autres termes des masses fraîches, et qu'elle assène alors le coup décisif aux troupes déjà vacillantes de l'adversaire. »

Et, un peu plus loin :

« Nos batailles durent des demi-journées et des journées entières. Leur effet global dérive, pour la plus grande part, d'une lente usure, d'une lente destruction des deux armées qui sont en contact le long du front et qui, comme deux éléments incompatibles, se détruisent là où elles se touchent. Ainsi menée, la bataille brûle lentement, à feu modéré, comme de la poudre humide. Ce n'est que lorsque la majeure partie des forces opposées s'est consumée et réduite à de pures scories que l'on peut arriver à une décision avec les forces restantes. »

Cette analyse de Clausewitz, qui le 18 juin se trouvait à Wavre et devait y rester tout le jour avec le corps d'armée de Thielemann, est indispensable pour comprendre la manière dont Napoléon conçut la bataille de Waterloo.

19. Les ordres de Napoléon

Il était dans les onze heures trente ou, tout au plus, midi, quand l'infanterie de Reille se mit en mouvement pour entrer en contact avec l'ennemi, dans la direction du bois d'Hougoumont. Presque aussitôt, les artilleries respectives ouvrirent le feu dans cette zone. Tout au long du front, nombre d'officiers tirèrent leur montre de leur gousset et prirent note de l'heure exacte à laquelle commençait la bataille. Les montres des Anglais, encore réglées sur l'observatoire de Greenwich, indiquaient une heure de moins que les montres françaises, ce qui contribue à expliquer l'extrême discordance des témoignages. Sur l'autre côté du champ de bataille, l'infanterie du comte d'Erlon ne s'était pas encore mise en mouvement, et les artilleurs peinaient encore dans la boue pour porter les canons en batterie, mais il était clair que l'action ne tarderait pas à commencer là aussi. Les deux généraux, Reille et d'Erlon, respectivement placés sur la gauche et la droite du dispositif français, se préparaient à mettre à exécution les ordres de l'empereur avec leurs deux corps, tandis que le reste de l'armée, avec la Garde, le corps de Mouton et toute la cavalerie, restait en attente. Mais quelles étaient précisément les instructions qu'ils avaient reçues ?

L'ordre général de Napoléon avait été dicté à onze heures, et était adressé au maréchal Ney, qui avait la charge de coordonner l'offensive. L'empereur y établissait que l'attaque commencerait vers une heure avec pour objectif de s'emparer du village de Mont-Saint-Jean, « où est l'intersection des routes de Nivelles et de Bruxelles ». Le fait que les troupes alliées, en grande partie invisibles à l'empereur, aient en réalité été disposées plus en avant que Mont-Saint-Jean, immédiatement à l'abri de la crête, et que Napoléon et ses généraux, peinant à identifier sur la carte ce qu'ils voyaient à l'aide de leur longue-vue, aient peut-être confondu la ferme de la Haye-Sainte avec le village de Mont-Saint-Jean est, somme toute, sans grande importance, puisque ces deux lieux habités se trouvaient sur le même axe, celui de la route de Bruxelles. Dans ce secteur, pour réaliser la percée, l'empereur ordonna d'amasser les trois batteries de réserve des 1er, 2e et 6e corps d'armée, avec leurs puissants canons de douze livres, de manière à battre le centre de la position ennemie. Sitôt après le bombardement, le général d'Erlon devait avancer avec sa division de gauche, tandis que les autres se tenaient prêtes à l'appuyer. Quant au 2e corps, il devait essayer d'avancer au même rythme que le 1er. Au dos de la feuille, le maréchal Ney griffonna au crayon : « Le comte d'Erlon comprendra que c'est par la gauche que l'attaque commencera, au lieu de la droite. Communiquer cette nouvelle disposition au général Reille. »

Cet ordre à la formulation si expéditive et cet ajout sibyllin ont fait couler des torrents d'encre. En raisonnant à froid, il est cependant possible de donner une interprétation sensée des intentions de Napoléon. En premier lieu, il est clair que l'empereur prévoyait de tenir l'ennemi engagé sur toute la longueur du front, en mettant en mouvement aussi bien le 1er corps que le 2e, dans l'attente de trouver le point où percer. Quel pouvait être ce point, l'ordre ne le dit pas, et ne pouvait le dire, puisque l'empereur ne le savait pas encore. Avoir désigné Mont-Saint-Jean comme objectif de l'avancée signifiait simplement que l'empereur n'avait pas l'intention de manœuvrer pour déborder l'ennemi sur la droite ou la gauche, mais de l'assaillir frontalement. La tâche de Reille et de d'Erlon n'était pas de lancer immédiatement une offensive à la baïonnette, mais d'entrer progressivement en contact avec l'ennemi et d'exercer une pression croissante, qui pouvait se développer pendant des heures, en attendant que se dessinent les conditions pour une poussée décisive. Une fois le combat engagé, ce seraient les réactions de l'ennemi, le comportement de ses troupes, les mouvements de ses réserves qui révéleraient à l'empereur le moment et le lieu où déclencher l'attaque finale.

Rester ouvert à toutes les possibilités ne voulait cependant pas dire renoncer à prévoir l'issue la plus probable : il est clair que Napoléon s'attendait à engager plus à fond le corps de d'Erlon que celui de Reille. La formulation de son ordre montre que l'empereur réfléchit plutôt en détail aux mouvements à prescrire au 1er corps, tandis que les indications destinées au 2e paraissent bien plus génériques. Du reste, le village de Mont-Saint-Jean, choisi comme point vers lequel devait converger l'attaque, se trouvait sur la ligne d'avancée de d'Erlon, et c'est précisément là que Napoléon donna ordre d'amasser les batteries de douze livres. On peut donc conclure que l'empereur, en règle générale, pour le peu qu'il pouvait prévoir à ce moment, s'attendait à obtenir des résultats plus décisifs de l'avancée de son aile droite que de celle de son aile gauche. Dans ses Mémoires, Napoléon soutient avoir voulu manœuvrer de façon à séparer les Anglais des Prussiens, en leur coupant la retraite vers Bruxelles et en les repoussant vers la mer. Bien que les affirmations de l'empereur ne soient pas toujours à prendre pour argent comptant, on ne voit pas, en ce cas, pour quelle raison nous ne devrions pas y croire.

Un autre élément démontre que Napoléon, bien que restant prêt à toute éventualité, prévoyait, en règle générale, de percer l'aile gauche ennemie : le fait qu'il ait changé au dernier moment les dispositions de marche destinées au 1er corps, modifiant les ordres verbalement donnés à ses généraux pendant le déjeuner au Caillou. À l'origine, la prise de contact de la part d'Erlon devait venir de droite, dans la zone de la Papelotte, pour ensuite s'étendre graduellement à tout le front. La pression finale, et probablement résolutoire, aurait ainsi été exercée tout au long de l'axe de la route de Bruxelles, quand toutes les divisions du 1er corps jusqu'à la dernière seraient entrées en action dans ce secteur. Mais, à un certain moment, Napoléon doit avoir eu une des intuitions surnaturelles dont, par le passé, étaient nées ses grandes victoires. En observant à l'aide de sa longue-vue le peu que l'on voyait des troupes ennemies déployées à l'abri de la dorsale, l'empereur s'est rendu compte que l'aile gauche de Wellington constituait la partie la plus faible de son dispositif et que, par conséquent, c'était là qu'il fallait tenter la percée.

La preuve de tout ceci, c'est l'ajout griffonné par Ney au dos de l'ordre : « Le comte d'Erlon comprendra que c'est par la gauche que l'attaque commencera, au lieu de la droite. Communiquer cette nouvelle disposition au général Reille. » Le changement regarde, de toute évidence, l'ordre de marche des quatre divisions du 1er corps ; il ne pouvait naître que de la décision d'exercer une poussée qui serait allée en croissant, à partir du centre, contre l'aile gauche de Wellington. Menacée sur sa droite par l'avancée de Reille et clouée au centre par l'offensive de la première division d'Erlon, l'armée ennemie aurait été percée encore plus à gauche, précisément là où elle était la plus faible. Après quoi les divisions restantes du 1er corps, infléchissant leur avancée à angle droit, auraient investi Mont-Saint-Jean, coupant la route de Bruxelles et enfermant dans une poche le gros de l'armée de Wellington.

Reste à comprendre, arrivé à ce point, quelles étaient les dispositions concernant le commandant du 2e corps, le général Reille, puisque ce furent ses troupes, et non celles de d'Erlon, qui ouvrirent le combat, avec une heure d'avance sur ce qu'avait fixé l'empereur. Le fait que, dans l'ordre écrit, les instructions destinées au 2e corps soient si laconiques s'explique aisément si nous nous souvenons que, ce matin-là, Napoléon s'était longuement entretenu avec Reille et ses commandants de division, dont son frère Jérôme. De toute évidence, les dispositions prises à ce moment n'eurent pas besoin d'être modifiées par la suite. Reille devait avancer en s'efforçant de coordonner ses mouvements avec ceux du 1er corps ; et, puisqu'il avait devant lui le bois d'Hougoumont, il paraît évident que l'ordre ait été de s'en emparer, comme l'affirmeront plus tard aussi bien Reille que le prince Jérôme. Par ailleurs, il est improbable que cela ait été dit, dès lors que personne ne savait quelle tournure prendraient les choses une fois le combat engagé. Quoi qu'il en soit, Reille comprit et expliqua à ses officiers que l'effort principal devait être accompli par le corps de d'Erlon et qu'ils avaient simplement pour tâche de couvrir le mouvement avançant de l'aile droite en occupant le bois. Un de ces officiers, le chef de bataillon Jolyet, confirma que ses ordres étaient d'« empêcher l'ennemi de déboucher sur notre gauche. Car j'avais bien été prévenu que c'était sur nous que devait pivoter l'armée et, par conséquent, qu'il fallait à tout prix conserver notre position », autrement dit prendre possession du bois d'Hougoumont.

Nous avons parlé jusqu'ici du bois, et non du château, car les édifices d'Hougoumont restaient invisibles depuis les positions françaises, cachés qu'ils étaient par les aulnes du parc. L'empereur et ses généraux savaient, d'après leurs cartes, qu'il y avait là un lieu habité – même si la carte de Ferraris et Capitaine est incroyablement imprécise sur ce point, et qu'elle donne l'impression qu'il s'agit d'un village. Mais, pour la majeure partie des subalternes et des soldats, ce qui se trouvait devant eux était simplement un bois, dont il fallait s'emparer puisque tel était ce que prévoyait le plan de l'empereur. Le fait que l'infanterie du prince Jérôme ait commencé à avancer en direction du bois avant midi, alors que celle de d'Erlon ne s'était pas mise en marche et que le bombardement de l'artillerie n'était pas commencé, peut surprendre, vu qu'il était prévu, dans l'ordre de l'empereur, de ne pas commencer la bataille avant une heure ; mais il ne s'agit pas, au bout du compte, d'une question bien importante. Reille affirme avoir reçu l'ordre d'avancer dans le bois à onze heures et quart. Le plus probable est donc que Napoléon décida d'accélérer les opérations : le 2e corps devait déblayer le terrain s'il voulait maintenir son alignement avec le 1er corps au moment où celui-ci se porterait en avant à son tour. L'espoir que le bois ne soit pas même défendu pourrait avoir fait que Napoléon et ses généraux aient considéré ce mouvement comme un simple ajustement de ligne, et non comme le début de la bataille. Quitte à changer d'avis quand l'avancée de l'infanterie fut saluée par une fusillade nourrie venant du bois.

20. La tactique de l'infanterie napoléonienne

Nous avons expliqué jusqu'ici ce que l'on peut reconstruire des intentions de Napoléon et des ordres que ses commandants de corps se préparaient à exécuter, en première ligne, en cette fin de matinée. Pour parvenir à nous imaginer concrètement ce qui advient à partir de ce moment, il faut introduire quelques concepts fondamentaux de la tactique napoléonienne. Ainsi comprendrons-nous comment était manœuvrée l'infanterie et quelles options se présentaient à ses officiers quand ils se trouvaient sous le feu ennemi.

Le bataillon d'infanterie, qui constituait avec ses cinq cents à six cents hommes l'unité fondamentale de manœuvre, pouvait être déployé en diverses formations : les manuels prescrivaient avec grand soin les mouvements à exécuter pour passer de l'une à l'autre de la manière la plus rapide, en provoquant le moins de confusion possible ; et une grande partie de l'entraînement consistait à enseigner aux officiers la bonne série d'ordres à donner dans chaque situation, ainsi qu'à habituer les soldats à les exécuter au plus vite, machinalement, même quand ils se trouvaient sous le feu. En simplifiant un peu, on peut dire qu'au combat les trois formations possibles pour un bataillon étaient la ligne, la colonne et le carré. Chacune de ces trois formations mérite d'être examinée de plus près.

La ligne était la formation de combat normale de l'infanterie européenne depuis un siècle et demi, autrement dit depuis que le fusil s'était affirmé comme l'arme principale du fantassin. Un bataillon déployé en ligne, sur deux ou trois rangs, couvrait un front assez vaste, d'une centaine de mètres ou plus, et portait sa puissance de feu au maximum puisque tous les hommes étaient en mesure de tirer. Normalement, l'infanterie anglaise était entraînée à se déployer sur deux rangs, ce qui étendait le front au maximum et optimisait la capacité de feu, tandis que l'infanterie continentale préférait former une ligne, plus courte et plus solide, sur trois rangs. À Waterloo, cette différence n'eut, en fait, aucune importance : un certain nombre de raisons, que nous examinerons plus avant, amenèrent l'infanterie anglaise à combattre presque continûment dans une formation d'urgence, sur quatre rangs, et, ce faisant, à renoncer à l'avantage que lui procurait, de l'avis même de ses adversaires, son excellent entraînement au tir.

Compagnie française déployée sur trois rangs, plus un quatrième rang de sous-officiers (et d'éventuels soldats en surnombre)

Compagnie anglaise (de manière caractéristique, en sous-effectif) déployée sur deux rangs, plus un troisième rang de sous-officiers et d'éventuels soldats en surnombre)

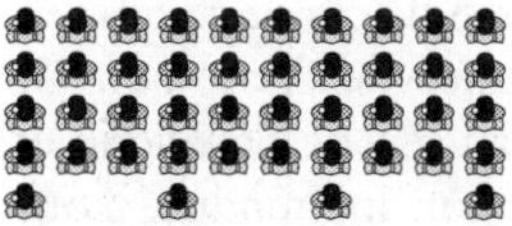

Compagnie anglaise (à effectif réduit) déployée sur quatre rangs (pour passer plus vite à la formation au carré)

8. L'infanterie déployée en ligne

La colonne – d'un emploi devenu fréquent pendant les guerres napoléoniennes – était une formation plus compacte, qui sacrifiait la puissance de feu du bataillon à l'avantage psychologique d'une formation échelonnée en profondeur. Ceci ne veut pas dire que les hommes étaient disposés en rangs par quatre, formant un long serpent comme lorsqu'ils marchaient sur une route. La colonne, au combat, était une formation différente, plus large que profonde. Un bataillon français en colonne présentait neuf rangs de combattants, l'un derrière l'autre, sur un front d'environ quarante mètres et une profondeur qui pouvait se réduire, en serrant les rangs, à une quinzaine de mètres sans plus. Préférée des Français comme des Prussiens en cas d'attaque à la baïonnette, en raison du soutien moral qu'elle garantissait aux hommes, entourés de toutes parts par une multitude de camarades, et de la puissance de choc qu'elle pouvait développer sur un front aussi restreint, la colonne offrait toutefois une cible idéale à l'artillerie ennemie et possédait une puissance de feu relativement réduite. Comme nous le verrons, la conscience de ces désavantages et la tentative de leur trouver une solution jouèrent un rôle important dans la manière dont les généraux français menèrent la bataille de Waterloo.

Ni la ligne ni la colonne n'étaient des formations adaptées pour faire face à une charge de cavalerie qui, en jouant sur la rapidité et la puissance de choc, pouvait manœuvrer de façon à échapper au feu de l'artillerie et heurter l'infanterie dans une direction inattendue. Tous les manuels d'entraînement soulignaient que les fantassins, face à la cavalerie, devaient adopter une formation en carré – un terme qui, par ailleurs, ne doit pas être pris trop à la lettre d'un point de vue géométrique. Le manuel anglais prévoyait qu'un bataillon, ensemble constitué de dix compagnies, constitue plutôt une formation oblongue, avec trois compagnies devant, trois autres derrière et deux sur chacun des flancs. Selon le témoignage d'un officier de l'état-major, on expérimenta à Waterloo un rectangle encore différent, avec quatre compagnies sur les côtés les plus larges et une seule sur les flancs. Il advient aussi fréquemment que deux bataillons en sous-effectif soient réunis en un seul carré. Quoique cette manœuvre soit également prévue dans les manuels, il ne devait pas toujours en résulter un ensemble géométrique très régulier. Enfin, les pertes, avec ce qui les accompagnait de hasard, rendaient très

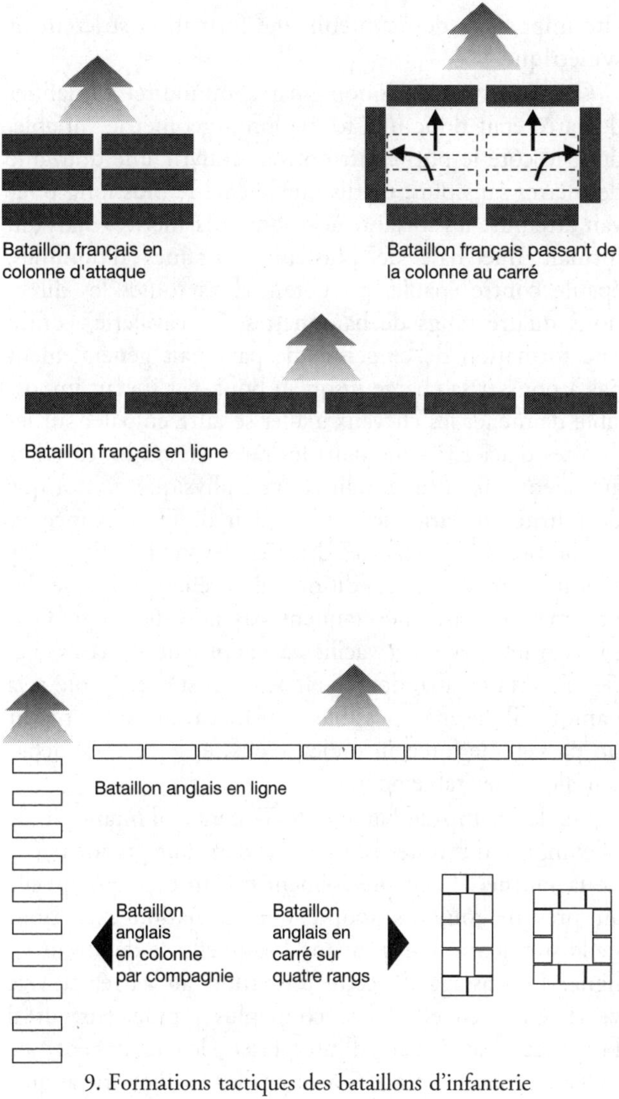

9. Formations tactiques des bataillons d'infanterie

vite impossible de maintenir une formation strictement symétrique.

Ce que nous continuons, par commodité, à qualifier de carré était donc une formation à géométrie variable, dont le côté le plus court pouvait couvrir une douzaine de mètres sans plus, tandis que le côté le plus long pouvait atteindre les soixante à soixante-dix mètres, mais qui formait une haie de plusieurs centaines d'hommes, épaule contre épaule, présentant dans toutes les directions quatre rangs de baïonnettes. La cavalerie, contre une formation de ce genre, ne parvenait généralement pas à pousser sa charge jusqu'au bout, car il était impossible d'amener les chevaux à aller se faire empaler sur les pointes d'acier. Même dans les rares cas où les cavaliers arrivaient effectivement au contact physique, plutôt que de tourner au large, le résultat était donné d'avance vu le nombre de baïonnettes dressées devant la poitrine de chaque cheval. À condition, naturellement, que les hommes du carré ne craquent pas nerveusement. Car, s'ils commençaient à vaciller à l'approche de la cavalerie, si certains abandonnaient leurs postes en proie à la panique, il devenait possible pour les cavaliers de s'ouvrir un passage de force au milieu d'eux, et le carré se défaisait alors inévitablement.

Sur le champ de bataille de Waterloo, l'infanterie de Wellington dut rester en carré pendant une grande partie de la journée. C'est précisément ce qui explique qu'elle ait presque toujours adopté une formation exceptionnelle sur quatre rangs, même lorsqu'elle se déployait en ligne. Le passage de cette formation au carré, et vice versa, était, en effet, beaucoup plus rapide, surtout si l'urgence conseillait d'interpréter le règlement de manière créative. Notons à ce propos le dilemme auquel se trouvaient confrontées les armées de l'époque, tiraillées qu'elles étaient entre la nécessité d'appliquer des procédures standardisées et apprises par cœur, pour garantir la coopération automatique d'un très grand nombre d'hommes, et l'opportunité de simplifier ou d'ignorer ces procédures dans des situations d'urgence. Ce fut là l'un des principaux problèmes pour les officiers qui combattirent à Waterloo et un véritable leitmotiv dans leurs témoignages.

Le passage du carré à la ligne, en particulier, fut souvent accompli par les troupes anglaises sans respecter les prescriptions du manuel d'entraînement publié par sir David Dundas en 1788. Un officier du 3/1e Foot Guards rapporte qu'à un certain moment le bataillon dut avancer pour déloger quelques soldats ennemis qui les tenaient sous le feu de leurs armes. « Pour les chasser, le bataillon, plutôt que de perdre du temps à se déployer en ligne (ce qui aurait été peu prudent, vu la grande quantité de cavalerie ennemie qui tournait autour), s'ouvrit en partant du centre de la face postérieure du carré ; cette face et les deux faces latérales pivotèrent à droite et à gauche jusqu'à ce qu'elles fussent en ligne par rapport à la face frontale, formant une ligne irrégulière sur quatre rangs. » Plus tard, face à l'avancée de la garde impériale, le commandant du bataillon eut l'idée de recourir à la même méthode peu orthodoxe. À vingt ans de distance, un de ses collègues ne pouvait s'empêcher, quelle qu'ait été sa pitié pour le malheureux qui avait été tué presque aussitôt, de se scandaliser à l'idée d'une violation aussi nette du règlement : « Le duc de Wellington donna ordre à la première brigade des Gardes de faire front à gauche et de former une ligne par quatre, ce que le pauvre Franck d'Oyley exécuta en faisant pivoter les flancs du carré vers l'avant, avec ce résultat que les grenadiers et ma compagnie, la première, se retrouvèrent au centre de la ligne. Qu'aurait dit Dundas ! »

21. La ligne des tirailleurs

Orthodoxes ou non, les diverses formations du bataillon d'infanterie sont absolument à connaître pour comprendre une bataille napoléonienne. Mais elles ne sont pas tout. Car ce qui commande la tactique de l'époque, c'est la coopération entre ces formations de masse et une minorité de troupes d'élite entraînées au combat individuel. Même lorsqu'il était disposé en première ligne, le bataillon d'infanterie ne se trouvait jamais très longtemps en contact direct avec l'ennemi. La plupart des hommes étaient rangés épaule contre épaule, pressés pourrait-on dire les uns contre les autres ; les sous-officiers s'efforçaient de maintenir l'alignement ; les drapeaux flottaient au vent au centre des rangs. Mais le bataillon ne recevait l'ordre d'avancer, la baïonnette au fusil, tandis que les tambours battaient la charge, qu'en de brefs instants critiques. Les moments où les hommes faisaient feu, tous ensemble, au commandement des officiers, étaient aussi relativement rares. Un fantassin portait dans sa cartouchière cinquante ou soixante cartouches au maximum, ce qui suffisait pour une demi-heure de feu soutenu ; et l'accent mis à l'entraînement sur la capacité de charger et de tirer le plus rapidement possible montre que l'on s'attendait à un échange de tirs bref et décisif.

Seul un petit nombre d'hommes se trouvait réellement au contact de l'ennemi pendant toute la durée de la bataille, maintenant un feu irrégulier mais constant. Il s'agissait de soldats entraînés à se battre par deux, en ordre dispersé, en précédant le gros des troupes et en déclenchant les tirs dès qu'ils avisaient les vedettes avancées de l'ennemi au milieu des plis du terrain et des champs de blé et de seigle. L'emploi de ces tirailleurs s'était progressivement affirmé vers la fin du XVIIIe siècle, en complément des lignes de fantassins qui, épaule contre épaule, manœuvraient au pas cadencé au signal des officiers. Leur nombre était allé croissant dans les armées françaises, jusqu'à contribuer aux grandes victoires de la Révolution et de Bonaparte. Adopté par toutes les armées, l'emploi de ces tirailleurs était désormais devenu une règle quasi systématique. Chaque bataillon de ligne présent sur le champ de bataille avait une compagnie entraînée pour cette tâche et connue comme la compagnie légère. Ou, pour le moins, dans le cas des armées allemandes, une escouade de tireurs d'élite, les *Scharfschützen*. Les principales qualités physiques requises pour ces soldats, généralement sélectionnés parmi les hommes de plus petite stature, outre que parmi les meilleurs tireurs, étaient l'agilité et la rapidité.

En règle générale, ces hommes, que nous désignerons donc par le terme de tirailleurs, étaient armés des mêmes fusils à âme lisse que l'infanterie de ligne. Ils étaient simplement entraînés à mieux s'en servir. L'armée anglaise avait commencé à introduire dans certaines unités l'usage d'une arme à canon rayé, dont la portée et la précision étaient nettement supérieures. Cette arme, appelée Baker Rifle, était celle des bataillons du 95e Fusiliers, une formation d'élite tout entière entraînée au combat en ordre dispersé, ainsi que de l'infanterie légère de la King's German Legion. Les tirailleurs français employaient tous le fusil normal, de calibre 17, lequel était, du reste, beaucoup plus précis et maniable que le fusil ordinaire anglais, le calibre 18, familièrement dénommé Brown Bess, pour ne rien dire du lourd fusil prussien de calibre 19. Un officier anglais observa : « Leurs beaux fusils longs et légers, de petit calibre, sont plus efficaces, pour le combat en tirailleur, que notre abominable et gauche engin. » Il ajoutait que, trop souvent, la Brown Bess révélait des défauts de fabrication : « Nos soldats rampaient par-ci par-là pour s'emparer des fusils des blessés et des morts, dans l'espoir que leur mécanisme fonctionnât mieux que le leur, et jetaient les plus mauvais avec une sorte de rage. »

Qu'ils soient munis d'armes à canon rayé ou de fusils ordinaires, ainsi qu'il advenait le plus souvent, c'étaient ces tirailleurs, au commandement d'officiers pourvus de sifflets, qui constituaient la ligne d'avant-postes de l'armée. L'ensemble du dispositif de Wellington était ainsi couvert par une ligne de tirailleurs, avancés de quelques centaines de mètres par rapport à la position principale, qui firent de leur mieux pour tenir toute la journée, sauf lorsque l'approche de la cavalerie ennemie ou l'avancée en force de l'infanterie les contraignait à se replier en toute hâte vers la formation amie la plus proche. Chaque attaque des Français était à son tour précédée d'un chapelet de tirailleurs qui essayaient de prévaloir sur l'adversaire dans l'échange de tirs et le contraindre ainsi à abandonner l'intervalle entre les deux fronts. Si les attaquants parvenaient à avoir le dessus, avançant jusqu'à portée de tir des bataillons postés en formation défensive, ils commençaient à les user par des tirs individuels ciblés, de manière à faire craquer nerveusement ces hommes immobiles, épaule contre épaule, et, si possible, à jeter bas de leurs chevaux quelques-uns de leurs officiers supérieurs, réduisant ainsi la capacité de résistance de la ligne défensive dans l'attente de l'attaque à proprement parler. Les batteries d'artillerie constituaient une autre cible idéale pour ces tirailleurs. Parvenaient-ils à avancer suffisamment pour les mettre à portée de tir qu'ils s'employaient à abattre les servants ou, au moins, les chevaux. Le commandant d'une batterie pouvait rarement se permettre de gaspiller ses précieuses munitions pour tirer contre des cibles aussi fuyantes. Il était donc indispensable, là aussi, de couvrir les batteries d'un rideau de tirailleurs assez solide pour interdire à l'ennemi de trop s'approcher des canons.

Il va sans dire que les tirailleurs s'usaient assez vite à cette forme de combat et que les compagnies légères ne suffisaient pas à la tâche, même renforcées, comme il était d'usage dans les moments critiques, par tous les soldats du bataillon qui se distinguaient par leur qualité de tir. Le principal problème tactique que se posaient toutes les armées était donc de renforcer leur ligne de tirailleurs. La solution la plus répandue fut de constituer des unités complètes entraînées à opérer en ordre dispersé et appelées, de ce fait, infanterie légère. Judicieusement placés, ces bataillons pouvaient fournir une ligne de tirailleurs susceptible de couvrir tout le front, en injectant continûment des hommes pour remplacer les pertes ou les combattants démoralisés. Les Prussiens, dont les bataillons d'infanterie n'avaient pas de compagnie légère mais une simple escouade de Scharfschützen, réussirent au bout du compte à fournir un bataillon d'infanterie légère, qu'ils appelaient fusiliers, à tous leurs régiments d'infanterie de ligne. La proportion des fusiliers par rapport aux fantassins de ligne était donc d'un pour deux.

Certaines armées, et notamment l'armée prussienne, expérimentèrent, en sus, une mesure plus drastique : elles entraînèrent un tiers des hommes formant les bataillons de ligne au mode de combat des tirailleurs. L'infanterie continentale étant normalement disposée sur trois rangs, lorsqu'elle était déployée en ligne pour faire feu ou avancer, décision fut prise que les hommes de la troisième ligne, dont le tir était de toute manière plus difficilement efficace, seraient au besoin employés pour renforcer la ligne des tirailleurs. Quoique cette mesure fût peu applicable dans la réalité pour les unités les moins bien entraînées, comme celles de la Landwehr, elle permit cependant à l'armée prussienne de 1815 de parvenir, du point de vue tactique, à une flexibilité non négligeable, ses bataillons se trouvant couverts par des essaims de tirailleurs encore plus fournis que ceux de l'armée française.

Tout cela ne veut pas dire – la chose est claire – que les tirailleurs soutenaient à eux seuls le poids du combat. Pendant toute la durée de la bataille, les canons des deux armées tiraient sans discontinuer, jusqu'à épuisement des munitions, contre toute cible alléchante ; or les bataillons d'infanterie et les régiments de cavalerie postés, immobiles, à un kilomètre environ de distance constituaient leur première cible. Chaque fois que possible, l'action de tirailleurs se dirigeait, en outre, contre les unités en formation de combat, auxquelles ils pouvaient infliger des dommages considérables, surtout en visant les officiers. Enfin, quand le commandant en chef décidait que les échanges de tir avaient suffisamment usé la formation dans un certain secteur et que l'heure était venue de tenter une percée décisive, c'était l'infanterie de ligne qu'on envoyait en avant à pas cadencé. Or cette progression à découvert, sous le feu, était le moment où, dans l'absolu, les troupes risquaient de subir le plus de pertes. En général, il n'en demeure pas moins vrai que le combat prolongé, celui qui brûlait comme de la poudre humide tout au long du front, marquant la ligne de contact d'une série irrégulière de tirs et de lambeaux de fumée blanche, était soutenu par les tirailleurs. On pouvait lire jusque dans le manuel de Dundas que l'infanterie légère était « devenue la partie principale de notre armée », et pareille affirmation aurait semblé encore plus évidente à un officier français ou prussien.

À considérer l'efficacité des tirailleurs, il est naturel de se demander ce qui faisait que l'on n'ait pas employé toute l'infanterie de cette manière et que, tout à l'inverse, l'on en ait conservé la majeure partie en ordre serré et l'ait fait manœuvrer mécaniquement selon les prescriptions des manuels. Une réponse possible est que les habitudes ont la vie dure, que les innovations ne remplacent souvent que peu à peu l'existant, qu'elles rencontrent des résistances tenaces avant de s'affirmer : il faudra attendre 1914 pour que les armées européennes, désormais munies d'armes à feu incomparablement plus puissantes que celles des guerres napoléoniennes, s'aperçoivent de la nécessité d'employer tous les hommes en ordre dispersé plutôt qu'en formation serrée. Mais il faut dire que l'emploi de tirailleurs opérant en collaboration rapprochée avec le bataillon en rangs serrés présentait des avantages concrets. Tous les hommes n'avaient pas l'intelligence nécessaire pour agir individuellement avec une certaine autonomie. La majeure partie des soldats était bien mieux tenue sous contrôle s'ils marchaient épaule contre épaule et répondaient aux ordres stéréotypés de leurs officiers. En outre, on manquait de temps pour entraîner toutes les recrues au combat en ordre dispersé, puisqu'il fallait une durée double pour former un bon tirailleur. La différence la plus significative sans doute entre troupes régulières et milice résidait dans le fait que cette dernière ne pouvait guère être utilisée comme infanterie légère. Ce n'était pas là un hasard : cela tenait précisément à son manque d'entraînement.

La formation en ordre serré avait par ailleurs un impact moral sans pareil. Le tir de plusieurs centaines d'hommes, faisant feu tous ensemble au commandement, possédait une efficacité psychologique supérieure à celle du tir individuel, même précis, des tirailleurs. Cette multitude qui montait à l'assaut, au son des tambours, baïonnette au fusil, possédait une puissance de choc là aussi surtout psychologique, à laquelle aucun général ne pouvait renoncer. Les tirailleurs eux-mêmes n'auraient pas combattu sans la certitude rassurante d'avoir derrière eux un bataillon en formation de combat, où ils pouvaient courir se réfugier en cas de danger, notamment si le bruit des sabots et des sabres dégainés trahissait l'approche de la cavalerie ennemie. Car, si la cavalerie fondait sur eux à l'improviste, les tirailleurs éparpillés dans la campagne étaient certains de se faire massacrer. (Le manuel anglais comprenait des instructions pour le tirailleur qui se trouverait dans cette situation, mais elles n'étaient pas très rassurantes : le principal conseil était de faire le mort.)

Habituées à l'initiative individuelle, bien mieux entraînées au tir à la cible que l'infanterie de ligne, les unités d'infanterie légère étaient, en revanche, les troupes les plus adaptées pour défendre ou attaquer des positions fortifiées, où il n'était pas possible de déployer les hommes selon les formations prévues par les manuels. Les combats autour d'Hougoumont et de la Haye-Sainte concernèrent essentiellement, comme nous le verrons, l'infanterie légère, engagée dans de furieux corps-à-corps dans les vergers et les jardins et jusqu'à l'intérieur des édifices. Dès le départ, tant Wellington que Napoléon destinent la majeure partie de leurs bataillons légers à ces secteurs – au risque de dégarnir d'autres secteurs de la ligne des indispensables tirailleurs.

Tel était le principe fondamental et pour ainsi dire la grammaire du combat napoléonien. Une fois ces éléments entendus, on peut s'essayer au récit de ce qui advint le 18 juin – à partir du moment où les canons de Reille ouvrirent le feu contre les troupes ennemies, disposées sur les hauteurs derrière le château d'Hougoumont, et où ses colonnes, précédées d'une multitude de tirailleurs, se mirent en marche vers les haies et les fossés qui délimitaient le parc et le verger de la propriété.

22. Hougoumont

Le château d'Hougoumont était une puissante résidence nobiliaire, comprenant des étables, des fenils et des habitations pour les paysans, que ceignaient entièrement des murs. La façade de la maison du maître et la cour principale fermée par un robuste portail de bois étaient tournées vers le nord, autrement dit vers les lignes anglaises. Un chemin creux, plus tard connu comme « la route couverte », permettait aux troupes déployées sur la hauteur d'envoyer à tout moment renforts et munitions aux défenseurs. Sur le côté est de l'édifice – à droite, donc, pour qui regardait depuis les lignes françaises – s'étendaient un grand jardin clos, de deux cents mètres environ de côté, puis plus loin un verger. À l'arrière du château, dans la direction des Français, couraient, sur une étendue d'un demi-kilomètre environ, un grand parc planté d'arbres (que nous avons jusqu'ici désigné comme « le bois ») et, sur le côté, une pâture. Le tout était entouré d'une haie très épaisse et d'un fossé rempli d'eau qui servaient de clôture pour le bétail. Cette topographie n'était toutefois connue que des fantassins allemands qui occupaient à ce moment le château : les arbres du parc étaient tout ce que les Français parvenaient à voir de leurs lignes.

Dans des conditions normales, une attaque était toujours précédée d'une canonnade plus ou moins prolongée. Mais les Français ne pouvaient tirer sur l'ennemi pour cette bonne raison qu'ils ne le voyaient pas et qu'ils ignoraient, en réalité, s'il occupait ou non les lieux. S'ils avaient un peu mieux connu la position, ils auraient peut-être pu viser le château. Bien que l'artillerie de l'époque ait surtout été constituée de canons à âme lisse qui tiraient en ligne droite, toutes les batteries comprenaient un ou deux obusiers, précisément conçus pour exécuter des tirs courbes et toucher des objectifs cachés. Mais Reille ne jugea pas utile d'ouvrir le feu contre un ensemble d'édifices dont il ne savait pratiquement rien, sinon qu'ils étaient indiqués sur la carte. La seule chose à faire était d'envoyer de l'infanterie légère dans le bois et de voir ce qui allait se produire.

Reille avait trois divisions à ses ordres. Le choix tomba, pour commencer l'attaque, sur celle commandée par le prince Jérôme. C'était aussi la plus forte, puisqu'elle comptait dans les six mille cinq cents hommes, la moitié du corps d'armée. Cette division, qui formait l'extrême gauche de l'armée française, était déployée en oblique face à l'angle sud-ouest du parc. Elle y couvrait un front d'environ huit cents mètres : un fantassin, en marchant dans la boue avec sa charge sur les épaules, aurait mis au moins dix minutes pour la passer tout entière en revue. Le prince Jérôme ne devait pas son commandement à quelque qualité militaire. Il avait même prouvé ses carences en commandant l'armée de Westphalie pendant la campagne de Russie, alors qu'il était souverain de ce royaume inventé par son frère. Dans l'armée, il était davantage connu pour ses fréquents duels, et une épouse américaine si scandaleuse que Napoléon lui avait refusé son entrée en France. Mais la famille restait la famille, aussi Jérôme commandait-il la division. Du reste, le véritable travail ne revenait pas à ce prince, mais à son chef d'état-major, le général Guilleminot, qui avait été placé à ses côtés pour le diriger.

La division du prince Jérôme était formée de deux grosses brigades, sous les ordres du baron Bauduin et du baron Soye. Elles comprenaient toutes deux des régiments expérimentés, à plein effectif, constitués en grande partie de vétérans de la Grande Armée qui avaient déjà combattu les Anglais en Espagne. Jérôme, pour avancer dans le bois, décida d'employer en premier la brigade Bauduin, une brigade particulièrement adaptée à ce type de combat dans la mesure où elle inclut sur ses trois bataillons un excellent régiment d'infanterie légère, le 1er Léger. Deux jours plus tôt, aux Quatre-Bras, les carrés de ce régiment au commandement du colonel de Cubières avaient repoussé les charges de la cavalerie de Wellington ; le jeune duc de Brunswick était tombé sous ses tirs. Bauduin donna ordre au colonel d'avancer jusqu'à l'orée du bois avec ses bataillons, et d'envoyer un chapelet de tirailleurs en avant pour l'explorer.

Comme tous ceux du corps d'armée de Reille, les hommes de Cubières avaient bivouaqué assez loin en arrière, le long de la grand-route. Ils avaient été réveillés à cinq heures et avaient poursuivi leur marche jusqu'au Caillou, où se trouvait encore l'empereur dans les premières heures de la matinée. Après une halte, ils s'étaient remis en chemin. Ils venaient à peine de prendre position devant Hougoumont quand leur parvint l'ordre d'avancer vers le bois. Tandis que, précédant les colonnes, les tirailleurs du 1er Léger couraient vers le parc, sautaient le fossé et la haie et disparaissaient entre les arbres, les canons de Reille ouvraient le feu contre le peu qui se voyait de la ligne anglaise, sur les hauteurs au-delà d'Hougoumont. En entendant les premiers coups de canon, l'enseigne Leeke, du 52e Léger, un jeune homme de dix-sept ans qui avait rejoint le régiment depuis un peu plus d'un mois, se persuada, dans sa naïveté, que l'ennemi visait le duc de Wellington, lequel s'était précisément arrêté à proximité en compagnie de ses aides. Peu après, Leeke voyait quelque chose passer en sifflant au milieu des blés. « Ça, maître Leeke, c'est un boulet de canon – au cas où vous n'en auriez jamais vu, monseigneur, auparavant », l'instruisit, moqueur, un sergent.

Les canons anglais positionnés sur les hauteurs commencèrent à leur tour à tirer contre les bataillons de Cubières, qui s'étaient avancés à découvert tandis que leurs tirailleurs disparaissaient dans le bois. Les premières balles traversèrent les files du 1er Léger avec une précision mortelle, faisant d'assez nombreuses victimes. Ces bataillons en colonne offraient du reste une excellente cible. Aussi les officiers français firent-ils descendre leurs hommes dans un chemin creux, comme toutes les voies de la zone, qui courait juste le long de leur front, afin de les mettre le plus à l'abri possible du bombardement. Et, puisqu'un échange de tirs intense résonnait dans le bois, ils commencèrent à y envoyer, par petits groupes, un nombre de plus en plus important d'hommes.

23. La défense du château

Qu'il ait été impératif de défendre à tout prix le château d'Hougoumont, voilà qui avait été de l'ordre de l'évidence pour Wellington dès le soir précédent. La responsabilité de cette défense incombait en premier lieu à la division des Guards, disposée sur les hauteurs juste derrière les édifices, avec ses deux brigades au commandement de sir John Byng et sir Peregrine Maitland. Ces dernières ne comprenaient chacune que deux bataillons, mais bien plus fournis qu'à l'ordinaire et composés de troupes de choix, vu la sélection et l'entraînement pointilleux qui distinguaient les Guards, même si la majeure partie des hommes n'avaient reçu leur baptême du feu que deux jours plus tôt aux Quatre-Bras. Assuré de pouvoir envoyer des renforts dans le château à n'importe quel moment, le commandant de division s'était limité, le soir du 17, à y placer ses quatre compagnies légères, fortes d'une centaine d'hommes chacune : deux, sous les ordres du lieutenant colonel Macdonell, dans l'édifice et le jardin, et deux autres sous les ordres du lieutenant-colonel lord Saltoun, dans le verger. À leur arrivée sur les positions qui leur avaient été assignées, les Anglais avaient trouvé une patrouille française qu'ils avaient dû chasser à coups de fusil avant de prendre possession du château.

Mais avant de défendre les édifices, il fallait défendre le parc. Plus encore que l'infanterie légère anglaise, l'idéal, du jugement de Wellington, pour ce genre de combattant était son équivalent allemand : ces hommes, nommés non sans raison Jäger, c'est-à-dire chasseurs, étaient traditionnellement recrutés parmi les garde-chasses et leurs uniformes d'un vert sombre leur permettaient de se fondre parmi les arbres. Dans la soirée déjà, quelques compagnies de chasseurs du Hanovre avaient, sur ordre du duc, été détachées de leurs unités et envoyées dans le parc du château. Au matin, Wellington se convainquit, en examinant la position, que cela ne suffisait pas. Il ordonna alors à un des bataillons de la brigade du prince de Weimar, le 1/2e Nassau, de quitter la Papelotte et de se poster dans le parc d'Hougoumont. À l'arrivée de ce bataillon, qui comptait sept cents à huit cents hommes, les officiers des Guards estimèrent qu'ils pouvaient laisser la responsabilité de la défense aux Allemands et abandonnèrent le château avec leurs hommes pour aller prendre position dans les environs.

À vrai dire, le choix du bataillon de Nassau pour défendre le château et surtout le parc paraît discutable. Il est de fait que tous ces fantassins étaient vêtus de vert et officiellement désignés comme des Jäger, ce qui évoque un entraînement d'infanterie légère, ne serait-ce que dans les intentions. Et les témoignages des officiers des Gardes montrent qu'ils étaient effectivement convaincus d'avoir affaire à de l'infanterie légère. Mais, selon toute probabilité, ce bataillon n'était qu'un bataillon d'infanterie normale, aucunement entraîné à ce type de combat. Le major von Büsgen, qui le commandait, prit possession du château déserté et fit avancer une partie de ses hommes, compagnie légère comprise, jusqu'à l'orée du bois. Il y avait, à ce moment, aux alentours d'un millier de fusils à Hougoumont, dont la moitié peut-être défendaient les approches du parc.

Les premiers tirailleurs français introduits dans le bois rencontrèrent, comme il est bien compréhensible, une certaine difficulté à progresser ; le régiment de Cubières puis toute la brigade de Bauduin durent envoyer à l'intérieur une quantité croissante d'hommes avant que la chose devienne possible. Pour atteindre le parc, les tirailleurs devaient parcourir une portion d'espace à découvert sous le feu malheureusement précis de l'infanterie anglaise. Une fois dans le bois, les arbres, qui n'étaient pas très touffus, offraient un abri assez partiel contre la fusillade soutenue des Allemands. Le général Bauduin, qui poussait ses hommes en avant, offrait une cible parfaite, puisqu'il était à cheval, comme tous les officiers supérieurs ayant à se déplacer rapidement sur le champ de bataille. Il fut presque immédiatement tué : ainsi disparaissait le premier des sept généraux français qui allaient perdre la vie ce jour-là.

Même si leur général était mort, les commandants du régiment savaient ce qu'ils avaient à faire : tenir leurs hommes à couvert, le plus à l'abri possible du bois, et envoyer de plus en plus de monde à l'intérieur. Quelle qu'ait été la ténacité des défenseurs allemands, les Français à la longue furent en mesure de leur opposer un nombre très supérieur de fusils. En peu de temps, les Jäger, à court de munitions et démoralisés par le nombre croissant d'ennemis qui s'introduisaient dans le bois, furent repoussés vers la maison et le jardin. Beaucoup réussirent à y pénétrer et poursuivirent le combat. Mais une partie des Nassauviens, dont le régiment avait déjà été durement éprouvé aux Quatre-Bras, jugèrent qu'ils en avaient assez vu et s'esquivèrent. Wellington lui-même se trouva au milieu d'un groupe de fuyards et, comme il essayait de les arrêter, l'un d'eux tira sur lui à l'aveuglette avant de prendre ses jambes à son cou. « Vous voyez comme ils fuient ? Eh bien, c'est avec ces gens que je dois gagner la bataille », commenta le duc à l'officier de liaison autrichien qui se trouvait alors à ses côtés.

C'est ainsi que l'infanterie française arriva sous le mur qui protégeait le jardin et l'arrière du château. Le mur en lui-même était difficile à passer, car il faisait presque deux mètres de haut. Mais l'édifice possédait un portail postérieur, par où l'on pouvait songer à entrer, et le verger, plus à droite, n'était ceint d'aucun mur, mais d'une simple haie, il est vrai fort épaisse et plus haute qu'un homme. Les Français s'y présentèrent donc sans hésiter. Mais les compagnies légères des Guards, revenues précipitamment sur leurs positions dès que les officiers anglais s'étaient aperçus que les Allemands évacuaient le bois, s'étaient entre-temps postées tout le long du mur et de la haie avec ce qui restait des troupes allemandes. Au cours de la nuit, ces Guards avaient eu tout le temps de fortifier l'édifice, d'en barricader le portail, d'ouvrir des meurtrières à l'arrière du château, d'improviser des plates-formes permettant de tirer au-dessus du mur. Les Français, pour leur part, se trouvaient à découvert au sortir du bois. Le premier assaut se solda donc par un échec : les tirailleurs, démoralisés par leurs pertes, durent faire retraite dans le bois.

Wellington, qui était resté jusqu'alors sur les hauteurs derrière Hougoumont à surveiller anxieusement l'évolution des combats, décida que c'était le moment de forcer la main et de reprendre possession du parc. En ligne générale, il était impossible de tirer contre les Français bien cachés entre les arbres avec l'artillerie. Mais Wellington disposait d'une batterie de six obusiers, au commandement du major Bull, et c'était l'occasion de voir si ces obusiers, achetés depuis peu, valaient toutes les livres sterlings qu'ils avaient coûté. Le résultat justifia la dépense. Contrairement aux canons qui tiraient des boulets de plomb, capables de tuer ou d'estropier pas mal d'hommes l'un après l'autre s'ils touchaient une unité en formation de combat, ou bien des cartouches remplies de mitraille, efficaces dans un rayon de trois cents à quatre cents mètres sans plus, les obusiers pouvaient effectuer des tirs obliques et envoyer des munitions d'un autre genre : des obus dont les éclats, lorsqu'ils explosaient, faisaient des carnages, ou le bien plus terrible encore shrapnel, une invention anglaise qui, en éclatant dans les airs, arrosait une vaste zone d'une pluie de balles. La seule limite de cette technologie, qui avait de toute évidence l'avenir pour elle, tenait à la difficulté de régler l'obus de manière qu'il explose à la bonne distance. Mais, outre qu'il était l'un des très rares officiers britanniques de l'époque à porter la barbe, le major Bull était homme à connaître son métier. Les obus et les shrapnels commencèrent à exploser au milieu des tirailleurs dissimulés entre les arbres et des colonnes d'infanterie qui s'étaient portées jusqu'à la haie. Presque aussitôt tout ce beau monde commença à reculer en désordre, tandis que les Guards avançaient, baïonnette au canon, et reprenaient possession du bois.

24. Le bombardement dans le secteur d'Hougoumont

Le prince Jérôme ne fut certes pas satisfait du constat que tous les progrès accomplis en plus d'une heure étaient réduits à néant. Voilà que, de nouveau, il ne faisait pas bonne figure. Et pourtant son frère, à ce qu'affirma du moins le prince dans ses Mémoires, lui avait personnellement ordonné de prendre Hougoumont « à tout prix ». À l'évidence, il fallait envoyer d'autres gens au-dedans. Aussi la brigade Soye reçut-elle l'ordre d'avancer en soutien de la brigade Bauduin. Tandis que les bataillons de Bauduin, qui commençaient déjà à se ressentir des pertes subies, restaient à l'abri du chemin creux, ceux de Soye avancèrent à découvert, s'attirant à leur tour le feu des canons anglais, et, parvenus à couvert du bois, envoyèrent leurs tirailleurs à l'intérieur. Une fois encore, les tirailleurs français se trouvèrent en supériorité numérique au milieu des arbres désormais effeuillés et parfois à demi abattus par la tempête de balles ; et, une fois encore, ils contraignirent les défenseurs à reculer jusqu'au château et au mur du jardin. Leur progression cependant s'arrêta là, car il était clair qu'on ne pouvait prendre d'assaut le mur et le portail barricadé.

Ce fut le bombardement de l'artillerie française qui permit la poursuite de l'attaque, débloquant cette situation pour ainsi dire de pat. Depuis le début de l'action, les canons de Reille avaient ouvert le feu contre tout ce qui se voyait. Et, bien que la distance, qui atteignait en moyenne un bon kilomètre, ait été maximale pour les pièces de six livres, il ne manquait pas de boulets pour faire mouche. Tous les témoignages, côté anglais, confirment que l'infanterie amassée sur les hauteurs derrière Hougoumont se trouva d'entrée de jeu sous les tirs et subit des pertes qui finissaient, à la longue, par user les nerfs des hommes, pour diluées qu'elles aient été dans le temps. La colonne de compagnies – la formation dans laquelle avaient été déployés la plupart des bataillons de Wellington en attendant d'entrer au contact de l'ennemi – était une formation tout en profondeur, les dix compagnies se trouvant rangées l'une derrière l'autre, comme les barreaux d'une échelle. Facile à manœuvrer, elle pouvait, en l'espace de quelques minutes, se transformer en une ligne et, plus rapidement encore, en un carré. C'était donc la formation idéale pour des troupes en attente. Mais elle n'était assurément pas adaptée à soutenir le feu de l'artillerie.

Le 23e Fusiliers, disposé derrière les Guards, se trouvait sous le feu de plusieurs canons qui avaient réussi à avancer jusqu'à la route de Nivelles. Bon nombre d'hommes avaient déjà été blessés quand un boulet, le heurtant en plein, tua un capitaine. Le colonel Ellis donna ordre à tous de se coucher. Le 51e Léger, qui couvrait l'extrême droite du dispositif allié à l'ouest d'Hougoumont, avait face à lui une étendue de blés si hauts qu'ils dépassaient la taille d'un homme et au milieu desquels se dissimulaient les tirailleurs français, en sorte qu'il était à la fois sous le feu de l'artillerie et sous celui des fusils. Le sergent Wheeler jugea l'expérience tout autre qu'agréable, et les hommes du 15e Hussards, détachés en couverture de ce flanc, durent partager son avis : « Un obus tomba dans la colonne des hussards et explosa. Je vis voler un sabre et un fourreau [...] Obus et mitraille pleuvaient comme de la grêle, c'était sacrément embêtant. Comme on ne voyait pas l'ennemi, même s'il nous tirait allègrement dessus, les trompettes sonnèrent l'ordre de se coucher à terre. » Tous les régiments, l'un après l'autre, finirent par prendre la même précaution : une multitude d'hommes s'étendit, ventre contre terre, au milieu des blés mouillés, tandis que les boulets français sifflaient au-dessus de leurs têtes.

Le bombardement eut pour première conséquence de tenir l'infanterie anglaise sous pression, l'obligeant à rester le plus possible à couvert. Mais ce qui était encore plus important pour les Français, c'était de distraire l'artillerie anglaise, qui avait démontré son efficacité au début de l'attaque chaque fois que les bataillons de Reille s'étaient exposés en ordre serré. Supérieure en nombre à celle de l'adversaire, l'artillerie de Napoléon avait ordre de pratiquer, dès que l'occasion s'en présentait, la contre-batterie, autrement dit de tirer contre les canons ennemis. Wellington, en revanche, avait donné expressément ordre de ne pas se laisser entraîner dans ce genre de duel, pour ne pas gaspiller les munitions. Si ce n'est que, pour un artilleur, répondre au feu quand on est pris de mire est un réflexe à peu près automatique, comme l'observa Napoléon. « On ne peut jamais faire tirer les artilleurs contre les masses d'infanterie, quand ils se trouvent attaqués eux-mêmes par une batterie ennemie. C'est la lâcheté naturelle, le violent instinct de conservation : on se met aussitôt en garde contre qui attaque, et on cherche à le détruire pour ne pas être détruit. »

En l'occurrence, les batteries anglaises plantées derrière Hougoumont avaient à peine eu le temps de s'apercevoir qu'elles étaient prises pour cible par les canons français que déjà l'interdiction de Wellington était oubliée. Le capitaine Mercer, qui avait été placé à l'extrémité de la ligne avec ordre de tirer sur la cavalerie française si celle-ci s'avançait trop, perdit immédiatement quelques chevaux, cible trop voyante puisque sa batterie en possédait plus de deux cents. Mercer, agacé, décida de se moquer des ordres et ouvrit le feu contre l'artillerie française (« une folie que j'aurais payée cher si notre duc était passé par là »), mais dut laisser tomber presque aussitôt, s'apercevant qu'il était en train d'attirer l'attention d'un trop grand nombre de batteries ennemies et qu'il risquait bien, à ce petit jeu, d'avoir le dessous. À peine plus en arrière, les fantassins du 14e régiment (surnommés par dérision « les paysans », car c'étaient tous de très jeunes recrues tout droit sorties des campagnes du Buckinghamshire) s'étaient étendus sur le sol, tout en maintenant la formation en carré : la cavalerie française ne rôdait pas bien loin. Mercer entrevit leurs lances aux fanions blancs et rouges par-delà les champs de blé, aussi hauts qu'un homme, au milieu desquels courait la route de Nivelles.

D'autres commandants de batterie ne résistèrent pas davantage, et commencèrent à répondre au tir. Le capitaine Samuel Bolton, qui commandait six canons de neuf livres installés à six cents, sept cents mètres derrière le château, en détacha trois pour amuser la batterie française : selon un de ses officiers, celle-ci « était en train de provoquer des ravages parmi nos troupes à l'intérieur et aux environs d'Hougoumont ». Dans leur tentative de la contraindre à changer de position, les trois pièces continuèrent de tirer pendant plus d'une heure contre la batterie ennemie. Cette aide fut cependant peu appréciée de l'infanterie anglaise déployée dans la zone. Jusque-là, le 71e régiment était resté assez tranquillement blotti dans un vallonnement. Or l'arrivée des canons de Bolton, qui prirent position juste devant eux, « en attirant l'attention de l'ennemi, amena sur nous un lourd tir de boulets et d'obus, avec des conséquences très destructrices pour nos colonnes qui étaient couchées sur le sol derrière eux », ainsi qu'en témoigna de longues années plus tard un officier du 71e, encore agacé par ce zèle intempestif.

La batterie d'obusiers du major Bull, qui avait si efficacement tiré contre l'infanterie française introduite dans le bois, fut elle aussi prise pour cible par l'artillerie ennemie, et le major Bull répliqua lui aussi promptement. Selon les affirmations plus tard avancées pour se justifier, pas moins de vingt-deux canons français auraient alors été en train de tirer directement sur lui. À la longue, les pertes en hommes, en chevaux et en wagons et le gaspillage d'obus épuisèrent la batterie, à tel point que les obusiers durent être reportés à l'arrière : il fallait reconstituer les provisions et réparer le matériel endommagé. Bref, deux heures au plus après le début du combat, la batterie de Bull était contrainte d'abandonner la ligne de feu. Wellington, qui se trouvait encore dans la zone, était si irrité de la désobéissance de son artillerie qu'il ordonna de mettre aux arrêts le premier commandant de batterie qui se présenta à lui. L'homme parvint toutefois à démontrer que ses canons tiraient contre l'infanterie ennemie et non contre d'autres canons, comme la majeure partie de ceux de ses collègues, et le duc, serrant les dents, consentit à le laisser aller.

25. L'attaque au portail nord

Entre midi et une heure, le feu des combats s'était allumé dans tout le secteur d'Hougoumont, même si, pour l'écrasante majorité des hommes amassés là des deux côtés, cela voulait simplement dire rester étendus dans des vallonnements ou des chemins creux, tandis que, par intervalles, un boulet de canon passait en sifflant au-dessus de leurs têtes ou que quelque obus venait exploser à proximité. L'artillerie était de plus en plus engagée dans des duels, batterie contre batterie ; les pertes en hommes et en chevaux, cependant, augmentaient, les canons surchauffaient et devenaient plus imprécis, les caissons de munitions se vidaient à un rythme alarmant. Cette situation de blocage apparent favorisait, en réalité, l'infanterie française. Elle n'était plus tenue sous le feu de l'artillerie ennemie, et, si elle n'était pas en mesure de prendre d'assaut le mur sud du château ; elle pouvait, par contre, manœuvrer sur les flancs : dans les pâturages à sa droite, d'où l'avaient chassée peu auparavant les obusiers de Bull, et dans la plaine à sa gauche, sous la couverture des batteries à cheval qui s'étaient portées en avant par-delà la route de Nivelles.

La division du prince Jérôme commença donc à manœuvrer. Les compagnies légères s'étant avancées dans le bois, les bataillons de Soye progressèrent en colonne à travers les pâturages, dépassèrent la haie et envahirent le verger. Sous leur pression, les défenseurs anglais et allemands au commandement de lord Saltoun durent évacuer le verger et furent rejetés sur la route couverte qui courait devant le château. L'attaque de Soye marqua là un arrêt, car, défendus comme ils l'étaient par des centaines de fusils, tant la route couverte, bordée de fossés et de ronces, que le mur du jardin étaient difficiles à passer. Incapables de pousser plus avant, les troupes françaises qui avaient pénétré dans le pâturage et dans le verger engagèrent avec les défenseurs d'intenses échanges de tir qui pouvaient toutefois difficilement tourner à leur avantage. Pour essayer de déloger ces défenseurs, les Français traînèrent un canon à l'intérieur du verger. Lord Saltoun, préoccupé de l'initiative, fit sortir ses hommes de la route couverte et chercha à s'emparer de la pièce, mais le feu ennemi le contraignit à regagner en toute hâte leur abri. Monté à cheval comme il l'était, le jeune lieutenant-colonel offrait une cible par trop commode ; il ne se fit pas même une égratignure, bien que quatre chevaux fussent tués sous lui au cours de ces heures de combat. Quoi qu'il en soit, le canon ne se révéla pas aussi efficace que l'avaient espéré les Français, et l'échange de tirs se poursuivit, assez peu concluant. Plus exposés, les Français subissaient malgré tout davantage de pertes.

Pendant cet intervalle, les troupes de la brigade initialement commandée par Bauduin manœuvraient sur l'autre flanc du château. Le capitaine Mercer, de sa position sur les hauteurs qui dominaient la route de Nivelles, voyait les tirailleurs anglais et français engagés dans une joute ininterrompue au milieu des blés hauts. Sous la pression ennemie, la ligne des tirailleurs anglais dut céder du terrain. Pas assez pour mettre la position en danger, mais suffisamment pour permettre à l'infanterie ennemie de manœuvrer en toute tranquillité dans la plaine, le long du flanc ouest du château. Le colonel de Cubières, qui avait pris le commandement de toute la brigade après la mort de Bauduin, avait déjà perdu beaucoup d'hommes dans le bois, mais il en avait encore suffisamment pour tenter une autre voie. Ses soldats avancèrent à découvert, sans plus être à présent aussi dérangés par l'artillerie anglaise, contournèrent le château, descendirent sur la route couverte et se trouvèrent devant le portail nord. Ce portail de bois était l'unique voie de communication entre la garnison d'Hougoumont et les réserves disposées plus en arrière. Aussi n'avait-il pas été barricadé. Peu auparavant, les Guards l'avaient encore utilisé pour porter un chariot de munitions dans la cour.

L'apparition de Cubières et de ses hommes devant le portail marqua le moment le plus critique pour les défenseurs d'Hougoumont. Ce n'est pas un hasard si plus d'un officier anglais se souvenait encore, de longues années après la bataille, de cet officier français à cheval, un bras en écharpe à cause de la blessure reçue deux jours plus tôt aux Quatre-Bras, en train d'inciter les tirailleurs à se porter sous le mur. Baron d'Empire, le colonel de Cubières était né marquis Despans de Cubières. C'était donc un de ces nombreux jeunes gens de la noblesse d'Ancien Régime qui, tout juste enfants à l'époque de la Révolution, s'étaient rangés aux côtés de l'empereur et avaient fait carrière dans la Grande Armée.

Au retour de Napoléon de l'île d'Elbe, trois mois plus tôt, Cubières, à vingt-neuf ans, était commandant en second du 1er Léger. Il avait assisté à la crise morale de ses soldats, partagés entre le serment prêté aux Bourbons et l'antique fidélité à l'empereur. Dès son arrivée à Paris, Napoléon avait passé en revue son régiment, et avait demandé qui le commandait. Cubières avait fait un pas en avant et avait répondu : « Sire, c'est le colonel de Beurnonville ; mais il est malade. » Napoléon avait répliqué : « Beurnonville n'est pas des nôtres. C'est vous, colonel Cubières, qui prendrez désormais le commandement du 1er Léger » ; et il s'était éloigné, en mettant un terme aux protestations du colonel avec un geste d'impatience.

Cette réplique de Napoléon est révélatrice de ce que l'on risque parfois d'oublier : à quel point l'Armée du Nord de 1815, dont on avait, autant que possible, éliminé tous ceux qui n'étaient pas « des nôtres », était idéologique. Mais Cubières était un homme d'exception, y compris pour l'époque, et il commandait un régiment d'exception. Le 2 mai, les soldats, comme tous les citoyens français, avaient été appelés à voter par plébiscite l'Acte additionnel, c'est-à-dire la nouvelle Constitution que Napoléon avait cogitée pour la France. Devant son régiment déployé sur la place d'armes, le colonel de Cubières déclara qu'il voterait contre, parce que la Constitution réservait trop de pouvoir à l'empereur et qu'elle ne pouvait être le fondement d'une France vraiment libérale ; à son avis, un plébiscite aussi hâtif était aussi une procédure trop peu démocratique : lui, Cubières, invitait donc les soldats de son régiment à le rejeter. Le 1er Léger fut le seul régiment de toute l'armée à voter, presque à l'unanimité, contre l'Acte additionnel (l'unique exception fut un capitaine qui observa :

« J'aime de tout mon cœur mon colonel, mais, en fait de Constitution, il n'est pas si malin que l'empereur, qui en a déjà fait plusieurs »). Napoléon fut fort peu satisfait de ce vote, dont les registres furent opportunément égarés. Et pourtant, Cubières resta à son poste, n'essuyant qu'une lettre de blâme.

À cheval, le bras en écharpe, Cubières avait à présent entraîné les hommes de son régiment jusque sous le portail nord d'Hougoumont. Les deux compagnies légères des Guards au commandement de Macdonell, qui avaient pris position à l'extérieur du château, furent surprises par cette avancée et firent demi-tour en courant pour rentrer dans la cour par le portail encore ouvert. Dans la débâcle, un sergent anglais tira à bout portant sur Cubières, le jetant à bas de son cheval, puis sauta en selle à sa place et éperonna l'animal jusque dans la cour, parvenant à se mettre en sûreté juste avant que ses compagnons referment le portail. Cubières, qui n'était que blessé, réussit à se relever et à se mettre à l'abri. Il devait toujours garder l'impression que les Anglais, le voyant si handicapé, avaient délibérément évité de tirer à nouveau sur lui. Bien des années plus tard, alors qu'il était au service du pape comme gouverneur d'Ancône, il rencontra un officier des Coldstream Guards qui avait combattu à Hougoumont, et lui exprima sa gratitude pour ce comportement chevaleresque.

Cubières fut emporté en lieu sûr. Cependant, la situation de ses hommes, qui se pressaient sous le portail, devenait précaire : les défenseurs tiraient sur eux à bout portant depuis le parapet et les meurtrières. La seule façon d'entrer était de défoncer le portail avec les haches distribuées aux sapeurs. Un des officiers du 1er Léger, le lieutenant Legros, à qui ses muscles valaient d'être surnommé l'Enfonceur, s'avança sous le portail et commença à cogner. Legros, qui avait été sapeur et savait manier une hache, mit en pièces la barre de bois qui maintenait le portail fermé. Sous la pression de la masse, la cloison céda et un grand nombre de fantassins firent irruption à l'intérieur. S'ensuivit une mêlée sauvage, au fil de laquelle Legros et ses hommes se retrouvèrent à un moment maîtres de la cour. Les défenseurs en proie à la panique cherchaient refuge à l'intérieur des édifices. Un officier allemand fut poursuivi jusque dans la maison par un Français armé d'une hache, qui le rattrapa et, d'un coup, lui coupa net la main.

Le matin même, Müffling avait exprimé à Wellington quelques doutes touchant la capacité de résistance du château. « Ah, vous ne connaissez pas Macdonell », s'était limité à répondre le duc. Dans ce moment critique, le lieutenant-colonel démontra qu'il était digne de la réputation qui l'auréolait, à savoir celle d'être un des plus formidables combattants de l'armée. Accompagné de quelques autres officiers et d'un sergent, ce chef de trente-quatre ans parvint à se frayer un chemin au milieu des ennemis, à refermer ce qui restait du portail et à le bloquer à l'aide d'une autre barre. Après quoi tous les Français, Legros compris, qui avaient pénétré dans la cour y trouvèrent la mort. Ou mieux, tous périrent, sauf un. Le soldat Matthew Clay se précipita à temps dans la cour pour voir Macdonell, le visage couvert de sang, qui finissait de barricader le portail et pour tomber sur un petit tambour français auquel seul son âge valait d'avoir été épargné. Clay le prit sous sa surveillance et l'emmena à l'intérieur du château, dans la salle où étaient rassemblés les blessés, en lui recommandant de rester là et de se tenir tranquille, car personne ne lui ferait de mal. Pendant ce temps, les Français restés à l'extérieur avaient commencé à se débander sous le feu précis des défenseurs, ceux qui cherchaient à se hisser sur le mur étant abattus un par un.

Mais beaucoup de tirailleurs, plutôt que de se replier sur leurs lignes, remontaient la pente vers les positions anglaises en se dissimulant au milieu des blés mûrs. Juste au-dessus d'eux, le lieutenant-colonel Webber-Smith avait fait mettre en position les canons de neuf livres de sa batterie et, totalement indifférent aux ordres de Wellington qui interdisait ce genre de duel, il avait, à l'instar des autres commandants de l'artillerie anglaise, aussitôt ouvert le feu contre l'artillerie à cheval française, plantée du côté opposé du plateau. La batterie était engagée dans le combat et avait déjà subi ses premières pertes quand les tirailleurs français cachés dans les blés ouvrirent soudainement le feu à distance rapprochée. En l'espace de quelques minutes, nombre des artilleurs et des chevaux furent touchés, et Webber-Smith dut donner l'ordre d'attacher les canons et de débarrasser les lieux avant qu'il soit trop tard.

Les choses en étaient plus ou moins à ce point quand Sir John Byng, aux ordres de qui se trouvait la brigade des Guards déployée derrière le château, décida que le moment était venu de contre-attaquer pour alléger la pression pesant sur les défenseurs. Une compagnie après l'autre, ses deux bataillons, le 2ᵉ Coldstream Guards et le 2/3ᵉ Foot Guards, descendirent la pente et atteignirent la route couverte. À leur arrivée, les tirailleurs, pris de surprise, se replièrent en désordre, évacuant même le verger. Après un bref échange de tirs, une partie des Guards parvint à entrer dans la cour ; les autres pénétrèrent dans le jardin par une petite porte latérale, allant donner la relève aux hommes harassés de lord Saltoun. En dépit des pertes subies par ses défenseurs, le château était à présent sous la protection de plus de mille cinq cents fusils ; le risque que les Français réussissent à s'en emparer semblait s'écarter de plus en plus.

C'est précisément dans cette phase, vers une heure et demie de l'après-midi – et ce n'est pas là un hasard –, que Wellington s'éloigna pour la première fois d'Hougoumont afin d'aller surveiller le centre de son dispositif, où s'annonçait au grondement des canons une autre tempête.

26. La « grande batterie »

Peu après onze heures du matin, d'Erlon et son chef d'artillerie, le général Desales, étaient en train de surveiller les troupes qui prenaient position sur la pente de la Belle-Alliance quand ils furent rejoints par le général de La Bédoyère, aide de camp de l'empereur (celui-là même qui, condamné pour haute trahison par un tribunal des Bourbons, allait être fusillé, deux mois plus tard exactement, en dehors de Paris à l'âge d'à peine vingt-neuf ans). La Bédoyère portait l'ordre de Napoléon, dicté à onze heures et que nous connaissons déjà, selon lequel le 1er corps devait commencer l'attaque de Mont-Saint-Jean à une heure, en faisant tout d'abord s'ébranler sa division de gauche, puis en la soutenant peu à peu avec les autres. L'ordre ajoutait que les trois batteries de réserve des 1er, 2e et 6e corps d'armée, avec leurs puissants canons de douze livres, devaient s'amasser et battre le centre de la position ennemie.

Une fois l'ordre écrit consigné, La Bédoyère informa de vive voix Desales que l'empereur lui confiait le commandement de toute l'artillerie disposée au centre, laquelle était formée non seulement des trois batteries de corps d'armée, mais aussi des quatre batteries divisionnaires du 1er corps, comptant sept ou huit pièces de six livres chacune. On organiserait ainsi une grande batterie de cinquante-quatre canons, que Desales devait déployer en une seule ligne, à mi-côte, le long de la pente de la Belle-Alliance. Cette disposition résonnait comme une chose familière aux oreilles des généraux de Napoléon : depuis toujours, l'empereur, qui n'avait pas été officier d'artillerie dans sa jeunesse pour rien, enseignait qu'il fallait user l'ennemi avant l'attaque par un bombardement d'artillerie et qu'il était nécessaire, à cet effet, de concentrer le plus de canons possible contre le point que l'on voulait percer. Desales se mit donc immédiatement au travail, lequel n'était pas simple, comme nous allons le voir.

Une batterie était, de fait, une chose extrêmement encombrante à l'organisation difficile. Chaque pièce de douze livres avait besoin d'une quinzaine de servants, dont beaucoup faisaient la navette avec les wagons de munitions parqués, pour des raisons de sécurité, à trente ou quarante mètres au moins en arrière. Il y avait, pour chaque pièce, deux ou trois wagons, tirés par quatre chevaux chacun, outre l'avant-train qui stationnait lui aussi à une certaine distance avec ses six chevaux d'attelage et ses conducteurs. Un canon pesait environ une tonne. Vu qu'il n'avait pas de frein pour absorber le recul, il se déplaçait d'une paire de mètres après chaque tir et devait être remis en position à la force des bras. C'était aussi à bras qu'étaient transportés les boulets de fonte, de près de cinq kilos chacun, entre wagons et canons. On comprendra que chaque canon exigeait un large espace de manœuvre, de sorte qu'une batterie française de huit bouches de feu, avec ses deux cents hommes entre artilleurs et conducteurs et ses cent cinquante chevaux ou presque, finissait par occuper un front d'une centaine de mètres sur une profondeur d'une cinquantaine de mètres. Tout comme on comprendra qu'une fois mises en position dans la boue tenace des collines flamandes les pièces de douze étaient loin d'être simples à déplacer.

La position que Napoléon avait choisie pour la grande batterie présentait des avantages et des inconvénients. La pente qui descendait vers les lignes adverses semblait faite tout exprès pour déployer un aussi grand nombre de canons juste en face de l'ennemi, avec un effet moral garanti. Du reste, les témoignages des officiers anglais confirment que l'arrivée des batteries, prenant place l'une après l'autre, fut observée avec une inquiétude croissante. Le capitaine Kincaid, du 1/95e Fusiliers, qui se trouvait sur une petite colline à une centaine de mètres en arrière de la Haye-Sainte, jetait sur les alentours un regard de curiosité mêlée d'insolence jusqu'au moment où il s'aperçut de ce qui se produisait juste en face de lui, dans un secteur encore désert un instant auparavant, et dès lors ne parvint plus à détacher les yeux « des innombrables petits points noirs qui étaient en train de prendre position à intervalles réguliers ». Le capitaine poursuit : « En y reconnaissant des pièces d'artillerie, je sus par expérience, même si l'on ne voyait encore rien d'autre, que nous n'étions pas destinés à rester des spectateurs oisifs. »

Les officiers de l'artillerie française inspectaient la position ennemie à l'aide de leurs longues-vues afin d'y repérer les cibles possibles. On voyait, sur toute la longueur de la dorsale de Mont-Saint-Jean, un grand nombre de batteries, certaines à découvert et d'autres protégées par des haies longeant le chemin creux. À l'arrière de la Haye-Sainte, on n'apercevait rien d'autre. En revanche, sur la droite, on distinguait fort bien une longue ligne d'infanterie, déployée du côté exposé de la crête, plus en avant et plus bas que les canons anglais. Il est difficile de dire si les artilleurs de Desales savaient que cette ligne – une partie de la division hollandaise de Perponcher – représentait simplement une fraction de l'aile gauche ennemie et que le gros des troupes se trouvait plus en arrière, ventre contre terre, sur le versant protégé. Quoi qu'il en soit, ce qu'ils voyaient constituait une cible plus que suffisante pour justifier la concentration d'artillerie ordonnée par l'empereur.

Une telle distance courait cependant entre les bouches des canons et la position à battre que les tirs risquaient d'avoir un effet essentiellement moral. À mille mètres, pas même les projectiles de douze ne pouvaient arriver avec beaucoup de précision ; quant aux pièces de six, les faire fonctionner à cette distance revenait à tirer au hasard. Mais, à l'évidence, Napoléon avait préféré ne pas risquer ses canons en les poussant trop avant. La grande concentration de bouches de feu devait suppléer à l'imprécision du tir. Au reste, la grande batterie avait pour tâche de produire un effet psychologique, ainsi qu'il ressort clairement de l'ordre imparti par l'empereur, puisqu'il demandait expressément à Desales d'ouvrir le feu avec tous les canons au même moment, « pour provoquer la stupeur et ébranler le moral de l'ennemi ».

Tous les officiers de l'artillerie française n'étaient pourtant pas disposés à se contenter d'un effet moral. Le général Ruty, qui commandait l'ensemble de la batterie de l'Armée du Nord, rejoignit Desales, tandis que celui-ci surveillait le déploiement de ses pièces, et observa qu'il aurait été opportun de déplacer les batteries plus en avant dans le cours de l'attaque, afin de faire feu d'une distance moins prohibitive. Il lui ordonna donc d'aller en reconnaissance vers les lignes ennemies et de repérer par avance une position adaptée. Desales nourrissait une certaine perplexité, convaincu qu'il était « par théorie et par pratique » que déplacer une si vaste artillerie dans l'ardeur de la bataille n'allait jamais sans risques. Mais les ordres étaient les ordres. Le général descendit la pente à cheval et finit par découvrir qu'à quelques centaines de mètres plus bas, un éperon, situé presque à portée de fusil de la Haye-Sainte, formait une plate-forme naturelle sur laquelle il serait possible, au besoin, de déployer ses pièces.

Sa reconnaissance accomplie, Desales revint en arrière et songea à désigner des commandants pour chaque secteur de la grande batterie, car l'heure de commencer était presque arrivée. Le plus expérimenté de ses subordonnés était le colonel Bernard. Aussi Desales voulut-il lui confier les batteries de douze. Mais le colonel avait perdu un œil au siège de Saragosse, et lui fit noter qu'il n'était pas l'homme le mieux adapté à la tâche, dès lors que les pièces de douze étaient les seules à pouvoir essayer de viser à pareille distance. L'officier borgne fut donc affecté aux batteries de six, et le commandement des batteries de douze fut confié à un autre colonel, plus jeune et encore entier. Cela fait, Desales rejoignit le maréchal Ney, qui caracolait, impatient, au centre du déploiement, et l'informa que, pour ce qui concernait les artilleurs, on pouvait commencer.

Quand la grande batterie ouvrit le feu, entre midi et une heure, les combats étaient déjà engagés depuis longtemps dans la zone d'Hougoumont. Pourtant, le rugissement de tous ces canons couvrit tout autre bruit, et

Desales sentit le sol trembler sous lui. Ils n'avaient assurément pas tort, ces soldats français qui surnommaient depuis toujours le canon « le brutal », avec une familiarité mêlée de répugnance. Sur la petite colline où se trouvait le capitaine Kincaid, un des premiers coups frappa en plein le seul arbre de la zone, faisant tomber une avalanche de branches sur les deux officiers médecins du bataillon, qui, persuadés d'y être au sûr, avaient précisément installé là leur poste de médication. Les plus expérimentés des soldats de Wellington ne tardèrent cependant pas à s'apercevoir que l'ennemi, avec un tel bombardement, se proposait surtout un effet psychologique. « La majeure partie des boulets, par chance, passait au-dessus de nos têtes, emportant un homme de-ci, de-là », témoigne un officier de la division de Picton. « Le feu était de loin trop haut ; les vétérans disaient qu'il n'avait pour but que d'épouvanter, comme à l'ordinaire. »

Mais les boulets et les obus qui passaient haut au-dessus de la crête allaient tomber à la verticale au milieu des troupes amassées en seconde ligne. On est amené à se demander si, à un certain point, les batteries françaises n'auraient pas délibérément commencé à tirer aussi haut que possible pour atteindre le versant protégé – surtout après que l'infanterie hollandaise, initialement déployée sur le versant à découvert, eut été repliée en toute hâte sur une position moins exposée. En tirant ainsi à l'aveuglette, l'espoir de toucher quelqu'un était bien évidemment confié au hasard, mais le bombardement était si intense que l'infanterie, tapie à plat ventre derrière la Haye-Sainte et le chemin d'Ohain, n'en finit pas moins par subir des pertes. Il n'était jusqu'à la cavalerie, disposée en réserve sur l'aile gauche de Wellington, plusieurs centaines de mètres derrière la crête, qui ne commençât à être atteinte par plus de boulets qu'il n'eût fallu, de sorte que sir William Ponsonby, qui commandait une des deux brigades de cavalerie lourde, fit reculer ses hommes, à la recherche d'une position moins dangereuse.

Peut-on calculer l'intensité du tir soutenu par la grande batterie ? L'exercice risque d'être une fin en soi : il ne peut forcément se baser que sur des moyennes statistiques, dont il vaut mieux se méfier. Essayons-nous-y malgré tout. Desales disposait de vingt-quatre pièces de douze et de trente pièces de six, auxquelles on peut ajouter les dix-huit pièces de six des batteries d'artillerie à cheval. La vitesse de tir était d'un coup à la minute pour les pièces de douze, plus fatigantes à remettre en place après le recul ; de deux pour les pièces plus légères, ce qui représente un total de cent vingt coups à la minute. Le bombardement se dispersait toutefois sur un front de plus de deux kilomètres que les artilleurs français s'échinaient très consciencieusement à battre en entier : le général von Vincke, qui commandait la brigade de milice hanovrienne placée à l'extrême gauche du déploiement de Wellington, rapporte que les batteries ennemies, entrées en position à midi, parvenaient à frapper ses arrière-gardes – en dépit d'une distance de deux mille pas qui aurait dû les rendre inoffensives –, si bien que le poste de médication de la brigade dut être déplacé plus en arrière.

On peut donc calculer une moyenne d'un coup à la minute tous les vingt mètres de front. Ajoutons que la profondeur du front était de plusieurs centaines de mètres, et que les coups tirés avec la hausse maximale y tombaient au petit bonheur la chance sans que le terrain, trop détrempé, permît aux boulets de rebondir. Cela explique le sentiment d'insécurité qui ne tarda pas à envahir l'ensemble des troupes alliées réparties dans le secteur. Mais cela explique aussi que les pertes effectives, sur la durée, aient été supportables, malgré le frisson que faisaient courir les coups bien portés le long de la colonne vertébrale de qui avait le malheur d'y assister. Tandis que la cavalerie de Ponsonby se déplaçait pour se mettre à l'abri, le lieutenant Wyndham, des Scots Greys, un très jeune officier qui n'avait rejoint son régiment que depuis un mois à peine, rencontra cinq ou six soldats écossais qui emportaient vers l'arrière, enveloppé dans une couverture, un de leurs officiers blessé. Il resta bouleversé quand « un obus arriva, tomba près d'eux et les détruisit tous ».

Le bombardement avait à peine commencé que les batteries alliées répondaient bravement au feu, ignorant, là aussi, les ordres du duc, qui, du reste, n'était pas sur place pour mettre bon ordre. Desales vit dans sa longue-vue que les canons ennemis se trouvaient protégés par le chemin creux comme par une tranchée et qu'il ne serait en rien facile de les réduire au silence. L'artillerie française était plus exposée, et elle ne tarda pas à subir ses premières pertes : un obus explosa à petite distance de Desales, blessant tous ceux qui se trouvaient autour de lui. Touché par un éclat de boulet, le général se tâta pour savoir s'il était blessé ; il découvrit avec soulagement que l'éclat s'était arrêté dans le petit col de sa redingote. Son bras n'en restait pas moins endolori par la contusion ; Desales en conserva toujours un sain respect pour la précision du tir de contre-batterie anglais. Sans que le général français pût le savoir, la situation était, de fait, encore bien plus incommode sur la crête de Mont-Saint-Jean. Les officiers de l'infanterie alliée voyaient avec une inquiétude croissante exploser devant eux les caissons de l'artillerie chaque fois qu'un boulet ennemi les touchait, et bien vite s'aperçurent qu'au milieu de la fumée certaines batteries, à court de munitions, commençaient à attacher les chevaux aux canons pour échapper à cet enfer. Les « belles filles de l'Empereur », comme les artilleurs français appelaient affectueusement leurs douze livres, étaient en train de faire du bon travail.

L'infanterie du corps de d'Erlon, amassée juste derrière les canons, comprenait bien, au mouvement des estafettes et à la gesticulation des commandants, que le moment de se mettre en marche et de « donner un fameux coup de peigne », comme disaient les soldats, allait arriver. Le capitaine Martin, du 45e de ligne, un Suisse de vingt ans à peine, était de bonne humeur comme tous ses hommes : la nuit avait été horrible, mais le matin avait apporté un peu de viande de vache, qui avait paru délicieuse à des gens aussi affamés, et de l'eau-de-vie en abondance, en sorte que tous avaient bien bu. « Tout le monde s'y prépara : on nettoya les armes, on s'exhorta à bien faire et à finir la campagne de ce seul coup. Hélas ! on ne croyait pas si bien dire. »

27. Nouvelles des Prussiens

Napoléon était assis, sa carte dépliée sur une petite table, au sommet de l'éminence qui s'élevait derrière la ferme de Rossomme et attendait que le maréchal Ney fasse avancer l'infanterie de d'Erlon. Le major Lemonnier-Delafosse, aide de camp du général Foy, se trouvait également là. Dans l'attente de la batterie d'artillerie qu'il devait conduire en position, il observa son empereur. Celui-ci était assis sur une chaise de paille, devant une table rustique sur laquelle était ouverte la carte. Il avait en main sa fameuse longue-vue et il la dirigeait souvent sur différents points du champ de bataille. Quand il se reposait les yeux, il cueillait une tige de blé et se la mettait dans la bouche comme un cure-dents. À sa gauche, le maréchal Soult attendait, seul, ses ordres, tandis que dix pas plus en arrière étaient regroupés tous ses aides, à cheval. Les sapeurs du génie aplanissaient le terrain tout autour, creusant des marches pour que les gens puissent rejoindre plus facilement l'empereur... Finalement, Lemonnier-Delafosse dut s'en aller avec l'artillerie ; il ne devait jamais revoir l'empereur.

Napoléon ne restait pas toujours assis sur sa chaise de paille. Son guide, De Coster, le décrit faisant les cent pas, parfois les bras croisés, mais le plus souvent les mains derrière le dos ou les pouces passés dans les poches de son paletot. Tantôt il regardait sa montre, tantôt il prenait une pincée de tabac, tantôt il fixait son œil à sa longue-vue pour parcourir du regard le champ de bataille. À un moment, tandis qu'il explorait ainsi l'espace, il lui sembla entrevoir dans le lointain, sur la droite, quelque chose qui auparavant n'y était pas. L'empereur demanda son avis à Soult. Après avoir scruté l'horizon, celui-ci affirma qu'il s'agissait de troupes en mouvement. Les autres officiers pointèrent tout aussitôt leurs longues-vues. Mais la journée était loin d'être claire, si bien qu'ils émirent des avis discordants. Pour certains, ce n'était qu'un bouquet d'arbres. Pour d'autres, il s'agissait de troupes au repos, leurs armes empilées. Quelques-uns s'accordèrent à penser avec Soult que non seulement il s'agissait de troupes, mais qu'elles progressaient vers eux.

En confrontant ce qu'ils voyaient avec la carte, ils calculèrent que, s'il s'agissait effectivement de colonnes en marche, leur tête devait être quasiment à la hauteur du village de Chapelle-Saint-Lambert, à sept ou huit kilomètres de distance, juste au-delà de la Lasne. Ce qui voulait dire qu'en l'espace de trois heures elles pourraient atteindre l'extrême droite de l'armée française, déployée devant la Papelotte. Soult suggéra qu'il pouvait s'agir des troupes de Grouchy. Cette hypothèse, par ailleurs agréablement rassurante, parut sur l'instant plausible. Le seul fait qu'elle ait été prise en considération montre, cependant, que l'empereur et ses généraux ne travaillaient plus avec l'efficacité qui leur avait été coutumière en d'autres temps. Il ressortait, en effet, de la dernière dépêche de Grouchy, datée de six heures du matin, que le maréchal se trouvait encore à Gembloux à cette heure-là et qu'il avait l'intention de marcher sur Sart-à-Walhain, soit de pousser encore vers le nord-est, avant d'infléchir sa marche vers le nord-ouest et Wavre, s'étant désormais assuré que le gros des troupes prussiennes se retirait dans cette direction. Si l'empereur s'était penché sur sa carte pour calculer la distance au compas, comme il avait l'habitude de le faire dans le passé, il se serait immédiatement aperçu qu'il était matériellement impossible que Grouchy soit déjà arrivé à Chapelle-Saint-Lambert, étant donné l'heure à laquelle il s'était mis en mouvement et la direction qu'il s'était proposé de prendre. Mais personne ne se donna la peine de faire ces calculs et l'idée que Grouchy allait apparaître sous peu à l'horizon continua de planer dans l'esprit de tous.

Dans l'incertitude, l'empereur ordonna aux deux divisions de cavalerie Domon et Subervie de se déployer en couverture du flanc droit, en poussant jusqu'au bois de Frischermont qui coupait le champ de bataille de ce côté-là. Cette décision laisse penser que Napoléon ne croyait pas vraiment en une menace en voie de se concrétiser dans cette zone. Ces six régiments de cavalerie

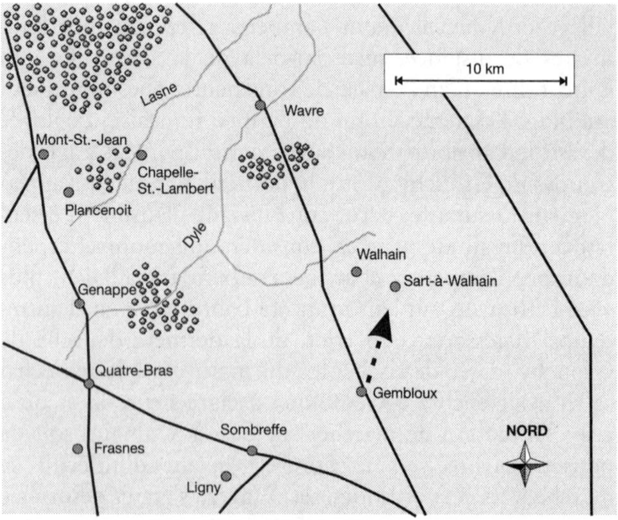

10. Mouvements de Grouchy aux premières heures du 18 juin

légère, un peu plus de deux mille cavaliers en tout, n'étaient assurément pas adaptés pour s'enfoncer dans le bois et contester le passage de la Lasne aux avant-gardes prussiennes. Ils se limitèrent, de fait, à prendre position en deçà du bois. Si l'empereur y avait dépêché quelques bataillons d'infanterie légère à la place de la cavalerie, s'il avait fait avancer une ligne de tirailleurs jusqu'à l'escarpement qui dominait le cours d'eau, l'avancée de von Bülow aurait pû être presque indéfiniment retardée. Mais, de toute évidence, Napoléon entendait simplement renforcer sur ce flanc l'écran de cavalerie et multiplier les reconnaissances pour s'assurer de la nature des troupes en progression, dans l'espoir qu'il s'agissait réellement de Grouchy. Le général Domon interpréta lui-même sa mission dans le sens le plus optimiste : il déclara à ces officiers que la bataille était gagnée, que leur tâche était d'effectuer la liaison avec les troupes de Grouchy et que, le soir, ils dormiraient à Bruxelles.

L'incertitude quant à la nature des troupes que l'on entrevoyait derrière le clocher de Chapelle-Saint-Lambert fut toutefois rapidement dissipée, puisqu'un détachement de hussards rejoignit l'empereur avec un prisonnier prussien. Ils étaient envoyés par le colonel Marbot, commandant du 7e Hussards, qui avait reçu l'ordre au matin de pousser en éclaireur au-delà de l'extrême droite des positions françaises. Une fois le bois de Frischermont passé, les hussards devaient reconnaître les routes et les ponts sur la Lasne et la Dyle, dans l'attente d'établir un contact avec les avant-gardes de Grouchy. Marbot, auteur à venir de Mémoires comptant parmi les récits les plus colorés de l'épopée napoléonienne, était un vieux renard et connaissait son métier : le premier courrier qui tenta de passer par là fut capturé et envoyé à l'empereur avec la dépêche dont il était porteur. C'était un billet adressé à Wellington. Il l'informait que le corps de Bülow, en marche comme promis vers le champ de bataille, avait atteint Chapelle-Saint-Lambert. Le prisonnier, qui parlait français, ne se fit pas prier pour confirmer à l'empereur que les troupes visibles dans le lointain étaient précisément l'avant-garde du corps de Bülow, que l'ensemble de l'armée prussienne avait passé la nuit à Wavre et que pendant leur marche, dans la matinée, ils n'avaient pas rencontré le moindre Français.

Wellington, à la même heure, était déjà informé depuis un bon bout de temps de l'arrivée des Prussiens. Le capitaine Taylor, du 10e Hussards, qui commandait un escadron placé en surveillance à l'extrême gauche du dispositif allié, avait été rejoint dans le cours de la matinée par un autre officier, un Prussien arrivé là à la tête d'une patrouille de hussards. L'homme lui avait référé que le corps de Bülow n'était plus bien loin. Cette grande nouvelle communiquée, le Prussien s'en était retourné d'où il venait. Taylor, de son côté, avait immédiatement envoyé un de ses officiers avertir le duc. Après quoi ses hommes et lui avaient commencé à observer anxieusement l'horizon, où devaient se matérialiser les colonnes prussiennes. Cette attente s'était révélée désagréablement longue. Et le passage impromptu et réitéré d'un aide de camp du duc, envoyé pour vérifier si l'on voyait finalement apparaître quelqu'un, n'avait fait qu'accroître l'embarras de Taylor. Ce dernier avait aperçu la cavalerie française partant en reconnaissance dans la direction d'où devaient déboucher les Prussiens, mais ce mouvement s'était accompli trop loin pour qu'il puisse y faire quoi que ce soit. Des Prussiens, en revanche, il n'avait vu trace.

La nouvelle de l'arrivée prochaine des Prussiens ne s'en était pas moins répandue très vite parmi les officiers anglais. Sir Augustus Frazer l'avait apprise d'un aide de camp de lord Uxbridge qui cherchait le duc pour en référer et qui avait prié Frazer de s'employer dans le même sens. Sir Augustus avait diligemment copié le rapport du capitaine Taylor, d'où il ressortait que Bülow était arrivé avec ses hommes en un lieu qu'il transcrivit en « Occey » – ce qu'il ne put trouver nulle part, ainsi qu'il était prévisible, lorsqu'il chercha ensuite sur la carte. Parti au galop à la recherche de Wellington, il avait pris le temps de s'arrêter en cours de route pour communiquer la nouvelle à sir Thomas Picton, discuter avec lui de la situation et rectifier la position de certains canons. Quand, bien plus tard, il avait enfin réussi à trouver le duc et qu'il avait consigné le rapport de Taylor à son secrétaire, lord Fitzroy Somerset, celui-ci avait froidement répondu que Sa Grâce savait déjà.

28. La marche de von Bülow

Si personne ne le suspectait, les informations communiquées au capitaine Taylor par l'officier prussien péchaient, en fait, par excès d'optimisme : la marche de Bülow était beaucoup plus difficile que prévu. Les routes sur lesquelles progressaient ses troupes étaient épouvantables. Pour mieux dire, elles se résumaient à de simples pistes de terre battue, en mauvais état après les pluies des derniers jours. Il fallait, pour les suivre, grimper des collines et les redescendre, traverser des zones densément boisées, passer des cours d'eau si gonflés par les intempéries que seuls quelques rares ponts permettaient de les traverser en toute sécurité. Les troupes harassées du 4e corps, composé en majeure partie de recrues inexpérimentées de la Landwehr, affrontaient leur troisième jour de marche consécutif. Presque personne n'avait eu à manger ce matin-là, sinon un peu de pain accompagné d'eau-de-vie. Et, de plus, les troupes devaient traîner sur ce genre de route quelque chose comme quatre-vingt-huit pièces entre obusiers et canons, en enfonçant jusqu'aux genoux dans la boue. En somme, il n'y a pas lieu de s'étonner que leur marche ait été plutôt lente.

Il y avait pis. S'il était le seul de l'armée prussienne à être encore frais, le 4e corps était aussi celui qui avait bivouaqué le plus loin. On avait eu beau se mettre en marche aux premières lueurs du jour, il avait fallu traverser les campements des trois autres corps et les vieilles ruelles de Wavre avant de s'engager sur les pistes embourbées qui devaient finalement conduire à Waterloo. Le principal pont de pierre permettant de traverser la Dyle obligeait à passer en plein centre de Wavre. À un certain point, un canon de douze livres dont un axe s'était brisé avait bloqué toute la colonne. La rue avait à peine été dégagée qu'un moulin proche du pont avait pris feu ; l'incendie s'était rapidement communiqué aux édifices adjacents, alors que le pont lui-même était encombré par des trains de munitions. La panique s'était répandue parmi la troupe et la colonne s'était si bien défaite en une multitude de fuyards poussant des hurlements que les officiers avaient eu le plus grand mal à reformer les rangs une fois la rivière passée. Alors que, dès six heures du matin, les hommes étaient réveillés et attroupés sur la route, les retards cumulés furent tels que la dernière des quatre brigades qui constituaient le corps d'armée ne put se mettre en marche avant dix heures. À cette heure-là, la colonne de Bülow s'allongeait sur près de dix kilomètres et son avant-garde se trouvait déjà à la hauteur de Chapelle-Saint-Lambert.

L'examen d'une carte amène facilement à conclure que si les troupes de Bülow, au lieu de s'arrêter à Chapelle-Saint-Lambert, étaient descendues dans la vallée de la Lasne, avaient traversé le torrent et continué de progresser sur les pistes qui conduisaient au bois de Frischermont, elles n'auraient pas rencontré de résistance notable et seraient arrivées sur le champ de bataille dans le début de l'après-midi. Il se peut que la personnalité de Bülow ait été pour quelque chose dans la prudence de l'avancée. Fervent luthérien et compositeur de musique sacrée, le général était aussi un homme d'âge avancé, pénétré de son rang et chatouilleux en matière d'offenses. Gneisenau, égal en grade mais plus jeune, ne lui transmettait jamais un ordre sans le formuler de la manière la plus obséquieuse. Mais Bülow était aussi un bon général qui avait mis le maréchal Ney en déroute à Dennewitz en 1813, ce qui lui avait notamment valu le titre de comte ; et il connaissait assurément son métier.

Or, parvenu à Chapelle-Saint-Lambert, Bülow ne voyait rien de ce qui était devant lui, sinon une brusque descente, presque à pic, là où la piste s'enfonçait dans la vallée ; puis, au-delà du torrent, une montée non moins malaisée, où ses canons devraient être poussés à la force des bras ; et, encore plus loin, une forêt qui lui bouchait complètement la vue. S'ajoutait que les dispositions transmises par Gneisenau, le soir précédent, indiquaient expressément d'avancer jusqu'à Chapelle-Saint-Lambert et de ne pas aller outre sans avoir tout d'abord vérifié que l'armée de Wellington avait bien engagé le combat à Waterloo. Car il n'appartenait pas aux Prussiens d'aller s'interposer, dans le cas où le duc aurait décidé de ne pas attendre l'offensive de Napoléon. (Nous savons déjà que Gneisenau ne se fiait guère à Wellington, si peu même qu'il avait écrit le matin même à Müffling : « Je vous prie de vous assurer, autant que faire se peut, que le duc a bien l'intention de livrer bataille sur sa position actuelle et qu'il ne s'agit pas d'une simple démonstration qui pourrait causer de gros ennuis à notre armée. »)

On peut donc difficilement blâmer le général von Bülow de ne pas avoir fait pousser plus avant ses troupes, dès qu'il fut parvenu avec son avant-garde à Chapelle-Saint-Lambert. On lui reprochera d'autant moins qu'il savait plusieurs heures nécessaires avant que tout son corps d'armée soit rassemblé dans cette zone. La canonnade n'avait pas encore été déclenchée à Waterloo et les instructions qu'il avait reçues lui interdisaient, en ces circonstances, d'avancer. Il était clair, du reste, que Wellington n'avait pas besoin d'aide pour le moment. En l'attente d'en savoir plus, le commandant du 4ᵉ corps décida que l'ennemi était désormais trop proche pour courir des risques : il était temps que ses bataillons se déploient en bataille, l'un à côté de l'autre, qu'ils passent de la formation de marche à la colonne d'attaque profonde, sur huit rangs, précédée d'un essaim de tirailleurs, comme prévu dans le manuel prussien.

Le passage d'une formation à une autre était une des manœuvres les plus complexes qu'aient eues à exécuter les troupes de l'époque. Tous les officiers connaissaient, ou auraient dû connaître, par cœur les ordres à impartir. L'entreprise n'en était pas moins longue, surtout avec des troupes épuisées, et, pour une bonne part, peu entraînées, comme l'étaient celles du 4e corps. Les officiers prussiens s'employaient à faire manœuvrer leurs hommes quand les canons se mirent à tonner dans le lointain. Leur grondement convainquit Bülow que la bataille allait bel et bien avoir lieu et le confirma tout en même temps dans son idée qu'il fallait absolument se déployer en bataille avant d'aller plus avant. D'assez longues heures séparent donc la rencontre de l'officier de hussards prussien à la tête d'une patrouille et du capitaine Taylor à Smohain du moment où les premiers bataillons de Bülow, finalement déployés sur les hauteurs derrière Chapelle-Saint-Lambert, entament leur avancée. Quand, vers une heure de l'après-midi, Napoléon allait s'apercevoir que quelque chose se produisait dans ces parages, la ligne des tirailleurs prussiens venait à peine de se porter en avant pour traverser la Lasne et s'enfoncer dans le bois de Frischermont.

29. Les nouveaux ordres pour Grouchy

La manière dont Napoléon réagit à la nouvelle que les colonnes en train de progresser vers sa droite n'étaient pas celles de Grouchy constitue l'une des énigmes de la bataille de Waterloo. L'empereur, dans ses Mémoires, affirme avoir donné ordre au corps de Mouton – ou, mieux, aux deux divisions qui lui restaient, soit un total de six mille fusils et trente canons – de quitter la Belle-Alliance, où il attendait en colonnes devant la garde impériale, pour prendre position face au bois de Frischermont, en couverture du flanc droit français. Ce n'était certes pas là une force nombreuse, mais elle était fraîche. Et Mouton, fait comte de Lobau pour son héroïsme durant la campagne de 1809, comptait parmi les plus audacieux et les plus entreprenants des généraux français. Il y avait donc eu lieu de croire que ce chef de quarante-cinq ans saurait tenir tête pendant quelques heures aux Prussiens et permettre ainsi à Napoléon d'en finir avec Wellington.

Si ce n'est qu'en réalité – et nous y reviendrons de manière plus approfondie – lorsque, plusieurs heures plus tard, les Prussiens débouchèrent du bois de Frischermont, les troupes de Mouton n'étaient aucunement en position pour les affronter et qu'elles parvinrent simplement à prendre, avec beaucoup de retard, une disposition défensive bien plus en retrait que souhaitable. Le témoignage du colonel Combes-Brassard, chef d'état-major du 6e corps, offre une explication crédible de cette bizarrerie, confirmant que les Mémoires de Napoléon ne sont pas dignes de foi. Combes-Brassard affirme textuellement que les troupes de Mouton furent effectivement déplacées sur l'aile droite au début de l'après-midi, mais pour soutenir l'attaque du 1er corps, et que le surgissement des Prussiens sur leur flanc les prit unanimement et totalement de surprise. Cette interprétation, comme nous le verrons plus loin, correspond parfaitement à la situation qui s'était créée dans l'intervalle et coïncide avec les autres témoignages à disposition. Il est donc difficile de ne pas lui prêter foi. Le déplacement du 6e corps sur l'aile droite avait très probablement pour but de renforcer les divisions de d'Erlon, engagées dans ce que l'empereur considérait, à ce moment, comme l'attaque décisive. Que la manœuvre ait été dirigée, dès le départ, contre les Prussiens, c'est ce que Napoléon devait prétendre plus tard, pour se soustraire à l'accusation d'avoir sous-évalué la menace représentée par Bülow.

Mais alors ? L'empereur n'aurait donc pris aucune mesure pour faire face à cette menace grandissante sur son flanc droit ? Son calcul n'est compréhensible qu'en tenant compte d'un facteur qui en faisait partie : l'espoir, pour ne pas dire la certitude, que les colonnes de Grouchy allaient tôt ou tard apparaître à l'horizon pour heurter de flanc les colonnes prussiennes venant de Wavre. Les ordres envoyés par Napoléon démontrent très clairement qu'il se berçait de cette illusion. Soult venait d'achever un message destiné à Grouchy quand les hussards de Marbot amenèrent le courrier prussien dont ils s'étaient rendus maîtres. Dans ce texte daté « du champ de bataille de Waterloo, à une heure après midi », ordre était donné à Grouchy de s'approcher le plus possible de l'armée de Napoléon « pour être toujours en mesure pour tomber sur quelques troupes ennemies qui chercheraient à inquiéter notre droite, et les écraser ». L'empereur fit ajouter un post-scriptum à cette dépêche : « Une lettre qu'on vient d'intercepter porte que le général Bülow doit attaquer notre flanc. Nous croyons apercevoir ce corps sur les hauteurs de Saint-Lambert ; ainsi, ne perdez pas un instant pour vous rapprocher de nous et nous joindre, et pour écraser Bülow que vous prendrez en flagrant délit. »

Napoléon, en somme, était persuadé que Grouchy arriverait à temps sur le champ de bataille pour résoudre tout problème causé par l'avancée prussienne. Qui connaît la suite ne peut que lui reprocher un optimisme excessif. Mais pareille conviction était-elle vraiment irréaliste ? On peut calculer sur les cartes d'aujourd'hui qu'en partant de Gembloux, où il avait passé la nuit, et en faisant un détour par Sart-à-Walhain, comme il l'avait annoncé dans sa dernière dépêche, Grouchy aurait dû parcourir vingt-cinq kilomètres environ pour atteindre Chapelle-Saint-Lambert. Or vingt-cinq kilomètres de mauvaises pistes à travers un pays fortement boisé, avec la Dyle à traverser, pouvaient signifier jusqu'à douze ou treize heures de marche pour une colonne d'infanterie accompagnée de tous ses trains et canons. Un commandant énergique pouvait, il est vrai, y mettre moins de temps. Si Grouchy s'était vraiment mis en marche à six heures, comme il le prétendait dans sa dépêche, il n'était pas techniquement impossible que ses colonnes apparaissent à la hauteur de Chapelle-Saint-Lambert en fin d'après-midi. À temps pour heurter de flanc et de revers la ligne de Bülow, dont l'attaque, à ce moment du jour, s'amorcerait à peine. Plus d'un maréchal, naguère, avait mené à bien des entreprises de ce genre. Pourquoi Grouchy n'y serait-il pas parvenu ?

Cette hypothèse reposait toutefois sur un présupposé. À savoir que le maréchal, une fois parvenu à Sart-à-Walhain, avait infléchi sa marche vers l'ouest, atteignant la Dyle aux ponts de Mousty et Ottignies. Ce n'était pas par hasard que Napoléon avait expressément cité ces localités au colonel Marbot parmi celles où pousser ses patrouilles de hussards. Dans ce cas précis, les colonnes de Grouchy auraient pu apparaître à temps pour contenir, en dépit de la fatigue causée par la longue marche,

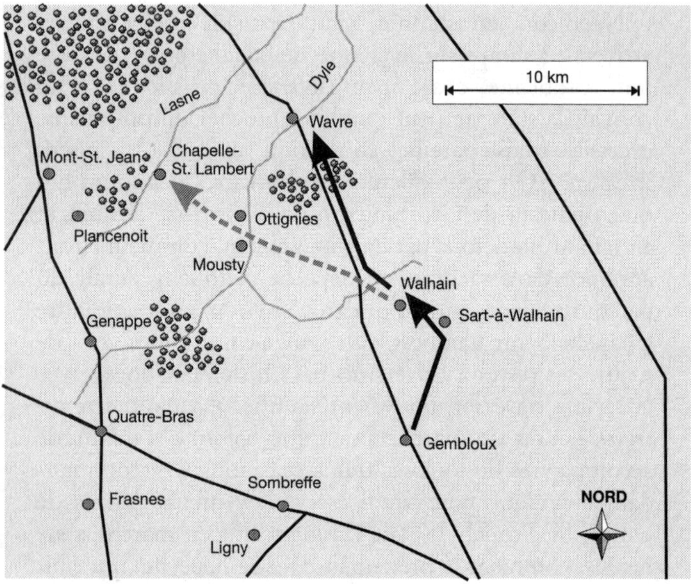

11. Mouvements de Grouchy dans la journée du 18 juin (en pointillé, le parcours qu'aurait dû faire Grouchy pour rejoindre le champ de bataille de Waterloo en fin d'après-midi ; la ligne continue indique son parcours réel)

des Prussiens non moins épuisés qu'eux. Mais, au moment où Soult ajoutait son post-scriptum à la dépêche d'une heure, les colonnes de Grouchy s'étaient déjà avancées trop au nord pour pouvoir utiliser ces ponts. Et elles continuaient à progresser vers le nord, puisque le maréchal, désormais assuré que le gros des troupes prussiennes était concentré à Wavre, avait décidé de marcher droit sur elles.

Grouchy a été très critiqué pour ne pas avoir écouté ses subordonnés qui voulaient prendre en direction de l'ouest, où se faisait entendre le grondement de plus en plus fort du canon. Les ordres qu'il avait reçus jusque-là lui interdisaient, en vérité, toute autre option que celle qu'il prit, et Napoléon aurait dû le savoir. La veille, lorsqu'il avait chargé son maréchal de poursuivre les Prussiens, l'empereur avait insisté sur la nécessité de ne pas les perdre de vue et de les talonner « l'épée dans les reins ». Tout le monde était alors convaincu, dans le commandement français, que les Prussiens se retiraient vers Gembloux et Namur, c'est-à-dire vers l'est ; et, bien évidemment, Grouchy avait poussé ses colonnes dans cette direction. La dépêche suivante de l'empereur, envoyée à dix heures du matin du Caillou et reçue de Grouchy au début de l'après-midi, reconnaissait qu'une partie au moins des forces prussiennes s'était, au contraire, dirigée vers le nord et Wavre, mais elle obligeait également Grouchy à les poursuivre dans la même direction plutôt que d'infléchir sa trajectoire vers l'ouest et Waterloo (« Sa Majesté désire que vous dirigiez vos mouvements sur Wavre [...] poussant devant vous les corps de l'armée prussienne qui ont pris cette direction et qui auraient pu s'arrêter à Wavre, où vous devez arriver le plus tôt possible »).

Il est vrai que, dans cette même dépêche de dix heures, Napoléon enjoignait ensuite à Grouchy de manœuvrer de manière à se rapprocher et à entrer en liaison avec lui ; mais, dans l'esprit de l'empereur, ce rapprochement devait clairement se faire en passant par Wavre. À dix heures, Napoléon était encore convaincu que les colonnes prussiennes étaient engagées dans une retraite fiévreuse, et bien loin de suspecter qu'en réalité elles avaient déjà entrepris leur marche d'approche en direction de Waterloo. L'empereur savait, certes, que de Wavre elles pourraient, en théorie, prendre vers l'ouest, mais il croyait que l'apparition de la cavalerie de

Grouchy suffirait à leur faire reprendre leur fuite vers le nord. Alors, ce serait précisément Grouchy qui, après s'être rendu maître de Wavre et de son pont, aurait finalement infléchi sa marche vers l'ouest pour peser sur la bataille avec le renfort qu'apportaient ses troupes. Quand il s'aperçut, aux alentours d'une heure, que l'affaire prenait un autre tour et qu'une menace prussienne planait sur son aile droite, Napoléon envoya une nouvelle dépêche à Grouchy. Son contenu différait du tout au tout de celui des messages précédents et faisait apparaître que l'urgence était de se diriger vers Waterloo pour prendre Bülow « en flagrant délit ». Mais l'empereur oublia que son maréchal obéissait encore, à l'heure où il lui écrivait, aux ordres reçus dans la précédente missive et qu'il continuerait à le faire jusqu'à réception de la nouvelle dépêche, qui sait combien d'heures plus tard.

C'est donc l'empereur et non Grouchy qui porte, le cas échéant, la responsabilité de l'équivoque. Sachant les ordres qu'il avait transmis à son maréchal et pouvant se reporter à la carte, il n'aurait dû attendre aucune aide pour ce jour-là d'un Grouchy en train de marcher, à l'heure où il lui écrivait, vers le nord pour parvenir « le plus tôt possible » à Wavre et dans l'impossibilité, à supposer même qu'il ne rencontre aucune opposition, d'arriver à Chapelle-Saint-Lambert avant la nuit. Grouchy pouvait, certes, décider de désobéir aux ordres, comme lui suggéraient ses commandants de corps. Mais ce général venait tout juste d'être fait maréchal et exerçait un commandement indépendant pour la première fois de sa vie. Il n'y a donc pas à s'étonner qu'il ait choisi la ligne la plus prudente. Il est trop facile aujourd'hui, sachant ce qui advint et disposant de bien meilleures cartes, de critiquer les généraux de 1815 pour leurs erreurs décisives et de déterminer ce qu'ils auraient dû faire dans l'urgence et la fièvre du moment. Ce n'est pas là ce qui nous intéresse. Contentons-nous d'établir un fait : vu la manière dont Grouchy avait organisé la poursuite des Prussiens, sur la base des ordres de l'empereur et avec son plein assentiment, l'arrivée du maréchal sur le champ de bataille, jugée probable sinon certaine par Napoléon, était tout au contraire déjà virtuellement impossible à une heure de l'après-midi.

Il est difficile de dire jusqu'où l'on peut prêter foi à Napoléon quand il affirme dans ses Mémoires avoir déclaré à Soult : « Nous avions ce matin quatre-vingt-dix chances pour nous. Nous en avons encore soixante contre quarante » ajoutant que si Grouchy remédiait à la terrible erreur qu'il avait commise en perdant du temps à Gembloux et marchait rapidement, sa victoire serait encore plus décisive, car le corps de Bülow serait complètement détruit. Comme il advient souvent avec les Mémoires de l'empereur, cette déclaration doit mêler souvenirs authentiques et souvenirs opportunément retouchés. L'allusion à la « terrible erreur » a toute l'apparence d'une chose conçue dans les années suivantes, quand s'était déjà formée la légende du retard fatal de Grouchy. L'espoir que le maréchal puisse encore arriver, malgré tout, à temps pour que le corps de Bülow soit détruit en même temps que l'armée de Wellington semble bel et bien refléter, en revanche, ce qui se passait dans l'esprit de Napoléon, tandis que Mouton partait en reconnaissance pour étudier le terrain sur lequel il devrait déployer son corps d'armée, que les canons de Desales continuaient à pilonner la position de Wellington et que l'infanterie de d'Erlon se préparait à avancer contre la Haye-Sainte au son rythmé de ses tambours.

30. La Haye-Sainte

Le centre du front allié était tenu par des troupes allemandes. À droite de la route pour Bruxelles, du point de vue de Wellington, était déployée une brigade de la King's German Legion commandée par le colonel von Ompteda. Soit quatre bataillons, dont un installé dans l'édifice de la Haye-Sainte. Encore plus à droite avait pris position une autre brigade allemande, composée de troupes régulières du Hanovre : cinq bataillons au commandement du général comte Kielmansegge, un noble originaire de la Saxe célèbre pour sa haine à l'encontre de Napoléon et pour sa séparation scandaleuse d'avec sa femme, une admiratrice enthousiaste de l'empereur qui vivait de manière stable à Paris. Ces deux brigades comptaient moins de cinq mille fusils en tout, puisque les bataillons de la King's German Legion, partiellement démobilisés l'année précédente quand on croyait l'Europe entrée dans une longue période de paix, n'atteignaient pas les quatre cents hommes chacun.

La grand-route séparait ces troupes appartenant à la division de sir Charles Alten et celles de la division de sir Thomas Picton, disposées sur l'aile gauche. La chaussée entaillait à cet endroit la colline d'un sillon profond de plusieurs mètres, bordé de talus abrupts et, par conséquent, difficile à traverser. Les hommes de Picton ne furent donc pas employés à la défense de la Haye-Sainte, à l'exception des fusiliers du 1/95e, établis juste derrière la route. Après avoir envoyé la ligne de leurs tirailleurs se poster dans le vallon, tout au bas de la pente, les troupes d'Ompteda et de Kielmansegge s'étaient disposées en colonnes de compagnie : une rencontre traumatisante avec la cavalerie française aux Quatre-Bras avait rendu leurs officiers plutôt nerveux. Aussi avaient-ils préféré maintenir les hommes dans cette formation qui pouvait se transformer en quelques secondes en un carré plutôt que de les déployer en ligne. Pour éviter d'offrir une trop belle cible à l'artillerie ennemie, les hommes avaient reçu l'ordre de se coucher sur le versant intérieur de la crête. Deux batteries, de six pièces de neuf chacune, étaient placées quelques dizaines de mètres plus avant, sur la pente qui descendait vers l'ennemi : à droite, la batterie allemande du capitaine Cleeve, appartenant elle aussi à la King's German Legion ; à gauche, juste derrière la ferme, la batterie anglaise de sir Hew Ross.

Le bataillon posté par le colonel von Ompteda dans la ferme de la Haye-Sainte était un bataillon d'infanterie légère, le 2e KGL, au commandement du major von Baring : ces fusiliers allemands, moins de quatre cents hommes en uniforme vert foncé qui avaient été soumis à un entraînement spécial, au tir à la cible, représentaient le premier écueil contre lequel devait se briser l'attaque française. Tout comme les fusiliers anglais du 95e, ils étaient armés non pas de l'ordinaire fusil à âme lisse, mais de la Baker, une arme rayée qui permettait de tirer avec précision à deux cents, voire trois cents mètres de distance, en sorte que leur feu irrégulier était bien plus meurtrier que celui d'un bataillon de ligne. La Baker avait cependant un défaut intrinsèque. Elle était plus lente à charger, précisément parce que la balle devait être poussée de force dans son canon rayé. De surcroît, on n'utilisait pas, pour son chargement, des cartouches préconfectionnées, mais on recourait à la plus archaïque poire à poudre. Aussi les fusiliers ne pouvaient-ils tirer qu'un seul coup à la minute, contre deux ou trois avec un fusil. Personne n'avait jamais songé à pourvoir l'ensemble de l'infanterie de cette arme rayée, vu l'importance accordée par les militaires de l'époque à la rapidité de tir. Un dogme indiscutable. D'où un autre inconvénient : les troupes qui en étaient dotées ne pouvaient utiliser les mêmes munitions que les autres, mais avaient besoin d'un ravitaillement spécial. Ce problème, ainsi que nous le verrons, se révéla finalement décisif dans le combat pour la Haye-Sainte.

Même si la Haye-Sainte constituait un respectable édifice, elle n'était pas comparable au château d'Hougoumont comme position défensive. La maison paysanne, les étables et la grange, constructions de pierre et de brique aux toits de tuiles, donnaient sur une cour ceinte de murs. Le portail principal s'ouvrait directement sur la route. Outre la grange, il y avait, dans la direction des Français, un verger entouré d'une haie, et, à l'opposé, derrière la maison, un potager. Informés au matin qu'ils auraient à défendre la ferme, les hommes de Baring s'étaient employés à la fortifier, mais le résultat n'était pas aussi satisfaisant qu'à Hougoumont. Ils avaient, par ailleurs, créé le problème majeur : la veille au soir, faisant preuve de peu de prévoyance, ils avaient abattu le portail de la grange, qui donnait sur les champs à l'ouest, et l'avaient brûlé pour se faire la soupe. La ferme présentait donc, de ce côté-là, une ouverture béante. Le bataillon avait aussi perdu, la veille, le mulet sur lequel étaient chargés ses outils, si bien qu'il n'y avait pas même une hache avec laquelle travailler. Enfin, les sapeurs du bataillon, qui auraient pu réaliser quelques travaux défensifs supplémentaires, avaient été envoyés à Hougoumont. Les fusiliers avaient fait de leur mieux, ouvrant trois meurtrières dans les murs, mais ils n'avaient pu construire de plates-formes, puisque tout le bois disponible, les charrettes de la ferme comprises, avait été brûlé pendant la nuit.

Quelques mètres derrière la maison, mais de l'autre côté de la grand-route, trois compagnies de fusiliers du 1/95e avaient pris position sur une petite colline au bas de laquelle se trouvait une carrière de sable. Cette dernière constituait un excellent endroit où poster quelques tireurs d'élite qui, de là, pourraient tenir la route sous le feu de leurs armes. Sir Andrew Barnard avait disposé l'autre moitié de son bataillon à peine plus en arrière, le long du chemin d'Ohain, et avait confié le commandement de ce poste avancé à son second, le dénommé John Kincaid. Dès le matin, les fusiliers avaient accumulé sur la route des branches d'arbres et des détritus provenant de la ferme dans l'intention de construire une barricade et d'interdire le passage à la cavalerie ennemie. Kincaid observait l'ouvrage avec satisfaction quand un peloton de dragons légers anglais passa précisément par là et, à la grande surprise du capitaine, fit voler le tout en miettes comme un vulgaire fétu de paille. Les fusiliers étaient gens obstinés. Ils rassemblèrent à nouveau les branchages de manière à barrer la route. « Si je me souviens bien, cette barricade n'a jamais été grand-chose », déclara plus tard le lieutenant Cathcart, un des aides de camp de Wellington, qui était passé par là. Bien plus qu'à cet amas de branches et de buissons, la défense de la position était confiée aux fusils rayés du 95e, une unité de l'armée anglaise triée entre toutes sur le volet, et à deux pièces d'artillerie que sir Hew Ross avait placées sur la route même, à la hauteur de la carrière de sable.

31. La première attaque contre la Haye-Sainte

Les fusiliers de Kincaid et ceux de Baring avaient réussi, dans la matinée, à faire cuire un veau trouvé à la Haye-Sainte. Repus, ils étaient maintenant prêts à tout. Il n'était pas encore tout à fait une heure quand la première des divisions de d'Erlon, commandée par Donzelot, se mit en branle et marcha sur eux. Ce mouvement se conformait aux ordres de l'empereur spécifiant que l'offensive du 1er corps devait commencer par la gauche, dans la zone précise de la Haye-Sainte, puis s'étendre graduellement vers la droite. Les quatre divisions de d'Erlon étaient identiques du point de vue de la structure – chacune étant formée de deux brigades, chaque brigade de deux régiments et chaque régiment de deux bataillons. La division Donzelot était, toutefois, la plus forte, car beaucoup de ces bataillons alignaient six cents à sept cents hommes, à la place de quatre cents à cinq cents en moyenne pour les autres. Mais ce qui comptait le plus, c'était que l'une des deux brigades de la division, la brigade Schmitz, comprenait le seul régiment d'infanterie légère assignée au Ier corps d'armée, le 13e Léger, et qu'elle était donc particulièrement adaptée pour une attaque contre la Haye-Sainte.

Ainsi donc le chef plein d'expérience, désormais avancé en âge, qu'était Donzelot envoyait en avant ses deux brigades : celle de Schmitz droit sur le verger et celle d'Aulard plus sur la droite, dans l'idée de dépasser la ferme et de l'attaquer de flanc. La position encaissée de la Haye-Sainte se révéla inopinément dangereuse pour les défenseurs : Baring, qui se trouvait dans le verger avec la moitié de ses hommes, vit surgir la ligne des tirailleurs ennemis alors qu'elle était déjà à portée de tir. Il eut à peine le temps d'ordonner aux siens de se jeter à terre et de ne pas tirer sur le champ, pour que la rafale soit plus efficace, que déjà les tirailleurs français ouvraient de leur côté le feu. « Le premier coup brisa la bride de mon cheval, et le second tua le major Bösewiel qui était debout près de moi », rapporta plus tard Baring. À l'évidence, les Français visaient les officiers. Les fusiliers répondirent au feu, mais à cette distance rapprochée la supériorité de leurs Bakers était plus que balancée par la lenteur avec laquelle ils étaient rechargés. Et les tirailleurs français étaient beaucoup plus nombreux. Très vite, il fut hors de question de défendre le verger. Les généraux français s'en aperçurent : sans faire ni une ni deux, ils poussèrent leurs colonnes en avant, montrant, selon le témoignage anglais, « le plus grand mépris pour notre feu » et firent irruption dans le verger.

Les compagnies de sapeurs du 1er corps, équipées de haches et formées d'hommes choisis pour leur force physique, marchaient en tête des colonnes. D'après les ordres exprès de l'empereur, les sapeurs devaient se tenir prêts à se barricader dans les édifices conquis et à empêcher l'ennemi de les réoccuper. Un des aides de camp du maréchal Ney, le colonel Levavasseur, les avait rencontrés quelques minutes auparavant, tandis qu'ils attendaient l'ordre d'attaquer, tranquillement assis à l'abri d'un relief de terre. Reconnaissant à l'uniforme qu'il portait l'aide de camp en Levavasseur, soit une personne influente, proche des puissants, l'officier qui les commandait avait jugé que c'était l'occasion de se faire noter et de gagner une promotion. Il s'était approché de Levavasseur et lui avait tendu sa carte de visite en s'exclamant : « Monsieur l'aide de camp, tenez, voilà mon nom. » Sur quoi il avait fait battre la charge à ses tambours et s'en était allé, à la tête de ses sapeurs, vers le verger.

À l'irruption des Français, les fusiliers qui restaient prirent leurs jambes à leur cou et se réfugièrent dans la grange. Baring, qui suivait son monde à cheval, roula à terre : une balle venait de briser une jambe à sa monture. Sans trop faire de compliments, il pria son second de descendre de son propre cheval et enfourcha la bête. On peut se demander si, dans un combat du genre, le commandant de bataillon n'aurait pas mieux fait de mettre pied à terre plutôt que d'offrir à l'ennemi une cible aussi visible. Mais la nécessité, pour un commandant, de rester à cheval faisait partie des dogmes. Non sans raison : non seulement il voyait beaucoup plus loin, mais il était vu de ses hommes, ce qui avait une influence décisive sur leur moral. Dès qu'ils furent retranchés dans la grange, les fusiliers allemands retrouvèrent leur ardeur et de leurs décharges parvinrent à tenir les Français en échec dans le verger. L'ennemi essaya de mettre le feu à l'édifice. Par chance, toute la paille avait été emportée dans la nuit. La grange, ainsi vidée, refusait pour l'instant de s'enflammer.

Dans l'intervalle, l'autre brigade, au commandement d'Aulard, s'était avancée en colonne sur la route et dans les champs à l'est de la Haye-Sainte, précédée d'une ligne de tirailleurs. La barricade avait contraint la totalité des hommes à prendre plus à droite, à travers champs, tandis que le feu précis des fusiliers tapis dans la ferme et dans la carrière de sable moissonnait ses premières victimes. Le lieutenant Graeme, de la King's German Legion, était posté derrière la barrière avec une escouade de fusiliers. Il resta surpris par le grand nombre de tirailleurs qui précédaient la colonne ennemie, « presque aussi drus qu'une ligne de nos troupes quand elles avancent ». Les

Français, en dépit des rafales, avaient contourné la barricade et se portaient contre la ferme. Graeme et ses hommes eurent tout juste le temps d'y rentrer par le portail principal et de le refermer derrière eux. Puis ils montèrent sur le toit d'une construction attenante à l'enceinte, que tout le monde appelait la porcherie, ce que Graeme trouvait absurde puisque c'était à l'intérieur de ce bâtiment que l'on avait trouvé le veau. De là, les fusiliers tenaient la route sous leurs tirs bien mieux encore que depuis la barricade. Ils virent avec soulagement que les Français ne tentaient pas d'escalader le mur ni de défoncer la porte, mais qu'ils tournaient au large et remontaient la pente vers la carrière de sable.

Depuis la colline, Kincaid avait observé avec une inquiétude croissante les colonnes françaises prenant position devant lui, puis s'ébranlant au roulement obsédant de leurs tambours et au cri d'un « Vive l'empereur » lancé à l'unisson par des centaines de voix. La clameur lui parvenait de plus en plus forte, à mesure qu'ils approchaient. Les Français s'imaginent peut-être nous épouvanter et nous faire fuir ainsi, songea Kincaid. Et, plein d'orgueil britannique, il compara cette bruyante avancée française au sombre silence avec lequel ses hommes, tout autour de lui et plus bas dans la carrière de sable, attendaient l'attaque. Les choses, au début, se déroulèrent plutôt bien : les tirailleurs, en dépit de leur nombre, étaient tenus en échec par les fusiliers du 1/95e, qui, tirant d'une position très avantageuse, avaient eu tôt fait de les réduire au silence. Mais, pour toute réponse, les bataillons d'Aulard s'avancèrent en colonne, dépassèrent, malgré les pertes terribles qu'ils subissaient, la ligne de leurs tirailleurs et, en quelques instants, atteignirent la colline et la sablonnière. Submergés par le nombre, les fusiliers de Kincaid abandonnèrent en courant leurs positions pour rejoindre le reste du bataillon qui se tenait sur la crête derrière eux, ventre contre terre. Une poignée d'officiers échangèrent quelques coups de sabre avec les officiers français qui précédaient la colonne, avant de s'éclipser à leur tour. Quant aux deux canons que sir Hew Ross avait placés sur la route, ils avaient été presque immédiatement détruits par le feu effroyablement concentré de la grande batterie.

32. La charge de Crabbé

Du point de vue des généraux allemands qui observaient la situation depuis la dorsale derrière la Haye-Sainte, le moment était critique. Une colonne française avait occupé le verger, tandis que l'autre avait dépassé la ferme, chassé les Anglais de la petite colline et de la carrière de sable et qu'elle poussait déjà ses tirailleurs vers le potager derrière la maison, menaçant de prendre les défenseurs à revers. D'autres tirailleurs, en dépit des salves provenant du toit de la porcherie, avaient réussi à s'adosser au mur et tiraient à l'intérieur de la cour par une des meurtrières que les défenseurs avaient ouvertes le matin même. Le gros, toutefois, de cette seconde colonne se trouvait dans les champs au-delà de la route. Ce n'était donc pas aux Allemands, mais à sir Thomas Picton de s'en occuper. Il leur appartenait, en revanche, d'envoyer des renforts aux hommes de Baring qui risquaient sinon d'être écrasés dans la grange. Décision fut prise de faire avancer un bataillon. Le général Kielmansegge choisit un de ses deux bataillons d'infanterie légère, soit le type d'arme le mieux adapté, cette fois encore, au terrain sur lequel se déroulaient les combats. Les six cents hommes ou presque du bataillon Lüneburg se levèrent au commandement de leur colonel, von Klencke, avancèrent jusqu'à la crête, la dépassèrent et descendirent la pente à découvert à l'ouest de la Haye-Sainte. En ligne, selon certains témoins ; en ordre dispersé, selon d'autres. Mais nous avons déjà appris du lieutenant Graeme qu'il n'y avait pas grande différence entre ces deux formations. Au reste, les hommes, lorsqu'ils avaient à attaquer dans une descente, maintenaient difficilement une quelconque formation, à moins d'être des vétérans.

L'arrivée des renforts convainquit Baring que c'était le moment de tenter une contre-attaque. Il sortit avec ses hommes de la grange, dont la porte, on s'en souviendra, donnant sur les champs avait perdu ses battants. Là, il eut la satisfaction de voir que les tirailleurs, mis momentanément en difficulté, se débandaient et retournaient en arrière. Ce sentiment de satisfaction n'était pas appelé à durer. Un officier, sorti en courant du bâtiment principal, l'avertit que l'ennemi avait contourné la maison et s'emparait du potager. Un instant plus tard, Baring s'aperçut du haut de son cheval de ce que ses hommes ne pouvaient pas encore voir : une multitude de cuirassiers français avaient surgi dans son champ de vision – qui, vu la configuration du terrain, n'excédait pas quelques centaines de mètres – et descendaient d'un bon train vers eux au milieu des blés hauts.

Garder une partie de la cavalerie à portée de main de manière à pouvoir appuyer l'infanterie dans son avancée constituait l'une des grandes règles pour tout général napoléonien. Pendant que les hommes de d'Erlon prenaient position en vue de leur offensive contre la Haye-Sainte, le maréchal Ney avait convoqué tous les colonels de cavalerie et avait fait détacher de leurs régiments un certain nombre d'escadrons pour les placer sous ses ordres directs. Or Ney venait de saisir l'occasion qui se présentait. Il venait donc de confier le commandement de ces escadrons à l'un de ses subordonnés, le colonel Crabbé, et de lui donner ordre de balayer tout ce qui se trouvait devant lui. Curieusement, Crabbé était belge, très précisément natif de Bruxelles. Officier de cavalerie de longue date, il était aussi le strict contemporain de lord Uxbridge, puisque âgé de quarante-sept ans. Et l'homme savait y faire. Le terrain entre Hougoumont et la Haye-Sainte a cette particularité de former une sorte de dorsale : il monte en partant du château, puis redescend vers la ferme. Qui se trouve dans les champs tout près de la Haye-Sainte ne peut donc voir ce qui se passe de l'autre côté. Crabbé fit mettre ses escadrons en colonne l'un derrière l'autre, avança à couvert de cette bosse qui le dissimulait à la vue de l'ennemi et déboucha à l'improviste sur son flanc.

Du point de vue de la puissance de choc, les cuirassiers représentaient le plus fort outil dont ait disposé un commandant napoléonien. En 1815, la distinction entre cavalerie lourde, surtout utilisée pour le choc pendant la bataille, et cavalerie légère, surtout employée pour des missions de reconnaissance et en couverture des avant-postes, tendait déjà à s'atténuer dans nombre d'armées, selon un mouvement qui devait aller en s'accentuant jusqu'à la Première Guerre mondiale. Les cuirassiers français n'en restaient pas moins l'incarnation même de la cavalerie lourde : une cavalerie formée d'hommes et de chevaux d'une stature supérieure à la normale et dont les combattants étaient équipés de casques et de cuirasses. Dans les jours heureux, les critères arrêtés par Napoléon pour les cuirassiers avaient été très rigoureux : n'étaient recrutés que des hommes d'au moins un mètre quatre-vingt, en service depuis au moins douze ans, vétérans d'au moins trois campagnes. Même si la cavalerie reconstituée de 1815 ne pouvait pas se permettre de pareils critères de sélection, les cuirassiers – qui recevaient, par ailleurs, une paye spéciale – étaient malgré tout des vétérans, physiquement puissants. Chaque cuirassier, avec son équipement complet, pesait presque un quintal et demi ; il montait un cheval assez robuste pour porter au galop un pareil poids, ne serait-ce que sur un court espace.

Employée au bon moment, la cavalerie développait une puissance de choc qui n'était aucunement en simple proportion du nombre. S'il en était allé autrement, les gouvernements, du reste, n'auraient pas tant dépensé à son entretien, car elle était, pour le Trésor public, d'un coût terrifiant. Napoléon, à son retour de l'île d'Elbe, avait autorisé la dépense d'un million de francs en vue d'acheter des chevaux. La somme avait suffi pour en acheter un peu plus de six mille, dont plus des trois quarts destinés à la cavalerie légère : les chevaux des cuirassiers coûtaient, de fait, le triple des autres. Il revenait aussi cher de mettre sur pied et d'entretenir pendant la durée d'une campagne un unique régiment de cavalerie, qui consommait quatre tonnes de fourrage par jour, que d'équiper et entretenir douze bataillons d'infanterie. Un seul cuirassier coûtait la même somme à l'État que vingt fantassins. Les résultats, cependant, en valaient généralement la peine.

À la vue des cuirassiers qui descendaient la pente, le major von Baring comprit en un instant ce qui allait se passer et se mit à hurler à ses hommes de se rassembler autour de lui et de rentrer immédiatement dans la grange. La catastrophe allait les emporter avant qu'ils aient pu lui obéir. Quand ils entendirent le bruit des sabots, les Allemands firent la première chose que pensent à faire des tirailleurs surpris par la cavalerie à terrain découvert, et qui est aussi la pire : ils prirent désespérément leurs jambes à leur cou pour essayer d'atteindre le sommet de la crête où d'autres bataillons, réalisant le danger, s'étaient entre-temps déployés en carré. Baring commandait depuis peu le bataillon. Ses hommes ne connaissaient pas sa voix qui, du reste, ne devait pas être facile à entendre à ce moment-là, si bien que personne ne s'arrêta près de lui. En un instant, les cuirassiers avaient rejoint les fuyards qu'ils sabraient. Le colonel von Klencke fut abattu et son bataillon réduit à rien : les listes dressées après la bataille révèlent que le bataillon du Lüneburg perdit deux cent vingt-huit hommes à Waterloo entre morts, blessés et soldats dispersés, ce qui équivaut presque à la moitié de sa force. Si l'on ajoute les prisonniers libérés le soir même et ceux qui s'éclipsèrent tout simplement jusqu'au lendemain, il en résulte que le bataillon avait cessé d'exister. Un de ses deux drapeaux tomba aux mains des Français, pour être récupéré après la bataille.

Les choses ne se passèrent guère mieux pour les hommes de Baring. Le major, qui était à cheval, parvint à gagner la crête, mais beaucoup de ses fusiliers furent abattus, tandis qu'ils passaient en courant le long de la maison, par les tirailleurs qui, dans l'intervalle, s'étaient emparés du potager. Dans la panique générale, nombre des hommes qui se trouvaient dans la ferme et dans la cour prirent aussi leurs jambes à leur cou et s'unirent à ceux qui remontaient la pente en une course folle. Par chance, un petit groupe d'hommes resta à l'intérieur des édifices : le sergent Graeme avec une douzaine de fusiliers sur le toit de la porcherie, le lieutenant Carey et l'enseigne Franck avec une autre escouade dans la ferme à proprement parler. (Ces trois officiers étaient anglais, une caractéristique n'ayant rien d'exceptionnellement rare parmi les subalternes de la KGL après les lourdes pertes subies en Espagne.) Pour le moment, leur tir tenait les Français en échec dans le potager et dans le verger et continuait à infliger des pertes aux colonnes d'Aulard en train de remonter la pente par-delà la carrière de sable. Vu la situation les défenseurs de la Haye-Sainte ne pouvaient toutefois prétendre tenir bien longtemps.

Les cuirassiers français, cependant, poursuivaient leur chevauchée dans la direction de la crête, où les bataillons de Kielmansegge et d'Ompteda les attendaient regroupés en carrés. Très vite, il devint clair que les Français n'avaient pas l'intention de conduire leur charge à fond. Nous ignorons combien d'escadrons le colonel Crabbé avait entraînés à sa suite. Probablement pas plus de quatre ou cinq, soit un demi-millier de sabres. C'était plus qu'il n'en fallait pour anéantir le bataillon de Lüneburg. Les escadrons de cavalerie, lorsqu'ils chargeaient, l'un après l'autre, leurs hommes déployés sur deux rangs, couvraient chacun un front d'une cinquantaine de mètres au moins. Deux ou trois escadrons tout au plus avaient suffi pour heurter de face et de flanc le malheureux bataillon hanovrien. Quoi qu'il en soit, Crabbé n'avait plus assez de force fraîche pour attaquer sérieusement les carrés, d'autant que, parvenus au sommet de la pente, les chevaux de ses cuirassiers étaient à court de souffle. Le capitaine von Scriba, qui se trouvait dans un grand carré formé par deux bataillons hanovriens, les vit néanmoins s'avancer au trot, subir quelque perte sous le feu de file des carrés, changer de direction à une distance de quarante ou cinquante pas et disparaître sans même tenter une attaque.

Les recrues de von Scriba, pour une large part de très jeunes gens à leur premier combat, poussèrent un « Hourrah » de soulagement en voyant s'éloigner la cavalerie française. D'autres qu'eux étaient destinés à payer les frais : les hommes de sir Hew Ross, qui, un peu plus loin, sur la pente derrière la ferme, continuaient à faire feu avec les quatre canons subsistants. Les cuirassiers, en redescendant la crête, survinrent au milieu de la batterie. Nombre des artilleurs furent mis en pièces, avant d'avoir pu courir s'abriter au milieu des carrés, comme il leur avait été recommandé de le faire dans des cas semblables. Les survivants, pour se protéger, se jetèrent dans le chemin creux ou sous leurs canons, où les sabres des cuirassiers ne pouvaient les atteindre, tandis que les premiers cavaliers français poussaient déjà leurs chevaux au-delà de la grand-route, pour rejoindre la carrière de sable désormais occupée par leurs tirailleurs. La Haye-Sainte était encerclée.

33. L'avancée de d'Erlon

Autour de la ferme, les combats faisaient rage. Wellington, qui, jusqu'à ce moment, était resté à surveiller la défense d'Hougoumont, dut s'apercevoir que l'ennemi portait ses principaux efforts bien plus à gauche. Longeant sa ligne, il partit, suivi de la foule de ses aides, vérifier ce qui se passait. Le groupe s'arrêta sous l'orme solitaire qui marquait, visible à des kilomètres de distance, le croisement de la grand-route et du chemin d'Ohain, quelques petites centaines de mètres derrière la

Haye-Sainte. On voyait, de là, toute la ligne française, y compris, au centre du dispositif, la ferme de la Belle-Alliance, blanchie à la chaux et couverte d'un toit de tuiles. Plus à gauche apparaissaient, bien en vue, les divisions de d'Erlon qui s'étaient ébranlées à la suite de celle que commandait Donzelot et qui s'approchaient de la ligne anglaise, si drues que tout le vallonnement semblait rempli de soldats en marche.

D'Erlon avait concentré une quantité stupéfiante de fusils dans un espace réduit. Comme nous l'avons vu, la première de ses quatre divisions, celle de Donzelot, investissait à ce moment la Haye-Sainte. Une de ses deux brigades, commandée par Aulard, avait déjà repoussé les fusiliers du 1/95e au-delà de la carrière de sable. Ses trois autres divisions, les divisions Quiot, Marcognet et Durutte, traversaient le vallonnement marécageux et s'apprêtaient à remonter la pente opposée. Dans chacune d'entre elles, la brigade de gauche se tenait un peu plus en avant, celle de droite légèrement en arrière, en soutien. Le front occupé par les sept brigades couvrait, dans son ensemble, mille mètres à partir de la grand-route. Sur ce peu d'espace, d'Erlon avait amassé vingt-huit bataillons, quelque chose comme quatorze mille hommes. Toute cette infanterie mit au moins vingt minutes pour traverser le vallon, couchant sur son passage les étendues de seigle qui, au matin, se dressaient aussi haut à peu s'en faut qu'un homme, et remonter la déclivité jusqu'à la ligne anglaise, en marchant dans la boue au rythme cadencé de soixante-seize pas à la minute, prévu par le règlement français et scandé par le roulement monotone des tambours. Des flots d'encre ont été versés sur la formation adoptée par d'Erlon et ses subordonnés. Puisqu'il leur faudra tant de temps avant d'arriver à la crête, nous pouvons nous arrêter un instant pour en dire à notre tour quelques mots.

Habituellement, le bataillon d'infanterie français avançait en colonne, à la manière exacte du 1er Léger à l'attaque d'Hougoumont : neuf rangs de fantassins, dont les premiers au moins, les plus fournis, comptaient cinquante ou soixante hommes chacun, présentant un front d'une quarantaine de mètres. Mais, ce matin-là, d'Erlon avait pris son petit déjeuner au Caillou avec l'empereur, puis, la table débarrassée, était resté à discuter avec les autres généraux. Ils avaient confronté leurs expériences des affrontements avec l'infanterie anglaise. Tous s'étaient accordés sur un point : essayer de déployer les troupes en ligne alors qu'elles se trouvaient déjà sous le feu aurait été trop dangereux ; il valait bien mieux les porter en avant déjà en ligne plutôt qu'en colonne. Chaque bataillon, après avoir envoyé en avant ses tirailleurs, serait formé de trois rangs sans plus, présentant un front de près de cent mètres. Il développerait ainsi une puissance de feu presque triple, puisque tous les hommes, sur les trois rangs, seraient en mesure de tirer.

Il n'y avait qu'une objection, mais de taille, contre cette avancée en ligne : l'infanterie française était accoutumée à la formation plus profonde en colonne, laquelle était garante d'un effet moral indispensable, puisque chaque soldat avait derrière lui une masse impénétrable de camarades qui le soutenait et le poussait. Ce matin-là, au Caillou, les généraux français durent toutefois se rappeler qu'aux anciens temps, avant que soit introduite la formation en colonne, les armées de la Révolution avaient obtenu le même effet moral en faisant avancer leurs bataillons en ligne, l'un derrière l'autre, de telle manière que chacun d'entre eux était soutenu et poussé par ceux qui le suivaient. D'Erlon décida que les divisions Quiot, Marcognet et Durutte, qui représentaient la force d'attaque principale, adopteraient précisément cette formation : chaque brigade formerait une colonne de quatre bataillons disposés en ligne à cinq ou six pas de distance les uns des autres. Ces six masses, dotées d'un front de près d'une centaine de mètres, échelonnées sur un arc de cercle de moins d'un kilomètre, exerceraient sur la ligne anglaise une pression suffisante pour la percer. Quant aux pertes subies dans l'échange de tirs par le premier bataillon de chaque colonne, remède y serait aisément porté en faisant avancer le bataillon suivant à sa place, en première ligne.

Il était une heure et demie passée, et le combat autour de la Haye-Sainte faisait rage depuis un petit bout de temps quand Ney signala à d'Erlon que ses autres divisions pouvaient à leur tour se porter en avant. C'est ainsi qu'avancèrent, descendant la pente, traversant le vallon marécageux, puis remontant le versant opposé, tout d'abord la division Quiot avec la brigade Bourgeois plus en avant et la brigade Charlet en soutien, puis la division Marcognet avec la brigade Grenier plus en avant et la brigade Nogues en soutien. Plus loin sur la droite, la première des brigades de Durutte s'ébranlait à peine et la seconde s'apprêtait encore à la suivre. L'ordre de l'empereur prévoyait, de fait, que l'attaque se développerait progressivement de gauche à droite. Tandis que les tambours groupés derrière chaque bataillon battaient le pas de charge et qu'enflait en cris syncopés un « Vive l'empereur », quelques officiers s'étaient portés en tête des rangs, sabre au clair, et encourageaient leurs hommes de cette phrase restée gravée, tant ils l'avaient eux aussi entendu répéter et tant elle les avait impressionnés, jusque dans la mémoire des vétérans anglais :

« L'empereur récompensera le premier qui avancera ! » (Il est vrai qu'un vétéran distrait comme le capitaine Blaze assure, pour sa part, que, « du commandant en chef au caporal, tous usaient de la même formule, lorsqu'il s'agissait d'avancer contre l'ennemi : “Sacré nom de Dieu, en avant, en avant sacré nom de Dieu !” » Selon lui, « c'est là toute l'éloquence dont on fît jamais preuve » dans l'armée de Napoléon.)

Les vingt-huit bataillons, sans exception aucune, s'étaient fait précéder de leurs tirailleurs – ce qui signifiait quelque chose comme deux mille cinq cents hommes avançant devant les colonnes en ordre dispersé et formant une chaîne ininterrompue, vu leur densité. Il est clair qu'à la différence de Reille devant Hougoumont, d'Erlon ne tâtait pas seulement le terrain, mais avait reçu l'ordre de lancer une attaque devant ouvrir une brèche dans le dispositif de Wellington. Si la bataille avait jusqu'alors brûlé irrégulièrement, comme de la poudre mouillée, pour reprendre l'image de Clausewitz, les événements allaient de cet instant se précipiter et la lutte se faire dramatique. Il fallait une nuée de tirailleurs pour déloger, comme cela advint, de leurs cachettes ceux de l'armée adverse, tapis parmi les blés et derrière la haie du chemin d'Ohain, et pour rendre plus imprécis le feu des batteries échelonnées au sommet de la pente. Mais les colonnes devaient ensuite rattraper et dépasser la ligne des tirailleurs, comme l'avait déjà fait la brigade d'Aulard à la carrière de sable, pour peser, au moment du choc, sur la position ennemie de tout le poids de leurs bataillons déployés.

Sur la crête, devant eux, il appartenait au général comte hollandais Perponcher-Sedlnitzky d'assurer la prime défense. Sa division formait, de fait, la première ligne défensive, une ligne, en vérité, si allongée que les deux brigades de Perponcher finirent par se trouver séparées et par combattre chacune pour son propre compte. Celle de gauche, au commandement du prince Bernard de Weimar, s'était retranchée dans la zone de la Papelotte. Celle de droite, au commandement du comte Van Bijlandt, était positionnée devant le chemin d'Ohain, sur la pente exposée, juste en face des Français. Elle présentait un bataillon en ordre dispersé formant la ligne des tirailleurs et trois autres en ligne, un ultime bataillon se tenant en réserve. Afin de couvrir un front plus étendu, ces deux mille cinq cents hommes avaient reçu l'ordre de se disposer sur deux lignes selon l'usage anglais et non trois selon l'usage continental. Ils occupaient à peu près tout le front qu'allaient heurter les troupes de d'Erlon. Seuls participaient en outre à la défense de cette première ligne les quatre cents fusiliers du 1/95e au commandement de sir Andrew Barnard, postés à la hauteur de la carrière de sable.

La position des Hollandais n'était nullement confortable. Elle l'était particulièrement peu pour des troupes inexpérimentées, formées pour plus de la moitié de miliciens, et durement éprouvées déjà aux Quatre-Bras comme l'étaient celles de la brigade Van Bijlandt. Réduit à une poignée d'hommes autour de leur drapeau, un de ses cinq bataillons n'existait plus désormais que de nom. Quant aux autres, ils étaient nettement en sous-effectif. Pourquoi ces gens se trouvaient-ils devant le chemin creux plutôt qu'à l'abri des ronces et des saules qui le bordaient, voilà une question dont on n'a cessé de débattre. Leur bataillon d'infanterie légère, le 27e Jaager, avait été choisi pour constituer la ligne avancée des tirailleurs placés en défense de toute l'aile gauche. Partant, il est probable que le général Van Bijlandt préféra ne pas disperser ses bataillons harassés, qu'il voulut les maintenir tout près les uns des autres. L'habitude de faire tenir l'infanterie à plat ventre à l'abri des plis du terrain jusqu'au dernier moment était, du reste, typique de Wellington et des généraux qui avaient combattu avec lui en Espagne, à l'instar de Picton, beaucoup moins des généraux continentaux. Perponcher, qui commandait la division hollandaise, fit tout simplement ce que n'importe qui d'autre aurait fait à sa place, une fois informé que ses troupes devaient constituer la première ligne.

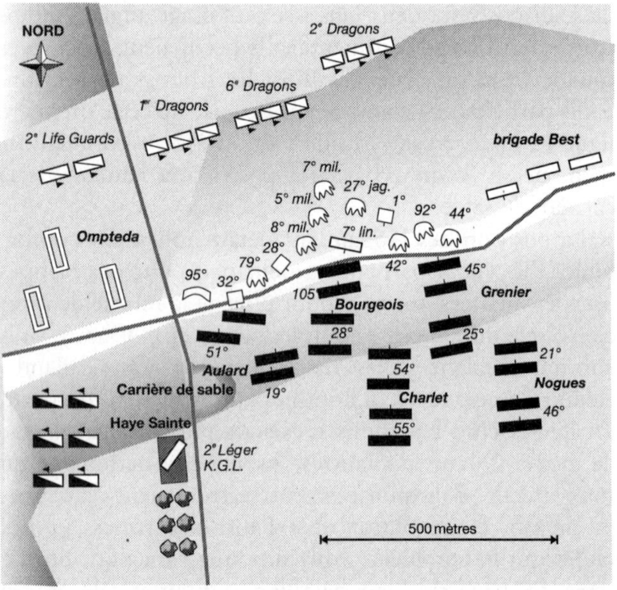

12. L'avancée de d'Erlon et le fléchissement de l'infanterie alliée (chaque symbole d'unité représente un bataillon d'infanterie ou un escadron de cavalerie)

Le responsable de la deuxième ligne, placée un peu plus en arrière, sur le versant protégé de la crête, était précisément sir Thomas Picton. Deux de ses brigades, au commandement de sir James Kempt et de sir Denis Pack, se trouvaient exactement sur la ligne d'avancée des premières colonnes françaises. Plus à gauche étaient déployées deux brigades de milice hanovrienne au commandement des colonels Best et von Vincke. Selon les ordres reçus, les divisions de d'Erlon tendaient à converger en progressant dans la direction de Mont-Saint-Jean, sur la gauche. Une fois la résistance des Hollandais vaincue, le poids de l'attaque était donc destiné à retomber essentiellement sur les brigades Kempt et Pack, qui, à l'unique exception du 1/95e, étaient couchées, ventre contre terre, à une centaine de mètres peut-être derrière le chemin creux. Leurs huit bataillons étaient formés de troupes d'élite : des Anglais et des Écossais, tous vétérans de la campagne menée dans la péninsule Ibérique. Quant à leurs généraux, ils étaient connus, Picton compris, pour leur naturel belliqueux : c'étaient des « *fire-eaters* », des « mangeurs de feu », comme disaient leurs soldats, que rapprochaient aussi leur impatience et leur irascibilité. Mais les deux brigades s'étaient usées aux Quatre-Bras, si bien que les bataillons étaient réduits à quatre cents hommes chacun sans plus. Trois des quatre bataillons de Pack avaient perdu leur commandant et la brigade, dans son ensemble, avait perdu près des deux tiers de ses officiers. Picton et Perponcher pouvaient faire fonds sur à peine six mille fusils pour couvrir les huit cents à neuf cents mètres de front contre lequel montait « Johnny », comme les vétérans anglais appelaient dans leur jargon l'ennemi. Soit, en l'occurrence, les quatorze mille fantassins du corps de d'Erlon.

Bien sûr, il y avait aussi des canons pour défendre la position, mais pas suffisamment. Au maximum de sa puissance, l'artillerie déployée le long du front attaqué par d'Erlon comprit vingt-neuf pièces tout au plus. Dans une large part, il s'agissait de batteries qui n'avaient plus toute leur efficacité. La batterie belge du capitaine Stevenart avait perdu six de ses huit canons aux Quatre-Bras et, comme le capitaine Stevenart y avait également trouvé la mort, les deux restants étaient commandés par un subalterne. La batterie hanovrienne du capitaine Braun avait perdu, dans la même bataille, ses six canons et venait de les remplacer la veille par cinq vieilles pièces anglaises de six livres. Enfin, la batterie, également hanovrienne, du capitaine von Rettberg avait déjà consommé la moitié de son stock de munitions dans ces affrontements des Quatre-Bras.

En contrepartie, la majeure partie des canons n'avaient pas été mis en batterie sur le versant exposé, mais derrière le chemin d'Ohain, en ouvrant parfois aux pièces des passages dans la haie qui longeait ce chemin creux. C'est ce qui explique qu'à l'exception des deux canons du lieutenant Ross placés à découvert sur la grand-route les batteries ne furent pas balayées quand les canons de Desales ouvrirent le feu contre la position anglaise. La situation des artilleurs n'en était pas moins assez incommode. Leurs récits font clairement saisir l'effroyable intensité du feu français. La batterie de Braun avait déjà perdu son commandant, blessé à la cuisse par un éclat, avant même d'arriver en position. On n'avait pas encore dételé les chevaux qui tiraient les canons qu'un obus faisait exploser l'avant-train d'une pièce, détruisant la pièce elle-même et tuant trois artilleurs et quatre chevaux. Le subalterne qui avait pris le commandement de la batterie trouva à son tour la mort, au moment où les premiers tirailleurs français avancèrent.

En tirant par-dessus l'infanterie hollandaise déployée plus bas, l'artillerie alliée ouvrit, malgré tout, de larges vides dans la masse des attaquants qui avançaient en rangs serrés, mais sans parvenir à arrêter la progression des hommes de d'Erlon. Si nous reprenons un instant nos calculs favoris et si nous supposons que tous les canons tirèrent sans interruption contre les colonnes de d'Erlon, de l'instant où elles s'ébranlèrent jusqu'à celui où les artilleurs durent abandonner leurs pièces, nous pouvons évaluer à un millier le nombre de coups de canon tirés, au rythme d'un par seconde, contre ces quatorze mille hommes. L'épreuve à laquelle furent soumis les attaquants paraîtra cependant moins lourde si nous considérons également que la rapidité et l'efficacité de tir déclinaient rapidement dans des conditions de stress, qu'un pourcentage très élevé de coups finissaient généralement loin des cibles, et surtout que diverses batteries anglaises, en dépit des ordres, étaient en réalité occupées à tirer contre les canons de la grande batterie. Nous ne nous étonnerons donc pas que le feu des canons n'ait pas été suffisant pour arrêter l'avancée de cette marée humaine.

Le capitaine Duthilt, aide de camp du général Bourgeois, était stupéfait de l'enthousiasme des soldats qui, dès les premiers instants, s'étaient portés en avant au pas de charge, suivant de près la ligne des tirailleurs et lançant des cris de triomphe. Bien vite, cependant, la boue grasse, huileuse, dans laquelle ils avançaient ralentit leur marche. Leurs guêtres se rompaient. Certains hommes commençaient même à perdre leurs souliers. Le caporal Canler, du 28e de ligne, venait précisément de s'apercevoir que le sous-pied d'une de ses guêtres s'était rompu, si bien que son pied sortait de sa chaussure. Il se baissait pour y remédier, quand il sentit un coup violent à son shako : une balle venait de traverser de part en part son couvre-feu en lui effleurant le crâne. Le caporal n'eut pas le temps de s'arrêter pour y réfléchir. Tout en boitillant, il s'en fut reprendre sa place. Les officiers ne cessaient de lancer un terrible « Serrez les rangs ! » chaque fois que s'ouvraient des vides et les hommes, comme enivrés par ce cri obsédant et par le roulement sourd des tambours, poursuivaient leur montée. Malgré la fatigue, les hurlements d'enthousiasme étaient si assourdissants qu'il devenait difficile d'entendre les ordres des officiers. « Il y eut bientôt un peu de confusion dans les rangs, surtout lorsque la tête de la colonne fut parvenue à la portée du feu de l'ennemi », rapporte le capitaine Duthilt. Mais leur avancée n'en paraissait pas moins impossible à briser.

34. L'attaque au chemin creux

La maigre ligne de tirailleurs qui couvrait le front allié fut rapidement submergée par un ennemi bien plus nombreux. Dans l'intervalle, les généraux hollandais avaient eu le loisir d'évaluer les masses qui progressaient vers eux et de se rendre compte que la brigade Van Bijlandt n'avait pas la moindre chance de faire face à l'attaque, déployée comme elle l'était : en ligne, sur le versant exposé de la pente, sans aucune défense. Ils avaient donc tardivement décidé de la faire se replier jusqu'au chemin creux. Ces bataillons inexpérimentés des Pays-Bas, dans leurs uniformes bleus si semblables à ceux des Français, n'étaient déjà que trop restés sous la canonnade, sur la pente faisant face à la grande batterie. Il est probable que leur repli ne s'effectua pas en bon ordre. En les voyant se retirer, les soldats anglais positionnés derrière eux les sifflèrent sans pitié, et quelques coups de feu partirent même. Au reste, on ne peut exclure que certains miliciens n'aient pas profité de l'occasion pour prendre la poudre d'escampette.

Quand la chaîne des tirailleurs français arriva, suivie de près par les têtes de colonne, à proximité des batteries plantées derrière le chemin creux, les artilleurs furent à leur tour pris d'une certaine panique. Sir William Gomm, de l'état-major de Wellington, vit deux canons dégager le terrain en grande hâte à l'approche de l'ennemi et ne put s'empêcher de noter l'« agitation considérable » avec laquelle s'effectuait ce repli. La majeure partie des pièces furent tout bonnement abandonnées. Les artilleurs ne pouvaient d'ailleurs rien faire d'autre. À ce point, il appartenait à l'infanterie de repousser l'attaque et de reprendre possession du chemin creux non moins que des canons. Tous ne durent pas croire à cette reconquête, puisqu'un sergent d'artillerie encloua sa pièce avant de l'abandonner. Autrement dit, il planta un clou dans la lumière par laquelle on mettait le feu à la poudre, méthode classique pour rendre les pièces inutilisables.

Le gros de l'infanterie de Picton se tenait à une centaine de mètres au moins en arrière du chemin d'Ohain et de la haie de ronces qui le longeait. Elle resta là, à plat ventre, jusqu'au dernier moment, afin de limiter les dommages dus au tir de barrage de l'artillerie. La quantité de canons que Napoléon avait concentrée juste en face rendait cette disposition indispensable. Il en résulta que les troupes de d'Erlon arrivèrent jusqu'à la haie sans avoir eu à affronter le feu des fusils anglais : elles n'avaient été confrontées qu'aux tirs désordonnés de l'infanterie hollandaise qui venait de se replier jusqu'au chemin creux. Si l'on excepte les piquets vite submergés par les tirailleurs, les seuls soldats anglais en mesure de voir avancer les colonnes et de faire feu sur elles étaient les fusiliers du 1/95e munis de leur courte et meurtrière carabine Baker. Mais, nous le savons, ils avaient déjà à faire pour contenir la première colonne d'attaque, celle d'Aulard.

À la différence des autres, la brigade d'Aulard avançait en colonne, les deux bataillons du 51e de ligne en tête et les deux bataillons du 19e de ligne plus en retrait. Malgré les pertes subies sous le tir des fusiliers anglais qu'ils avaient en face d'eux et sous celui des Allemands grimpés sur les toits de la Haye-Sainte, les Français avaient occupé dans leur élan la carrière de sable et la petite colline située juste derrière, contraignant les avant-postes placés là sous le commandement du capitaine Kincaid à débarrasser les lieux en toute hâte. Le reste du bataillon, posté dans le chemin creux, aurait dû résister plus longtemps. Mais il avait déjà notablement souffert sous le feu de l'artillerie. Lorsqu'il vit se replier les avant-postes, il connut un moment de débandade. Kincaid venait de pousser son cheval à travers un passage dans la haie quand il s'aperçut, non sans désarroi, que sir Andrew Barnard avait été blessé et n'était plus en mesure de commander, que l'officier qui avait pris le commandement à sa suite avait été mis à son tour hors de combat et que tout ce qui restait du bataillon se repliait vers les arrières de manière plutôt désordonnée. Kincaid hurla aux hommes de s'arrêter et, comme il s'agissait malgré tout de vétérans pleins d'expérience, il réussit à les faire se déployer en ligne à petite distance du chemin.

Il était temps, car le 51e de ligne avait atteint la haie, dépassé les canons abandonnés et, se trouvant finalement en vue de l'infanterie anglaise, manœuvrait frénétiquement pour passer de la formation en colonne à la formation en ligne. Cette manœuvre, apprise par cœur par les officiers et mille fois répétée en place d'armes, prévoyait que les compagnies disposées en deuxième et en troisième ligne devaient avancer obliquement jusqu'à s'aligner avec celles de la première ligne, de manière à pouvoir tirer sur l'ennemi. Avant que le tir de ses hommes fasse tout disparaître dans la fumée, Kincaid eut le temps de voir les Français qui avançaient et élargissaient rapidement leurs lignes, « enthousiasmés et encouragés par la valeur de leurs officiers qui dansaient et agitaient leurs sabres en tête de tous leurs hommes ». Un autre officier de la brigade Kempt se souvient lui aussi avec admiration du « style brillant avec lequel les officiers français conduisaient en avant leurs compagnies en les déployant en ligne ». À l'évidence, les deux formations ennemies se regardèrent en face, l'espace d'un instant, à une distance de cinquante ou soixante mètres peut-être. La vision devait rester imprimée dans les yeux de beaucoup de manière indélébile. Puis tout disparut dans la fumée.

À l'apparition de la colonne ennemie, les autres bataillons de la brigade Kempt s'étaient mis debout et avaient ouvert eux aussi le feu. À une distance aussi rapprochée, le crépitement des fusils interrompit brusquement la manœuvre du 51e de ligne et du 19e qui le suivait et essayait de se déployer plus à droite. Aulard, qui commandait la brigade, fut tué. Au même moment ou peu après, il en advenait de même du colonel Rignon, qui commandait le 51e. Les compagnies, se mettant à couvert derrière la haie, répondirent au feu comme elles pouvaient. L'infanterie anglaise n'avait pas adopté son habituelle formation sur deux rangs, qui lui aurait permis de développer la puissance de feu maximale, mais une plus prudente formation sur quatre rangs. Les officiers anglais redoutaient, en effet, que leurs hommes ne soient attaqués par la cavalerie pendant qu'ils s'employaient à faire face à l'infanterie. La décision était compréhensible. Mais elle explique aussi que les hommes de Picton n'aient pas automatiquement prévalu dans ce premier échange de tirs. Kincaid s'aperçut, incrédule, que les rangs de ses fusiliers se clairsemaient effroyablement. Sir Thomas Picton dut comprendre lui aussi que quelque chose n'allait pas, puisqu'il se porta au milieu des hommes de Kempt et leur donna ordre de charger à la baïonnette : « À la charge ! À la charge ! Hourrah ! »

Contre-attaquer à la baïonnette, après une brève fusillade, était la tactique favorite de l'infanterie anglaise. Face à ce millier de tuniques rouges qui avançait au pas de course, les Français commencèrent, dans ce cas comme dans d'autres, à reculer çà et là ; mais pas partout, et sans interrompre leurs tirs. Le 32e régiment arriva au chemin creux et se trouva d'un coup au milieu des Français qui se repliaient vers le bas de la pente. Le soldat qui tenait le drapeau du régiment tomba blessé. Le lieutenant Belcher prit le drapeau sous sa garde, cherchant des yeux autour de lui un autre porte-drapeau. Brusquement, il se trouva face à un officier français dont le cheval venait d'être abattu. Au lieu de fuir, le Français lui barra la route et saisit la hampe du drapeau pour la lui arracher des mains. Pris au dépourvu, Belcher s'agrippait aux lambeaux de soie. Le Français essaya de dégainer son sabre de l'autre main, mais n'en eut pas le temps : le sergent auquel était confiée la garde du drapeau l'avait frappé à la poitrine avec la longue pique qui était l'emblème des sous-officiers de l'infanterie anglaise et qui servait ordinairement à maintenir l'alignement des rangs. Quelqu'un cria « Épargnez ce brave ! », mais c'était trop tard : l'un des fantassins avait déjà épaulé son fusil et tué l'officier blessé.

Un peu plus à gauche, les Écossais du 79e, les « Cameron Highlanders », se retrouvèrent sous un feu si intense qu'ils préférèrent s'arrêter en deçà de la haie, se contentant de répondre à la fusillade. Les Cameron constituaient un régiment exceptionnellement compact par rapport à la moyenne, les régiments britanniques étant ordinairement formés d'hommes issus des quatre coins du royaume : la majeure partie de ses soldats étaient écossais et pas moins de neuf de leurs officiers appartenaient au clan des Cameron. C'était en somme une de ces unités où les rapports de parenté et de clientèle entre les hommes et leurs chefs garantissaient une cohésion hors du commun. Les officiers anglais, peu enclins à apprécier les barbares du Nord, admettaient, du reste, qu'il s'agissait de troupes extraordinaires pour la défense : Tomkinson, du 16e Dragons Légers, tenait les troupes écossaises pour les meilleures quand comptaient le sang-froid, la fermeté et le respect des ordres, même si elles ne valaient pas les autres dans les combats entre tirailleurs et, en règle générale, quand il fallait réagir vite. Mais les Cameron avaient perdu près de la moitié de leurs effectifs aux Quatre-Bras, et le régiment, comme tous ceux qui avaient participé à la bataille, était encore sous le choc causé par cette boucherie. Contre toute prévision, l'affaire ne prit pas un bon pli : les Français, en face d'eux, n'avaient aucunement l'intention de s'avouer vaincus. Et Wellington, qui ne se tenait pas loin, s'aperçut qu'au bout d'un cours laps de temps les Cameron « semblaient en avoir vu plus qu'assez pour leur goût ».

Sir Thomas Picton constata avec effroi que les Écossais commençaient à se débander et fit signe au premier officier qui se présenta à lui, ordonnant d'aller les arrêter. Le général n'était pas connu pour la douceur de ses manières (c'était, selon le jugement précis du duc, « le diable le plus grossier et mal embouché qu'on ait jamais vu »). Son langage fut en l'occurrence à la hauteur de la nécessité. Or, tandis qu'il parlait avec l'officier – l'aide de camp de lord Uxbridge, le fameux capitaine Seymour, « l'homme le plus fort de l'armée anglaise » –, sir Thomas fut atteint par une balle de fusil qui le toucha à la tête à travers son « tuyau de poêle[1] » et tomba de sa monture. Un instant plus tard, c'était le cheval de Seymour qui se dérobait sous son cavalier, frappé à mort. Le capitaine se dégagea de la carcasse et vit qu'un de ses soldats s'était déjà penché sur le corps du général et lui vidait les poches. Seymour lui reprit la bourse et les lunettes de sir Thomas et appela son aide de camp, le capitaine Tyler. Mais tous deux s'aperçurent aussitôt qu'il n'y avait rien à faire. Picton était mort. Tyler se souvint que moins de quarante-huit heures plus tôt, au soir de la bataille des Quatre-Bras, le général lui avait avoué être parti de chez lui avec le pressentiment qu'il ne rentrerait pas, mais qu'après les dangers auxquels il avait échappé ce jour-là il commençait au contraire à croire que personne ne parviendrait à le tuer.

35. Le combat à l'arme à feu le long du chemin d'Ohain

Tandis que, mal en point l'une et l'autre, sans être déployées ni l'une ni l'autre en une formation prévue par les manuels, la brigade d'Aulard et celle de Kempt continuaient à échanger des tirs au milieu de la fumée de part

1. Il s'agit d'un « *stove pipe hat* », couvre-chef qui doit son nom à sa forme, et qui fut en usage dans l'armée britannique au temps des guerres napoléonniennes. [N.d.T.]

et d'autre du chemin creux, un peu plus loin les bataillons de Quiot remontaient à leur tour la pente. La première brigade, la brigade Bourgeois, avait déjà pratiquement atteint la crête. Face à elle, la brigade Van Bijlandt se débanda rapidement, sans qu'on puisse trop tenir ses recrues hollandaises inexpérimentées pour coupables. Retirés au dernier moment à l'abri du chemin creux, déployés en une formation sur deux lignes qui ne leur était pas familière, à court de munitions après l'énorme dépense faite aux Quatre-Bras, ils ne purent, ainsi qu'il était prévisible, stopper par leurs tirs l'avancée des vétérans de Quiot. La majeure partie de leurs officiers avaient déjà été tués ou blessés, y compris le général Van Bijlandt, et la brigade était, à ce moment, commandée par le colonel De Jongh, du 8e bataillon de milice, qui, blessé aux Quatre-Bras, s'était alors fait attacher à sa selle. Quand le premier régiment français, le 105e de ligne, arriva devant eux, la plupart des Hollandais cessèrent de combattre et se défilèrent. L'unique bataillon belge de la brigade, le 7e de ligne, fut le seul à rester en position et à continuer de tirer, tandis que les dernières compagnies de la brigade Kempt, voyant les Français se porter si avant sur leur flanc gauche et dépasser la haie, commençaient à se tourner dans cette direction.

Parmi les officiers du 7e de ligne, il y avait le sergent Scheltens. Un an plus tôt, celui-ci était encore sergent dans les grenadiers de la Vieille Garde. Il avait combattu avec Napoléon de l'Espagne à la Russie, avant de prendre du service dans la nouvelle armée belge, où les professionnels comme lui étaient appréciés pour ce qu'ils valaient. « Le bataillon, se souvient Scheltens, resta couché derrière le chemin tant que la tête de la colonne française ne fut pas à distance de tir d'un pistolet ; alors la ligne reçut l'ordre de se lever et d'ouvrir le feu, et les Français commirent l'erreur de s'arrêter pour répondre aux salves. » Un tir de pistolet équivaut, en réalité, à quelques pas : « Nous étions tellement près que le capitaine L'Olivier reçut une balle au bras, avec la bourre, ou papier de la cartouche, restée fumante dans le drap de son habit. »

Ces combats à l'arme à feu entre deux lignes d'hommes debout à quelques dizaines de mètres de distance constituent peut-être l'aspect le plus incompréhensible de la bataille napoléonienne. Certes, les fusils fabriqués en série pour les armées de l'époque étaient des armes de très mauvaise qualité et l'on n'enseignait pas aux soldats à tirer, de sorte qu'à une certaine distance leur feu était plutôt inefficace. Le colonel Hanger, vétéran de la guerre en Amérique, venait à peine de publier un an plus tôt, en 1814, un opuscule où il affirmait : « Le fusil d'un soldat, s'il n'est pas trop mal calibré (et beaucoup le sont), touche un homme à quatre-vingts mètres. Il peut aussi le toucher à cent. Mais il faut vraiment être très malchanceux pour être atteint par un fusil normal à cent cinquante mètres, en admettant que l'ennemi vous vise, vous précisément. Quant à tirer sur un homme à deux cents mètres, autant vaut tirer sur la Lune. » Mais il s'agit ici de bien autre chose : de centaines d'hommes qui tiraient tous ensemble, sans viser, certes, mais à une distance inférieure à cent mètres et contre une cible en apparence impossible à manquer.

Les généraux les plus curieux de l'époque avaient réalisé des expériences pour savoir combien de projectiles pouvaient atteindre leur cible en pareille situation. Les Prussiens, par exemple, avaient vérifié qu'en tirant à cent pas de distance contre une cible de bois d'un mètre quatre-vingt de hauteur et trente mètres de longueur, comparable à un bataillon français en colonne, les deux tiers au moins des balles faisaient mouche. Selon les expériences anglaises menées dans le polygone de la tour de Londres avec une cible de cinquante mètres de longueur, les trois quarts d'une salve tirée à cent pas de distance atteignaient leur but. On déduit de ces chiffres que deux bataillons de quatre ou cinq cents hommes, échangeant des salves à une centaine de mètres, auraient dû s'entr'anéantir en l'espace d'une minute. Dans la réalité, ces échanges de tirs pouvaient se poursuivre pendant dix minutes, voire plus, et personne n'en était pour autant anéanti. Les Cameron, qui soutinrent un combat du genre dans des conditions peu favorables et qui, du témoignage même du duc, commencèrent à un certain point à n'en plus pouvoir, eurent à déplorer cent soixante-quinze victimes environ entre morts et blessés pour toute la bataille de Waterloo. C'était, certes, beaucoup, mais c'était moins de la moitié des présents à l'appel du matin.

Il nous faut donc conclure que les résultats des tests réalisés sur les places d'armes n'avaient absolument rien à voir avec la réalité et qu'au cours d'une véritable bataille l'écrasante majorité des soldats, plongés dans une condition de stress, complètement enveloppés et aveuglés par la fumée de leurs propres fusils, tiraient sans toucher qui que ce soit. Selon une estimation faite en Angleterre du nombre de coups faisant mouche à une distance de cent mètres, le chiffre le plus crédible est vraisemblablement de 5 % au lieu des 75 % obtenus en place d'armes. D'après un autre calcul, sur l'ensemble d'une bataille une balle toutes les quatre cent cinquante-neuf touchait son homme. Pour ridicule que puisse paraître ce chiffre, il est probable que l'estimation n'est pas loin de la réalité. Qui s'est essayé à refaire ce calcul pour Waterloo, où nombre d'échanges de tir eurent lieu à distance rapprochée, a estimé qu'un homme tombait tous les cent soixante-deux coups. Ajoutons, pour notre part, qu'au cours des batailles des Quatre-Bras et de Waterloo la division Perponcher consomma plus de cinq cent mille cartouches et eut à déplorer environ deux mille deux cents pertes. Ce qui équivaut à une perte subie tous les deux cent vingt-deux coups tirés, sans faire entrer en ligne de compte le fort pourcentage de pertes en réalité dues à l'artillerie.

Le fait même que les combats à l'arme à feu à distance rapprochée aient été considérés comme possibles et que l'entraînement ait visé à obtenir un rythme de tir optimal et à donner la capacité de résister à la panique dans de semblables conditions montre que pareil affrontement entre deux bataillons ne conduisait pas à leur destruction immédiate, mais qu'au contraire, entièrement dissimulés par la fumée, ils continuaient à tirer pendant assez longtemps, perdant peut-être trois ou quatre hommes à la minute, jusqu'au moment où le sentiment que le feu ennemi était plus efficace et que le niveau du danger augmentait un peu trop faisait son chemin dans un des deux bataillons, le portant à la débandade.

Pour en revenir à ce qui se passait sur le chemin d'Ohain, le fait que les hommes de Bourgeois, en arrivant à la haie, se soient engagés dans un échange de coups de feu plutôt que de charger à la baïonnette est peut-être moins étrange qu'il ne parut à Scheltens : après tout, c'était précisément dans cette éventualité que les généraux français avaient décidé de faire avancer leurs hommes en ligne. De plus, si l'officier belge ne pouvait le savoir, l'autre brigade de la division Quiot, la brigade Charlet, remontait déjà la pente un peu plus à droite et allait entrer en action quelques minutes plus tard en ouvrant le feu ou en marchant baïonnette au canon contre le flanc des défenseurs. Le centre de la ligne de

Picton pouvait bien difficilement résister à cette nouvelle pression. C'était précisément dans ce genre de situation que les hommes, se rendant compte que l'affaire tournait à l'avantage de l'ennemi, décidaient ordinairement de sauver leur peau.

Certes, il y avait encore, au coude à coude avec les Belges, une brigade britannique, la brigade Pack, composée aux trois quarts de vétérans écossais. Mais toute la division Marcognet, organisée elle aussi sur deux colonnes, au commandement de Grenier et de Nogues, avançait déjà droit sur eux. Comme ceux de Kempt, les hommes de Pack s'étaient longuement tenus à plat ventre à une certaine distance du chemin. Puis ils s'étaient déployés en ligne sur quatre rangs, chaque bataillon occupant un front de cinquante ou soixante mètres à peine, et ils s'étaient portés en arrière de la haie, dont s'approchaient, de l'autre côté, les Français. Le 45e de ligne en tête, les fantassins de Grenier arrivèrent à la haie, leurs fusils encore en bandoulière. Ils traversaient le chemin, quand ils s'aperçurent brusquement que l'infanterie ennemie se tenait là-devant. Les Français eurent à peine le temps d'épauler que déjà les Écossais ouvraient le feu. La tête de colonne parut un instant se débander, mais presque aussitôt les Français répondirent au feu, avec une efficacité mortelle là aussi.

Le premier bataillon, le 42e « Black Watch », qui s'était presque avancé jusqu'à la haie, s'arrêta net et renonça à la traverser. Un sergent du régiment expliqua plus tard que ses Écossais, jambes nues sous leurs kilts, n'avaient pas osé se jeter dans les ronces. Il est, en réalité, probable que le feu ennemi les avait arrêtés et même rejetés en arrière. Sir Denis Pack, qui avançait au milieu du bataillon suivant, le 92e, ou Gordon Highlanders, se mit, de fait, à crier : « Quatre-vingt-douzième, voyez-les tous qui fuient à votre droite et à votre gauche. À vous de charger cette colonne ! » Mais les Gordon, qui avaient perdu près des deux tiers de leurs officiers aux Quatre-Bras, comme tous les autres bataillons de la brigade, étaient déjà restés trop longtemps sous les tirs d'artillerie et avaient vu tomber trop de leurs camarades sans avoir encore tiré un seul coup de fusil. Au lieu de charger à la baïonnette, comme l'espérait leur général, ils ouvrirent le feu et, ainsi qu'il était prévisible, eurent presque immédiatement le dessous, si bien qu'ils se mirent à reculer en désordre. Les hommes du 45e de ligne traversèrent en masse la haie en poussant des cris de triomphe.

De sa chaise plantée sur l'éminence de Rossomme, Napoléon ne voyait rien de tout cela, sinon la fumée blanche qui enveloppait désormais toute la crête. Il est probable qu'il sut cependant lire dans cette fumée comme dans un livre ouvert. C'était son métier, et il le faisait depuis vingt ans. À la hauteur de la Haye-Sainte, où le combat était engagé depuis plus longtemps, la fumée ne progressait pas : la résistance anglaise y était, de toute évidence, plus acharnée. Plus à droite, en revanche, les combats s'étaient désormais déplacés au-delà du chemin creux : il était clair que les Français, devenus maîtres du sommet, repoussaient peu à peu la ligne ennemie. L'empereur, excité, décida que le moment était venu de s'approcher un peu du champ de bataille. Il sauta en selle pour se transférer avec tous ses aides de camp, sa chaise, sa table et sa carte sur la hauteur de la Belle-Alliance, près de deux kilomètres plus avant, à mille trois cents mètres à peine de la ligne ennemie. Le malheureux De Coster dut lui aussi le suivre. Il se mit à se démener à un tel point, quand un boulet perdu siffla à petite distance, que l'empereur le sermonna : « Mais, mon ami, ne remuez pas tant. Un coup de fusil vous tuera aussi bien par derrière que par devant, et vous fera une plus vilaine blessure » (c'est, du moins, l'une des versions possibles, une autre voulant que Napoléon lui ait dit : « Cessez de vous pencher ainsi, nous ne sommes pas aux Tuileries ! »).

Quand Napoléon, descendu de cheval près de la Belle-Alliance, se remit à observer le champ de bataille à l'aide de sa longue-vue, ses prévisions semblèrent confirmées : presque partout et de manière de plus en plus nette à mesure que le regard se déplaçait vers la droite, la fumée avançait, signe que la pression exercée par les hommes de d'Erlon avait raison de la résistance anglaise. Pour hautement disciplinés qu'ils aient été, tous les hommes de Wellington engagés derrière le chemin creux devaient s'être aperçus que la possibilité d'être le prochain à tomber mort ou estropié grandissait à chaque minute et que leurs gibernes devenaient, dans le même temps, de plus en plus légères. Lorsqu'un camarade était blessé, la tentation de tout abandonner et de l'accompagner au sûr se faisait de plus en plus fortement sentir chez ceux qui l'entouraient. Il aurait suffi de peu pour que cette idée l'emporte dans tout un bataillon, voire une brigade, surtout si les hommes étaient auparavant restés trop longtemps exposés au bombardement et s'ils avaient perdu trop de leurs officiers. Si les hommes de Picton avaient commencé à se débander, il n'y aurait eu personne pour les remplacer, puisque Wellington n'avait pas amassé de réserve dans ce secteur. À deux heures de l'après-midi, le long du chemin d'Ohain, entre la Haye-Sainte et la Papelotte, les Français étaient en train de gagner la bataille de Waterloo.

36. L'intervention de la cavalerie anglaise

Le général du grade le plus élevé présent sur place en ce moment critique, alors que le long de la crête noyée dans la fumée les troupes de Van Bijlandt et de Pack commençaient à reculer et à se débander sous le feu français, était le comte d'Uxbridge. Wellington n'était pas bien loin lui non plus. Il avait rejoint, à cette heure-là, son poste de commandement sous l'orme au carrefour derrière la Haye-Sainte, dont il n'allait plus s'éloigner d'une bonne partie de l'après-midi. Mais, de cette position, tandis qu'explosaient tout autour à une cadence implacable les obus de la grande batterie, le duc ne pouvait évaluer pleinement, au milieu du nuage de fumée allongeant de toutes parts ses tentacules blanchâtres provoqué par la fusillade, ce qui se passait plus à gauche. Ce qui devait surtout retenir son attention, c'était l'attaque de la ferme, les tirailleurs qui l'avaient encerclée et qui s'étaient emparés du potager, la menace des cuirassiers qui s'étaient portés jusqu'au sommet de la crête. Tant que personne n'était venu l'en avertir, Wellington ne pouvait savoir que Picton avait été tué, ni que l'ensemble de son aile gauche, faible comme il l'avait conçue, était sur le point de se désagréger sous la pression des colonnes de d'Erlon.

Lord Uxbridge lui-même était arrivé depuis peu dans la zone, après avoir inspecté la cavalerie postée derrière Hougoumont. Ce qui confirme que leur flanc droit était, ce matin-là, l'objet de toutes les préoccupations des généraux anglais. Wellington avait explicitement autorisé Uxbridge, en tant que commandant de la cavalerie, à utiliser celle-ci sans attendre ni instruction ni autorisation. De fait, employer la cavalerie en cours de bataille exigeait surtout le coup d'œil et l'intuition du moment opportun. L'appréciation instantanée d'un officier se trouvant sur place pouvait donc compter davantage que le jugement du commandant en chef. Uxbridge avait ainsi carte blanche. Il était à peine arrivé dans la zone de la Haye-Sainte que les cuirassiers de Crabbé fondaient sur les carrés, puis sans les affronter redescendaient la pente allant sabrer les artilleurs de sir Hew Ross. Sans se perdre en réflexions, le commandant de la cavalerie jugea qu'il fallait charger et repousser l'ennemi. Et, puisqu'il y avait là, déployée derrière les carrés d'Ompteda et de Kielmansegge, la plus forte de ses dix divisions – ladite Household Brigade, ainsi nommée parce que formée de régiments de la garde –, lord Uxbridge piqua des deux pour rejoindre lord Edward Somerset, qui la commandait, et lui ordonner de se préparer à la charge.

Jusqu'à quel point Uxbridge se rendit-il compte que le principal danger se matérialisait encore plus à l'est, au-delà de la grand-route, où l'infanterie française avait désormais pris position le long du chemin d'Ohain, la chose n'est pas claire. Quoi qu'il en soit, un instinct dont, au bout du compte, il n'était pas entièrement dépourvu en tant que commandant de cavalerie devait lui dire que la charge pouvait être décisive et qu'elle devait être conduite en force, sans économie inutile. Il poussa donc son cheval au-delà de la route pavée et parvint derrière l'infanterie de Picton, où se tenait en réserve la deuxième brigade de cavalerie lourde, aux ordres de sir William Ponsonby. Cette brigade était connue comme l'Union Brigade, car ses trois régiments de dragons étaient pour l'un anglais (le 1er Dragons ou Royals), pour un autre écossais (le 2e Dragons ou Scots Greys) et pour le dernier irlandais (le 6e Dragons ou Inniskillings). Uxbridge rejoignit le commandant de la brigade et lui ordonna de se préparer à charger. Puis il revint sur ses pas, décidé à personnellement conduire la cavalerie de la Garde, en bon hussard qu'il était resté en dépit de ses quarante-sept ans.

Les deux brigades de cavalerie lourde sur le point d'entrer en action possédaient une énorme puissance de choc. Leurs chevaux, aux queues coupées court selon l'usage anglais, étaient probablement les meilleurs du monde à cette époque où toutes les armées du continent se ressentaient de l'épouvantable hécatombe due aux guerres menées pendant les trois dernières années, à partir de la campagne de Russie. Dans un pays comme la Prusse, qui n'avait jamais possédé de bons élevages de chevaux et qui était resté terriblement appauvri après la défaite de 1806, la cavalerie lourde avait été fortement redimensionnée : l'armée confiée à Blücher n'en comprenait aucune. Toute la cavalerie prussienne présente à Waterloo était montée et équipée selon les normes plus modestes de la cavalerie légère. En France même, les cuirassiers ne montaient plus des animaux puissants, ainsi qu'il aurait été nécessaire pour optimiser leur puissance de choc, mais des bêtes d'une qualité dans l'ensemble médiocre. Par ailleurs, bon nombre de régiments présents à Waterloo étaient très en dessous de leurs effectifs officiels, par manque précisément de montures adaptées. L'Angleterre, en revanche, avait toujours possédé d'excellents chevaux, tout comme les moyens financiers de s'en procurer partout, en sorte que, du point de vue matériel, la cavalerie anglaise était alors insurpassable. Tomkinson, du 16e Dragons Légers, observa que les montures de son régiment, à peine arrivées d'Angleterre, à une saison où les chevaux sont normalement au mieux de leur condition physique, étaient en excellente forme pendant la campagne de Waterloo – ce qui devait être encore plus vrai pour les animaux destinés à la cavalerie lourde.

Mais, si la cavalerie anglaise était superbe du point de vue matériel, elle l'était beaucoup moins du point de vue technique. Le sergent Waymouth, du 2e Life Guards, qui participa à la grande charge dans la brigade Somerset, estimait que les épées dont étaient dotés ses hommes représentaient un gros désavantage comparées à celles des cuirassiers français, car plus courtes de six pouces. Un autre officier décrivait l'épée réglementaire comme « une chose encombrante, gauche, mal conçue ; [...] trop lourde, trop courte et trop large ». Mais le problème majeur venait de la façon de la tenir prescrite par le règlement anglais : le coude plié et la pointe en haut. Comme le note le même Waymouth, « nous avons, dans notre armée, l'habitude de tenir nos épées dans une mauvaise position pendant que nous chargeons. Les Français empoignent les leurs d'une manière qui s'avère bien moins fatigante et bien meilleure tant pour l'attaque que pour la défense ». Le fait est que l'expérience accumulée au cours d'années et d'années de campagnes ininterrompues avait introduit des perfectionnements dans la cavalerie française et que la cavalerie anglaise manquait, elle, presque entièrement d'expérience.

À ce manque d'expérience s'ajoutaient la formation des officiers anglais et leur système de valeurs : la compétence et le professionnalisme n'y étaient assurément pas au premier plan. Lord Portarlington, commandant du 23e Dragons Légers, offre probablement l'exemple extrême d'un comportement où se mêlaient mépris du danger et irresponsabilité. La veille au soir de la bataille de Waterloo, il s'en était allé sans permission à Bruxelles. Le lendemain matin, il arriva trop tard sur le champ de bataille pour rejoindre son régiment. Désespéré et comprenant trop tard qu'il avait joué son honneur, le colonel s'unit à un autre régiment, combattit tout le jour dans ses rangs et eut son cheval tué sous lui. Son absence du régiment qu'il aurait dû commander n'en restait pas moins impardonnable, et Portarlington fut obligé de présenter sa démission. (Résolu à recouvrer son honneur, l'ancien colonel acquit un brevet de cornette dans un régiment d'infanterie et recommença sa carrière de zéro pour parvenir au grade de capitaine. Mais la bonne société ne lui pardonna jamais et Portarlington sombra dans l'alcoolisme, dissipa tout son bien et mourut dans la misère, dans un taudis de Londres.)

C'est sans aucun doute là un cas limite. Mais prenons-en un autre. Le major Thornhill, du 7e Hussards, l'ancien régiment de lord Uxbridge, avait été choisi par celui-ci comme premier aide de camp. Il lui revint de porter l'ordre de charger à l'un des régiments de la Household Brigade, le Royal Horse Guards, ou « Blues ». Le commandant du régiment, sir Robert Hill, raconte Thornhill, « m'invita avec une extrême gentillesse et courtoisie à m'unir à leur charge ». Le major accepta sans y réfléchir à deux fois, dévala la pente en compagnie des dragons, eut son cheval tué et resta à ce point étourdi par la chute qu'il ne se souvenait de rien de ce qui s'était passé par la suite. Pas un instant, semble-t-il, il ne lui était venu à l'esprit qu'en tant qu'aide de camp de lord Uxbridge il devait immédiatement retourner auprès de ce dernier ; et, de toute évidence, cette idée n'avait pas davantage traversé l'esprit de sir Robert Hill. On en vient à conclure que la notion de professionnalisme, au sens que nous donnons aujourd'hui à ce terme, était encore fort peu répandue à l'époque, et qu'en tout cas elle avait particulièrement peu fait son chemin chez les officiers de cavalerie anglais. Il y avait à sa place le code d'honneur, et il devait suffire.

Ce handicap devenait d'autant plus voyant que le nombre d'unités engagées était important, car c'était précisément dans la coordination des unités et la gestion des réserves que le manque d'entraînement des officiers se faisait sentir. « Nos officiers de cavalerie, observait Wellington, ont pris l'habitude de galoper contre tout. Ils ne considèrent jamais la situation, ils ne pensent jamais à manœuvrer face à l'ennemi, ils ne se préoccupent jamais de garder une réserve. » Pour ce qui était de la capacité de manœuvre, la cavalerie anglaise était à ce point inférieure à celle de l'ennemi qu'elle en perdait tout l'avantage qu'aurait dû lui garantir sa supériorité physique. Toujours selon le duc, un escadron anglais pouvait tenir tête à deux escadrons français, mais mieux valait éviter de se rencontrer à quatre escadrons contre quatre. Ses ennemis partageaient la même opinion. Sans que cela ait ôté à son respect pour les magnifiques chevaux des Anglais et la témérité de leurs officiers, le général Foy estimait que la cavalerie française était, dans la pratique, supérieure en tout domaine à la leur. Comme nous le verrons, l'issue finale de la grande charge ordonnée par Uxbridge ne contredit pas ces jugements, même si l'action connut dans l'ensemble un stupéfiant succès et si elle sauva, en toute probabilité, Wellington de la défaite.

Les deux brigades de cavalerie qu'Uxbridge s'apprêtait à lancer comptaient dans les deux mille sabres en tout. Ce chiffre est inférieur à celui qui ressort des rôles, mais nous avons appris des témoignages des officiers qui prirent part à la bataille que les hommes effectivement présents étaient bien moins nombreux que ceux comptabilisés sur le papier. Pour la cavalerie, ce n'est pas le nombre d'hommes, mais le nombre de chevaux (généralement inférieur) qui donne, par ailleurs, la mesure des forces effectivement utilisables. Sur les rôles, le 16e Dragons comptait trente et un officiers et quatre cent deux hommes. Mais, selon les indications fournies une fois encore par Tomkinson, le régiment avait débarqué aux Pays-Bas avec trois cent trente chevaux et il n'en restait plus que trois cent vingt au matin de la bataille de Waterloo. Autant dire que les trois quarts tout au plus des hommes peuvent avoir participé au combat. Au mois d'avril, alors que les premières unités commençaient à peine à débarquer en Belgique, le ministère avait, du reste, informé Wellington que les régiments de cavalerie ne pouvaient se permettre d'avoir plus de trois cent soixante chevaux chacun, du fait des réductions d'effectifs décidées à la fin de la guerre précédente, et l'on voit mal comment ils auraient pu en accroître le nombre en si peu de temps. Il paraît clair que l'on doit évaluer chaque brigade de cavalerie anglaise à un millier de sabres au maximum, même quand les rôles en comptent quelque 20 % ou 30 % en plus.

Quoi qu'il en soit, une force composée de deux mille sabres est une force tout à fait respectable en mesure de décider, en certaines circonstances, de l'issue d'une bataille. Les brigades Somerset et Ponsonby comptaient en tout dix-neuf escadrons. Contre toute prudence, il n'en fut pas tenu plus de trois en réserve. Chacun de ces escadrons, qui constituaient de tout point de vue la principale force tactique, possédait un peu plus d'une centaine de chevaux. À l'arrêt, dans l'attente de l'ordre de charger, ils occupaient chacun un front d'une cinquantaine de mètres au moins – un front destiné à s'élargir notablement au moment où, d'un coup d'éperon, les cavaliers allaient lancer leurs montures, puisque les chevaux pouvaient bien difficilement avancer au trot épaule contre épaule, au risque de se heurter et de se faire mal. Compte tenu de la distance qu'il était de ce fait indispensable de laisser entre un escadron et un autre, la charge des deux brigades doit avoir couvert un front d'au moins un kilomètre et demi. Si l'on s'essaie à la visualiser, on mesure l'impact qu'une telle charge peut avoir eu, alors que l'ensemble du champ de bataille, rappelons-le, ne mesurait pas plus de quatre kilomètres.

C'est ainsi que les Dragons, qui s'étaient tenus jusque-là pied à terre et s'étaient même couchés entre les pattes de leurs chevaux pour limiter les dommages causés par les boulets de canon s'abattant par intervalles au milieu d'eux, se remirent en selle au signal des trompettes. Suivant les ordres familiers que leur donnaient leurs officiers, ils s'alignèrent par pelotons pour finalement se disposer sur deux rangs, un escadron après l'autre. Ils tirèrent bruyamment leurs sabres de leurs fourreaux et avancèrent, au pas, dans la direction de la rivière et des coups de feu. Quant à l'état d'esprit qui régnait parmi eux, il devait être de l'ordre de celui décrit par tous ceux qui ont vécu une pareille expérience : la sensation excitante d'être, advienne que pourra, entrés désormais dans la danse, accompagnée, dans le cas des chevau-légers, du sentiment de puissance, voire d'invincibilité, que l'on éprouve à se tenir en selle et à prendre peu à peu de la vitesse. Lord Uxbridge, dans son uniforme de hussard, chevauchait devant la Household Brigade. Ce n'est que bien plus tard que lui vint à l'esprit qu'il aurait peut-être mieux fait, en tant que commandant en chef de la cavalerie, de rester en arrière et de contrôler l'emploi des réserves : sur l'instant, l'idée ne l'effleura même pas.

De l'autre côté de la grand-route, sir William Ponsonby se préparait à lancer l'Union Brigade. Cependant, sir William allait réfléchissant que son beau cheval de bataille était trop coûteux pour courir le risque qu'il soit tué, vu que le ministère ne lui aurait remboursé que le prix standard, soit vingt livres sterling, une portion infime de sa valeur réelle. Cette pensée préoccupait sir William depuis quelques jours déjà. Deux soirs plus tôt, il avait essayé de se procurer un autre cheval en achetant celui d'un colonel d'infanterie qui avait été blessé, mais ils ne s'étaient pas accordés sur le prix. L'idée de risquer son précieux pur-sang l'angoissait à présent plus que jamais. Il le renvoya donc en arrière avec son domestique et monta sur le cheval de ce dernier, une haridelle sans valeur. Oublia-t-il, tout occupé qu'il était par ses calculs, d'avertir le colonel des Scots Greys que leur régiment devait rester en réserve ? La simple idée de ne pas participer à la grande charge était-elle insupportable au colonel et à ses officiers et les ordres avaient-ils, pour eux aussi, la légèreté d'un récit romanesque ? Le fait est que, lorsque sir William donna le signal, les Greys éperonnèrent leurs montures comme les autres et que l'Union Brigade avança en une seule ligne, sans même un escadron de réserve.

Arrivée à une centaine de mètres environ du chemin d'Ohain, la brigade s'arrêta pour permettre à l'infanterie qui se retirait de se mettre au sûr en passant dans les intervalles entre les escadrons. Le général Ponsonby poussa jusqu'au sommet de la crête, en vue de donner le signal de l'attaque au moment le plus opportun, à savoir quand la ligne d'infanterie ennemie allait s'employer à traverser le chemin creux qui, en cet endroit, ne courait pas sur la dorsale, mais un peu plus bas. L'artillerie française continuait à battre la crête et la haridelle de sir William fut prise de peur lorsqu'un boulet de canon passa trop près. Le général avait sur les épaules un manteau non lacé qui glissa à terre. Ponsonby vit que c'était le moment de charger, mais il n'avait pas envie de perdre son manteau. Il ordonna donc à son aide de camp, le major De Lacy Evans, de donner le signal et descendit de cheval pour récupérer son vêtement. De Lacy Evans ôta son chapeau, l'agita, donnant ordre de charger : la brigade se mit en mouvement.

Comme ils accéléraient peu à peu l'allure, nombre des Inniskillings virent un homme habillé en civil qui, du haut de son cheval, agitait lui aussi son chapeau en criant : « C'est le moment. » Sur un autre cheval, à ses côtés, un jeune garçon, le bras en écharpe et la tête bandée, se dressait sur ses étriers, au maximum de l'excitation. L'homme qui agitait ainsi son chapeau était Sa Grâce le duc de Richmond. Bien qu'il ait eu le grade de général, il n'occupait aucune charge dans l'armée de Wellington. Il était tout de même venu jusque-là pour assister à la bataille, où trois de ses fils prêtaient service comme aides de camp. Le garçon à ses côtés était le plus jeune des trois, lord William Pitt Lennox, cornette des « Blues » et aide de camp de sir Peregrine Maitland à l'âge de quinze ans. Quelques jours plus tôt, l'adolescent s'était cassé un bras et fracassé la tête dans une chute de cheval, perdant la vue de l'œil droit. Mais, dès qu'il avait su que l'autre aide de camp de Maitland, lord Hay, avait été tué à dix-huit ans aux Quatre-Bras, il avait insisté pour reprendre son service (un nouvel exemple du code d'honneur de l'aristocratie anglaise).

Ce matin-là, le jeune garçon s'était donc présenté à sir Peregrine, le bras en écharpe, l'œil bandé et la tête cassée. Comme le général ne l'avait pas autorisé à rester auprès de lui en pareil état, il s'était résigné à assister à la bataille en simple spectateur au côté de son père. Tandis que le duc, insoucieux des balles qui sifflaient tout autour, s'arrêtait pour converser avec l'un ou l'autre des généraux, lord William peinait à faire tenir tranquille son cheval pris de peur et à en rester suffisamment maître pour ne pas être entraîné qui sait où, et pourquoi pas au beau milieu des Français. L'adolescent ne s'en sentit pas moins envahi d'une immense fierté lorsque son père se tourna vers lui et lui dit : « Je suis content de voir que tu te comportes si bien sous le feu. » Et, la cavalerie s'étant mise en mouvement, il resta là, à se dresser, plein d'excitation, sur ses étriers pour mieux voir ce qui allait se passer.

37. La charge de la Household Brigade

Le terrain sur lequel avançait la brigade de lord Edward Somerset n'était pas le plus adapté pour une charge. Les escadrons devaient descendre une légère pente, rendue glissante par la boue, puis remonter la pente opposée jusqu'à son sommet, et là dépasser l'obstacle, tout sauf simple, représenté par le chemin creux et les ronces épaisses qui la bordaient. Le chemin d'Ohain était trop large pour qu'il soit possible de sauter par-dessus. Les chevaux furent donc obligés d'y descendre, puis de remonter de l'autre côté au milieu des ronces. Comme si cela ne suffisait pas, la cavalerie, avant d'arriver là, avait dû passer au milieu de l'infanterie alliée qui, dès qu'elle avait entendu les trompettes et les sabots des chevaux derrière elle, avait essayé d'ouvrir des espaces pour les laisser passer. Du témoignage même de lord Uxbridge, la cavalerie, dans ces conditions, ne chargea pas au galop, fondant sur l'ennemi telle une avalanche. Ce fut plutôt une succession d'escadrons plus ou moins isolés qui allèrent heurter l'adversaire l'un après l'autre en essayant péniblement de réordonner leurs rangs et de se mettre au trot. « Je me souviens que le terrain était terriblement défoncé et que j'eus beaucoup de mal à le descendre bien qu'ayant un cheval fort actif. Vers le bas de la pente, je trouvai notre infanterie qui, encore en ligne pour sa majeure partie, s'employait à former des carrés pour recevoir la cavalerie ennemie et nous ouvrait des espaces à mesure que nos escadrons se présentaient. C'est ainsi que nous passâmes de notre mieux à travers l'infanterie, en faisant le plus vite possible en pareilles conditions (mais, par la force des choses, sans progresser avec une parfaite régularité), puis que nous réordonnâmes nos rangs et chargeâmes. »

Quelles qu'aient été les difficultés du terrain, la charge avait été lancée au bon moment. Les cuirassiers de Crabbé se trouvaient encore dispersés sur la pente glissante, n'avaient pas eu le temps de reformer leurs rangs après la charge et commençaient à traverser, par petits groupes, la grand-route qui représentait à son tour un obstacle formidable, encaissée comme elle l'était entre deux escarpements plus hauts qu'un homme. Ils n'avaient pas la moindre chance de résister à une attaque qui les cueillait à l'improviste. Pris entre une charge qui arrivait sur eux par la gauche et par l'arrière et l'enclos de la Haye-Sainte qui leur barrait la route sur la droite, ils piquèrent des deux pour atteindre, droit devant eux, la grand-route. Mais le passage était très étroit et la route fort encaissée. Beaucoup furent abattus avant d'y arriver, tandis que d'autres roulaient jusqu'au bas de l'escarpement, allant obstruer la chaussée en un enchevêtrement d'hommes et de chevaux morts ou à l'agonie. C'est l'épisode que Victor Hugo devait plus tard interpréter à sa manière dans une célèbre page des *Misérables*. Le capitaine Kelly, du 1er Life Guards, un fameux spadassin, attrapa le colonel du 1er Cuirassiers, le renversa à coups de sabre, puis descendit de cheval pour lui arracher ses épaulettes qu'il conserva comme trophée (Kelly resta convaincu à jamais d'avoir tué ce colonel, du nom de Michel Ordener, vétéran de huit campagnes et comte de l'Empire à l'âge de vingt-huit ans. L'homme, en réalité, n'était qu'étourdi. Il allait assez vite entrer de nouveau en action, et vivre jusqu'en 1862).

En poursuivant les cuirassiers, une partie de la cavalerie anglaise se trouva à son tour au bord de la grand-route. Certains cavaliers descendirent dans ce qui était désormais un charnier où agonisaient hommes et chevaux pour continuer à massacrer les fuyards. Les autres se seraient peut-être arrêtés devant l'obstacle. Mais les tirailleurs français postés dans le potager de la Haye-Sainte, dans la carrière de sable et sur la petite colline située derrière, se mirent à les prendre pour cibles et à les abattre avec une précision mortelle, si bien qu'il ne leur resta qu'à pousser plus avant. Plusieurs centaines de cavaliers traversèrent la route comme ils purent et gravirent l'escarpement de l'autre côté. Ils se trouvèrent alors face à la poignée de cuirassiers qui venaient de traverser quelques minutes auparavant. Le combat au sabre fut bref et très violent. Il eut, entre autres protagonistes, le célèbre boxeur Shaw, caporal du 2e Life Guards. Shaw était l'un des personnages les plus connus d'une armée qui savait apprécier la boxe. Vu sa carrure, il s'en tirait aussi plutôt bien au sabre, surtout lorsqu'il avait englouti une bonne quantité d'eau-de-vie comme ce matin-là. On le vit faisant tournoyer sa lame à une telle vitesse au milieu des cuirassiers français qu'il en aurait abattu neuf à la suite, à ce qui se raconta du moins après la bataille. Mais faire si belle figure n'est pas toujours prudent. Un cuirassier, qui avait remarqué l'énergumène, s'éloigna de la mêlée, épaula la courte carabine dont tous les chevau-légers étaient dotés, le visa avec calme et le jeta à bas de sa monture. Shaw se traîna jusqu'au mur de la Haye-Sainte et mourut là, vidé de son sang. (La nouvelle de sa mort endeuilla les sportifs anglais. Sir Walter Scott, qui était un de ses supporters, fit rapatrier sa dépouille en Angleterre. Un moulage de son crâne est exposé au musée de Windsor.)

À la longue, les cuirassiers qui avaient survécu furent mis en déroute et se dispersèrent dans toutes les directions. À cette heure-là, ils avaient aussi perdu leur commandant, le colonel Crabbé ayant été mortellement blessé dans la mêlée. Un cuirassier resté isolé parcourut la crête au galop et poussa si loin qu'il finit derrière les hommes de Pack, déployés en ligne à l'abri du chemin creux. Furieux de se voir couper la route ou ayant tout bonnement perdu la tête, il chargea en faisant tournoyer son sabre. L'homme avait quelque chance de passer, car il arrivait par-derrière. Mais un soldat abattit son cheval d'un coup de fusil, sortit en courant de la ligne, tua le cavalier à la baïonnette, le fouilla à la hâte pour lui voler sa bourse et courut rejoindre ses compagnons.

Les dragons anglais lancés à la poursuite des cuirassiers débouchèrent brusquement sur le flanc de la brigade d'Aulard, qui résistait tant bien que mal à la contre-attaque de la brigade de Kempt. L'effet moral fut cette fois encore immédiat, et catastrophique. Bousculés coup sur coup par leurs propres cuirassiers en fuite, puis par la multitude de dragons qui les poursuivaient en faisant des moulinets avec leurs sabres, les deux bataillons du 51ᵉ de ligne, qui se trouvaient en première ligne depuis le début de la bataille et avaient déjà subi de fortes pertes, aussi bien que les deux bataillons du 19ᵉ de ligne, qui se tenaient plus à droite, se laissèrent gagner par la panique et se mirent à fuir à toutes jambes. Du haut des murs de la Haye-Sainte, les fusiliers allemands saluèrent avec enthousiasme l'arrivée des dragons qui balayèrent tout ce qui se trouvait devant eux en passant le long de l'enceinte de la ferme. Le lieutenant Waymouth, du 2e Life Guards, eut le temps de reconnaître un officier de la KGL qu'il connaissait de vue, le lieutenant Graeme, posté sur le toit de la porcherie. Quelques instants plus tard, Graeme descendait dans la cour avec ses hommes, ouvrait le portail qui donnait sur la route et sortait de la ferme pour s'emparer des Français qui jetaient leurs armes et se constituaient volontiers prisonniers pour être épargnés par les sabres des cavaliers.

C'est aussi avec un immense soulagement que Kincaid et ses fusiliers virent la cavalerie surgir au milieu de leurs ennemis et les mettre en déroute. Le capitaine, un instant plus tôt, avait eu tout lieu de se préoccuper. Monté sur sa jument, il se tenait posté en un endroit où une trouée s'ouvrait dans la haie lorsqu'il s'était aperçu que quelques cuirassiers se dirigeaient droit sur lui et qu'il avait découvert, au moment où il avait voulu sortir son sabre de son fourreau, que la pluie de la nuit précédente l'avait si bien rouillé qu'il ne pouvait le dégainer. Bien qu'ayant reçu de sir James Kempt l'ordre de ne pas bouger de là, Kincaid s'interrogeait à la hâte sur l'opportunité qu'il y avait ou pas de désobéir, quand la cavalerie anglaise vint soudain bousculer les cuirassiers et les rejeter au milieu de leur propre infanterie, y semant à l'instant la débandade. Kincaid reconnut les Life Guards à leurs casques et se dit qu'après tout c'étaient de vrais soldats et non des pantins tout juste bons pour les parades à Hyde Park, comme il l'avait parfois pensé. La colonne française avait été mise en déroute en un clin d'œil. « Des centaines de fantassins se jetaient à terre et feignaient d'être morts, tandis que la cavalerie passait sur eux au galop, puis se relevaient et s'échappaient en courant. Je n'ai jamais vu de scène semblable de toute ma vie. »

La débâcle de l'infanterie française ne fut cependant pas complète. Quelques fantassins, s'étant relevés, se mirent à tirer dans le dos des cavaliers anglais. Certains d'entre eux furent, de-ci de-là, jetés à bas de leur monture et emmenés prisonniers. C'est notamment ce qu'il arriva au lieutenant Waymouth qui tomba, gravement blessé, sous les coups de sabre d'un cuirassier et resta aux mains de l'ennemi pendant de longues semaines. Le capitaine Irby, du même régiment, eut son cheval tué sous lui pendant qu'il retournait sur ses pas après la charge, fut capturé et emmené, mais parvint, dès le lendemain, à s'enfuir de la cave où il avait été enfermé avec d'autres prisonniers. Dans son ensemble, la charge avait cependant remporté un plein succès et la brigade d'Aulard avait pratiquement cessé d'exister. Le 51e et le 19e de ligne eurent dix-sept officiers tués et vingt-quatre blessés en l'espace d'une journée : un pourcentage très élevé, puisque correspondant à la moitié environ de tout l'effectif.

Après avoir repoussé les cuirassiers vers la chaussée, les autres escadrons de la Household Brigade poursuivirent la charge, dégringolant la pente, lord Uxbridge à leur tête, et allant heurter les tirailleurs de la brigade Schmitz qui se trouvaient postés à proximité de l'enclos de la Haye-Sainte. Que se passa-t-il exactement en cet endroit, la chose n'est pas tout à fait claire. Lord Uxbridge se contente de dire que tout ce qu'ils avaient trouvé devant eux avait cédé en un instant. De fait, il n'est pas vraisemblable qu'une ligne de tirailleurs ait seulement cherché à tenir tête à six ou sept cents cavaliers qui descendaient

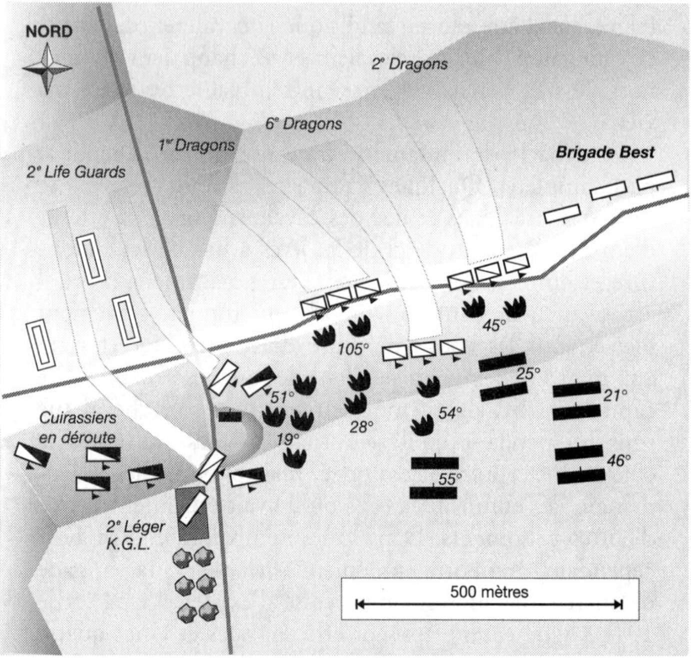

13. La charge de Ponsonby et l'effondrement du corps de d'Erlon (chaque symbole d'unité représente un bataillon d'infanterie ou un escadron de cavalerie)

la pente à une vitesse croissante. Le feu des tirailleurs français, cachés parmi les chaumes et le long des murs de la ferme, doit cependant avoir été malencontreusement efficace. Sir Robert Hill, qui commandait les « Blues », vit distinctement tomber son collègue, le commandant du 1er Life Guards, touché à mort par un coup de fusil alors qu'il conduisait son régiment, au début de la charge. Le colonel des King's Dragoon Guards avait lui aussi été presque immédiatement abattu. Le corps de cet officier qui, au départ de la charge, avait crié à ses hommes « À Paris » fut retrouvé à petite distance de la Haye-Sainte.

La perte de tant d'officiers explique peut-être en partie que les dragons anglais aient poursuivi la charge, après avoir mis en déroute les cuirassiers de Crabbé. N'ayant reçu aucun ordre précis, entraînés par la simple force d'inertie, ils avaient balayé au passage les tirailleurs isolés, sans trouver devant eux aucun objectif susceptible de réellement justifier le prolongement de leur action. « Une fois les cuirassiers renversés, déclare lord Uxbridge, j'avais vainement cherché à arrêter mes troupes en faisant sonner le signal du rassemblement aux trompettes. » Personne ne l'avait entendu. Comme il advient souvent en pareil cas, la charge s'était fractionnée en une infinité de combats isolés, donnant éventuellement lieu à des épisodes bizarres. Le sous-lieutenant Story, qui, après sept ans de prison en France, avait repris depuis peu du service, était sur le point d'abattre un soldat ennemi à coups de sabre, quand celui-ci jeta son fusil et lui demanda pitié, lui assurant qu'il le connaissait bien. Story, incrédule, reconnut un soldat qu'il avait effectivement connu, lorsqu'il était prisonnier dans la forteresse de Verdun. Il lui épargna la vie, de même qu'à son compagnon, et les fit prisonniers.

Il en résulta, pour finir, que les tirailleurs encore en vie se mirent de quelque manière à l'abri, que les bataillons de Schmitz se déployèrent en carré à proximité de la Haye-Sainte en offrant un aspect assez menaçant pour ôter toute envie d'aller les déranger et que la cavalerie se retrouva tout au bas de la pente sans bien savoir quoi faire d'autre : ses chevaux éreintés, sa puissance de choc tarie, elle s'y voyait exposée au feu précis de l'infanterie ennemie amassée sur la pente opposée. C'est alors que, de son aveu même, lord Uxbridge commença à se demander si sa place, en tant que commandant en chef de toute la cavalerie, était vraiment là. Mais, pour le moment, l'extraordinaire succès de la charge faisait taire tous les mauvais pressentiments, d'autant que les cris de triomphe qui s'élevaient de l'autre côté de la grand-route prouvaient que la charge de l'Union Brigade avait rencontré un succès non moins phénoménal.

38. La charge de l'Union Brigade

Comme ceux de Somerset, les hommes de Ponsonby avaient dû traverser les rangs de leur propre infanterie avant d'entrer au contact de l'ennemi. Dans de nombreux cas, ce fut, en fait, l'infanterie qui, battant déjà pleinement la retraite, gagna l'arrière en passant dans les intervalles entre les escadrons. Là où, par contre, les fantassins tenaient encore la position, les chevau-légers s'ouvrirent la voie au milieu d'eux, comme le firent les Scots Greys pour traverser les rangs du 92ᵉ, cependant qu'aux cris d'exultation des Highlanders répondaient les insultes de ceux que les chevaux heurtaient et jetaient à terre. Le son familier et plaintif des cornemuses s'élevant au milieu du fracas de la charge fit monter d'un cran l'excitation des Greys. L'un d'eux reconnut le musicien des Gordons qui, à l'écart sur une hauteur, jouait une vieille chanson écossaise : *Johnny Cope.* Que des fantassins, transportés d'enthousiasme, se soient agrippés aux étriers des dragons pour les suivre dans leur charge au cri de « Scotland for ever » fait partie des détails relatifs à la bataille de Waterloo que nous nous garderons, en revanche, de reprendre à notre compte : ils appartiennent à toute une mythologie nourrie de patriotisme qui s'est répandue après 1815 pour se maintenir jusqu'à aujourd'hui.

Les escadrons de l'Union Brigade n'eurent pas besoin, pour leur part, de traverser le chemin d'Ohain et de réorganiser leurs rangs avant de charger : l'ennemi se trouvait déjà au-delà du chemin creux ou, pour le moins, le franchissait lorsque les cavaliers sortirent du nuage de fumée en faisant des moulinets avec leurs sabres. Attaquées de face, sans le moindre préavis, par un millier de chevau-légers, les divisions Quiot et Marcognet se débandèrent à toute vitesse. « Mon impression, écrivit lord Uxbridge, est que les Français furent complètement pris de surprise à l'attaque de notre cavalerie. La hauteur qui se dressait juste devant sa position avait tenu celle-ci suffisamment dissimulée. Je crois que l'aile gauche de notre infanterie se retirait en partie quand je décidai de ce mouvement. Les dix-neuf escadrons qui se précipitèrent sur eux en dévalant la pente les surprirent à ce point qu'il n'y eut pas grande résistance. Il est certain qu'on a rarement provoqué un tel désastre en si peu de temps. »

La rapidité avec laquelle se produisit la catastrophe frappa tellement l'aide de camp de sir William Ponsonby, De Lacy Evans, qu'il en conclut que l'infanterie ennemie devait être composée de recrues sans expérience. « La colonne ennemie face à laquelle je me trouvai semblait pratiquement sans défense une fois arrivée en haut de la pente ; elle parvenait très peu à tirer tant de face que sur ses flancs, elle était incapable de manœuvrer, elle devait déjà avoir perdu beaucoup de ses officiers au cours de la montée, et nos fantassins isolés qui étaient restés en arrière tiraient impunément sur elle à distance rapprochée. » Là encore, la nature du terrain excluait le galop effréné cher aux tableaux de manière, comme le montre la suite du commentaire : « Quand nous nous approchâmes à un pas modéré, le premier rang et les flancs se mirent à faire volte-face ; l'arrière des colonnes avait déjà commencé à s'enfuir. »

En réalité, les troupes de d'Erlon constituaient une solide infanterie, composée d'une forte proportion de vétérans et dévouée jusqu'à l'enthousiasme à son empereur. Le premier des deux régiments de la brigade Bourgeois, le 105e de ligne, s'était même fait remarquer par son fanatisme : au cours de sa marche vers la frontière, il avait attaqué et démoli une maison de construction récente sur laquelle étaient peints les lis des Bourbons. Les autorités locales avaient dû arrêter son malheureux propriétaire pour calmer la fureur des soldats. Il est possible que cette infanterie ait été plus émotive que son homologue anglaise ; il en allait même certainement ainsi. Mais là n'est pas l'essentiel. N'importe quelle infanterie aurait été mise en déroute dans les mêmes circonstances, à savoir en se retrouvant à l'improviste face à une charge de cavalerie massive, alors qu'elle était déployée en une formation inadaptée et venait d'essuyer un épuisant échange de tirs.

Le premier régiment de l'Union Brigade, les Royals, s'abattit précisément sur le 105e de ligne qui avait passé la haie et repoussait les Belges du 7e. Les trois escadrons du régiment anglais couvraient chacun un front d'une cinquantaine de mètres. Ce qui veut dire qu'ils heurtèrent la ligne française longue au maximum de quatre-vingts mètres simultanément de face et de flanc. La cavalerie était à moins de cent mètres de distance quand les Français l'aperçurent. Il ne restait que quelques secondes avant le choc. Le capitaine Clark, qui commandait l'escadron central, vit l'ennemi donner des signes de panique, tirer malgré tout une salve qui faucha une vingtaine des dragons et qui, dans ces conditions extrêmes, confirme, s'il en est encore besoin, l'efficacité du feu français ; puis, n'ayant plus le temps de rien faire d'autre, courir à toutes jambes vers l'abri qu'offraient la haie et le chemin creux. Un instant plus tard, les dragons étaient au milieu d'eux et les sabraient sans pitié, bien que nombre de Français aient jeté leurs armes et essayé de se rendre. « Toute la colonne s'était transformée en une seule masse dense, où les hommes se pressaient tant les uns contre les autres qu'ils ne pouvaient utiliser leurs fusils ; nous n'avons eu qu'à continuer à les pousser vers le bas de la pente », rapporte Clark.

Le capitaine se trouvait depuis quelques minutes dans la mêlée lorsqu'il vit que l'officier porteur de l'aigle du 105ᵉ essayait de l'emporter au sûr vers l'arrière. La perte de son aigle, on l'imagine, était considérée comme une catastrophe pour un régiment impérial, et l'ennemi brûlait de s'en emparer. Le capitaine Clark ordonna instantanément à son escadron : « À gauche, attaquer le drapeau », piqua des deux dans cette direction et, rattrapant l'officier qui lui tournait le dos, le transperça de son épée. Comme l'officier tombait, le capitaine tendit la main pour saisir le drapeau, mais il ne fit qu'en effleurer les franges. Il s'écria, tout agité : « Prenez le drapeau, prenez le drapeau, il est à moi. » Un de ses hommes, le caporal Styles, empoigna l'aigle avant qu'elle tombe et la lui remit. Le capitaine, dans la frénésie du moment, voulait détacher l'aigle de sa hampe pour la fourrer dans le revers de sa tunique, mais le caporal lui dit : « S'il vous plaît, monsieur, ne la cassez pas. » Le capitaine, retrouvant alors sa maîtrise de soi, acquiesça : « Très bien, emportez-la au plus vite vers l'arrière, elle est à moi. »

La charge des Royals signa la destruction de la brigade Bourgeois. À la fin du jour, le 105ᵉ de ligne allait avoir à déplorer douze officiers tués et vingt blessés sur la quarantaine qu'il comptait au total. Le colonel Genty, atteint d'une blessure, tomba aux mains des Anglais et les deux commandants de bataillon perdirent la vie. Le 28e de ligne, qui se trouvait plus en retrait, s'en sortit à peine mieux. Le caporal Canler, qui avait échappé d'un cheveu à la capture, gagnait les arrières en boitant et en s'arrêtant, de temps à autre, pour fouiller les poches de quelque officier mort, sans faire de différence entre Anglais et Français. À un certain point, il tomba sur son colonel, qui allait et venait au galop en criant : « À moi, vingt-huitième ! À moi ! » dans l'espoir de rassembler quelques-uns de ses hommes, mais sans grand résultat. Le caporal lui-même ne lui prêta aucune attention. À quelques moments de là, Canler, qui cheminait « un peu à l'aventure » avec un de ses compagnons, rencontra un général qui les arrêta et leur demanda où ils croyaient aller. Pour éviter les ennuis, les deux hommes répondirent qu'ils essayaient de joindre leur unité. Le général hocha la tête : « C'est inutile, votre régiment est en pleine débandade. » Même si, à la différence du 105e, les pertes du 28e consistaient davantage en fuyards qu'en morts et blessés, la brigade Bourgeois était hors de combat.

Au centre, les Inniskillings connurent un succès un peu moins triomphal, car leur charge se dirigea contre l'autre brigade de la division Quiot, celle que commandait le colonel Charlet et qui était restée en soutien. Ce qui veut dire que les Inniskillings durent traverser le chemin creux et descendre en partie la pente avant d'entrer au contact de l'ennemi. Les Français eurent donc plus de temps pour se préparer à résister ou, pour mieux dire peut-être, à s'échapper. Car il ne semble pas que le 54e et le 55e de ligne aient sérieusement tenté de faire résistance. Quoi qu'il en soit, les Inniskillings, hurlant à pleine gorge leur sauvage « hourrah » irlandais, les mirent en déroute ni plus ni moins qu'avaient été mis en déroute les hommes de Bourgeois. Les statistiques à disposition montrent toutefois que ces deux régiments subirent des pertes inférieures, bien que graves, et surtout qu'ils n'eurent pas l'effroyable pourcentage de morts du 105e, que les sabres avaient littéralement taillé en pièces.

Cela ne signifie pas que l'affrontement n'ait pas pris, par instants, des allures dramatiques pour les deux parties en présence. Le colonel Muter, des Inniskillings, raconte avoir vu un soldat français, à genoux, prendre délibérément de mire l'adjudant du régiment qui se trouvait près de lui, au beau milieu d'une colonne française, et lui ficher un projectile dans la tête. Mais, dans l'ensemble, le régiment fit moins de prisonniers que les autres et il fut le seul des trois régiments formant l'Union Brigade à ne pas s'emparer d'une aigle, chose dont le colonel Muter n'arrivait toujours pas à se remettre à des années et des années de distance, si bien qu'au mess du régiment courait, et court probablement aujourd'hui encore, la légende qu'un soldat des Inniskillings s'était emparé d'une aigle, mais qu'il se l'était fait ingénument soustraire par un caporal d'un autre régiment. (À titre de curiosité, rappelons qu'avec les Inniskillings combattait le seul officier italien de l'armée de Wellington, le prince Ruffo di Castelcicala, qui, de longues années plus tard, serait ambassadeur du royaume des Deux-Siciles à Londres.)

Mais la charge la plus dramatique fut celle des Scots Greys. Les dragons écossais, montés sur leurs puissants chevaux gris et rendus encore plus imposants par leurs colbacks en peau d'ours, heurtèrent en plein la brigade

Grenier en train de traverser le chemin creux. Un long instant, il sembla que l'infanterie française, en particulier le 45e, le régiment de tête, allait réussir à repousser l'attaque par ses tirs. Certaines compagnies eurent assurément le temps de faire essuyer plus d'une rafale aux Greys, qui, vu la nature du terrain, s'avançaient au petit trot. Le lieutenant Wyndham eut le loisir de noter de quelle extraordinaire façon les projectiles touchaient leurs sabres tandis qu'ils remontaient la pente, vit bon nombre de ses hommes jetés bas de leurs chevaux et, la haie à peine traversée, fut lui-même blessé. Un autre officier lança à l'adresse du capitaine Cheney : « Combien de minutes avons-nous encore à vivre, Cheney ? » « Deux ou trois tout au plus, et très probablement pas même une », répliqua froidement le capitaine.

Mais la cavalerie tomba sur la majorité des Français avant qu'ils l'aient vue venir, comme le raconte le capitaine Martin, du 45e de ligne : « Un chemin creux, environné de haies, est le seul obstacle qui nous sépare d'eux encore. Nos soldats n'attendent pas l'ordre de le franchir ; ils s'y précipitent, sautent par-dessus les haies et laissent désunis leurs rangs pour courir sur les ennemis. Fatale imprudence ! Nous nous efforcions de ramener le bon ordre parmi eux. Nous les arrêtâmes pour les rallier... Au moment où j'achevais d'en pousser un à son rang, je le vois tomber à mes pieds d'un coup de sabre ; je me retourne avec vivacité. La cavalerie anglaise nous chargeait de toutes parts et nous taillait en pièces. Je n'ai que le temps de me précipiter au milieu de la foule pour éviter le même sort. » Ce qui suivit tint davantage du massacre que du combat. La soif de sang qui s'empare fréquemment des cavaliers lorsqu'ils se trouvent au milieu d'ennemis quasiment privés de défense semble s'être manifestée, ce jour-là, à un degré extrême parmi les Scots Greys. « C'est ainsi, conclut le capitaine Martin, que nous nous trouvâmes livrés sans défense à un ennemi acharné, qui sabrait sans pitié jusqu'aux enfants qui nous servaient de tambours et de fifres. » Beaucoup parvinrent, en réalité, à se rendre, jetant à terre leurs fusils et délaçant leurs ceinturons, à moins que les sabres des Greys n'aient pas été très bien affilés : à la fin de la bataille, la brigade Grenier ne comptait que trois officiers morts et pas moins de cinquante-neuf blessés, une disproportion parfaitement insolite. De sa position sur une éminence, un officier des Gordons vit les Scots Greys « littéralement piétiner la colonne ». C'est sans doute la description la plus objective de ce qui se produisit : au bout du compte, les morts ne furent pas très nombreux, entre autres parce que la fumée dissimula tout en un instant. Quoi qu'il en soit, la brigade était écrasée.

Comme pour la brigade Bourgeois, ce fut, là encore, le régiment de tête qui avait conduit l'attaque victorieuse et s'était le plus exposé et usé jusqu'à ce moment, qui connut la plus grande débandade et, avec elle, la honte de perdre son aigle. Le sergent Ewart des Scots Greys, un géant d'un mètre quatre-vingt-dix, venait de décapiter un officier français d'un coup de sabre et balayait le terrain du regard à la recherche d'autres victimes quand il vit l'aigle du 45e de ligne osciller au-dessus des têtes des fuyards. Éperonnant son cheval, Ewart rejoignit l'officier qui la portait, échangea avec lui quelques coups de sabre, lui fendit pour finir la tête et s'empara triomphalement du trophée. C'était la deuxième aigle capturée au cours de la bataille de Waterloo. Elle allait être la dernière, ce qui témoigne tout à la fois de l'obstination avec laquelle les Français continuèrent, y compris au moment de la défaite finale, à défendre leurs « coucous » et de l'effet absolument catastrophique, passant toute attente, obtenu par la charge de la cavalerie lourde.

À peine avaient-ils bousculé la brigade Grenier que les Greys heurtaient le premier régiment de la brigade Nogues, le 21e de ligne. Celui-ci se trouvait encore à trois cents à quatre cents mètres du chemin creux et avait donc eu le temps de s'apercevoir de ce qui se passait et de former hâtivement un carré. Les dragons, en s'approchant dans un désordre désormais à peu près complet, se trouvèrent sous le feu de ce carré. Hommes et chevaux furent fauchés en grand nombre. Le lieutenant Wyndham, qui avait continué de charger avec ses hommes en dépit de sa blessure, fut une seconde fois blessé, au pied, et mis hors de combat. Mais l'impétuosité des dragons était telle et tel était probablement le désarroi des recrues françaises devant ce qui se produisait tout autour d'eux que le carré se défit à l'approche de la cavalerie et que le 21e fut emporté. Le colonel qui, ironie du sort, se nommait Carré et était un vétéran des guerres de la Révolution, fut blessé et fait prisonnier. Une grande part de ses soldats jetèrent leurs fusils et se mirent à genoux en demandant pitié. « Ils hurlaient "prisonniers", jetaient leurs armes, délaçaient leurs ceinturons et couraient vers nos arrières. Oui monsieur, ils couraient comme des lapins ! » se souvient un des Greys.

Pendant ce temps, les Royals et les Inniskillings avaient poursuivi les fuyards jusqu'au bas de la pente et, comme il était déjà advenu à la Household Brigade de l'autre côté de la grand-route, commençaient à se trouver sous le feu de l'infanterie ennemie amassée près de la Belle-Alliance. Les commandants d'escadron essayèrent de rassembler leurs hommes et de les ramener en arrière, mais les régiments s'étaient à ce point dispersés qu'ils ne parvinrent à se faire écouter que d'un petit nombre. Avec cette poignée d'hommes, ils remontèrent la pente, poussant devant eux les prisonniers. Les choses semblèrent à un moment mal tourner, car beaucoup de Français qui s'étaient jetés à terre ou avaient levé les mains ramassaient leurs fusils et se remettaient à tirer. Le capitaine Clark trouva que l'ennemi manquait de fair-play : « Les Français, en cette occasion, se comportèrent très mal. Beaucoup de nos soldats tombèrent sous les tirs d'hommes qui s'étaient rendus et dont les vies venaient d'être épargnées quelques minutes auparavant. » Le capitaine lui-même se trouva face à un Français qui avait sauté sur ses pieds, avait pointé son fusil contre sa tête et appuyé sur la gâchette. Un sursaut inattendu lui avait sauvé la vie, mais la balle lui avait emporté le bout du nez.

Mais, derrière la cavalerie, avançait déjà l'infanterie de Kempt, Van Bijlandt et Pack, qui achevait le ratissage des prisonniers. Cette avancée, cependant, se déroulait dans le désordre le plus complet : les fantassins anglais tirèrent sur les Belges qui portaient des uniformes bleus semblables à ceux de l'ennemi ; puis, à l'instant suivant, s'étant aperçus de leur méprise, laissèrent échapper des Français qu'ils prirent pour des Belges. Un officier poussa si avant dans sa poursuite des fuyards qu'à la fin ces derniers l'assaillirent, le firent prisonnier et le dépouillèrent de tout ce qu'il avait sur lui, le laissant en chemise. La férocité de l'action semble avoir été à la hauteur de sa confusion, en sorte que la qualifier de ratissage est un doux euphémisme. Les Écossais du 42e, dont le colonel, sir Robert Macara, blessé aux Quatre-Bras, avait été taillé en pièces par la cavalerie française avec les hommes qui cherchaient à le protéger, hurlaient : « Où est Macara ? » tandis qu'ils supprimaient à la baïonnette les Français qui cherchaient à se rendre. Le sergent

Robertson, des Gordons, vit un Français parlant un excellent anglais qui offrait sa montre et son argent à quiconque accepterait de le protéger. Le lieutenant Scheltens sauva la vie à deux officiers français qui, en se rendant, firent un signe d'entente maçonnique. Par chance pour eux, le Belge était lui aussi franc-maçon, et il s'assura qu'ils allaient être conduits sains et saufs vers les arrières. Il est impossible de dire combien n'eurent pas cette chance et furent massacrés sur place. Quoi qu'il en soit, les Français qui étaient restés en arrière au cours de cette déroute étaient si nombreux que deux mille prisonniers au moins furent, pour finir, conduits sous escorte vers les arrière-postes.

La seule division qui échappa au désastre fut celle de Durutte. Selon les ordres de Napoléon, elle devait entrer en action la dernière. Elle venait donc tout juste de s'acheminer vers les hauteurs où les miliciens privés d'expérience des colonels Best et Vincke attendaient leur attaque avec une nervosité croissante. Les péripéties des chirurgiens de la brigade de Vincke témoignent de l'état d'esprit qui régnait dans ce secteur de la ligne alliée, bien qu'il ait été jusque-là le plus calme. Les médecins venaient tout juste d'installer leur poste de soins dans ses arrières quand ils reçurent l'ordre de reculer encore un peu plus pour se soustraire au bombardement de l'artillerie. Ayant trouvé en une maison de paysans un endroit qui leur convenait, ils se préparaient à opérer les premiers blessés lorsqu'ils entendirent crier, dehors, qu'il fallait débarrasser les lieux. Le chirurgien Oppermann sortit pour voir ce qui se passait et tomba sur le chirurgien en chef de la brigade qui lui dit : « Il faut se replier plus en arrière. » Les médecins obéirent. Ils s'arrêtèrent à une dizaine de minutes de marche plus loin et, là, purent finalement se mettre au travail. Les soldats blessés par les bombardements d'artillerie et le feu des tirailleurs étaient transportés jusque-là à la force des bras. On peut imaginer combien d'hommes valides en profitaient pour abandonner le front. « Nous travaillâmes tous ensemble pendant une demi-heure, poursuit Oppermann. Mais, dehors, le tumulte ne cessait de croître et je me trouvai contraint de prendre une décision rapide, car à tout instant arrivaient des hommes à cheval, totalement en proie à la panique, qui criaient : "En arrière ! En arrière ! Remuez-vous ! Remuez-vous !" » Pour finir, les chirurgiens s'éclipsèrent pour de bon pour ne s'arrêter qu'à Bruxelles, non sans avoir perdu tous leurs précieux instruments que le ministère les obligea par la suite à rembourser.

Le général Durutte, dont les hommes n'étaient entrés en ligne que depuis peu, après une marche de plusieurs heures, et qui, à l'entendre, ne croyait qu'à moitié en une attaque organisée de cette manière, ne voulut pas engager à fond sa division ou n'en eut pas le temps. Justement préoccupé par la solidité des piquets ennemis qu'il entrevoyait sur sa droite, entre les haies et les murs des fermes de la Papelotte et de la Haye et, plus loin encore, jusqu'au bois de Frischermont, il avait tenu une partie de ses troupes en réserve. Cette approche prudente finit par réduire les dommages quand la cavalerie anglaise se manifesta dans ces parages, mettant fin à l'avancée française. Formant promptement des carrés, les hommes de Durutte repoussèrent les charges essoufflées que tentèrent quelques groupes des Greys et restèrent pratiquement la seule force organisée du corps de d'Erlon dans ce moment de panique où les cinq autres brigades s'étaient transformées, en l'espace de quelques minutes, en un vaste flot de fuyards.

39. Dragons contre canons

Les Scots Greys, qui, selon les ordres de lord Uxbridge, devaient rester en réserve, furent, tout au contraire, le régiment qui poussa le plus loin la charge. Tandis que les officiers des Royals et des Inniskillings, satisfaits du résultat obtenu et préoccupés des pertes subies, s'efforçaient de rassembler leurs escadrons dispersés et de leur faire remonter la pente, le colonel James Hamilton, des Greys, décida que ce qu'ils avaient fait ne suffisait pas. Âgé de trente-huit ans, Hamilton était un homme à l'histoire curieuse. Fils d'un sergent du nom d'Anderson, il était né dans un camp de l'armée anglaise pendant la guerre d'indépendance de l'Amérique. Après son retour au pays, il avait grandi comme n'importe quel gamin des bas-quartiers de Glasgow. Le général Hamilton, qui avait été le commandant du vieux sergent, l'avait pris sous sa protection et envoyé à ses frais à l'école. Plus tard, il avait pris l'enfant avec lui, l'avait élevé dans sa maison avec l'aide d'une de ses sœurs, restée vieille fille, et, pour finir, l'avait adopté, lui avait donné son nom et, à l'âge de seize ans, lui avait acheté un brevet d'officier dans les Scots Greys. Vingt-deux ans plus tard, James Hamilton était le commandant du régiment. Les Scots Greys étaient toute sa vie et, si curieux que cela puisse paraître, c'était la première fois qu'il les menait au combat, car le régiment n'était jamais sorti du royaume. L'ardent désir d'enfin montrer leur vaillance uni à un total manque d'expérience, tant chez Hamilton que chez tous ses officiers, explique ce qui se produisit. Ayant repéré dans le lointain les canons de la grande batterie, le colonel décida d'aller s'en emparer et, sans autre forme de procès, piqua des deux dans cette direction, suivi par une grande partie de son régiment.

L'attaque de la grande batterie constitue l'un des aspects les moins clairs de la bataille de Waterloo. Les historiens donnent généralement pour chose acquise qu'une bonne partie des canons fut atteinte et mise hors d'usage. Mais les récits des témoins oculaires, de ceux qui participèrent réellement à l'action, sont très rares. Lord Uxbrige lui-même rapporte qu'un grand nombre de canons tombèrent aux mains de ses hommes (« ou, du moins, furent dépassés », ajoute-t-il prudemment), mais pour ce qui est des résultats concrets de l'action il s'en tient à citer un général français, dont il a oublié le nom, qui aurait témoigné que plus de quarante canons avaient été mis hors de combat. Le compte rendu le plus vivant de cette action est celui d'un sous-officier des Greys, le caporal Dickson, qui se souvient du colonel Hamilton en train d'indiquer l'objectif à ses hommes et dépeint de manière très crue le comportement des dragons, une fois arrivés au milieu des canons : « Quelle boucherie ! Nous avons sabré les artilleurs, éclopé les chevaux, coupé leurs sangles et leurs brides. J'entends encore les Français crier "Diable", tandis que je les frappai, tout comme j'entends encore la longue aspiration d'air entre leurs dents, quand mon épée les transperçait. Les conducteurs de l'artillerie étaient assis sur les chevaux et pleuraient, tandis que nous passions au milieu d'eux. Ils n'avaient l'air pour nous que de gamins. »

Mais si, comme on croit pouvoir conclure de l'absence de témoignages provenant d'autres régiments, le colonel Hamilton réussit à conduire les seuls Scots Greys au milieu des canons, sans que personne les ait suivis dans cette charge quasi folle, on peut légitimement se demander quelle put être, pour finir, l'efficacité de cette attaque, d'autant qu'aucun des canons ne put être emporté et que les survivants des Greys durent sous peu abandonner la position en toute hâte. Grande est donc la tentation de considérer que l'attaque n'eut, en réalité, aucun sens et d'accepter le compte rendu de Napoléon, selon qui la cavalerie anglaise se limita à prendre possession de quelques malheureux canons bien vite repris. Mais un témoignage assurément crédible, celui du général Desales, confirme que l'apparition impromptue de la cavalerie au milieu des canons de la grande batterie eut vraiment un aspect désastreux, non tant en raison des pertes matérielles, qui furent, somme toute, limitées, qu'à cause de la panique à laquelle les artilleurs se laissèrent gagner, comme déjà les fantassins un moment plus tôt.

Desales s'employait à coordonner les tirs des cinquante canons et plus que l'empereur avait placés sous ses ordres quand le chef d'escadron Waudré, qui commandait les deux batteries à cheval du 1er corps, vint l'avertir que l'ennemi déployait de grandes masses de cavalerie et lui demanda, soucieux, s'il n'y avait pas lieu d'en informer l'empereur. Desales, impatienté, lui répondit de retourner à son poste : l'empereur avait une excellente longue-vue et n'avait assurément pas besoin de leurs conseils. Puis il s'en retourna s'occuper de ses canons et décida que le moment était venu d'obéir à l'ordre reçu et de commencer à les déplacer vers l'avant. Cet ordre, nous le savons, ne lui agréait pas, mais il fallait l'exécuter, et Desales se promit de le faire avec la plus grande prudence en déplaçant une batterie à la fois sous le feu de couverture des autres. Il avait à peine rejoint le maréchal Ney pour l'informer de ce qu'il entendait faire qu'il s'apercevait que le colonel chargé de commander les trois batteries de douze livres les avait déjà déplacées de sa propre initiative et était en train de gagner sa nouvelle position, quelques centaines de mètres plus bas. Desales suivit avec anxiété ce mouvement. Il venait tout juste de pousser un soupir de soulagement en voyant que ces canons étaient arrivés en position et ouvraient à nouveau le feu quand le maréchal Ney s'exclama : « Vous êtes chargé ! »

Au même moment, l'infanterie française en déroute déferlait entre les canons, poursuivie par la cavalerie. Le feu de la réserve d'artillerie est paralysé par la crainte de « tuer les nôtres », fut-il commenté, même si le capitaine Martin était sûr que pendant un petit laps de temps ils avaient tiré dans le tas, fauchant nombre de ses hommes. Un instant plus tard, ils étaient à leur tour emportés. Quelques minutes suffirent aux dragons anglais pour dépasser la ligne des pièces de douze et atteindre, au milieu de la foule des fuyards, les batteries de six qui étaient restées sur leurs positions de départ. La majeure partie des artilleurs prirent leurs jambes à leur cou, tandis que les dragons abattaient hommes et chevaux à coups de sabre. Desales se précipita, dit-il, au milieu de cette catastrophe, réussit à prendre le commandement d'une des batteries de douze et à la redéployer le long de la grand-route, ouvrant aussitôt le feu contre la cavalerie. Mais, en dépit de ses efforts, la panique qui avait pris les artilleurs ne put être calmée.

Quand les Scots Greys abandonnèrent finalement la position, les canons étaient encore tous à leur place, car les dragons n'avaient pas moyen de les emporter. Si l'on avait pu ramener en ligne les artilleurs rescapés, le dommage aurait été minime. « Des gens d'honneur eussent dû retourner à leurs postes, puisque aucune pièce, aucun caisson n'avait été pris par l'ennemi » ; mais, conclut amèrement Desales, la plupart des fuyards ne se manifestèrent plus. Seul le colonel qui avait emporté les batteries de douze sur leur nouvelle position se présenta au rapport, après avoir vainement tenté de rassembler les fugitifs. Desales, hors de lui, l'accueillit en s'exclamant : « Monsieur ! Quand on a commis une pareille faute militaire, on ne reparaît plus, on se fait tuer ! » Des années plus tard, le général déclara nourrir encore du remords pour ces paroles dont il n'avait pas mesuré la portée dans l'excitation du moment. Le colonel n'était guère plus qu'un gamin. Il avait été promu, quelques mois plus tôt, par Napoléon en personne, lors de son passage par Grenoble, après sa fuite de l'île d'Elbe. Il était plein d'exaltation. « Le pauvre jeune homme ! Il partit au galop. Je n'ai plus jamais entendu parler de lui. »

Le compte rendu du commandant de la grande batterie concorde si parfaitement avec celui que fit, quelque temps plus tard, un général français anonyme à lord Uxbridge et selon lequel la charge aurait mis hors de combat plus de quarante canons que l'on peut à juste titre suspecter que ce général pourrait précisément avoir été Desales. Il se peut que, irrité de la couardise de ses artilleurs et désireux de se décharger sur eux de la responsabilité du désastre, le général ait exagéré le nombre de batteries effectivement restées hors d'usage ; mais, dans l'ensemble, il n'y a pas motif à ne pas prêter foi à son récit. Comme nous le verrons, la catastrophe de la grande batterie n'eut pas, en réalité, d'effet décisif, car Napoléon disposait d'immenses réserves de canons. Il en avait même plus qu'il ne pouvait en déployer sur un front si restreint. Du point de vue moral, en revanche, la panique qui s'empara des artilleurs de Desales, comme elle s'était emparée des fantassins, ne présageait rien de bon.

40. Les lanciers de Jacquinot

Si bonne qu'ait été sa longue-vue, Napoléon, de sa position sur la hauteur de la Belle-Alliance, n'avait pas eu le temps de pallier le désastre. Mais, avant que la cavalerie ennemie ait achevé sa chevauchée, s'arrêtant à court de souffle au bas de la pente ou au milieu des canons de la grande batterie, l'empereur déjà réagissait. Le corps de Milhaud, qui formait la réserve de cavalerie de son aile droite, eut ordre de contre-attaquer. Le général Travers et le général Farine, qui avait été blessé à Ligny et allait l'être à nouveau d'ici peu, s'ébranlèrent avec leurs quatre régiments de cuirassiers. Et ces dix escadrons frais, comptant près de mille trois cents sabres, partirent à la poursuite de la cavalerie anglaise éreintée en train de remonter la pente en désordre pour regagner ses positions de départ.

À l'extrême droite de la ligne française, devant la Papelotte, le général Jacquinot avait assisté lui aussi, incrédule, à la catastrophe et avait tout aussitôt fait manœuvrer ses escadrons en vue d'intervenir. Un de ses quatre régiments, le 7e hussards du colonel Marbot, était détaché pour surveiller l'avancée prussienne. Jacquinot en tint un autre en réserve et jeta au galop dans la lutte ses deux régiments de lanciers, moins de sept cents hommes en tout. Depuis quelque temps, Napoléon multipliait dans sa cavalerie les unités armées de lances à l'exemple des uhlans autrichiens et des cosaques russes. La nouvelle arme avait ses détracteurs : avec ses trois mètres ou presque de long, l'instrument était encombrant et incommode. La cavalerie anglaise ne l'avait jamais prise en considération. Bien vite, les lanciers de Jacquinot allaient lui en démontrer la terrifiante efficacité. Les deux régiments s'ouvrirent en éventail et se mirent à ratisser sur toute sa longueur le terrain où s'était jouée, un instant plus tôt, la débâcle du 1er corps.

Les commandants de la cavalerie anglaise s'aperçurent d'emblée que l'on ne pouvait songer à résister à cette double contre-attaque dans les conditions où se trouvaient leurs hommes, et surtout leurs chevaux. À la vue des cuirassiers qui s'avançaient, lord Uxbridge se hâta de retourner en arrière pour faire intervenir des réserves. Bien qu'il ait complètement oublié de donner ses ordres à sujet, il s'attendait – c'est du moins ce qu'il dit par la suite – à ce que les autres brigades de cavalerie disposées dans ce secteur aient avancé en soutien de la grande charge. Il s'aperçut avec effroi que personne n'avait bougé. Comme il atteignait le croisement derrière la Haye-Sainte, il rencontra Wellington entouré de ses aides de camp et de la foule des attachés étrangers et constata avec soulagement que cette troupe dorée était en proie à l'enthousiasme à cause du succès de la charge (« ils pensaient la bataille bel et bien finie »). Ce que voyant, bien que sa conscience lui ait dit qu'il avait eu tort de conduire personnellement cette charge plutôt que de rester en arrière pour coordonner les réserves, lord Uxbridge décida qu'il n'y avait pas lieu de trop s'angoisser et resta en cette compagnie pour voir ce qui allait se passer.

De l'autre côté du champ de bataille, par-delà la grand-route, sir William Ponsonby s'était lui aussi rendu compte que les choses tournaient mal. Depuis quelque temps déjà, ses aides et lui se démenaient pour arrêter la folle chevauchée, mais personne ne les écoutait, tant était vive l'excitation de la poursuite. « Nous avions perdu le contrôle de nos hommes, rapporta par la suite le major De Lacy Evans. Le général, ses aides et tous les officiers à portée de voix faisaient tous les efforts pour réordonner les rangs. Mais les fuyards sans défense étaient une trop grande tentation pour les dragons, et nos efforts avortèrent. » À un certain point, Ponsonby et ses officiers s'aperçurent que les lanciers français avec leurs longues lances aux fanions blancs et rouges s'approchaient, en bon ordre, de manière menaçante. « Si nous avions réussi à déployer une centaine d'hommes, commenta Evans, nous aurions pu faire une retraite respectable et sauver beaucoup de gens ; mais, à défaut de pouvoir le faire, nous étions tout aussi privés de défense face à leur attaque que leur infanterie l'avait été face à la nôtre. Chacun voyait ce qui allait se produire. »

En tentant vainement de rattraper les Scots Greys, sir William et ses aides étaient arrivés au milieu des canons français. « Nous avions dû poursuivre jusque-là pour pouvoir continuer à leur crier de s'arrêter, car tout le monde, à l'exception peut-être des cornettes, voyait ce qui allait arriver », répète le major Evans, obsédé, à des années de distance, par le souvenir du prévisible désastre (et peut-être aussi par la mort de très jeunes gens : il y avait, parmi les Scots Greys, trois très jeunes officiers, avec le grade de cornette ; tous trois furent tués à Waterloo). L'instant d'après, les lanciers de Jacquinot surgissaient à leur tour. Chacun dut songer à son propre salut. « Ceux qui avaient les meilleurs chevaux, ou ceux qui flanchaient le moins, s'en sortirent. Certains essayèrent de revenir en arrière en contournant les lanciers par la gauche ; ils tombèrent tous aux mains de l'ennemi. » De Lacy Evans galopa avec une poignée d'hommes jusqu'à la grand-route, échappa au feu de l'infanterie française toujours plantée sous la Haye-Sainte, puis se précipita dans la descente et parvint à s'en tirer.

Sir William Ponsonby, avec son officier en second, le major Reignolds, se jeta de l'autre côté. Un lancier se lança à sa poursuite au galop. Le cheval de sir William, on s'en souviendra, était une haridelle de peu de valeur. En traversant un champ labouré, il s'y embourba. En un instant, le lancier fut sur lui. Contre un homme armé d'une lance, le sabre du général n'était d'aucune utilité. Aussi Ponsonby le jeta-t-il à terre, et se rendit-il. Reignolds le rejoignit. Le lancier les fit descendre tous deux de cheval sous la menace de sa lance. L'homme était nerveux et excité d'avoir fait, à l'évidence, une prise importante. Sir William dut avoir un mauvais pressentiment, car il sortit sa montre et une miniature de son vêtement et les donna à l'adjudant de brigade en le priant de les remettre à sa femme. À ce moment, un petit groupe de Scots Greys passa à faible distance et, dans l'idée de libérer les prisonniers, se dirigea dans leur direction en hurlant. En l'espace d'une seconde, le Français avait tué le général et son adjudant de deux coups de lance. À la suite de quoi il s'avança crânement à la rencontre des dragons et, en moins d'une minute, en abattit trois, tandis que les autres s'esquivaient, totalement incapables de tenir tête à cette armée maudite.

Dans les mains des vétérans de Jacquinot, les lances avaient révélé leur terrible efficacité. « Jamais je ne vis si bien la supériorité de la lance sur le sabre », dit le vieux Durutte, qui avait tout observé de sa position devant la Papelotte. Ce n'est pas un hasard si, au cours du XIXe siècle, toutes les armées dotèrent de lances un nombre croissant de régiments, tant et si bien qu'à la veille de la Première Guerre mondiale toute la cavalerie européenne, cuirassiers compris, en était munie. Les lanciers qui galopaient tout à leur plaisir sur le champ de bataille, faisant fuir devant eux les hommes armés de sabres et s'arrêtant pour achever les blessés en toute tranquillité, sans même avoir à descendre de selle, laissèrent imprimée dans la mémoire des survivants de Waterloo une image de vive horreur. Wyndham, des Scots Greys, les vit poursuivre et abattre les dragons qui avaient perdu leur cheval pendant la charge et essayaient de se sauver à pied, et nota la cruauté avec laquelle ils s'acharnaient contre leurs victimes. « À Bruxelles, quelques semaines plus tard, j'ai trouvé beaucoup de nos hommes avec dix ou douze blessures de lance sur le corps ; un d'eux, Lock, en avait dix-sept ou dix-huit et a survécu pour le raconter. » Le caporal Dickson se souvenait de la manière dont ses amis, leurs chevaux touchés à mort, avaient été encerclés et tués l'un après l'autre. Il lui semblait encore les voir, tandis qu'ils glissaient dans la boue et tentaient de se protéger avec leurs mains des coups de lance.

Le lieutenant Hamilton, un officier des Greys qui eut la chance de s'en tirer avec une blessure sans gravité, nous apprend qu'avant même la bataille les lanciers français occupaient déjà une place à part dans l'imaginaire de leurs ennemis. « Un des lanciers, raconte-t-il, était sur le point de frapper mon cheval à la tête avec sa lance. Je lui ai assené un coup de sabre en passant. Je ne savais si j'avais touché son bras ou sa lance, et je ne l'aurais jamais su, car bien évidemment je ne me suis pas retourné pour regarder, mais comme je récupérais mon sabre, du sang dégoutta sur mon ceinturon blanc. C'est ainsi que, regardant mon sabre, je compris que j'avais blessé le lancier et que j'avais probablement sauvé ma vie. Quand je l'ai vu cherchant à frapper mon cheval, j'ai eu peur qu'il ne tire sur moi avec son pistolet, car j'avais entendu dire que les lanciers rouges le faisaient parfois. » Même s'il y a ici confusion entre les lanciers de la Garde impériale aux uniformes écarlates et les lanciers de l'armée de ligne aux uniformes verts, il est évident que ces cavaliers de Napoléon frappaient l'imagination des Anglais comme des ennemis exotiques et vaguement barbares, exactement comme devaient encore le faire les uhlans du Kaiser au déclenchement de la Première Guerre mondiale. Cela explique qu'ils soient si présents dans les souvenirs des survivants, bien plus que les cuirassiers de Milhaud, qui, pourtant, contribuèrent dans une mesure au moins aussi importante à poursuivre et détruire la cavalerie lourde anglaise.

Les Scots Greys, contre lesquels se dirigea en tout premier lieu l'attaque des lanciers, furent anéantis. Sur vingt-quatre officiers du régiment qui avaient pris part à la charge, huit perdirent la vie et huit autres restèrent blessés. Et les proportions sont plus ou moins les mêmes pour leurs hommes. Terrifiantes. Car, à l'ordinaire, le nombre des blessés était beaucoup plus élevé que celui des morts. Le cadavre du colonel Hamilton fut retrouvé le jour suivant privé des deux bras avec une balle en plein cœur, et les poches vidées, cela va de soi, par des voleurs. Il en était qui juraient avoir vu l'officier chevaucher sans bras, ses rênes entre les dents, avant de disparaître pour toujours. Cela ne veut pas dire que les deux autres régiments de l'Union Brigade n'eurent pas à déplorer des pertes analogues : les deux tiers des hommes qui avaient pris part à la charge, soit six cents morts et blessés sur moins de mille combattants. Une proportion auprès de laquelle celle de la charge de Balaklava [1] paraît peu de chose. Quant à la Household Brigade, lord Edward Somerset, après avoir échappé aux cuirassiers lancés à sa

1. Épisode de la guerre de Crimée (1854-1855) qui opposa la Russie à une coalition dans laquelle entraient l'Angleterre et la France. Cette bataille se joua entre les seules troupes russes et anglaises, et se solda par une lourde défaite anglaise [N.d.T.].

poursuite, parvint à rassembler quelques-uns de ses escadrons, surtout les « Blues » qui avaient maintenu un certain ordre dans leurs rangs, se trouvant en seconde ligne ; mais moins de la moitié des hommes qui avaient formé la première ligne regagnèrent leur position.

Après un extraordinaire succès initial, la charge d'Uxbridge se conclut donc par la destruction des deux brigades engagées. La cavalerie lourde, comme l'observa froidement Kincaid, ne savait jamais s'arrêter et « s'était brûlé les doigts ». Tomkinson, qui avait assisté à tout le spectacle depuis les hauteurs derrière la Papelotte, où était positionnée sa brigade, commenta les événements en disant que cela ne pouvait finir autrement : les hommes de ces deux brigades et une grande partie de leurs officiers se trouvaient pour la première fois de leur vie sur un champ de bataille ; ils n'avaient pas la moindre idée de ce qu'il fallait faire une fois l'élan initial épuisé. Mais Tomkinson était aussi certain que l'ennemi tuait les prisonniers : de tout un escadron, le 1er Dragoon Guards, seuls un ou deux hommes se représentèrent après la bataille ; il n'était pas normal, observa Tomkinson, que tous les autres aient été tués sans que personne ait cherché à se rendre.

Il est à peu près certain qu'une partie des chevau-légers faits prisonniers furent effectivement massacrés par les Français à titre de vengeance, soit juste après leur capture, soit plus tard, de sang-froid. Le général Gourgaud, aide de camp de l'empereur, poussait vers les arrières un dragon anglais tombé entre ses mains quand un sergent d'infanterie sortit des rangs, culbuta l'homme d'un coup de crosse et l'acheva à la baïonnette avant que Gourgaud ait pu l'en empêcher. L'interminable liste des disparus dans les rôles de la Household Brigade, quelque cent vingt-quatre hommes pour le 1er Dragoon Guards, est tout ce qui reste des très nombreux combattants qui, probablement de cette manière, s'évanouirent littéralement dans le néant, sans que leurs cadavres soient jamais identifiés, à l'issue de la grande charge.

41. « Tu n'es pas mort, coquin ? »

Quand ils virent les lanciers français partir à la charge et bousculer les escadrons éreintés de la cavalerie lourde, les commandants de quelques brigades de cavalerie légère déployées en arrière du front allié décidèrent de leur propre initiative d'intervenir. Sir John Ormsby Vandeleur, vieux soldat ferrailleur, fit avancer deux de ses régiments, le 12ᵉ et le 16ᵉ Dragons Légers, gardant prudemment le troisième en réserve. Quelques escadrons partirent assez vite pour participer à la défaite de l'infanterie française : ils heurtèrent les carrés de Durutte et bien que, dans l'ensemble, l'infanterie soit parvenue à tenir bon et à se replier sans finir en débandade, cette dernière division française fut elle aussi contrainte de regagner précipitamment ses positions de départ en laissant un grand nombre de prisonniers aux mains de l'ennemi. Au cours de cet affrontement confus, une balle qui lui entra dans les reins et ressortit de l'autre côté laissa pratiquement pour mort le commandant du 16ᵉ Dragons Légers. Comme une blessure du genre semblait peu honorable, les officiers de son régiment en déduisirent que le colonel avait été victime de ce que nous appellerions aujourd'hui un *friendly fire*, qu'il avait, en d'autres termes, été touché par l'infanterie alliée plantée derrière la crête.

L'affrontement entre les régiments de Vandeleur et les lanciers de Jacquinot atteignit des sommets de férocité, comme l'expérimenta à ses dépens le commandant du

12e Dragons Légers, sir Frederick Ponsonby, un lointain cousin de sir William. Deux jours plus tôt, le soir venu, il avait parcouru le champ de bataille des Quatre-Bras en examinant les cadavres des cuirassiers pour vérifier si leurs cuirasses étaient à l'épreuve des balles. Finalement, il en avait trouvé une qui l'avait satisfait : elle était percée de trois trous. Sir Frederick en avait conclu qu'après tout la fameuse cavalerie de Napoléon n'était pas invincible. Mais l'ennemi qui l'attendait sur le champ de bataille de Waterloo était bien plus redoutable que les cuirassiers. Dans le combat avec les chevau-légers de Jacquinot, sir Frederick fut blessé aux deux bras, perdit le contrôle de son cheval qui l'entraîna au milieu de l'ennemi et finalement fut renversé d'un coup de sabre à la tête. Quand il reprit ses esprits, il gisait dans la boue. Il essaya péniblement de se relever. Un lancier qui passait à proximité le vit bouger et le frappa dans le dos de sa lance en lui criant : « Tu n'es pas mort, coquin ? » Le fer entra sous l'omoplate et lui perça un poumon. Le colonel, qui n'avait que trente-deux ans, sentit le sang lui remplir la bouche et sa respiration se bloquer. Il s'évanouit, convaincu que c'était sa fin.

Le cas du 12e Dragons Légers offre un bel exemple de la manière dont un régiment de cavalerie peut devenir pratiquement inutilisable, dans une mesure tout à fait disproportionnée aux pertes officiellement admises, à l'issue d'une seule charge et d'un bref combat. Au moment de monter à cheval, ses trois escadrons comptaient en tout trois cent dix cavaliers. Quand le régiment se rassembla après l'affrontement, il ne put former que deux escadrons réduits à moitié avec quatre-vingt-quatorze hommes. Ce qui ne veut pas dire que les autres aient tous été tués, car au cours de toute la bataille le régiment n'enregistra que quarante-cinq morts et soixante et un blessés : un pourcentage bien entendu très élevé, mais ne dépassant pas la moitié des absents à l'issue de la première charge. C'était le nombre des prisonniers, de ceux qui étaient restés isolés et ne rejoindraient plus leur régiment jusqu'au lendemain, et surtout de ceux qui avaient perdu leur cheval qui faisait grimper les pertes à plus du double. Un régiment de cavalerie était un peu comme une arme à un coup : il ne pouvait être utilisé qu'une seule fois.

Outre les chevau-légers de Vandeleur, une autre unité joua un rôle important : la division de cavalerie des Pays-Bas, déployée sur le versant couvert de la pente qui descendait vers Mont-Saint-Jean et placée sous les ordres du général baron De Collaert, fut, en effet, pour beaucoup dans l'arrêt de la poursuite menée par la cavalerie de Napoléon. Les officiers anglais ne dissimulaient pas leur méfiance à l'encontre de ces alliés politiquement suspects, et il est vrai que le taux des déserteurs était vraiment anormal dans leurs rangs. Il suffira de citer le cas du 8e Hussards, un régiment belge recruté grâce aux efforts d'un grand propriétaire terrien, le duc de Croy, qui le considérait peu ou prou comme sa propriété. À l'instar de nombreuses unités belges, il avait été équipé tant bien que mal : une inspection passée en mars avait montré que seuls la moitié des hommes avaient un cheval. C'est peut-être en partie pour cette raison qu'à compter de janvier le régiment avait eu à déplorer plus de deux cents déserteurs. Mais l'hostilité des Belges à l'encontre des Hollandais et les liens que beaucoup éprouvaient encore à l'égard de la France impériale comptaient au moins autant. C'est ainsi que trente-trois autres hussards passèrent à l'ennemi, le jour de Waterloo, motivant ouvertement leur désertion par le refus de combattre leurs anciens compagnons d'armes.

Malgré cela, la cavalerie des Pays-Bas se comporta plutôt bien dans les premières charges de la bataille, jusqu'à ce que l'usure la rende à peu près inutilisable. Ses officiers montrent notamment une combativité parfaitement digne des vétérans napoléoniens qu'ils étaient. Le baron de Ghigny, qui commandait une des brigades légères, décida de lui-même de traverser la grand-route et d'intervenir contre les lanciers de Jacquinot. Le premier de ses deux régiments, le 8e Hussards précisément, descendit la pente en bon ordre. Le colonel Duvivier, qui était officier de la Légion d'honneur et baron d'Empire, et qui avait commandé, jusqu'à l'année précédente, un régiment de chasseurs à cheval dans l'armée de Napoléon, le conduisit à la charge contre les groupes désormais dispersés des chevau-légers français. Le terrain avait été piétiné au point d'être quasi impraticable. L'affrontement fut bref. Mais il suffit à convaincre les lanciers de Jacquinot de regagner leurs positions en mettant fin à l'action dans ce secteur.

Sur l'autre versant, à l'ouest de la Haye-Sainte, où les cuirassiers remontaient la pente à la poursuite de ce qui subsistait de la Household Brigade, le général Trip van Zoutlandt, qui, un an auparavant, était encore colonel dans l'armée française, et qui portait les cicatrices d'une blessure reçue à la Berezina, avançait contre eux avec les trois régiments de carabiniers, deux hollandais et un belge, de sa brigade lourde. Les forces étaient plus ou moins égales, dans les mille deux cents sabres de part et d'autre. Mais les cuirassiers progressaient en montée et dans un certain désordre déjà quand apparut devant eux la ligne des cavaliers ennemis qui venaient à peine de s'ébranler. Un officier français s'avança presque jusqu'à toucher le museau de leurs chevaux, se dressa sur ses étriers et, brandissant son sabre, défia quelque officier à se battre avec lui. Un lieutenant belge, vétéran lui aussi des guerres napoléoniennes, accepta ce défi qui n'était pas chose rare sur les champs de bataille de l'époque. Pendant un instant, dans l'intervalle entre les deux lignes, les deux hommes s'échangèrent de furieux coups de sabre, se blessant tour à tour, mais le Belge eut le dessous et tomba transpercé. Les deux lignes alors s'affrontèrent en un combat devenu général, jusqu'à ce que les cuirassiers français, mis en désavantage, abandonnent le terrain et se replient au bas de la pente.

La colossale action de cavalerie déclenchée par la charge de Crabbé et poursuivie par la grande charge de lord Uxbridge semblait s'être épuisée avec cet échange désordonné de coups de sabre entre les cuirassiers de Milhaud et les carabiniers de Trip sur la pente glissante à l'ouest de la Haye-Sainte. Mais les cuirassiers n'avaient été mis en échec que très momentanément. À en juger par la hâte avec laquelle leurs officiers les poussaient à se remettre en rang, ce n'était pour eux qu'un début. Il pouvait être dans les trois heures de l'après-midi, peut-être quatre, ce qui voulait dire que l'on avait encore cinq ou six heures de jour devant soi. Le long de la crête, l'armée de Wellington était toujours disposée dans une position purement défensive, et elle ne semblait pas en mesure de mener plus qu'une contre-attaque locale. L'expérience des dernières heures suggérait que la déloger ne serait pas l'affaire d'un déjeuner ; mais, au bout du compte, personne, côté français, ne doutait que la bataille puisse encore être gagnée.

Troisième partie

« UN CORPS-À-CORPS ENTRE DEUX BOXEURS »

42. « Il me semble que ça va très mal »

Il est fort peu probable que, lorsque les duels de cavalerie s'interrompirent pour quelque temps dans l'intervalle entre les positions ennemies, les hommes présents sur le champ de bataille aient eu l'impression de cette pause souvent évoquée par les historiens. À la lecture de leurs Mémoires, on a plutôt le sentiment d'une tension constante, d'une lutte ne laissant pas un instant à qui que ce soit pour reprendre haleine. Il n'y avait, du reste, pas un point du champ de bataille où l'on n'ait risqué d'être fauché par un boulet de canon ou par les coups de feu d'un tirailleur caché au milieu des chaumes à cent ou deux cents mètres de distance. Autour des positions fortifiées d'Hougoumont, de la Haye-Sainte, de la Papelotte, le combat continuait à faire rage entre les défenseurs retranchés à l'intérieur des édifices et les tirailleurs postés au-dehors. Tout au long du front, dans l'intervalle entre les deux dispositifs que jonchaient désormais les corps des hommes et des chevaux sans vie ou à l'agonie, se déplaçaient d'autres tirailleurs s'efforçant de gagner du terrain et de repousser la ligne des avant-postes.

Ce genre de combat eut un témoin involontaire en la personne de sir Frederick Ponsonby. De fait, en reprenant connaissance, l'officier découvrit qu'il était blessé et immobilisé dans une zone où évoluaient les tirailleurs ennemis. Un premier en voulut à son argent. Menacé d'être achevé, Ponsonby se laissa fouiller. L'homme trouva ce qu'il cherchait et s'en fut. Un second se présenta avec les mêmes intentions et s'en repartit déçu après une fouille encore plus minutieuse. Puis passa un officier à la tête de quelques soldats. Celui-ci lui donna une gorgée d'eau-de-vie, ordonna à l'un de ses hommes de lui mettre un havresac sous la tête et s'en alla en s'excusant de le laisser là : « Nous devons poursuivre les Anglais en retraite. » Plus tard encore survint un autre tirailleur qui décida d'utiliser comme protection ce corps réduit à l'immobilité. Il resta là un bon moment à recharger diverses fois son arme et à tirer en causant gaiement. Pour finir, l'homme s'éloigna à son tour en lui recommandant de ne pas se faire de souci : « Vous serez bien aise d'apprendre que nous f... le camp. Bonsoir, mon ami. ».

Par ailleurs, l'artillerie française continuait à battre obstinément la position adverse. La fièvre des combats de cavalerie s'était à peine éteinte que Napoléon se préoccupait de remettre la grande batterie en fonction. Par chance, la Garde impériale, disposée en colonne le long de la grand-route, avait une telle quantité de canons et de caisses de munitions que la batterie put aussitôt être reconstituée. Les officiers recrutèrent des fantassins dans les formations les plus proches pour aider les artilleurs à manœuvrer les canons et le tir reprit avec une égale intensité (le tir de contre-batterie anglais se poursuivit lui aussi, non moins intense, en dépit des ordres de Wellington : le général Desvaux de Saint-Maurice, commandant de l'artillerie de la Garde, fut tué par un boulet de canon, alors qu'il contrôlait le positionnement de ses douze livres). L'interruption du bombardement avait été de si courte durée que personne ne s'en était aperçu depuis les positions ennemies. Un élément qui induirait à redimensionner la portée de la charge des dragons anglais contre les canons de la grande batterie.

Rien de tout cela ne permettait au duc de Wellington de respirer à l'aise. Les réserves françaises, d'après ce qu'on pouvait discerner à la longue-vue, étaient puissantes, même si une partie d'entre elles se déplaçait vers le bois de Frischermont dans l'attente de l'avancée prussienne, qui tardait si fâcheusement à se matérialiser. Sa propre ligne défensive avait, en revanche, commencé à s'amenuiser dangereusement, malgré le succès obtenu contre l'attaque de d'Erlon : les bataillons de Picton, désormais commandés par Kempt, étaient à bout de force ; ceux d'Alten, contre qui était en grande partie dirigée la pluie de boulets de l'artillerie française, n'allaient guère mieux. Toute l'infanterie, pas bien nombreuse, encore en réserve derrière le centre, reçut donc l'ordre de se porter en ligne pour remplir les vides qui s'étaient ouverts.

La brigade de sir John Lambert, forte de plus de deux mille fusils, prit position derrière la Haye-Sainte, réduisant le front occupé par la brigade, à demi détruite, de Kempt. C'étaient là trois régiments de vétérans, à peine arrivés d'Amérique où ils avaient participé à la campagne de sir Edward Pakenham, beau-frère de lord Wellington, en Louisiane et à la désastreuse bataille de La Nouvelle-Orléans où ce général avait trouvé la mort. Leurs carrés étaient réduits à leur plus petite expression possible, à tel point que les Irlandais du 27e (appelés eux aussi Inniskillings) étaient commandés par un capitaine. Mais les recrues généreusement introduites dans leurs rangs les avaient refournis. Les hommes de Lambert, qui se trouvaient encore à Gand deux jours plus tôt, avaient marché pendant une bonne partie de la nuit à travers la forêt de

Soignes, s'étaient taillé un passage sur la route encombrée par les réfugiés et, une fois parvenus au village de Waterloo, s'étaient laissé tomber dans les champs et les granges pour dormir. Mal réveillés et abrutis de fatigue comme ils l'étaient, on les faisait à présent marcher en toute hâte et descendre sous le feu de l'artillerie le dernier tronçon de route, jusqu'au croisement de Mont-Saint-Jean. Les Inniskillings prirent position derrière ce qui restait du 1/95e, lequel avait repris la carrière de sable et la petite colline située juste derrière. Les autres s'échelonnèrent plus en arrière. Pour ne pas offrir une cible trop visible à l'artillerie, les hommes reçurent l'ordre de se coucher à terre. Beaucoup n'auraient pas tardé à s'y rendormir si l'apparition de quelque escadron de cavalerie ennemi ne les avait contraints, de temps à autre, à sauter sur leurs pieds pour se déployer en carré.

Légèrement plus à droite, le 1er Nassau du colonel von Kruse, d'une force égale à celle d'une brigade avec ses trois bataillons, soit près de deux mille cinq cents baïonnettes, eut ordre d'avancer juste derrière la première ligne, en prenant position entre les carrés de Kielmansegge et ceux de Halkett. Ces Nassauviens au très caractéristique uniforme vert, qui étaient presque tous des recrues inexpérimentées, s'amassèrent en carré autour de leurs drapeaux de soie jaune pâle dans une zone où, théoriquement, l'angle mort du terrain aurait dû les protéger du bombardement, mais où, en réalité, bombes et obus pleuvaient assez dru pour donner à penser que les artilleurs français réussissaient d'une façon quelconque à les voir. Leur colonel conclut que si ses hommes offraient une cible par trop visible, c'était à cause des doublures de toile blanche qui protégeaient leurs shakos et ordonna de les ôter : les shakos coûtaient, certes, au

Trésor public et mieux valait ne pas les abîmer, mais ce genre de dommage devenait en l'occurrence négligeable.

La nécessité pour Wellington de porter une partie de ses réserves en ligne se fit également sentir sur l'aile droite, où la pression exercée contre l'enceinte d'Hougoumont ne donnait pas signe de faiblesse. Les tirailleurs, devenus maîtres du terrain séparant les deux armées, occupaient une position dominante d'où ils pouvaient tenir sous leur tir l'intérieur du château tout en restant cachés au milieu du blé haut : « Ils ne se faisaient jamais voir distinctement, observe l'un des défenseurs, mais nous importunaient beaucoup en tirant contre la porte de communication entre la cour et le jardin, dont ils pouvaient bien naturellement voir la partie supérieure. » Le duc ordonna à la brigade de la King's German Legion commandée par le colonel Du Plat de se porter en avant, en se déplaçant lentement en carré pour éviter d'être surpris par la cavalerie, et d'envoyer ses compagnies légères à l'intérieur de l'édifice. Peu après, même ordre était donné au colonel Olfermann, qui, après la mort du duc de Brunswick, avait pris le commandement des troupes de ce duché, elles aussi tenues en réserve dans le secteur. Olfermann envoya en avant ses cinq bataillons d'infanterie légère, dont un au moins avait encore dans ses effectifs des vétérans de la guerre d'Espagne. Après s'être arrêtées en carré sur les hauteurs derrière le château, ces nouvelles troupes commencèrent à leur tour à envoyer des tirailleurs à l'intérieur, par petits groupes successifs, à mesure que le besoin s'en faisait sentir, de manière à maintenir constant le volume de feu qui, depuis les murs d'Hougoumont, tenait en échec les tirailleurs de Reille.

Il est improbable que Wellington eut jamais la possibilité de s'arrêter pour mesurer, autrement que de l'œil, combien de ses troupes étaient déjà engagées dans la lutte et combien restaient disponibles en réserve. Mais l'on ne voit pas pourquoi nous ne devrions pas nous concéder ce luxe. Il est donc possible de calculer qu'entre trois heures et quatre heures de l'après-midi, sur les quatre-vingt-trois bataillons qui constituaient son armée, le duc avait soixante bataillons en ligne, dont dix-sept fortement entamés, et qu'il lui en restait vingt-trois en réserve : le strict indispensable pour considérer la situation avec un minimum d'optimisme. Napoléon, de son côté, avait, jusqu'à ce moment, engagé cinquante-sept de ses cent trois bataillons ; une bonne part de ces cinquante-sept bataillons étaient si mal en point qu'ils n'étaient plus utilisables pour une offensive, mais il lui restait encore quarante-six bataillons frais, les vingt-deux de la Garde compris. L'empereur avait donc lui aussi des motifs d'être optimiste, d'autant que l'offensive prussienne contre sa droite n'était pas encore effective. L'issue de la bataille était réellement suspendue à un fil.

Dès le début, l'énorme quantité de tirailleurs en action dans l'intervalle entre les fronts et l'intensité d'une canonnade telle qu'ils n'en avaient encore jamais expérimenté de semblable avaient, au reste, répandu un pessimisme tout à fait insolite parmi les officiers anglais. Au cours d'une conversation avec son supérieur, le colonel Gould, le capitaine Mercer entendit ce dernier lui avouer que la situation lui paraissait désespérée, entre autres raisons parce que, en cas de retraite, la seule route à disposition, passant à travers bois, s'engorgerait en un instant. « En effet, il me semble que cela va très mal », confirma Mercer. Il essaya ensuite de dire quelque chose d'encourageant, donnant à entendre que le duc les tirerait d'embarras d'une manière ou d'une autre. « J'étais cependant envahi d'idées noires : je ne voulais pas me trahir, car nous parlions devant mes hommes, mais je ne pouvais m'empêcher de penser que l'affaire était vraiment assez désespérée et que nous allions vers une catastrophe. Je décidai qu'en ce cas j'enclouerais mes canons et me retirerais à travers champs avec les chevaux et tout le reste en me tenant bien loin de la route. »

Les rumeurs qui circulèrent dans Bruxelles en fin d'après-midi et en soirée, à mesure qu'arrivaient du champ de bataille les premiers officiers blessés, sont, de même, révélatrices d'une humeur tout autre qu'optimiste. Un membre du Parlement, Creevey, qui se trouvait en ville avec toute sa famille, venait à peine de voir arriver les prisonniers du corps de d'Erlon, escortés par un escadron des Life Guards, et d'en éprouver quelque soulagement qu'il tombait en chemin sur un autre parlementaire qui avait été sur le champ de bataille et qui lui assura que « cela ne pouvait aller pis ». Peu après, un soldat atteint d'une blessure lui confirmait le diagnostic : « Les Français avancent de façon telle que je ne sais pas ce qui pourra les arrêter. » Creevey passa chez l'une de ses connaissances. Il y trouva un jeune officier blessé et tout près de défaillir, lequel prédit que l'ennemi entrerait le même soir dans Bruxelles. Comme il regagnait son domicile en proie à l'agitation, Creevey se vit remettre le message d'un ami, le général sir Edward Barnes, adjudant général de Wellington, qui, ayant reçu une blessure, demandait à s'installer chez les Creevey. Le porteur du message, le major Hamilton, assura que la bataille était perdue, que sir Edward, pourtant bien connu dans l'armée anglaise pour son caractère combatif, était du même avis et qu'il conseillait aux Creevey de quitter immédiatement Bruxelles. Pour conditionnés qu'ils soient par l'expérience personnelle et le choc causé par les blessures, tous ces compte rendus concordent et confirment que le moral des officiers anglais présents sur le champ de bataille était plutôt ébranlé.

Mais l'empereur commençait lui aussi à se trouver aux abois. La défaite subie par les troupes de d'Erlon limitait terriblement les possibilités. Avec un premier corps secoué et décimé, on ne pouvait plus songer à manœuvrer contre l'aile gauche ennemie. Vu le cours suivi par les événements et la position de ses réserves, arrivées sur le champ de bataille par la route de Bruxelles et amassées entre Le Caillou et la Belle-Alliance, il ne restait d'autre solution à Napoléon que de concentrer ses efforts contre le centre de la ligne de Wellington. En d'autres circonstances, il aurait peut-être été possible de manœuvrer. Mais le temps désormais manquait : on n'avait pas plus de six heures de jour devant soi. Et le terrain, la lourde argile des Flandres détrempée par la pluie et transformée en un bourbier par le passage de tant de godillots, n'aurait plus permis de déplacer troupes et canons avec suffisamment de célérité. Il était hors de discussion de manœuvrer. Il fallait prendre Hougoumont ou la Haye-Sainte, si possible les deux, puis enfoncer le dispositif ennemi en son centre ; et l'empereur avait encore assez de forces pour le faire.

Lorsqu'il s'aperçut que l'ennemi se préparait à attaquer de nouveau le centre de sa position, le duc de Wellington laissa échapper un commentaire peu flatteur pour Napoléon. « Au diable, ce n'est après tout qu'un cogneur », marmonna-t-il, presque déçu que son adversaire ne se révèle pas, au bout du compte, à la hauteur de sa réputation. Comme bien des gentilshommes anglais, le duc était un passionné de boxe. Les termes relatifs aux combats sur un ring lui venaient tout naturellement lorsqu'il s'agissait de décrire une bataille, ainsi qu'il apparaît d'une lettre écrite à un ami quelques jours plus tard : « Je n'ai jamais vu une rencontre entre deux cogneurs du genre. Nous étions tous deux ce que les boxeurs appellent des "gloutons." » (un terme d'argot sportif désignant qui n'a pas peur du corps-à-corps et se laisse massacrer plutôt que de jeter l'éponge). C'est dans le même langage sportif que le major Smith commenta plus tard la bataille : « Cela a été un corps-à-corps entre deux boxeurs, que je te frappe, que je te frappe jusqu'à ce qu'un des deux cède. » Après que la prometteuse manœuvre de d'Erlon eut connu une conclusion si inattendue et peu glorieuse, la bataille de Waterloo cessa presque complètement d'être une bataille manœuvrée pour se transformer en un monotone et répétitif choc frontal, ce qui explique la répétitivité et la confusion croissantes de tous les récits à mesure qu'avance l'après-midi. Mais il n'était pas même un Napoléon désormais pour en faire sortir autre chose, vu la tournure prise par les événements et l'état du terrain.

43. La Papelotte

Pour bousculé qu'il ait été, le corps de d'Erlon parvint presque aussitôt à réexercer une certaine pression sur l'ennemi avec la première et la dernière de ses divisions, au commandement de Donzelot et de Durutte, lesquelles intervenaient respectivement dans la zone de la Haye-Sainte et dans celle de la Papelotte. Cette dernière zone était défendue par la brigade hollandaise du prince Bernard de Weimar. La brigade n'avait, d'ailleurs, d'hollandais que le nom, puisqu'elle était formée du régiment d'Orange-Nassau et du 2e Nassau, et donc entièrement de troupes allemandes. Le supérieur direct du prince était le général Perponcher-Sedlnitzky ; mais celui-ci resta presque toute la journée avec l'autre brigade de la division, la brigade Van Bijlandt, si bien que le prince Bernard opéra vraiment comme un général indépendant. Les troupes placées sous ses ordres étaient excellentes et s'étaient déjà fort bien comportées deux jours plus tôt aux Quatre-Bras, quand l'esprit d'initiative du prince avait grandement contribué à éviter la défaite. Un de ses cinq bataillons ayant été détaché à Hougoumont sur ordre de Wellington, il restait à la brigade dans les trois mille fusils, dont un quart de Landwehr, pour faire face à d'éventuelles tentatives de débordement de la part des Français.

Le prince Bernard avait installé sa brigade dans plusieurs retranchements : les deux fermes de la Papelotte et de La Haye ; un groupe de maisons à peine un peu plus à l'est que l'on nomme aujourd'hui La Marache et que les cartes d'alors désignaient du même nom que le petit cours d'eau fangeux qui naît près de là, Smouhen ou Smohain ; et, enfin, le vieux château médiéval de Frischermont. Cette suite d'habitations s'étendait sur un front de plus d'un kilomètre à vol d'oiseau. C'était une zone parcourue par des chemins creux bordés d'arbustes, coupée par des ronces et des marais. Bref, une zone impraticable pour les chevaux et idéale pour la défense. Après avoir envoyé ses tirailleurs le plus en avant possible dans le vallonnement marécageux qui marquait la limite de sa position, le prince plaça une ou plusieurs compagnies dans chacun des quatre lieux bâtis et conserva la majeure partie de ses forces en réserve, presque à la hauteur du chemin d'Ohain, d'où il pouvait envoyer des renforts dans toutes les directions quand cela s'avérait nécessaire.

Les tirailleurs de Durutte étaient déjà entrés en contact avec les avant-postes des Nassauviens pendant la malheureuse avancée de d'Erlon. Dans un premier temps, il s'était agi d'une simple mesure de prudence, adoptée par Durutte pour garantir son flanc droit des surprises. Mais, après l'échec de l'offensive principale, le général se donna pour objectif premier de faire réellement déloger les avant-postes ennemis de la zone de la Papelotte. Selon un procédé que nous pourrions qualifier de protocolaire, tant il est systématique chez les généraux français, Durutte ouvrit le feu contre la position ennemie avec les canons qu'il avait à disposition : une batterie de douze de la Garde, à ce qu'il semble. Comme les boulets commençaient à faire les premières victimes, les Nassauviens, qui étaient restés jusque-là à découvert, s'aplatirent derrière les murs et les haies, pour attendre la suite. Durutte envoya en avant la ligne de ses tirailleurs. Leurs homologues allemands, postés parmi les chaumes et dans les fossés, ouvrirent le feu. Et les combats éclatèrent tout au long du front.

La lutte entre les maisons de Smohain et autour de l'enceinte de la Papelotte ne fut pas moins acharnée que les combats à la Haye-Sainte. Mais, comme la position n'avait pas la même importance et, surtout, qu'aucune troupe anglaise n'y était engagée, nous disposons de très peu de témoignages sur ce qui advint réellement. À un certain point, les hommes du régiment d'Orange-Nassau s'aperçurent qu'ils avaient presque fini leurs munitions. Postés un peu plus loin, ceux du 2e Nassau en avaient encore, mais ils ne pouvaient les partager, car ils étaient armés de fusils français, tandis que les Orange-Nassau avaient des fusils anglais. Un petit tambour du nom de May, un gamin de quatorze ans, déposa alors l'instrument qu'il portait en bandoulière, courut jusqu'à la ligne des Hanovriens établis en arrière sur les hauteurs, remplit sa musette de cartouches et revint en courant les distribuer.

La distribution terminée, le petit tambour repartit une seconde fois. Une balle perdue le toucha à la hanche, mais le projectile n'avait plus sa force d'impact et le gamin ne s'aperçut presque de rien (« je l'ai retrouvé plus tard dans mes culottes »). Au troisième voyage, le prince d'Orange en personne le vit dégringoler la pente, sa musette pleine de cartouches, et lui dit qu'il y avait désormais suffisamment de munitions et qu'il ne devait plus exposer sa vie. May le petit tambour remit son instrument à l'épaule et retourna auprès de ses camarades. (À peu de temps de là, le gamin allait prendre une balle dans la gorge. Il resta là, privé de connaissance, jusqu'au soir où les brancardiers le ramassèrent et le portèrent à l'hôpital. Contre toute attente, il s'en sortit. Quelques années plus tard, le prince de Weimar, l'ayant rencontré et reconnu, lui remit une décoration.)

Quel qu'ait pu être l'acharnement des combats, on peut douter que Durutte ait engagé ses troupes à fond. Tout indique que seule une des deux brigades à sa disposition fut utilisée dans la zone de la Papelotte, tandis que l'autre servit à tenir sous pression, grâce à ses tirailleurs habilement employés en masse, l'infanterie hanovrienne inexpérimentée du colonel Best rangée en bataille sur les hauteurs un peu plus en arrière. Cette brigade était encore quasiment intacte à la fin de la journée quand Napoléon la fit transférer dans le secteur de la Haye-Sainte pour l'utiliser dans l'offensive finale. En définitive, Durutte n'opposa pas plus de deux mille fusils aux trois mille armes à feu du prince Bernard. Il n'est donc pas étonnant qu'il n'ait pas réussi à déloger les Nassauviens de leurs positions fortifiées, même si les édifices de

Smohain et de la Papelotte furent très probablement pris et reperdus à plusieurs reprises au cours de la journée.

On ne pouvait, d'ailleurs, en demander davantage. Car, après l'échec de l'offensive de d'Erlon, le rôle de la division se résume, de toute évidence, à protéger le flanc droit de l'armée contre d'éventuelles initiatives ennemies. Rien de plus. Déborder l'ennemi sur sa gauche avait été jugé impossible, et ce dès le matin, quand la cavalerie envoyée en reconnaissance avait vérifié que le Smohain, s'il était étroit et peu profond, était aussi extrêmement bourbeux et qu'il aurait été trop risqué de le traverser sous le feu de l'artillerie ennemie. Dans cette zone, l'offensive française ne visait donc qu'à consolider les positions, dans une perspective essentiellement défensive. Ce que Durutte ignorait, c'est que débouchait à Smohain un des chemins de terre battue provenant de Wavre et qu'y avançaient les colonnes prussiennes, en sorte qu'il aurait été d'importance vitale, pour les Français, de se rendre au moins maîtres du pont de pierre qui enjambait le cours d'eau et de se retrancher dans les maisons environnantes. Mais les généraux présents sur le champ de bataille ne savaient quasiment rien de ce qui nous semble, à tort, aujourd'hui si patent.

44. La seconde attaque contre la Haye-Sainte

Il devint très vite clair que les Français s'apprêtaient à reprendre l'offensive dans le secteur de la Haye-Sainte, en y mettant tous leurs efforts. Les défenseurs de la ferme, qui avaient effectué une sortie au milieu des ennemis gisant morts ou blessés, s'étonnant de leur nombre, après la charge de la cavalerie anglaise, ne tardèrent pas à décider que mieux valait rentrer dans l'édifice et s'y barricader. Le lieutenant Graeme était de nouveau posté avec ses hommes sur le toit de la porcherie lorsqu'il vit sur la route un cuirassier qui s'approchait au trot. L'homme, dès qu'il fut arrivé à proximité, agita son épée comme pour saluer. Graeme pensa qu'il s'agissait d'un déserteur et recommanda à ses hommes de ne pas tirer. Le cuirassier poussa jusqu'à la barricade qui obstruait la route, se dressa sur ses étriers comme pour épier par-dessus l'obstacle, puis fit soudainement tourner bride à son cheval et regagna les lignes françaises au galop. Les fusiliers firent feu, « mais ce brave eut, je crois, la chance d'échapper à nos tirs quelque peu précipités », conclut non sans admiration le lieutenant.

De retour dans la cour de la ferme, le major von Baring ne tarda pas à s'apercevoir qu'il restait trop peu de gens de son bataillon pour pouvoir penser à tenir encore longtemps le bâtiment. Son supérieur, le colonel von Ompteda, lui envoya deux autres compagnies de fusiliers et avec ce renfort, pas même cent cinquante carabines Baker à ajouter aux forces, en égale quantité peut-être, qui lui restait, le major se fortifia comme il put, renonçant toutefois à occuper le verger. Il était temps, car deux colonnes d'infanterie françaises, précédées comme à l'ordinaire d'une multitude de tirailleurs, se présentaient des deux côtés de la ferme, menaçant de l'encercler. Il s'agissait, en toute probabilité, des deux régiments de la brigade Schmitz, qui avaient peu souffert de la charge de la cavalerie anglaise, et ils étaient plus décidés que jamais à s'emparer de la Haye-Sainte.

Stupéfiant le major allemand par le mépris avec lequel ils affrontaient le tir précis de ses hommes, les Français arrivèrent en un instant sous les murs de la ferme et essayèrent d'en forcer l'entrée. Le combat se fit furieux surtout autour des quelques rares meurtrières ouvertes le matin même dans le mur d'enceinte par les hommes de Baring. Les Français cherchaient à arracher les canons des fusils des mains des défenseurs et, finalement, se rendirent maîtres d'une des meurtrières. De ce moment, un soldat français posté à l'extérieur s'en servit pour tirer dans la cour, en utilisant les fusils tout chargés que ses compagnons lui passaient l'un après l'autre. Sur le côté occidental, les Français essayaient d'entrer par la grande porte de la grange dont le portail, on s'en souviendra, avait été arraché la nuit précédente. En quelques minutes, un grand nombre de cadavres s'amoncela dans l'ouverture tenue sous le tir des défenseurs, jusqu'à ce que les nouveaux arrivants commencent à se mettre à l'abri de ces corps pour tirer à l'intérieur.

Le cheval de Baring fut tué et le major roula avec lui à terre. Son domestique, convaincu qu'il y avait perdu la vie, en profita pour débarrasser les lieux au plus vite, si bien que, lorsqu'il se releva, Baring ne trouva plus ni domestique ni cheval de réserve. Mais bon nombre d'officiers avaient déjà été jetés bas de leur selle. Le major ne tarda donc pas à trouver un cheval qui errait, épouvanté, dans la cour. L'immobilisant, il l'enfourcha. Si son domestique s'était mal conduit, la confiance avec laquelle les fusiliers lui obéissaient, à lui et aux autres officiers, dans une situation où les probabilités d'y perdre la vie ne cessaient d'augmenter, laissa à Baring un souvenir ému : « Ce sont les moments où l'on apprend à sentir ce qu'est un soldat pour un autre soldat, ce que signifie vraiment le mot "camarade" », observa-t-il dans sa relation avec un teutonique sentimentalisme.

Depuis un petit bout de temps, le fusilier Lindau suivait de l'œil un officier ennemi qui, monté à cheval, trottait sans arrêt dans les champs, devant la ferme, en incitant ses hommes à l'assaut. Il attendit patiemment que le Français se trouve à portée de tir, puis finalement fit feu. Le cheval, touché à mort, s'écroula, entraînant son cavalier dans sa chute. Peu après, les fusiliers effectuaient une sortie par la porte charretière, dispersant les tirailleurs français qui s'étaient avancés le long de la route. Lindau courut jusqu'à son homme et commença à le fouiller. À peine lui avait-il arraché sa chaîne en or que l'officier, simplement étourdi par la chute, levait son sabre en lui lançant des injures. Le fusilier l'abattit sans trop faire de compliment, lui fendant la tête de la crosse de son fusil, puis coupa le lien du sabretache [1] que l'officier portait à sa selle. Il s'apprêtait à lui retirer du doigt un anneau d'or quand ses camarades lui crièrent : « Décampe, la cavalerie arrive ! ». Lindau détala, serrant son butin, et parvint à regagner la cour juste à temps pour que le portail se referme derrière lui.

De fait, pendant les attaques répétées des tirailleurs, la cavalerie française fut toujours présente en force sur la déclivité qui menait à la ferme, qu'elle dépassa à plusieurs reprises pour aller inquiéter les carrés ennemis établis plus en arrière. Dans quelle mesure cette action fut-elle conduite, de leur propre initiative, par les généraux des cuirassiers, dans quelle mesure fut-elle, au contraire, ordonnée par le maréchal Ney, voire par Napoléon, qui ne se tenait pas bien loin, la chose n'est pas claire. Il est possible que, ses rangs à peine reformés, après le précédent affrontement, la cavalerie se soit portée spontanément en avant, et que ses commandants aient approuvé une action qui ne pouvait que rendre plus précaire la

1. Sacoche plate très élégamment ornée, réservée aux troupes montées [N.d.T.]

situation des défenseurs de la Haye-Sainte. Ce furent surtout les cuirassiers de Milhaud qui participèrent à ces attaques. Ou, du moins, ce qu'il en restait après la destruction des escadrons détachés sous le commandement de Crabbé. Soit, en tout, une vingtaine peut-être d'escadrons, déjà éprouvés mais encore forts de près de deux mille sabres.

Évidemment, cette cavalerie n'avança pas tout ensemble ; et elle n'aurait pu le faire, vu l'immense front qu'elle aurait présenté. Ce que les carrés déployés derrière la Haye-Sainte virent arriver sur eux, ce furent quelques centaines de chevaux à la fois, à mesure que, l'un après l'autre, les régiments envoyaient en avant une paire d'escadrons, tenant les autres en réserve. Cela ne veut pas dire que l'épreuve ne fut pas terrible pour les vétérans de Lambert et d'Ompteda et, plus encore, pour les recrues inexpérimentées de Kielmansegge, qui se trouvaient dans la position la plus exposée. Chez des troupes peu expérimentées, la tension provoquée par l'approche de la cavalerie poussait souvent les hommes regroupés en carré à faire feu trop tôt. La cavalerie pouvait exploiter cette erreur pour progresser tranquillement, pendant que les fantassins étaient occupés à recharger leurs fusils, avec l'espoir que, se sachant désarmés, les adversaires se laisseraient gagner par la panique. Lorsque les cuirassiers se présentèrent devant les carrés de Kielmansegge, les officiers hanovriens peinèrent à empêcher leurs hommes de tirer prématurément. Dans l'un des carrés, le capitaine von Scriba entendit le commandant menacer d'employer son pistolet contre quiconque ferait feu avant d'en avoir reçu l'ordre.

L'air était chargé de tension. Car c'était surtout un duel psychologique, pour employer un terme qui ne s'utilisait pas à l'époque, que cette confrontation d'hommes à pied regroupés en carrés et d'hommes à cheval s'approchant prudemment. (Je dis avec prudence, parce qu'il fallait de l'inconscience pour se lancer au galop contre un carré et que, du reste, le terrain fangeux et la pente ne l'auraient pas permis.) Le capitaine von Scriba vit les cuirassiers « s'approcher au trot et s'arrêter à soixante-dix ou quatre-vingts pas. La tentation de tirer était grande, mais l'ensemble du carré resta immobile, le doigt sur la gâchette ». Les Français, devenus nerveux, s'approchèrent encore un peu, puis renoncèrent à charger et poussèrent plus avant, contournant le carré. À ce point, les recrues reçurent l'ordre de tirer. « La cavalerie, guidée par un général de brigade, passa le long de notre flanc droit, que je commandais moi-même, à six pas de distance, rapporte von Scriba. J'ai remarqué que, lorsque fut donné l'ordre de viser, tous les hommes du flanc droit pointèrent leurs fusils contre le cheval de ce général ; celui-ci fit un écart pour s'éloigner du danger. » Il fallait assurément avoir les nerfs solides, d'un côté comme de l'autre, pour faire la guerre de cette manière – d'où, on le comprend de mieux en mieux, l'importance de l'entraînement, avec ses automatismes, et d'un encadrement de fer de la part des officiers. Comme bien souvent, la salve ne s'en avéra pas moins inefficace : « La cavalerie subit quelques pertes dans cette attaque, mais pas autant que je ne l'aurais cru, vu la distance rapprochée. Cela me fit penser que nos hommes visaient trop haut ; de ce moment, les officiers répétèrent sans discontinuer d'y être attentif », note en conclusion le capitaine allemand.

Le sergent Lawrence, présent dans un carré avec le 40e, sur une position moins avancée, ne fut pas trop impressionné lui non plus par les premières charges des cuirassiers que ses hommes et lui, ébahis par les cuirasses et les casques étincelants, prirent en toute bonne foi pour « les gardes du corps de Bonaparte ». Surestimant cette armure, qu'ils rencontraient sur leur chemin pour la première fois, les officiers avaient donné ordre de viser non point les hommes, mais les chevaux. Quand les cuirassiers arrivèrent à portée de tir, la salve des carrés abattit assez de bêtes pour entraver la marche des autres, faisant avorter la charge. « C'était un spectacle vraiment comique que de voir ces gardes revêtus d'armures dignes d'orner les cheminées cherchant à s'enfuir après que leurs chevaux eurent été tués sous eux. Ils ne parvenaient quasiment pas à bouger. Beaucoup furent capturés par ceux de nos compagnies légères qui étaient hors des rangs en tant que tirailleurs. Je pense que cela a réglé leur compte aux gardes du corps de Bonaparte, puisque nous ne les avons plus revus par la suite », conclut avec satisfaction le sergent, convaincu de ce moment que casques et cuirasses appartenaient au passé, au même titre que ces armures rouillées qu'il avait dû voir sur la cheminée du châtelain.

Tous les carrés ne s'en tirèrent cependant pas à si bon compte, surtout pas quand la cavalerie parvint à coordonner son action avec celle de l'infanterie. Un des bataillons de la brigade Ompteda, le 8e KGL – des vétérans allemands de la guerre d'Espagne qui, dans des conditions normales, auraient pu résister indéfiniment aux manœuvres menaçantes des cuirassiers –, se trouva en difficulté quand cette cavalerie disparut brusquement et qu'apparut face à lui une solide ligne d'infanterie française. Un échange de tirs entre ces deux formations aurait par trop tourné à l'avantage de l'adversaire. Aussi le colonel von Schroeder donna-t-il ordre de se déployer en ligne. Mais, tandis que ses hommes s'efforçaient de lui obéir dans un croissant désordre, pris qu'ils étaient déjà sous le feu ennemi, l'infanterie française ouvrit ses rangs pour laisser passer quelques escadrons de cuirassiers. Surpris totalement à découvert, le bataillon se débanda. Le colonel von Schoeder fut tué et un cuirassier triomphant emporta l'étendard. Mais ces hommes de la KGL restaient des vétérans. Après le sauve-qui-peut par lequel ils s'étaient soustraits aux sabres des cuirassiers, ceux de leurs officiers qui avaient survécu parvinrent à reformer leurs rangs et à les ramener tant bien que mal à reprendre leur place dans la ligne de front ; « mais le carré était à présent bien plus petit qu'avant ».

Les Français avaient de nouveau pris l'initiative. Pour la leur enlever, les commandants anglais jugèrent nécessaire de faire intervenir la cavalerie. La brigade Somerset, ou ce qui en restait, avait à peine eu le temps de se re-disposer derrière la Haye-Sainte que lord Uxbridge envoyait un de ses aides de camp lui ordonner de charger. Les trois escadrons des « Blues », les seuls encore plus ou moins intacts, dévalèrent la pente. Une fois encore, les cavaliers, grâce à la seule force que leur conférait leur poids, eurent le dessus sur les escadrons leur faisant face. Le terrain était momentanément déblayé. L'infanterie française massée autour des murs de la Haye-Sainte avait dû courir se mettre à l'abri. La seconde attaque contre la ferme s'était interrompue. Mais il était clair qu'il ne s'agissait que d'un répit de courte durée. Dès qu'elle aurait reformé ses rangs, la cavalerie française allait de nouveau se porter en avant et le siège allait recommencer. Le major Baring – dont les hommes, depuis les toits et les murs de clôture de la Haye-Sainte, avaient accueilli le repli de la cavalerie ennemie par des quolibets – commença à se préoccuper de la possible insuffisance des munitions. Il fit vérifier, et découvrit qu'ils en avaient déjà consommé plus de la moitié. Un officier fut dépêché vers l'arrière pour demander au commandement de la brigade d'en envoyer de toute urgence. Réponse lui fut faite de ne pas se préoccuper : les munitions allaient arriver sous peu.

45. Les grandes charges contre les carrés

Tandis que le major Baring comptait les munitions dans les gibernes de ses hommes, les officiers alliés tout au long de la dorsale entre la Haye-Sainte et Hougoumont s'aperçurent, de plus en plus préoccupés, que la cavalerie française s'apprêtait à avancer avec des forces encore supérieures. À côté des infatigables cuirassiers de Milhaud, qui étaient sur le point de remonter pour la troisième fois la pente, l'empereur envoyait en ligne la division de cavalerie légère de la Garde, au commandement de Lefebvre-Desnouettes. Cette division triée sur le volet comprenait un régiment des chasseurs à cheval, aussi fort à lui seul que trois ou quatre régiments ordinaires, puisqu'il alignait mille deux cents sabres, et un régiment de lanciers de huit cents hommes. Un de ses cinq escadrons de lanciers était encore composé de Polonais, des vétérans qui suivaient l'empereur dans ses bonnes et mauvaises fortunes depuis 1806-1807 et l'avaient accompagné à l'île d'Elbe. Le commandant du régiment était également un Polonais, Jerzmanowski. C'étaient donc trois mille cinq cents chevaux au moins qui s'apprêtaient, telle une marée, à remonter la pente au milieu de la boue glissante pour heurter la ligne ennemie. Un si grand nombre de combattants que leurs escadrons s'étendirent rapidement vers la gauche, menaçant non plus seulement les bataillons rangés derrière la

Haye-Sainte, mais toute la ligne de Wellington jusqu'aux hauteurs derrière Hougoumont.

Face à la masse de cavaliers qui se rassemblait à quelques centaines de mètres de distance, l'infanterie établie le long de la dorsale ne pouvait qu'attendre en carrés. À mesure que les attaques allaient se développer, Wellington allait faire entrer en ligne tout ce qui lui restait de réserves. La seconde brigade de Brunswick, composée d'infanterie de ligne, porta ses trois bataillons derrière les carrés de Halkett ; la brigade anglaise d'Adam forma quatre carrés en soutien de ceux de Maitland et de Du Plat ; la brigade hollandaise de Detmers, rappelée de l'extrême droite, disposa dans la même zone quatre de ses bataillons ; enfin, la brigade Vincke, avec ses quatre bataillons de milice hanovrienne, fut retirée de l'extrême gauche et forma deux carrés en réserve des forces employées au centre, sur le versant protégé de la pente, devant la ferme de Mont-Saint-Jean. C'est ainsi que le nombre de carrés ayant à faire face aux charges de la cavalerie de Napoléon dans le cours de l'après-midi fut porté à trente-six, dont vingt allemands, douze anglais, trois hollandais et un belge.

Pour les mettre à l'abri des tirs d'artillerie, les carrés avaient été massés sur le versant couvert. Seuls les boulets faisant ricochet et les obus tirés à l'aveuglette pouvaient ainsi les toucher. Ils étaient, par ailleurs, disposés, autant que possible, en quinconce, afin d'optimiser le résultat de leurs tirs. Chaque fois qu'un escadron de cavalerie française, arrivant sur la crête et se trouvant face à un carré, renoncerait à le charger et pousserait plus avant, le laissant derrière soi, il se trouverait face à un autre carré, finissant immanquablement dans un champ de tir croisé. Si peu efficaces que soient les tirs, une situation du genre, en se prolongeant, était destinée à user les attaquants sans conduire à aucun résultat tangible. C'était ce sur quoi comptaient, bien évidemment, Wellington et les généraux anglais et allemands qui observaient à l'aide de leurs longues-vues le rassemblement de la cavalerie française au pied de la pente. La théorie militaire de l'époque leur donnait d'ailleurs raison. Dans un manuel publié à Paris en 1803, le général Thiébault avait affirmé que si l'infanterie formait deux lignes de carrés disposés à bon intervalle et soutenus par l'artillerie, il ne parvenait pas à imaginer ce que la cavalerie pourrait entreprendre contre eux.

On comprend, à ce point, que Napoléon ait voulu se dissocier des grandes charges contre les carrés, laissant entendre qu'elles avaient été accomplies sans son autorisation ou, à tout le moins, trop tôt, alors que la situation n'était pas encore mûre. Mais il est vraiment improbable qu'un mouvement de cette ampleur ait pu être entrepris, à quelques mètres de distance de la chaise de l'empereur, sans un ordre explicite de sa part. Il paraît plus vraisemblable que Napoléon, de sa position, n'ait pas été en mesure d'apprécier la profondeur des masses disposées en bataille par Wellington à l'abri de la crête et qu'il ait réellement espéré en une percée décisive : comme il était advenu à Eylau, où une charge de cavalerie, précisément, conduite avec plus ou moins le même nombre de sabres, avait enfoncé les lignes russes. Que Napoléon y ait bel et bien cru, c'est ce que démontre la phrase recueillie par Las Cases à Sainte-Hélène, moins d'un an plus tard, quand l'empereur avoue son regret de ne pas avoir eu ce jour-là à ses côtés Murat, qui avait commandé sa cavalerie dans tant de batailles : lui aurait réussi, dit l'empereur. « Et pourtant, il nous eût valu peut-être la victoire ;

car que nous fallait-il dans certains moments de la journée ? Enfoncer trois ou quatre carrés anglais. »

S'il est de la responsabilité de Napoléon de ne pas avoir vérifié en personne la consistance de la ligne ennemie, formée de manière telle que ses propres manuels lui auraient démontré l'impossibilité qu'il y avait à l'enfoncer, ne pas lui avoir expliqué la situation constitue sans doute une faute de la part de son exécutant sur le champ de bataille, le maréchal Ney. Mais « le rougeaud », comme l'appelaient ses hommes, n'était aucunement un théoricien et se moquait des manuels. Ney, tout employé, sabre hors du fourreau, à pousser ses hommes en avant et à faire tuer sous lui cheval après cheval, en s'en sortant à chaque fois miraculeusement indemne, de toute évidence croyait comme son empereur en une percée. Si seulement la cavalerie, observant des signes de débandade dans un carré, éventuellement formé de recrues, était parvenue à y pénétrer et à le mettre en déroute, elle aurait ouvert une brèche dans la ligne de Wellington ; et si le même succès s'était répété dans plusieurs carrés proches, la brèche serait devenue impossible à colmater.

Au départ, les carrés n'étaient pas seuls à affronter le flot de la cavalerie en marche, même si le combat se réduisit, pour finir, à ce tête-à-tête. Sur le sommet de la crête s'échelonnaient les batteries de l'artillerie, six ou sept peut-être en l'espace d'un kilomètre et demi entre la Haye-Sainte et Hougoumont. Beaucoup plus en avant, presque au fond de la déclivité, les commandants de chaque carré maintenaient une ligne de tirailleurs, engagés dans un continuel échange de tirs avec la ligne symétrique des tirailleurs ennemis. Tant les officiers d'artillerie que ceux des compagnies légères avaient reçu des ordres précis sur ce qu'ils auraient à faire à l'approche des cavaliers français. À savoir tirer jusqu'au dernier moment, puis débarrasser les lieux pour aller se réfugier au milieu des carrés, vu qu'une ligne de tirailleurs ou une ligne d'artillerie n'avait pas la moindre possibilité de tenir tête à la cavalerie. Il appartenait ensuite aux carrés de repousser l'attaque. La chose faite, les artilleurs devaient retourner à leurs canons et rouvrir le feu sur la cavalerie battant la retraite. À la suite de quoi la ligne des tirailleurs devait prudemment se reformer.

Dans les faits, l'attaque de la cavalerie française, en cet après-midi de juin, fut conduite avec une telle violence et des forces si nombreuses que les choses allèrent aussitôt de travers. Nombre de tirailleurs, surpris à découvert, furent massacrés avant d'avoir le temps de se replier. Au lendemain de la bataille, Macready, le très jeune officier qui commandait la compagnie légère du 30e, constata, en faisant l'appel, qu'il ne lui restait que dix hommes sur les cinquante-quatre présents dans les rangs le matin auparavant. « Je ne savais s'il fallait rire ou pleurer. » Plus tard, le jeune homme explora le champ de bataille à la recherche de quelque survivant. Il n'en trouva qu'un, si gravement blessé qu'il ne pouvait plus vivre très longtemps. « C'était un bon soldat, religieux. Il vécut encore assez pour me raconter les détails révoltants du carnage », à savoir comment la cavalerie française, les surprenant à découvert, les avait massacrés tous autant qu'ils étaient, achevant les blessés à coups de sabre.

L'artillerie trouva elle aussi qu'il était moins facile d'obéir aux instructions que prévu, ainsi que devait le noter, à quelque temps de distance, un Wellington encore écumant de rage dans une lettre adressée à lord Mulgrave, commandant général de l'artillerie du royaume. « La cavalerie française a chargé et a pris position sur le terrain même où se trouvait notre artillerie, en règle générale à quelques mètres des canons. On ne pouvait s'attendre à ce que les artilleurs restassent auprès de leurs pièces dans une semblable situation. Mais j'étais en droit d'attendre que les officiers et les artilleurs fassent ce que j'ai fait moi-même, avec tout mon état-major, autrement dit qu'ils se réfugient dans les carrés d'infanterie jusqu'à ce que la cavalerie ennemie ait été obligée d'abandonner le terrain. Mais ils n'ont rien fait de ce genre. Ils se sont tout simplement éclipsés en emportant caisses, munitions et tout le reste. Quand, au bout de quelques minutes, la cavalerie française a été repoussée et qu'on aurait pu faire bon usage des canons, il n'y avait pas d'artilleurs pour les faire fonctionner ; et je serais, de fait, resté sans artillerie pendant toute la deuxième partie de la bataille, si je n'avais gardé une réserve dès le départ. »

Il advint, en somme, la même chose à l'artillerie anglaise que ce qui était arrivé, peu auparavant, à la grande batterie. Qu'elle ait été en mesure d'engendrer parmi les artilleurs, au milieu desquels elle survenait, une panique suffisante pour les faire se disperser, en une irrémédiable déroute, témoigne, une fois encore, de l'impact terrifiant d'une charge de cavalerie. Dans deux cas au moins, ce furent les commandants de batterie eux-mêmes qui, en voyant s'approcher la cavalerie, donnèrent ordre d'attacher les canons aux avant-trains et de les remporter vers l'arrière. L'un d'eux, le capitaine Sinclair, avait déjà perdu quatre canons dans un affrontement avec les Français en Espagne, ce qui n'avait pas été sans conséquences, tout autres que positives, pour sa carrière. On peut donc comprendre sa nervosité à l'idée que la même mésaventure puisse à nouveau lui arriver. Les artilleurs, il faut l'ajouter, commençaient à être à court de munitions. Bref, les circonstances atténuantes ne leur manquent pas. Wellington n'en était pas moins hors de lui et exprima résolument son opposition, quelques mois plus tard, lorsqu'il fut question d'accorder une récompense en argent aux officiers d'artillerie présents à Waterloo.

La cavalerie française se retrouva donc maîtresse de la crête. La charge dans une montée, la poursuite des tirailleurs ennemis en fuite, la cavalcade enthousiasmante au milieu des canons abandonnés avaient assurément fatigué les chevaux et désorganisé les rangs. Devant eux, il y avait à présent les carrés d'infanterie de Wellington : des groupes composés chacun de quelques petites centaines d'hommes, serrés autour d'un étendard, baïonnette au canon, genou à terre dans la première ligne, debout dans les rangs suivants. Nous ignorons quelles instructions exactes pouvaient avoir les généraux de la cavalerie, tout comme nous ignorons, encore que cela paraisse très probable, si le maréchal Ney poussa jusque-là avec les siens. Mais il était difficile de s'y tromper : il fallait enfoncer ces carrés. Il y avait, à ce stade des combats, plus de trois mille cavaliers et ils appartenaient à la cavalerie de la Grande Armée, la plus célèbre du monde. Les rangs reformés, les officiers des cuirassiers, des chasseurs à cheval et des lanciers brandirent leurs sabres et conduisirent leurs troupes en avant.

Dans presque tous les carrés, les premières attaques furent le plus près de provoquer la panique. Beaucoup de soldats, non seulement dans les carrés allemands, mais aussi dans les carrés anglais, étaient de jeunes recrues qui essuyaient le feu pour la première fois de leur vie. Un officier des Royals Engineers, qui avait cherché refuge dans un carré, observa : « La première fois que les cuirassiers s'approchèrent du carré dans lequel j'étais réfugié, les hommes, tous jeunes soldats, semblèrent alarmés. Ils tirèrent en hauteur, avec peu de résultat. Dans un des angles, il y avait assez d'agitation pour me faire sentir résolument mal à l'aise. » Le soldat Morris, pourtant doté de nerfs assez solides pour s'endormir pendant une heure quand le régiment avait ordre de se coucher à terre, n'apprécia aucunement le moment où « un bon nombre de cuirassiers français apparut sur la crête devant nous, se saisit de l'artillerie que nous avions disposée là et descendit vers nous au galop ». « Avec ceux-là, nous n'avons pas la moindre chance de nous en tirer », se dit-il, tant l'impressionnaient la taille des chevaux et des hommes, les casques étincelants et les cuirasses d'acier.

La même impression prévalait chez des gens bien plus expérimentés que ce jeune homme de dix-neuf ans. Le major Baring, dans la cour de la Haye-Sainte, ordonna à ses fusiliers de faire feu contre la cavalerie qui passait en rangs serrés sur le côté de la ferme, mais il la vit poursuivre son avancée « sans même s'apercevoir de nos tirs » et charger crânement les carrés. « J'ai pu assister à tout le spectacle et je n'ai pas peur d'admettre que, plus d'une fois, j'ai senti le cœur me manquer. » Beaucoup plus en retrait, sur les hauteurs d'Hougoumont, le capitaine Mercer poursuivait une conversation avec le colonel Gould lorsqu'il vit la cavalerie ennemie remonter la pente et submerger les batteries installées en première ligne. Pendant un instant, il eut l'impression que les carrés avaient eux aussi disparu au milieu de cette marée. « Les seuls objets visibles étaient quelques rares canons éparpillés en désordre, gueule en l'air, sans artilleurs », commenta Mercer. « À ce point, nous commençâmes à craindre d'être submergés nous aussi, comme il était probablement arrivé à la première ligne. "J'ai peur que tout soit fini", dit le colonel Gould, qui était encore avec moi. La chose semblait par trop vraisemblable, et, cette fois, je ne pus que lui donner raison, car il semblait bien en aller ainsi. »

Mais avoir pris les canons ne voulait rien dire, si les carrés n'étaient pas enfoncés ou, du moins, repoussés plus en arrière. Et charger contre une ligne de carrés n'était en rien une question d'élan aveugle et de choc brutal entre des masses. Il s'agissait plutôt, comme nous l'avons déjà vu, d'un duel psychologique à haut risque. Les cuirassiers français étaient arrêtés, bien en vue, sur le sommet de la crête, à un peu plus d'une centaine de mètres des carrés les plus proches. Une distance suffisante pour qu'il fût parfaitement inutile, côté infanterie, de les prendre de mire. Quand un escadron était prêt et avait choisi son objectif, il s'ébranlait, au pas, les officiers supérieurs précédant tous leurs hommes, sabres dégainés. Si, à ce point, les hommes du carré commençaient à s'agiter un peu trop, les officiers des cuirassiers pouvaient courir le risque d'accélérer l'allure en se mettant au trot, ce qui voulait dire qu'il restait aux fantassins le temps de tirer une seule et unique salve. Si la salve était mal tirée, trop tôt ou trop haut, la cavalerie pouvait passer au galop. Le plus probable était alors que les fantassins perdent la tête et s'égaillent avec pour résultat assuré de se faire massacrer. Si, au contraire, les fantassins, retenus à leurs postes à renfort de jurons et de bourrades par leurs officiers et sous-officiers, gardaient les nerfs solides et attendaient jusqu'au dernier moment pour tirer, la cavalerie ralentissait d'ordinaire le pas et déviait à droite ou à gauche, avant le choc, à la recherche d'un autre objectif, exposée en plein aux tirs du carré qui pouvait alors faire feu en toute sécurité.

Il va de soi que la partie n'était pas égale. La victoire, pour un carré, cela voulait simplement dire un instant de répit, avant que se présente un autre escadron ; la défaite, elle, était synonyme de ruine et de mort. Un escadron de cavalerie pouvait, en revanche, encaisser, à ce jeu, bon nombre de défaites avant que les faibles salves des carrés entament sa capacité offensive. Mais la partie était rééquilibrée dans la mesure où la cavalerie n'avait pas la moindre possibilité d'enfoncer un carré grâce à sa seule puissance de choc, ni même d'amener ses chevaux rétifs à s'avancer au milieu des baïonnettes. « Les chevaux, malgré tous les effort de leurs cavaliers, s'arrêtaient, tremblants et écumants, à une vingtaine de mètres des carrés, et résistaient généralement à toutes les tentatives pour les contraindre à charger la ligne des baïonnettes », observa l'enseigne Gronow, qui passa plusieurs heures dans le carré du 3/1er Foot Guards. En définitive, l'issue finale dépendait exclusivement du courage de l'infanterie : si elle gardait les nerfs solides, il ne pouvait rien lui arriver, alors que le courage de la cavalerie ne suffisait pas, en lui-même, à poser une hypothèque sur la victoire.

Entre quatre heures et six heures de l'après-midi, sur la pente qui, du chemin d'Ohain, allait s'abaissant au nord, dans la direction de Mont-Saint-Jean, se jouèrent d'innombrables parties de ce genre. Et toujours l'infanterie anglaise et allemande tint bon, grâce à la rudesse de son entraînement, à l'énergie de ses officiers et au courage de ses fantassins. Le capitaine von Scriba raconte comment les officiers parvinrent à contraindre leurs recrues à ne pas tirer avant que les cuirassiers soient à vingt ou trente pas : bien qu'inefficace, la salve suffit à débander les cavaliers et à les faire reculer. Tout aussitôt, les Français reprenaient leur avancée. Mais, quand ils arrivèrent de nouveau à la même distance, l'infanterie, miraculeusement contrôlée par ses officiers, parvint à différer son tir. Les nerfs des cuirassiers craquèrent. Ils changèrent de direction, défilant sans dommage le long des flancs du carré.

Ce petit jeu psychologique prenait parfois des allures théâtrales dans ses tempos. Le duc de Wellington se souvenait d'avoir vu des carrés qui « ne voulaient pas tirer tant que les cuirassiers ne chargeaient pas ; et les cuirassiers ne chargeaient pas tant que nous n'avions pas fait feu ». Mais il était possible d'introduire des variantes dans ce jeu – qui, de toute manière, se jouait toujours à deux. Quand ils s'aperçurent que la tactique des carrés consistait à différer la salve jusqu'au dernier moment, les officiers des cuirassiers commencèrent à envoyer en avant des cavaliers isolés, qui s'avançaient à très petite distance de l'ennemi et le prenaient de mire avec les courtes carabines dont ils étaient dotés. Ces hommes risquaient sérieusement d'y laisser leur peau, car si le carré, exaspéré, leur avait répliqué par une salve, ils auraient à coup sûr été jetés bas de leur monture. Mais c'était précisément ce qu'attendaient les officiers français, qui auraient profité de l'occasion pour lancer leurs hommes à la charge avant que l'infanterie ait eu le temps de recharger. Les officiers anglais et allemands parvinrent à empêcher leurs troupes de tirer. La situation était toutefois trop inconfortable pour pouvoir être supportée longtemps, si bien qu'il fallut faire sortir des carrés des tireurs d'élite, avec tous les risques que cela comportait, pour essayer d'éloigner les cuirassiers et leurs carabines.

Les commandants, dans ce genre d'affrontement, étaient sollicités à l'extrême, tant sur le plan nerveux que sur celui de leurs capacités. Derrière la Haye-Sainte, un escadron de cuirassiers avait déjà chargé le carré du 5e KGL à plusieurs reprises. Repoussé chaque fois, il allait s'abriter dans un pli du terrain. L'officier aux ordres de qui il était placé restait en sentinelle, rôdant, à découvert, autour du carré pour saisir le moment favorable et ordonner une nouvelle charge. Le colonel von

Ompteda, commandant de la brigade, qui s'était réfugié dans ce carré, demanda à nombre de tireurs d'élite d'abattre l'officier français, mais tous le manquèrent. Finalement, alors que le carré avait déjà été chargé à cinq reprises, un fusilier d'un autre régiment, du nom de John Milius, qui, blessé dans l'intervalle entre les fronts, avait été traîné à l'intérieur du carré, s'offrit de tenter le coup. Il avait une jambe cassée et avait perdu beaucoup de sang. Il se fit néanmoins porter en première ligne, visa l'officier français avec sa Baker rayée et l'étendit mort du premier coup.

En apparence, la cavalerie ne faisait que peu de progrès. Wellington ne se trouvait pourtant en rien dans une situation favorable. L'ennemi avait submergé sa ligne défensive, ses canons étaient temporairement perdus, lui-même ainsi que tous ses généraux étaient obligés de se mettre à l'abri à l'intérieur des carrés, d'où il était inévitablement plus difficile d'exercer le commandement. Et la cavalerie, comme il le raconta plus tard, « se promenait au milieu de nous comme si elle avait été la nôtre ». Si Napoléon, à ce moment, avait envoyé en avant l'infanterie de sa Garde, qui constituait la principale réserve encore à sa disposition, la ligne de la dorsale aurait pu être définitivement occupée, les canons anglais rendus inutilisables et, en toute probabilité, les Français auraient gagné la bataille de Waterloo.

Le fait de ne pas avoir employé ses réserves en soutien de sa cavalerie a toujours été reproché à Napoléon comme un excès de prudence qui lui coûta la victoire. Il vaut donc la peine d'essayer d'en analyser les raisons. Les préoccupations relatives aux colonnes prussiennes qui approchaient par l'est et qui, à ce moment précis, comme nous le verrons d'ici peu, commençaient à déboucher du bois de Frischermont, peuvent avoir pesé. À la lumière de ce qui advint plus tard, il est aussi vraisemblable que l'empereur n'avait aucune intention de lancer l'attaque finale tant que Hougoumont et la Haye-Sainte résistaient, sachant combien il aurait été risqué de pousser le gros de ses troupes dans un espace aussi restreint en laissant derrière soi deux bastions encore aux mains de l'ennemi. Mais il y a peut-être un motif encore plus convaincant à cette inaction : le combat autour des carrés se déroulait au-delà de la dorsale, hors du champ visuel de Napoléon. Tant que le maréchal Ney ou les commandants de la cavalerie ne lui communiquaient rien, l'empereur ne pouvait savoir ce qui se passait. Quelques années plus tôt, Napoléon serait monté à cheval et aurait poussé lui-même jusque-là. Mais il avait quarante-six ans ; il était las. Il resta assis sur sa chaise de camp près de la Belle-Alliance, à mastiquer des brins de paille en attendant des nouvelles.

46. « Mais où est notre cavalerie ? Pourquoi ne viennent-ils pas attaquer ces gens ? »

La seule force susceptible d'essayer de déloger la cavalerie française de la crête et d'accorder un répit aux carrés était la cavalerie alliée, et lord Uxbridge l'employa sans restriction. Les brigades de cavalerie Grant, Dornberg et Arentschildt, à disposition entre la Haye-Sainte et Hougoumont, comptaient en tout sept régiments, quatre anglais et trois de la KGL, auxquels il fallait ajouter le régiment de hussards du Brunswick et un régiment de volontaires hanovriens, les Cumberland Hussards. Le commandant de la cavalerie hollandaise, De Collaert, avait sept autres régiments, mais en grande partie déjà usés par la charge menée peu auparavant. Le total était néanmoins imposant : plus de six mille sabres, dont la moitié au moins constituaient des troupes fraîches, si bien que, sur le papier, lord Uxbridge aurait dû être en mesure de balayer de la crête la cavalerie ennemie. Mais, en réalité, ces troupes se résumaient presque entièrement à de la cavalerie légère, et l'on ne pouvait songer à l'employer en masse contre les cuirassiers ou les lanciers de la Vieille Garde. Uxbridge préféra donc la tenir derrière les carrés, assez près pour que les fantassins sentent sa présence rassurante, pour ensuite lancer quelque escadron quand s'en présentait l'occasion, au moment où la cavalerie ennemie se laissait surprendre, débandée et en repli, après une charge manquée.

Dans plus d'un cas, ces contre-attaques furent menées avec succès, même si les officiers de la cavalerie alliée continuaient, Anglais et Allemands à parité, à démontrer ce même mépris impavide des ordres et cette même imprévoyance dont leurs collègues avaient déjà donné précédemment des preuves. L'épisode qui suit en offre un exemple typique. À un certain point, le général von Dornberg décida d'attaquer un régiment de cuirassiers avec deux de ses régiments, le 23e Dragons Légers anglais et le 1er Dragons Légers KLG, soit avec des forces deux fois supérieures. Il avertit ses commandants que, si l'ennemi se repliait, un seul escadron de chaque régiment devrait se lancer à sa poursuite, tandis que les autres reformeraient les rangs et se tiendraient en couverture. Attaqués sur chacun de leurs flancs, les premiers escadrons du régiment français furent effectivement mis en déroute ; après quoi toute la cavalerie de Dornberg, oublieuse des ordres, se précipita à leur poursuite.

Le colonel français, à la différence de son adversaire, avait réellement des escadrons en réserve, contre lesquels la course alla se briser. Tout aussitôt, tandis que la cavalerie anglaise et allemande remontait la pente en désordre avec des chevaux hors d'haleine, un nouveau régiment de cuirassiers surgit pour leur barrer la route. Les escadrons de Dornberg ne surent que faire sinon charger. Les Français s'arrêtèrent et les attendirent immobiles, l'épée au poing. Alors qu'ils s'entrechoquaient déjà, les dragons légers s'aperçurent que leurs sabres recourbés ne pouvaient ni résister aux épées longues des cuirassiers ni percer leurs cuirasses. Comme ses hommes commençaient à perdre courage, le général von Dornberg essaya d'en entraîner quelques-uns pour prendre l'adversaire de flanc. « À ce point, je fus transpercé au thorax, à gauche, jusqu'au poumon, et le sang se mit à me sortir par la bouche, m'empêchant de parler. Je fus contraint de retourner en arrière et ne peux dire autre chose de notre action. »

Ce compte rendu de Dornberg est assez désolant pour faire revenir à l'esprit les commentaires caustiques du duc de Wellington quant à la capacité de manœuvre de sa cavalerie. L'épisode n'est pas le seul du genre. Le capitaine von Goeben, du 3e Hussards KGL, raconte comment lord Uxbridge en personne ordonna à deux escadrons d'attaquer deux régiments de cavalerie française en train de remonter la pente. « L'attaque fut menée, contraignant ceux des ennemis que les deux escadrons purent atteindre à se replier. Mais, entre-temps, vu la bien plus grande force de la ligne ennemie, les nôtres furent enveloppés, sur leurs deux flancs, perdant un grand nombre d'officiers, d'hommes et de chevaux. » Suit la longue et déprimante liste des officiers tués ou gravement blessés pendant l'action. Quand ce régiment allemand, qui avait entamé la journée avec au moins cinq cents sabres, parvint à réordonner ses rangs derrière la protection que leur offraient les carrés, il ne restait pas plus de cent vingt hommes à cheval.

À l'impéritie de trop d'officiers anglais et allemands s'ajoutait la supériorité matérielle de ces cuirassiers français revêtus d'une lourde armure. Elle se confirma régulièrement dans presque tous les combats. Le capitaine von Kerssenbruch, auquel l'action précédemment menée n'avait pas suffi et à qui était échu le commandement du 3e Hussards après que le colonel eut été tué par un boulet de canon, voulut charger quelques escadrons de cuirassiers par le flanc. Les hussards eurent presque aussitôt le dessous, leur capitaine fut tué et les survivants arrivèrent au galop au milieu des carrés, mêlés aux cuirassiers qui les poursuivaient. Le feu de l'infanterie convainquit les Français de reculer, mais nombre d'entre eux, dans l'élan, finirent au-delà des lignes ennemies. Quand ils essayèrent de reformer leurs rangs, les hussards s'aperçurent qu'un cuirassier se trouvait au milieu d'eux. Comme celui-ci refusait de se rendre, ils entreprirent de l'abattre à coups de sabre, mais il leur fallut un bon bout de temps avant d'y parvenir, tant son casque et sa cuirasse se montrèrent résistants sous leurs coups.

Pour nombre d'officiers de la cavalerie alliée, cette phase de la bataille se révéla plutôt frustrante. Le capitaine Robbins, du 7e Hussards, le régiment chéri en tant que régiment personnel de lord Uxbridge, ne se souvenait quasiment de rien, sinon que ses hommes et lui, descendus de selle pour offrir une cible moins visible, avaient été déplacés à plusieurs reprises vers l'avant ou l'arrière, sans jamais cesser d'être sous le feu de l'artillerie ennemie. « Finalement, comme nous étions fortement dérangés par des boulets et des obus et que nous perdions beaucoup d'hommes et de chevaux, bien que n'ayant pas encore vu l'ennemi, nous fûmes déplacés à couvert du chemin creux. » Mais l'endroit n'était pas bien sûr lui non plus : « Quelques canons de l'artillerie à cheval venaient d'être contraints d'évacuer les lieux, car les canons ennemis avaient ajusté leurs tirs et causaient là de gros dégâts. » Pour finir, le régiment reçut l'ordre de monter à cheval et d'affronter la cavalerie ennemie qui se portait en avant à proximité du château d'Hougoumont. Ces hommes eurent à peine le temps de voir qu'ils avaient affaire aux lanciers de la Garde, déployés sur trois rangs, « ordonnés comme sur la place d'armes », et de les charger. « Je fus blessé dans cette charge et tombai ; à partir de ce moment, je ne suis pas en mesure de dire ce qui se passa. »

Il n'est pas étonnant qu'à la longue la cavalerie alliée ait commencé à perdre courage. Les quelques escadrons qui restaient de la Household Brigade furent encore employés dans une charge manquée ; après quoi il fallut les déployer à l'arrière, sur un seul rang au lieu de deux, « afin d'impressionner ». (« Par chance pour nous, commente un des rares officiers restants, personne ne nous attaqua. ») Un instant plus tard, lord Uxbridge rejoignait la brigade de Trip et lui ordonnait de charger ; puis, dégainant son sabre, il partait au trot. Son second, le capitaine Seymour, courut derrière lui pour l'avertir que personne ne le suivait. Uxbridge revint sur ses pas, furieux ; il s'efforça de convaincre les Hollandais de bouger, mais ce fut peine perdue.

À peu de temps de là, Uxbridge vit les Cumberland Hussards donner des signes clairs d'agitation et se mettre à reculer sans en avoir reçu l'ordre. Le général envoya tout aussitôt Seymour voir ce qui se passait. Ces hussards allemands, des volontaires engagés tous autant qu'ils étaient pour la première fois dans une bataille, se trouvaient depuis un bon bout de temps sous le bombardement sans qu'il soit venu à l'esprit de leurs officiers, non moins inexpérimentés que leurs hommes, de les faire descendre de cheval pour réduire les pertes. Waymouth, du 2e Life Guards, se rappela les avoir vus immobiles sur leurs selles, alors que toute la cavalerie anglaise avait mis pied à terre et s'abritait sous les chevaux, et s'être demandé ce qui, diable, leur avait pris pour rester ainsi à se faire massacrer. Mais les hussards à présent en avaient assez. Le colonel von Hake, qui les commandait, expliqua à Seymour, incrédule, qu'il ne pensait pas pouvoir les contraindre à rester en ligne, puisqu'il s'agissait de volontaires et que les chevaux étaient leur propriété. Le capitaine donna vainement l'ordre de s'arrêter, évoqua l'honneur du régiment, prit le cheval du colonel par la bride en manifestant à ce dernier ce qu'il pensait de lui sans mâcher ses mots et, pour finir, le pria de disposer au moins ses hommes à l'arrière, hors de portée des canons ennemis. Personne ne l'écouta ; et le régiment se débanda. Un certain nombre d'officiers et de soldats, indignés de la lâcheté de leurs camarades, quittèrent les rangs et s'unirent à d'autres régiments ; le reste retourna au galop jusqu'à Bruxelles.

Grande publicité fut faite de ces épisodes, et le colonel von Hake finit devant une cour martiale qui le chassa ignominieusement de l'armée. Mais, en vérité, à l'heure en question, l'armée anglaise elle-même n'avait plus envie de se battre. Les exhortations de lord Uxbridge se heurtaient partout à la même résistance obstinée, si bien que, pour finir, le malheureux laissa échapper qu'il avait honte d'être anglais. Coincés comme ils l'étaient dans les carrés, les simples fantassins, qui n'avaient sans doute jamais vraiment porté la cavalerie dans leur cœur et à qui la générosité fit peut-être défaut, commençaient à partager la même opinion. Dans le carré où s'était réfugié le duc de Wellington, les hommes étaient si exaspérés de voir les cuirassiers se promener tranquillement à petite distance que l'un d'eux se mit à crier : « Où est notre cavalerie ? Pourquoi ne viennent-ils pas attaquer ces gens ? »

En réalité, la principale fonction assumée par la cavalerie de Wellington pendant les charges des cuirassiers français semble avoir été de prendre position derrière les carrés, surtout ceux composés de recrues, pour empêcher les hommes de se laisser gagner par la panique et de s'enfuir, les convainquant au besoin à coups donnés du plat du sabre sur le dos. Déployés sur deux rangs, les museaux de leurs chevaux quasiment contre l'échine des fantassins, les régiments de cavalerie occupaient un espace si étendu que les hommes regroupés dans les carrés ne pouvaient s'éclipser, même si beaucoup, notamment ceux qui se trouvaient dans les positions les plus vulnérables, étaient facilement tentés de le faire. Le sergent Cotton, du 7e Hussards, se rappelait avoir vu, à de nombreuses reprises, « quelques soldats des troupes étrangères s'enfuir de l'angle d'un carré ; un ou deux officiers supérieurs galopaient aussitôt derrière eux pour les intercepter ; ils parvenaient toujours à les ramener dans les rangs. Je les ai aidés à le faire plus d'une fois, et j'étais surpris de la rapidité avec laquelle les étrangers faisaient demi-tour dès que nous arrivions derrière eux ».

47. « Vous verrez bientôt sa force, messieurs »

La plus dure épreuve pour les fantassins était, cependant, le bombardement continu de l'artillerie, qui avait intensifié ses tirs en concomitance avec l'avancée de la cavalerie. Les hommes, contraints de rester debout, en formation serrée, étaient à présent bien plus exposés aux boulets qui roulaient au bas de la pente et aux éclats des obus que les pièces françaises tiraient à l'aveuglette par-dessus la crête. Les écrits des survivants laissent l'impression que tout un chacun, dans les carrés, était occupé à compter les morts en se demandant quand viendrait son tour. Thomas Morris, qui gardait toujours les stocks de liqueur du 73e, était sous la fascination d'un obus tombé à petite distance ; tandis que la mèche finissait de brûler, il se demanda combien d'hommes allaient être tués. « L'éclat qui me toucha était un morceau de fonte brute, de la grosseur plus ou moins d'une fève, qui se planta dans ma joue gauche. Le sang coula en abondance à l'intérieur de mes vêtements. Cela me gênait plutôt. Notre pauvre vieux capitaine était horriblement effrayé et n'arrêtait pas de venir auprès de moi avaler une gorgée afin de garder le moral. Vers la fin de la journée, il fut coupé en deux par une canonnade. » Ses hommes ne le regrettèrent guère, car ce capitaine, à soixante ans, avait oublié toutes les manœuvres et, deux jours plus tôt, aux Quatre-Bras, les aurait tous conduits au massacre si ses sergents n'avaient corrigé ses erreurs.

Dans un des carrés hanovriens derrière la Haye-Sainte, le capitaine von Scriba tenait froidement le compte des boulets qui tombaient au milieu de ses hommes, à une cadence par trop régulière. « Vers deux heures et demie (mais les heures indiquées par les témoins oculaires ne sont presque jamais fiables, et il était sûrement beaucoup plus tard), notre commandant, le lieutenant-colonel von Langrehr, eut son cheval tué par un boulet de canon. Il monta aussitôt sur le cheval du major Müller. Quelques minutes plus tard, il fit arrêter un cheval sans cavalier et y monta, rendant sa monture au major. Moins d'un quart d'heure après, notre brave commandant, auquel nous voulions tous du bien, eut la jambe droite fracassée par un boulet de canon. Il resta cependant en selle, prononça avec calme quelques mots d'adieu et céda le commandement du carré au major von Schkopp », puis il s'en alla tranquillement mourir un peu plus en arrière.

Dans l'attente du boulet de canon qui, à un moment ou un autre, ne manquerait pas de le toucher lui-même, le capitaine von Scriba observait, préoccupé, le carré de Nassau rangé à côté du sien. Depuis que l'artillerie française avait ajusté ses tirs, les Nassauviens s'étaient mis à devenir nerveux, et l'ordre d'enlever les protections de toile de leurs shakos afin d'être moins visibles de loin n'avait pas suffi à les tranquilliser. « Plus d'une fois, nous les avons vus se débander en désordre ; par chance, leurs officiers, qui donnaient magnifiquement l'exemple, ont toujours réussi à les ramener à leur poste. On voyait très bien qu'ils subissaient des pertes terribles. » Heureusement pour les alliés, il n'y avait dans aucun de ces cas des escadrons de cavalerie assez proches pour profiter de l'occasion. Même si, à l'évidence, quelques batteries françaises avaient manœuvré de manière à se porter en vue des carrés, leurs canons étaient plantés à grande distance et interrompaient leurs tirs quand la cavalerie avançait contre l'ennemi pour ne les reprendre que lorsqu'ils la voyaient se replier. C'est certainement là une des circonstances qui contribuèrent à sauver le dispositif allié de la destruction.

Afin de protéger les hommes de la pluie de boulets et d'éclats d'obus, ordre fut donné, dans certains carrés, de se mettre à plat ventre – ce qui, bien évidemment, aurait été impossible si la cavalerie ennemie avait été en vue. Le capitaine Pattison, du 33ᵉ, raconte le sort étrange que connurent trois officiers « couchés à terre, l'un à côté de l'autre, au milieu du carré » : « Je m'étais mis debout, pour voir ce qui se passait à notre gauche, quand un projectile, probablement un éclat d'obus, frappa Hart à l'épaule, assez fort pour le tuer sur l'instant, puis, passant au-dessus de Trevor, emporta une des oreilles de Pagan. Celui-ci se leva chancelant et perdant du sang en abondance. Avec l'aide d'un autre, je le fis étendre sur une civière pour qu'on l'emporte vers l'arrière. La civière s'était à peine mise en branle qu'un boulet de canon frappa un des hommes qui la portaient et lui arracha la jambe. Un autre prit sa place, et le lieutenant fut porté à Waterloo, où les chirurgiens s'occupèrent de lui. »

Les bataillons d'Adam, disposés quelques petites centaines de mètres plus loin, étaient soumis à un identique pilonnage. Leeke, qui tenait le drapeau du 52ᵉ, laissa ce commentaire : « Être debout à se faire canonner, sans avoir rien d'autre à faire, est à peu près la chose la plus désagréable qui puisse arriver à des soldats dans une bataille. » Nous venons de voir qu'en règle générale les officiers étaient couchés à terre avec leurs hommes, mais les officiers auxquels étaient confiés les drapeaux et les sous-officiers chargés de les escorter étaient obligés de rester debout. Un des sergents de Leeke aperçut un boulet qui venait droit sur lui : il l'évita « en se baissant dès qu'il le vit arriver ; ceci se justifie parfaitement étant donné que ses compagnons étaient tranquillement couchés à terre », commente son supérieur, non sans éprouver le besoin d'expliquer le geste. (Plus tard, alors que les hommes se tenaient debout, un obus passa à faible hauteur. Beaucoup baissèrent instinctivement la tête. « Honte sur vous, honte sur vous ! s'écria sir John Colborne, qui commandait le régiment. Recrues, qu'êtes-vous ? »

Peu après, c'était au tour de Leeke. Hypnotisé, l'enseigne vit, à des centaines et des centaines de mètres de distance, les servants d'un canon français charger leur pièce. Il les vit mettre le feu aux poudres. Il vit le boulet sortir de la bouche du canon et se diriger très précisément sur lui. Une pensée lui vint aussitôt : « Qu'est-ce que je fais ? Je bouge ? » Il se répondit que non, et resta bravement immobile, serrant la hampe du drapeau. « Je ne sais pas exactement à quelle vitesse volent les boulets de canon, mais je pense que deux minutes se sont écoulées entre le moment où j'ai vu le boulet sortir du canon et celui où il a touché le carré. Il n'a pas pris d'enfilade les quatre hommes devant moi, mais les malheureux à leur droite. C'était un tir légèrement parabolique et, après avoir touché le premier à la hauteur du genou, il a percuté la terre sous les pieds du quatrième, le blessant gravement ; de là, il a rebondi, passant à un pouce ou deux de la hampe du drapeau. Les deux premiers hommes sont tombés en dehors du carré ; je crains qu'ils n'aient pas survécu. Les deux autres sont tombés à l'intérieur. Le dernier hurlait pas mal. » Comme il est bien évident, des épisodes du genre étaient voués à rester gravés dans les mémoires des survivants et à oblitérer peut-être les longues périodes où pas même un boulet n'était tombé sur leur carré. Les pertes, il convient de le souligner, furent au bout du compte beaucoup plus faibles qu'on ne pourrait le croire à la lecture de ces comptes rendus. Quoi qu'il en soit, l'épreuve était rude sur le plan psychologique.

Vers la fin de l'après-midi, le sergent Lawrence du 40e eut ordre de prendre son service au drapeau. « Même si j'étais habitué à faire la guerre comme n'importe quel autre, c'était une besogne qui ne me plaisait pas du tout. Je m'y suis pourtant mis avec tout le cran que j'avais, se souvenait le sergent de nombreuses années plus tard. Avant moi, il y avait déjà eu, ce jour-là, quatorze sergents tués ou blessés pendant qu'ils étaient de service au drapeau, et tout autant d'officiers. Drapeau et hampe étaient quasiment réduits en pièces. Cette affaire ne s'effacera jamais de ma mémoire ; même si je suis à présent un vieil homme, je m'en souviens comme si c'était hier. Je n'étais pas là depuis plus d'un quart d'heure, quand un boulet de canon arriva et emporta la tête du capitaine. Il était juste à côté de moi : je touchais de mon flanc gauche le flanc droit de ce pauvre capitaine. Je me retrouvai tout barbouillé de son sang. » Le carré tenait dur, mais le moral n'était plus bien bon. « Fatigués comme ils l'étaient, les hommes commençaient à perdre courage, mais les officiers ne cessaient de leur redonner du cœur au cri de “Tenez la position, soldats !”. Comment nous y sommes parvenus est un mystère pour moi, car, à la fin, nous étions restés à si peu que nous suffisions à peine à former le carré. »

À ce moment de l'après-midi, il semble que le moral des Français remontait tout à l'inverse au zénith. S'entendant demander par les officiers ennemis combien Napoléon avait de forces en lice, un officier des cuirassiers, désarçonné et traîné de force à l'intérieur d'un carré anglais, « répondit avec un sourire où se mêlaient dérision et menace : “Vous verrez bientôt sa force, messieurs.” » À quelques centaines de mètres à vol d'oiseau, le maréchal Ney, s'approchant du général Desales qui avait repris le commandement de la grande batterie reconstituée et s'employait à diriger les tirs contre les carrés anglais disposés derrière la Haye-Sainte, lui dit allègrement : « Avez-vous jamais vu une paraille bataille ? Quel acharnement ! » Il était lui aussi d'excellente humeur : après l'échec de d'Erlon, tout allait de nouveau pour le mieux. « Ce soir, dit Ney, vous viendrez souper chez moi à Bruxelles. »

48. Blücher à l'attaque

Les Français auraient été beaucoup moins tranquilles s'ils avaient su que les officiers allemands les épiaient depuis plusieurs heures déjà avec leurs longues-vues, après avoir traversé sans embûche le bois de Frischermont. L'heure de midi passée, le major von Falkenhausen avait même poussé, avec une patrouille de uhlans, jusqu'à la grand-route, derrière la Belle-Alliance, dans le dos de toute l'armée ennemie. Il avait capturé là quelques Français ébahis, qui lui avaient confirmé que Napoléon était entré en action et que la Garde était avec lui. Le général von Valentini, chef d'état-major de Bülow, s'était enfoncé dans les taillis avec l'un de ses officiers. Ayant croisé un paysan, il l'avait fait hisser de force sur un cheval de l'artillerie et s'en était fait accompagner jusqu'à l'orée du bois. On entrevoyait, tels des pavots parmi les champs où le blé mûr dépassait la taille d'un homme, les tuniques rouges de quelques soldats anglais qui s'étaient esquivés du champ de bataille. Des Français, il n'en était trace.

Agréablement surpris par l'absence des ennemis, Valentini se faisait expliquer par le paysan la meilleure route pour poursuivre en direction de Smohain lorsque quelqu'un cria : « Arrêtez ! À gauche, des lanciers ennemis ! » Le petit groupe s'éloigna au galop. Presque aussitôt, on s'aperçut qu'il s'agissait en réalité des uhlans de von Falkenhausen revenant de leur incursion. Une fois assuré que l'ennemi était absent du bois de Frischermont, Valentini poussa plus avant, descendit de cheval et examina l'horizon à l'aide de sa longue-vue. Il repéra, de-ci de-là, quelques sentinelles françaises, mais tous étaient occupés à regarder devant eux : personne ne songeait à jeter un coup d'œil sur la droite, dans sa direction. Un peu plus tard, le prince Thurn und Taxis, l'envoyé bavarois auprès de Blücher, poussait à son tour jusqu'à l'orée de la forêt. De là, il put observer le champ de bataille jusqu'à la Haye-Sainte, noyée dans la fumée. « Pour incroyable que cela puisse sembler, nous voyions l'ennemi par-derrière, à une heure et demie de marche de distance et, avec les longues-vues, nous voyions même les blessés que l'on transportait vers l'arrière. »

Pour finir, Blücher en personne poussa jusqu'au même endroit. Ce matin-là, le vieil homme s'était levé à l'aube, avait envoyé au diable le médecin qui voulait enduire de pommade son épaule dolente (« Si je dois rejoindre l'autre monde, cela revient au même d'y aller pommadé ou pas. Si, en revanche, les choses se passent bien, nous prendrons tous notre bain à Paris d'ici peu »), avait dicté à l'attention de Müffling un billet au ton combatif (« Même si je suis vieux et malade, je chevaucherai aujourd'hui à la tête de mes troupes pour attaquer le flanc droit de l'ennemi dès que Napoléon marchera contre le duc. Si l'ennemi n'attaque pas aujourd'hui, mon opinion est que nous devons attaquer demain l'armée française ensemble »), puis il s'en était allé rejoindre l'avant-garde (« Je me serais fait attacher à mon cheval plutôt que de manquer la bataille »).

Le feld-maréchal examinait à présent tout à loisir les lignes arrière de l'ennemi ignorant du danger, en compagnie de Gneisenau et de Bülow. Pour favorable qu'ait été la situation, l'optimisme ne régnait pas dans leur petit groupe. Les réserves amassées par Napoléon derrière la Belle-Alliance paraissaient imposantes ; la perspective, observa quelqu'un, de devoir les affronter n'avait rien de réjouissant. La majorité des présents s'accorda toutefois à penser que Napoléon, s'apercevant qu'il était menacé, redoublerait d'efforts pour enfoncer la ligne de Wellington. Et Blücher observa sèchement qu'il avait des forces plus que suffisantes pour y parvenir. Chez les officiers de l'état-major prussien, la confiance en la capacité de résistance de l'allié était réduite au minimum. Mais Blücher, dans le cours de la matinée, avait tenu le duc informé de ses progrès et Müffling était venu, accompagné de quelques officiers allemands du *staff* de Wellington, discuter de la situation, soulignant combien l'intervention prussienne était indispensable si l'on voulait sauver la mise. Il n'était plus possible à présent de faire machine arrière. Le feld-maréchal ordonna à Bülow de reprendre la marche et d'occuper en force le bois de Frischermont.

L'avant-garde du 4e corps, arrêtée à Chapelle-Saint-Lambert, avait eu le temps de souffler pendant quelques heures. La troupe, composée en grande partie de miliciens de la Landwehr, en avait grand besoin. Ces hommes auraient aussi eu besoin de manger quelque chose, mais il n'y avait pas moyen de cuisiner quoi que ce soit, et, du reste, on n'avait pas d'eau. Beaucoup recueillirent dans leurs gamelles celle des flaques, y mélangèrent du café moulu, du sucre et du rhum. Ce fut là leur principale nourriture en l'attente de la bataille. Il n'y a pas lieu de s'étonner s'il fallut plusieurs heures, lorsqu'on se mit finalement en mouvement, pour que le gros de la troupe, encore ralenti par les chariots et les canons, parvienne à traverser la vallée de la Lasne, que les pluies de la nuit avaient réduite en un marécage, puis la vaste zone de taillis interrompus de clairières qui constituaient le bois de Frischermont. Les canons s'enfonçaient dans la boue jusqu'aux moyeux, les chevaux glissaient et s'enlisaient dans le sol fangeux, les soldats pestaient et essayaient de convaincre leurs officiers qu'il était impossible de passer par là. Mais Blücher se tenait à cheval au milieu d'eux et quelqu'un jura l'avoir entendu crier : « Courage, jeunes gens, il n'est pas vrai que cela est impossible. J'ai promis à mon frère Wellington d'arriver. Vous ne voudriez tout de même pas me faire mentir ? » À quatre heures, la moitié de l'infanterie du corps de Bülow et presque toute la cavalerie étaient finalement en position, à l'extrême limite du bois. Couverts de boue au point d'en être méconnaissables (« Nous avions tous l'air de mulâtres », commenta un officier), mais prêts à entrer en action en débouchant par surprise sur le flanc découvert de l'ennemi.

Dans un premier temps, les généraux prussiens avaient prévu de rassembler là tout le 4e corps avant d'engager l'action. Or une partie de l'infanterie et presque toute l'artillerie étaient encore en route. Blücher décida pourtant qu'on ne pouvait attendre davantage, car tout donnait à penser que Wellington ne tiendrait plus très longtemps. Le feld-maréchal ordonna donc sans plus de façon d'attaquer. À ce que pouvait juger le vieux prince de son poste d'observation, le bois de Frischermont constituait l'accès à un plateau, délimité sur la gauche par la vallée de la Lasne et sur la droite par celle du Smohain. Ces deux cours d'eau, tout juste des ruisseaux, faciles à passer à gué en temps ordinaire, opposaient des obstacles non négligeables du fait de leurs rives escarpées et du terrain marécageux. Cependant, dès que, le bois passé, l'on se trouvait en vue du champ de bataille, le plateau s'élargissait, les deux cours d'eau suivant un trajet de plus en plus divergent. Les généraux prussiens auraient donc l'espace nécessaire pour déployer leurs troupes et aller heurter le flanc droit français, ainsi que convenu avec Wellington. Et si personne ne les arrêtait, en une heure et demie de marche, selon l'estimation du prince Thurn und Taxis, leur cavalerie aurait atteint la Belle-Alliance.

Il sembla, effectivement, au tout départ, que personne n'était en mesure de les arrêter. Ce n'est qu'au moment où les premiers Prussiens sortirent du bois que les généraux français parurent s'apercevoir du danger et cherchèrent à faire quelque chose : jusque-là, comme l'écrit Bülow dans son rapport du lendemain, « l'ennemi avait montré une négligence incompréhensible ; il ne semblait pas prêter la moindre attention à notre existence ». Tout comme ceux cités plus haut, ce témoignage confirme que les troupes de Mouton étaient, à ce moment, en soutien de l'aile droite, si terriblement affaiblie par la défaite de d'Erlon, et qu'elles faisaient face aux positions de Wellington, sans que personne les ait averties que les Prussiens pourraient déboucher tôt ou tard sur leur flanc. À la vue de ces troupes qui surgissaient du bois, le colonel Combes-Brassard, chef d'état-major de Mouton, partit au galop pour savoir de qui il s'agissait et resta interdit en s'apercevant que c'étaient les Prussiens. « Leur arrivée se produisait sans que l'empereur eût donné aucun ordre. Nous étions tournés. »

Vers quatre heures et demie, alors que la ligne de Bülow commençait à émerger en force du bois de Frischermont, seuls les escadrons de lanciers et de chasseurs à cheval de Domon et de Subervie occupaient une position d'où l'on pouvait tenter de ralentir cette avancée. On recourut donc à eux sans ménagement aucun. Les patrouilles de cavalerie qui formaient l'avant-garde prussienne furent attaquées et dispersées. Les commandants de deux brigades de cavalerie envoyés par Bülow furent tués dans ces escarmouches, un fait qui confirme le peu de capacité tactique d'une cavalerie prussienne dépourvue d'expérience. Mais la cavalerie française devait chaque fois évacuer la place sous le feu des batteries ennemies qui prenaient position à la limite des taillis. Couverte par leur canonnade, la ligne des tirailleurs prussiens se mit à s'étendre et couvrit bientôt tout le plateau, atteignant Smohain sur la droite et la Lasne sur la gauche, sur un front de presque deux kilomètres et demi.

La direction dans laquelle ils devaient avancer avait été objet de discussions dans les messages qu'avaient préalablement échangés, par l'intermédiaire de Müffling, Wellington et les généraux prussiens. Au sortir du bois, Bülow pouvait, en effet, pousser ses colonnes soit vers le nord-ouest, dans la direction de Smohain, pour nouer le contact avec l'extrême gauche de Wellington, soit vers le sud-ouest, dans une direction qui l'amenait à s'éloigner de ses alliés pour menacer les lignes arrière de l'ennemi. Les pistes de terre battue permettaient les deux manœuvres, et, dans un premier temps, Bülow avait cherché à avancer simultanément dans chaque sens. Il en était cependant découlé un incident avec les hommes du prince Bernard de Weimar. Progressant sur ce terrain entrecoupé d'innombrables haies et fossés et apercevant dans le lointain cette infanterie vêtue de bleu, à l'équipement si semblable à celui des Français, les Prussiens avaient tout bonnement ouvert le feu. Les Nassauviens avaient répliqué, et la fusillade s'était prolongée pendant dix minutes au moins avant que les officiers des deux camps s'aperçoivent de la méprise et parviennent à faire cesser les tirs.

Il était donc tout à fait possible initialement que les troupes de Bülow se dirigent vers Smohain et que, poursuivant le long du chemin creux, elles aillent prendre la place des brigades épuisées de Pack, Bijlandt et Kempt. C'était certainement ce que Wellington avait à l'esprit lorsqu'il avait réparti ses forces ; c'était dans la perspective de ces renforts que son aile gauche était délibérément restée très faible. Mais Bülow, ce matin-là, avait aussi convenu avec Müffling que l'avancée prussienne le long du chemin d'Ohain ne serait possible que si l'ennemi ne menaçait pas cette voie. En cas contraire, mieux valait que son offensive porte plus au sud, s'écartant de la ligne de front de Wellington pour heurter les Français de flanc et peut-être même de revers. Lorsqu'il s'aperçut des attaques auxquelles étaient soumises la Haye-Sainte et la Papelotte, le général prussien retint qu'une manœuvre le long du chemin d'Ohain serait dangereuse. Il rappela donc les forces qu'il avait déjà dirigées par là, orientant la marche de ses colonnes résolument vers le sud-ouest.

En fait, Wellington aurait grandement préféré, vu les vides effrayants qui s'étaient à ce point ouverts dans son infanterie, que les bataillons prussiens prennent position à côté des siens. Le capitaine Seymour reçut ordre de se rendre immédiatement auprès de Bülow et de lui communiquer cette demande pressante. Alors qu'il s'en allait transmettre le message, son cheval fut tué sous lui ; un autre officier partit à sa place, parvint à trouver le général prussien et lui fit part du désir du duc. Mais la mission resta sans grand succès. Il se peut que Bülow n'ait aucunement eu l'intention de renoncer à attaquer Napoléon pour assumer un rôle purement défensif qui l'aurait mis, de surcroît, aux ordres de Wellington. Quoi qu'il en soit, il répondit qu'il était désormais impossible de changer de plan de marche. Tout ce qu'il pouvait faire, c'était écrire à Blücher en lui recommandant de diriger un autre corps vers Smohain. Pour ce qui le concernait, son effort porterait plus au sud. Au sortir du bois de Frischermont, écrivit plus tard le général prussien, la ligne d'horizon « est dessinée par la route de Bruxelles qui court le long de la crête, où l'on distingue de loin la ferme dite de la Belle-Alliance, construite en un point dominant. Ce point très visible fut désigné à toutes les troupes comme l'objectif commun de l'attaque ».

Les charges de la cavalerie de Domon et de Subervie avaient fait gagner le temps nécessaire à Mouton pour redéployer ses troupes, à angle droit par rapport à celles de d'Erlon, et faire face à la poussée croissante des colonnes prussiennes. Ce général, un des commandants les plus expérimentés de l'armée française, fit tout ce qu'il était possible de faire, et ses troupes se battirent bien. Mais c'était une mission sans espoir que la leur, surtout dans un espace découvert comme celui s'étendant en deçà du bois de Frischermont. Mouton disposait en tout de quinze bataillons, en grande partie en sous-effectif, soit six mille fusils tout au plus et trente canons. Les six régiments de cavalerie légère de Domon et de Subervie y ajoutaient deux mille sabres et douze canons. Bülow, au moment où il déboucha du bois avec la moitié de son infanterie, avait déjà dix-huit bataillons à disposition, et ces bataillons prussiens, eux, avaient leur plein effectif, soit douze mille fusils. Sa cavalerie comptait huit régiments, pour un total de plus de trois mille sabres, même si plusieurs escadrons étaient dispersés depuis le matin pour des missions de reconnaissance. Quelques-unes de ses onze batteries restèrent définitivement embourbées dans la vase de la Lasne, mais, avec le temps,

Bülow parvint tout de même à en déployer huit, soit un total de soixante-quatre canons.

Mouton avait beau être un général courageux auquel la chance souriait d'ordinaire, il ne lui était pas possible de résister longtemps en pleine campagne face à des forces deux fois supérieures aux siennes. Pendant un temps, son artillerie maintint un feu assez soutenu contre les colonnes prussiennes en progression. Mais, quand il s'aperçut que la ligne ennemie était beaucoup plus étendue que la sienne et qu'elle menaçait de l'envelopper par les flancs, Mouton donna, très justement, ordre de reculer. Des charges répétées de la cavalerie de Domon et de Subervie contraignirent l'ennemi à ralentir son avancée. La cavalerie prussienne continuait à se montrer incapable de tenir tête à son homologue française, conduite par des hommes comme le colonel Sourd, du 2e Lanciers, auquel le chirurgien Larrey venait tout juste d'amputer un bras la veille, à la suite d'une furieuse escarmouche avec la cavalerie anglaise, et qui n'en insista pas moins pour conserver le commandement du régiment et le conduisit, en effet, tout le jour durant. Des actions comme celle-ci pouvaient ralentir l'avancée de Bülow, pas la bloquer. Lentement, au prix de continuels et épuisants combats d'avant-postes, les Prussiens gagnaient du terrain. « Là où nos tirailleurs avaient pris solidement pied, rapporta Bülow, l'artillerie se portait en avant avec la rapidité qu'exigeait la situation, et les dépassait pour diriger ses tirs à distance rapprochée contre l'ennemi. La ligne des bataillons rassemblés suivait et, derrière eux, la cavalerie de soutien, sans jamais perdre de l'œil le chapelet de tirailleurs qui opéraient à l'avant. »

Cette avancée, en obliquant toujours plus vers le sud-ouest, donnait à craindre que les Prussiens n'arrivent dans le dos de Napoléon et n'enferment dans une poche toute l'armée française. Le corps de Mouton reculait en bon ordre, en maintenant sa ligne de tirailleurs et en continuant à faire feu de toutes les gueules de ses canons. Les pertes des Prussiens commençaient à s'élever plus haut que celles des Français. Mais Mouton ne pouvait s'arrêter, car l'ennemi menaçait de déborder son aile droite. Vers la fin de l'après-midi, les boulets de canon prussiens commencèrent à tomber sur la route de Bruxelles, non loin de l'endroit où se tenait l'empereur, et l'un d'eux défonça le toit de la Belle-Alliance, désormais pleine de blessés français et de chirurgiens employés à leur tâche sanglante. En pointant sa longue-vue dans cette direction, Napoléon put voir les tirailleurs prussiens qui poussaient toujours plus vers le sud, le long de la route formant l'axe principal de leur avancée, et qui descendaient vers la Lasne. Poursuivant leur descente, ils n'allaient guère tarder à s'engager entre les premières maisons de Plancenoit, village dressé derrière le cours d'eau.

49. Plancenoit

Plancenoit était le plus gros centre de la zone. Un centre suffisamment grand pour que sa traversée demande cinq ou six minutes en marchant d'un bon pas. Un vrai village, donc, avec une route pavée, une église paroissiale en pierre et un cimetière enclos dans ses murs, à la différence de Smohain ou de Mont-Saint-Jean, qui se résumaient à quelques maisons regroupées. Ses habitants l'avaient abandonné dès la veille. Les soldats français avaient passé la nuit dans ses maisons, brûlant portes et volets pour se chauffer, puis, à l'aube, s'en étaient allés. Le village était maintenant vide. Et il était effroyablement proche des arrières de Napoléon. Les dernières maisons passées, la route remontait sur moins d'un kilomètre une légère pente, puis débouchait sur la grand-route juste derrière la Belle-Alliance. D'autres sentiers, à travers les collines, menaient encore plus en arrière, à Rossomme ou même au Caillou. Mouton allait, certes, occuper et défendre la place, reconnaissant en ce village la seule position d'où il pouvait affronter favorablement l'avancée ennemie, mais, à ce que Napoléon pouvait voir à l'aide de sa longue-vue, il était clair que le général n'avait pas assez de troupes pour résister longtemps. Or, si le village était perdu, l'ennemi ne tarderait pas à progresser jusqu'à mettre la grand-route à portée de ses fusils et à se trouver sur le flanc et le revers des réserves françaises.

L'empereur décida, non sans réticence, qu'une partie de la Garde devait être détachée dans cette direction, afin d'empêcher les Prussiens d'occuper Plancenoit. Les vingt-deux bataillons de la Garde impériale étaient tout ce qui lui restait comme infanterie encore fraîche pour déclencher l'attaque décisive contre la ligne de Wellington. Chaque bataillon envoyé contre les Prussiens réduirait ici les chances de victoire. Mais il n'y avait pas d'autre choix. Napoléon ordonna donc à Duhesme, qui commandait la division de la Jeune Garde, d'occuper Plancenoit avec ses huit bataillons. Assis sur leur havresac ou à même le sol, au bord de la route de Bruxelles, les hommes de la Garde étaient restés toute la journée à fumer et à bavarder, en attendant que vienne leur tour. Comme toujours, la Jeune Garde occupait la position la plus avancée, car elle était moins précieuse que la Vieille Garde et était envoyée au combat en premier. Et c'était elle qui devait maintenant sortir la première de l'inaction, former les rangs au commandement de ses officiers et se mettre en marche non pas contre l'ennemi lui faisant face, mais contre celui qui s'apprêtait à surgir à sa droite. La division Duhesme s'ébranla, accompagnée de trois batteries d'artillerie, soit vingt-quatre canons au total, dans la direction de Plancenoit, pour ajouter ses quatre mille fusils aux six mille de Mouton et empêcher à tout prix que les Prussiens ne s'emparent du village.

Dans ce combat pour Plancenoit, l'armée de Blücher allait, de son côté, manifester toutes ses qualités et toutes ses limites. Sur le plan moral, officiers et hommes de troupe étaient animés d'une haine fanatique à l'encontre des Français. Elle les avait aidés à supporter la fatigue d'une marche dans la boue entreprise à l'aube. Elle allait, en cette fin d'après-midi, les conduire à se battre avec une particulière férocité. L'affrontement entre les maisons du village, prises, perdues, reprises une à une, fut sanglant et sans quartier, comme l'avait été le choc de Ligny, deux jours auparavant. Tout en même temps, une trop grande part de cette troupe était composée de recrues de la Landwehr : elles manquaient d'entraînement et de cohésion. Le corps de Bülow était le seul de toute l'armée à comprendre non point un tiers, mais deux tiers de Landwehr dans son infanterie. Aussi l'inexpérience de trop de régiments est-elle sans doute à l'origine de ces fléchissements soudains et de ces moments de panique injustifiée qui se produisirent à plusieurs reprises au cours du combat pour Plancenoit. Comme le dit Müffling à Wellington, « notre infanterie ne possède pas la même force physique et capacité de résistance que la vôtre. La majeure partie de nos troupes sont trop jeunes et inexpérimentées ».

Sur le plan tactique, l'armée prussienne avait introduit de grosses innovations : la ligne des tirailleurs était plus fournie et mieux dirigée que dans n'importe quelle autre armée, ce qui explique certainement la difficulté qu'eurent d'entrée de jeu les hommes de Mouton à contenir leur avancée. Mais, là encore, les régiments de la Landwehr n'étaient pas en mesure de soutenir aussi bien ce genre de combat que les troupes régulières. De surcroît, elles ne disposaient pas du bataillon de fusiliers qui faisait partie intégrante de tout régiment d'infanterie. Bref, le corps de Bülow disposait proportionnellement de moins de tirailleurs entraînés que les autres corps prussiens, et il devait couvrir un très large front dans son avancée. Quand ils arrivèrent devant Plancenoit, les tirailleurs prussiens avaient déjà épuisé une grande part de leur capacité offensive et de leurs munitions, ce qui laissa moins de place aux qualités manœuvrières qu'elles n'auraient dû en avoir dans l'attaque de ce village.

Les réformateurs prussiens avaient aussi conçu pour leurs brigades une formation d'attaque qui avait été consciencieusement enseignée à tous les officiers et qui constituait une réelle innovation : la coordination entre la ligne des tirailleurs et les bataillons qui suivaient en colonne était devenue un système, assez simple pour pouvoir être assimilé et mis en pratique en toutes circonstances. Les commandants de brigade disposaient ainsi d'une référence sûre, sinon d'un schéma auquel se tenir, dans les moments où les décisions s'imposaient. Mais l'avancée du 4e corps s'était opérée sur un trop vaste front. Les généraux prussiens s'étaient immédiatement mis à détacher deux bataillons par-ci, trois bataillons par-là dans la direction de Smohain et de la Lasne afin de couvrir leurs flancs, de sorte qu'il ne leur était plus possible de mettre en œuvre la formation ordonnée prévue par leurs manuels. Ceci a également contribué à introduire un certain désordre, une certaine improvisation dans les attaques.

Pour finir, l'inexpérience d'une grande partie de la troupe ainsi que des officiers se manifesta par le gaspillage de munitions. Avant même d'entreprendre l'attaque de Plancenoit, certains bataillons indiquaient avoir quasiment épuisé leurs cartouches dans leur combat acharné avec la ligne des tirailleurs de Mouton. L'artillerie prussienne n'était pas utilisée non plus de manière économique, et Clausewitz la critiqua âprement dans sa relation de la campagne : « Nous gardons trop d'artillerie en réserve et remplaçons une batterie quand elle a brûlé toutes ses munitions ; ceci fait que beaucoup de batteries cherchent à les consommer le plus vite possible. » Il en résulte, conclut froidement le général prussien, que les Français avec moins de canons provoquent régulièrement beaucoup plus de pertes qu'ils n'en subissent de la part des Prussiens. Plus loin dans la même relation, Clausewitz développe cette conclusion dans des termes qui semblent un commentaire direct de ce qui se passa à Plancenoit : « Dans le combat arrêté, nous consumons trop rapidement nos troupes. Nos officiers demandent des renforts trop tôt et les reçoivent trop facilement. Il en résulte que, sans gagner de terrain, nous employons plus de troupes que les Français, que par conséquence nous avons plus de morts et de blessés et que nos masses fraîches s'usent et émiettent prématurément. »

Quand Blücher ordonna d'attaquer Plancenoit, seule la moitié de l'infanterie du 4e corps – à savoir la 15e brigade de von Losthin et la 16e de von Hiller – était en mesure de prendre part à l'action. Les deux autres brigades étaient encore en marche pour rejoindre la première ligne, même si elles étaient désormais assez proches. Sur le papier, une brigade prussienne constituait une formation puissante, équivalant à une division dans toute autre armée, de neuf bataillons d'infanterie. Mais la 15e brigade, à qui avaient incombé jusque-là les plus grands efforts, était éreintée et l'un de ses bataillons avait dû être retiré de la ligne car il avait complètement épuisé ses cartouches. Quant à la 16e brigade, elle avait détaché presque tous ses tirailleurs là où la pente boisée descendait rapidement vers la Lasne, en vue de couvrir le flanc gauche. Les généraux prussiens n'en ordonnèrent pas moins l'attaque sans attendre les renforts. « Nos généraux avaient trop en tête que mieux vaut avancer que de rester arrêté et tirer. Chaque chose doit être faite en son temps », commenta Clausewitz.

La 15e brigade, sur l'aile droite, trouva face à elle la plus faible des deux divisions de Mouton, déployée sur un tertre, juste à la sortie de Plancenoit. Les Prussiens étaient presque deux fois supérieurs en nombre, mais les Français étaient plus frais, avaient davantage de munitions et possédaient une artillerie plus expérimentée. Le général von Losthin disposait d'un seul régiment de ligne : le 18e. Trois mois plus tôt, ce n'était encore qu'un régiment de réserve, recruté parmi les Allemands et les Polonais de Posnanie, et il continuait à être vêtu de vieilles tuniques grises récupérées dans les fonds de magasin. Au cours de leur marche depuis Wavre, les hommes en arrachèrent les petits cols, à cause de la chaleur, ce qui valut plus tard au régiment le privilège de porter des cols roses. La Landwehr de la brigade était formée elle aussi d'Allemands et de Polonais, venus de Silésie. En somme, c'étaient tous là des gens issus de provinces sans doute peu homogènes sur le plan ethnique, mais traditionnellement fidèles au roi. Ils avaient beau s'être mis en marche à quatre heures du matin, ne rien avoir mangé et ne plus avoir assez de cartouches dans leurs gibernes, ils se portèrent en avant avec enthousiasme.

L'attaque se brisa presque aussitôt. L'un après l'autre, les pelotons de tirailleurs du 18e épuisèrent leurs munitions et battirent en retraite, dans un certain désordre ici ou là, puisque la cavalerie prussienne disposée à l'arrière dut monter pour les rassurer et les ramener en ligne. Les officiers commencèrent à demander des volontaires, qui sortiraient des rangs pour aller renforcer la ligne des tirailleurs. L'initiative pouvait difficilement permettre d'aller bien loin. On courait même le risque d'une avancée française. Le lieutenant Culemann repéra un officier ennemi qui ne cessait de crier à ses hommes : « Vive l'empereur ! En avant, mes braves ! » et les poussait à la contre-attaque. Le lieutenant appela le meilleur tireur du régiment, le sergent Walter, et lui dit de culbuter cet homme de son cheval. Alors que le sergent s'apprêtait à tirer, une balle le toucha à la main gauche. Culemann, qui était lui aussi à cheval, le rejoignit et lui offrit de s'appuyer à son étrier. Le sergent, bien que blessé et sanguinolent, parvint à ajuster son tir et abattit l'officier français. Les hommes de Mouton, bien conscients de leur infériorité numérique, renoncèrent en l'occurrence à pousser plus avant. Reste que les Prussiens ne faisaient aucun progrès. Le général von Losthin était un général expérimenté. On peut toutefois se demander, sachant qu'il fut envoyé à la retraite trois mois plus tard, s'il ne commit pas quelque erreur dans la conduite de sa brigade. Ce qui est certain, c'est que, dans ce secteur, l'attaque prussienne échoua tout net.

Dans un premier temps, les choses parurent mieux se passer à Plancenoit. Le colonel von Hiller poussa ses colonnes en avant sans les faire précéder d'une forte ligne de tirailleurs : ces derniers avaient presque tous été envoyés ailleurs. Les Prussiens s'engagèrent entre les premières maisons du village et s'y heurtèrent à la seconde des deux divisions de Mouton qui avait tout juste eu le temps de prendre position. Malgré les fortes pertes causées par les tireurs postés à l'intérieur des maisons, ils s'ouvrirent la voie jusqu'à la place principale où se trouvaient l'église et le cimetière. Les hommes de von Hiller disposaient d'une faible supériorité numérique sur la division française. Le 15e était, par ailleurs, un régiment de réserve transformé en régiment de ligne et avait été recruté dans les nouvelles provinces de Westphalie, où le nationalisme prussien n'était pas un sentiment bien enraciné. Et pourtant, l'impétuosité avec laquelle ils occupèrent une grande partie du village fut réellement à la hauteur de l'enthousiasme que Blücher s'était efforcé de répandre chez ses « garçons ». Mais, arrivés à la place, les Prussiens se trouvèrent soudainement face à la Jeune Garde, accourant pour occuper à son tour le village. Désormais en infériorité numérique, les hommes de von Hiller furent mis en déroute dans l'affrontement confus qui suivit et, après avoir vainement tenté de défendre au moins les dernières maisons, durent se replier en pleine campagne.

Blücher, furibond, parcourut à cheval les rangs de la 16e brigade, s'essayant à lui redonner du cœur, et expliqua personnellement au colonel von Hiller que la victoire dépendait de la prise de Plancenoit. Il fallait tenter une nouvelle avancée. Tandis que les Westphaliens et les Silésiens de von Hiller reformaient leurs colonnes, à bonne distance du village, et se préparaient à retourner à l'attaque, le feld-maréchal fut rattrapé par un courrier, porteur d'un message en provenance de Wavre. Le général von Thielemann, qu'on avait laissé là avec son corps d'armée, afin de couvrir les arrières prussiens, référait que Grouchy l'avait attaqué avec des forces supérieures aux siennes et demandait de l'aide. Le vieux Blücher consulta nerveusement son chef d'état-major. La situation, comme l'a écrit Peter Hofschroer, était tout autre que réjouissante. « La principale attaque de Blücher était en train d'échouer, ses renforts arrivaient trop lentement, les défenses de ses alliés montraient des signes de défaillance sous l'attaque française, et maintenant sa ligne de retraite risquait d'être coupée. » C'était un de ces moments dans lesquels les nerfs d'un commandant sont mis à rude épreuve. Mais les deux généraux prussiens savaient qu'ils n'avaient pas le choix. Il était hors de discussion d'envoyer des renforts à Thielemann dans un pareil moment. « Il ne verra pas même la queue d'un cheval », s'exclama Blücher. Gneisenau se soucia de rendre l'idée en y mettant les formes. La réponse qu'il dicta à l'intention du commandant du 3e corps n'en était pas moins glaçante : « Vous devez disputer chaque pas à l'ennemi de toutes vos forces, car les plus graves pertes que pourrait subir votre corps seraient plus que compensées par une victoire ici contre Napoléon. »

50. « Que je sois damné, si nous ne perdons pas cette position »

Pendant que les hommes de Mouton prenaient position à Plancenoit et affrontaient l'attaque prussienne, la cavalerie française avait poursuivi ses charges contre les carrés. La pression n'avait pas baissé, en dépit de l'usure progressive qui avait sans nul doute contraint bon nombre de bataillons à abandonner l'action, car Napoléon avait ordonné que l'autre corps de cavalerie de réserve, celui de Kellermann, remplace le corps de Milhaud. Le corps de Kellermann avait eu à soutenir de durs combats aux Quatre-Bras, mais comptait encore trois mille cinq cents sabres entre dragons, cuirassiers et carabiniers. La division de cavalerie lourde de la Garde, au commandement de Guyot, était également entrée en ligne, et avait très vite été engagée à son tour dans les charges. Ses deux régiments, les grenadiers à cheval et les dragons de l'impératrice, alignaient ensemble mille six cents autres sabres. Même si tous les régiments de la Garde avaient détaché un escadron d'escorte à l'empereur, le nombre total de cavaliers engagés, en cet après-midi, contre les carrés était monté à plus de huit mille, dont pas plus de la moitié ne se trouvèrent simultanément en action à un moment donné.

Napoléon soutient, dans ses Mémoires, que Guyot se laissa entraîner au combat sans en avoir reçu explicitement l'ordre, mais il n'est pas dit que nous devions le croire : comme on le sait, l'empereur, à Sainte-Hélène, était enclin à se dissocier de ce que les commentateurs avaient le plus critiqué dans la bataille de Waterloo. Pour commencer, la cavalerie de la Garde n'entrait jamais en lice sans un ordre direct, qui ne pouvait lui venir que de son commandant ou de l'empereur en personne. À la bataille de Wagram, cet immuable usage avait suscité la fureur du maréchal Macdonald, qui fut à un doigt d'accuser de couardise un général de la Garde à cause de son refus de charger sans un ordre reçu d'en haut. On peut donc tranquillement croire Guyot lorsqu'il affirme avoir reçu, en fin d'après-midi, de l'empereur l'ordre de mettre sa division à disposition du maréchal Ney, ce qui équivalait à autoriser son emploi immédiat dans les charges. Napoléon se convainquit après coup que sa cavalerie avait été inutilement sacrifiée. Les faits furent alors l'objet d'une manipulation volontaire visant à dissimuler la responsabilité impériale.

L'infanterie regroupée dans les carrés continuait à tenir bon. Mais pour combien de temps ? « Nos carrés offraient un spectacle choquant, se souvient l'enseigne Gronow, du 1er Foot Guards. À l'intérieur, nous étions près de suffoquer à cause de la fumée et de l'odeur des cartouches brûlées. Il était impossible de bouger d'un pas sans piétiner un compagnon blessé ou un cadavre. Les plaintes des blessés et des moribonds étaient épouvantables. À quatre heures, notre carré était un pur et simple hôpital, rempli de morts, de mourants ou de mutilés. » Pendant une des charges des cuirassiers, Wellington chercha lui-même refuge dans ce carré. « Il était simplement accompagné de son aide de camp, tout le reste de son état-major avait été tué ou blessé. À ce que j'en pouvais juger, il était parfaitement maître de lui, mais il semblait très soucieux et pâle. » Vu la difficulté à enfoncer les carrés de vive force, les cavaliers français persistaient dans une nouvelle tactique : ils s'approchaient au pas ou, tout au plus, au trot et, arrivés à une distance de dix à quinze pas, déchargeaient leurs carabines. « Mais leurs tirs produisaient peu d'effet, comme il advient souvent des tirs de la cavalerie, commente Gronow. Pour épargner les munitions, nos hommes avaient ordre de ne pas tirer, à moins que les ennemis ne soient trop nombreux ou trop proches, et de ne pas gaspiller leurs cartouches contre des soldats isolés. Il en résultait que, lorsque la cavalerie avait déchargé ses carabines et se trouvait encore à une certaine distance, nous nous retrouvions parfois à nous regarder en face sans bien savoir quoi faire. »

Non loin de là, la batterie du capitaine Mercer était à son tour attaquée par des cavaliers isolés, armés de carabines. Mercer était si désireux d'empêcher ses hommes de gaspiller leurs munitions contre eux qu'il se mit à aller et venir à cheval devant les canons. Un grenadier le prit délibérément de mire, tira et le manqua. Mercer lui fit signe du doigt que non, le taxant en français de coquin. L'homme rit et entreprit de recharger son arme. « Je me sentais, à ce moment, plutôt idiot, avoue Mercer, mais, après toutes ces bravades, je rougissais de le lui faire comprendre et continuai ma promenade. Comme pour prolonger ma torture, il mit un sacré bout de temps à viser. Cela me sembla un siècle. Chaque fois que je me tournais, je voyais la bouche de cette carabine infernale qui me suivait. Finalement, le coup partit, la balle siffla près de ma nuque et, au même instant, le premier conducteur d'une de mes pièces, Miller, tomba : le maudit projectile l'avait touché en plein front. »

Pendant une grande partie de la journée, la batterie de Mercer était restée dans une position relativement tranquille, en réserve derrière Hougoumont. Mais, à un certain point, sir Augustus Frazer, qui commandait l'artillerie à cheval, était arrivé là au galop, donnant ordre au capitaine de se porter en première ligne. « Il avait le visage noir, comme un ramoneur, à cause de la fumée et sa manche droite déchirée par une balle ou un éclat qui lui avait à peine effleuré la chair. » Frazer accompagna Mercer, lui fit prendre position juste derrière le chemin creux, au milieu de deux carrés de troupes du Brunswick, l'informa que la cavalerie ennemie allait le charger dans quelques minutes et qu'à son arrivée les artilleurs devaient essayer de se réfugier dans les carrés, puis il disparut.

« On respirait là une atmophère nouvelle, commente Mercer, l'air était suffocant, comme dans un four. Nous étions entourés d'une fumée épaisse et, malgré le rugissement incessant du canon et de la fusillade, nous entendions tout autour un bourdonnement mystérieux, semblable à celui que produit une myriade de scarabées par les soirs d'été [...]. On avait l'impression que si quelqu'un avait allongé le bras, il aurait risqué de se le faire arracher. » Les hommes de Mercer avaient à peine commencé à détacher les canons des avant-trains et à les mettre en batterie que les grenadiers à cheval de la Garde remontaient effectivement la pente vers eux. « Les deux carrés déclenchèrent aussitôt des tirs dépourvus de puissance et d'efficacité. Ils étaient dans un état tel que je m'attendais à les voir se débander d'un moment à un autre. Leurs rangs, chaotiques et désordonnés, présentaient de gros vides, que les officiers et sous-officiers s'employaient à remplir en poussant les hommes et même en les frappant. Les soldats se tenaient là, plantés comme autant de souches, et paraissaient complètement stupéfiés et désorientés. Je devrais ajouter qu'ils étaient tous de simples enfants : aucun de ces soldats ne paraissait avoir plus de dix-huit ans. »

Le seuil du supportable était clairement atteint pour les troupes les plus inexpérimentées et certains carrés commençaient réellement à se désagréger. Dans les rares cas où une batterie française parvint à suffisamment progresser pour ne plus tirer à l'aveuglette, mais avec une pleine vision des cibles, les pertes devinrent catastrophiques. Le plus exposé des trois bataillons de Kruse, le 1/1er Nassau, que l'on avait fait avancer jusqu'à occuper une position en première ligne, se trouvait précisément sous une canonnade du genre : un feu provoqué par des pièces arrivées à trois cents à quatre cents mètres de distance et d'autant plus difficile à supporter que les soldats voyaient parfaitement que les batteries anglaises plantées devant eux avaient été abandonnées. Quand un des escadrons de cuirassiers s'approcha tranquillement jusqu'à une centaine de mètres des Nassauviens et s'arrêta là à attendre, comme pour les mettre au défi de tirer, les recrues se mirent à donner des signes de panique. S'apercevant de leur agitation, les cuirassiers chargèrent et détruisirent une partie du carré, capturant bon nombre de prisonniers.

Dans le carré du 3/1er Foot Guards, le feu de l'artillerie française ouvrit, de même, à un certain point, un vide suffisant pour que deux officiers des cuirassiers pénètrent à l'intérieur en hurlant et en brandissant leurs sabres. Si d'autres les avaient suivis, le carré aurait risqué de se défaire. Mais, de toute évidence, les deux officiers avaient trop devancé leurs hommes, ou personne n'eut le courage de les suivre. Poussés par leurs sergents, les Guards se refermèrent sur le vide, tandis que les deux Français étaient abattus à coups de pistolet par des officiers qui se trouvaient au centre du carré. Il ne s'agissait pas, en l'occurrence, d'un bataillon allemand dépourvu d'expérience, mais de l'infanterie la plus rigoureusement entraînée dont Wellington ait disposé sur le champ de bataille ; et pourtant il s'en fallut de peu. Gronow, qui avait assisté, fasciné, à toute la scène, en resta si frappé qu'il nota précisément les noms des deux officiers qui avaient liquidé les intrus (l'un et l'autre perdirent à leur tour la vie avant le soir).

En partie peut-être pour éviter qu'une résistance trop passive ne finisse par faire craquer les nerfs de leurs soldats, les généraux anglais et allemands entreprirent, dans plusieurs cas, de faire manœuvrer les carrés, s'efforçant d'entraver les mouvements de la cavalerie et, pourquoi pas, de prendre l'initiative. De fait, un carré n'était pas nécessairement une formation immobile : des troupes bien entraînées pouvaient, non sans lenteur certes, avancer en carré. Après avoir repoussé diverses attaques, celui où se trouvait von Scriba reçut ordre du prince d'Orange de marcher contre la cavalerie ennemie qui, formant ses rangs à petite distance, s'apprêtait à charger. Surpris par ce mouvement soudain, les cavaliers se débandèrent sous le feu du carré. Les Allemands poursuivaient leur avancée, mais déjà l'artillerie française et les tirailleurs postés autour des murs de la Haye-Sainte les avaient pris pour point de mire. Le carré s'efforça, pendant quelques minutes, de maintenir sa position. Mais, pour finir, les officiers se rendirent compte que leurs hommes allaient être mis en déroute s'ils restaient là et ordonnèrent la retraite, non sans que le major von Schkopp, commandant du carré, ait préalablement été blessé. « Une grande partie des hommes sur le côté faisant face à l'ennemi avaient été jetés à terre, tués, blessés ou momentanément paralysés par le choc. »

Sur les hauteurs derrière Hougoumont, les difficultés de l'infanterie anglaise se trouvaient multipliées du fait des tirailleurs qui s'approchaient au milieu du blé haut, à chaque fois que les charges de cavalerie accordaient un instant de répit. Pour mieux affronter ce danger et pouvoir tirer avec quelque efficacité lorsque l'ennemi progressait trop, les bataillons de la brigade d'Adam furent redéployés en ligne sur quatre rangs. Même dans cette nouvelle formation, les hommes perdaient de plus en plus patience. De temps à autre, il en était un qui abandonnait sa position et se portait en courant vers l'ennemi pour décharger contre lui son fusil. Pareille indiscipline de la part de ses hommes fâcha à ce point le général Adam qu'il leur fit face, sabre hors du fourreau, et que, du haut de son cheval, il en frappa un sur la tête du plat du sabre pour le faire rentrer dans le rang. Pour finir, Wellington ordonna à la brigade de se porter en avant de la ligne des canons afin d'éloigner une bonne fois pour toutes les tirailleurs ennemis qui rendaient la vie non moins dure à ses artilleurs qu'à son infanterie. « Prenons garde, car, sinon, que je sois damné si nous ne perdons pas cette position », dit le duc à son secrétaire, lord Fitzroy Somerset.

Le capitaine Mercer, qui avait dû arrêter de tirer, puisque Wellington était passé à cheval juste devant ses canons (« avec un air sévère, et visiblement très fatigué »), vit l'infanterie d'Adam gravir la pente derrière lui, arriver sur la crête, puis redescendre de l'autre côté la déclivité en direction de l'ennemi. Il remarqua combien ce mouvement pourtant limité devenait pénible, vu l'état déplorable du terrain. « Sa Grâce fut presque aussitôt suivie d'une ligne d'infanterie qui, remontant la pente arme au poing, enfonçait jusqu'aux chevilles dans l'argile tenace, et qui, dans sa lutte pour passer les nombreux obstacles encombrant le terrain, ne parvenait à présenter qu'un front irrégulier et désordonné, cependant que les faibles "hourrah" que réussissaient à lancer les hommes montraient combien ils avaient le souffle coupé par l'effort. »

En ligne générale, l'avancée de la brigade d'Adam constituait un mouvement judicieux, car apte à éviter que la cavalerie ennemie ne reste maîtresse des canons si jamais survenait une autre charge – ce qui, pour limités qu'auraient concrètement été les dommages, n'aurait pu avoir un bon effet sur le moral des soldats. Comme le terrain descendait, à cet endroit, en pente raide, les artilleurs allaient ensuite pouvoir continuer à tirer au-dessus de la tête des fantassins. Reste que les hommes d'Adam avaient pris une position plus dangereuse encore que précédemment. Le fusilier Lewis, du 2/95e, avait déjà eu de quoi s'inquiéter en voyant ses compagnons tomber tout autour de lui à une cadence déplaisante (« le compagnon devant moi fut blessé par un éclat d'obus [...] Je me portai à la hauteur d'un autre, mais nous n'avions pas fait vingt pas qu'un coup de fusil arriva de côté et lui coupa net le nez [...] Mon voisin de gauche eut le bras gauche arraché par un boulet de canon juste au-dessus du coude. Il s'agrippa à moi et inonda mes pantalons de son sang avant de s'effondrer »), quand le régiment reçut l'ordre d'avancer au-delà des canons, pour s'y retrouver aussitôt chargé par la cavalerie.

C'étaient les premières charges dont les bataillons d'Adam aient eu à souffrir directement. Comme d'autres avant eux en cet après-midi, leurs officiers anglais furent soulagés de découvrir que les cuirassiers n'étaient pas aussi menaçants, après tout, qu'ils en avaient l'air. L'enseigne Leeke les vit approcher « dans un ordre parfait et un style magnifique, d'abord au trot, puis au galop, jusqu'à quarante ou cinquante mètres du carré ; là, comme un ou deux chevaux étaient jetés à terre, les autres pour passer l'obstacle prirent une nouvelle direction, qui les porta vers les flancs ; tous préférèrent suivre cette direction, plutôt que de pousser la charge jusqu'au bout et de se lancer au galop sur nos baïonnettes ». Les simples soldats partageaient le même soulagement. « La Garde impériale de Boney, avec toute son armure, nous a chargés et a découvert qu'elle ne pouvait rien en tirer », se vanta le fusilier Lewis, quelques jours plus tard, dans un courrier envoyé aux siens.

Son témoignage confirme, par ailleurs, que la nouvelle tactique des cuirassiers – lesquels faisaient l'usage le plus large possible de leurs courtes carabines – n'était pas tout à fait inefficace. « Ils tirent sur nous avec leurs carabines, puis font aussitôt volte-face. Au même moment, un compagnon, à mes côtés, s'effondre, une balle en plein estomac ; il pisse le sang comme un cochon égorgé. Il eut à peine le temps de dire "Je suis fait, Lewis" avant d'expirer. Pendant qu'ils se retiraient, nous continuions à tirer contre les gardes impériaux ; mais ils se retournaient souvent et faisaient feu. Comme je chargeai mon fusil, une balle le frappa juste au-dessus de ma main gauche ; elle brisa la baguette et déforma le canon de telle façon que je ne pouvais plus faire descendre la balle. » Il est probable que le fusilier Lewis ait un peu forcé le ton, pour impressionner les parents auxquels était destinée cette lettre. Mais la succession confuse de charges et de fusillades se révélait épuisante pour tous, carrés ou escadrons montant à l'attaque.

51. La route de Nivelles

La seule tentative que la cavalerie française ne fit jamais était celle que Wellington avait le plus redoutée. À savoir contourner son aile droite, à l'ouest d'Hougoumont, où les éminences défendues par l'infanterie alliée descendaient en pente assez abrupte jusqu'à un vallon traversé par la route de Nivelles. Dans cette zone, les chasseurs à cheval et les lanciers de la division Piré se tinrent tout le jour bien en vue, leurs longues lances clairement visibles au-dessus des champs de blé mûr. De temps à autre, ils se portaient en avant, comme s'ils avaient voulu attaquer, mais ces manœuvres n'avaient pour objectif que d'attirer sur eux le feu des batteries ennemies et de retenir si possible dans cette zone quelques régiments de cavalerie anglais, détournant leur attention des secteurs plus importants. S'ils intervinrent à l'occasion pour soutenir quelque détachement de tirailleurs en difficulté, les hommes de Piré ne poussèrent jamais davantage, en sorte que, dans ce secteur, une grande partie de la journée se passa en échauffourées où tantôt l'un tantôt l'autre avait le dessous, sans qu'on parvienne jamais à un résultat décisif.

Les témoignages issus des régiments répartis le long de la route de Nivelles se distinguent nettement des autres en ceci que l'expérience décrite ne semble pas être celle d'une grande bataille, mais d'un combat d'avant-postes et, parfois, presque d'une guérilla. Le sergent Wheeler, du 51e Léger, était posté avec deux hommes « derrière un rocher ou, si l'on préfère, une grosse pierre, au milieu des ronces. C'était, poursuit le récit, sur notre droite, un peu en avant. Il y avait une heure environ que nous étions là quand nous vîmes arriver un officier de hussards qui s'avançait précautionneusement pour jeter un coup d'œil à nos positions. Un de mes hommes était ce qu'on appelle un excellent fusil. Je lui demandai s'il pouvait l'avoir à coup sûr. “Certainement que je peux, répondit-il, mais laissons-le venir plus près, s'il le veut ; sa condamnation à mort est déjà signée, de toute manière, et je l'ai en main, s'il essaye seulement de retourner sur ses pas” ». Quand l'officier français fut assez proche, le tireur l'abattit d'un seul coup de fusil. « En une minute, nous avions traîné son corps et son cheval derrière le rocher. Nous fîmes un beau butin, quarante doubles napoléon. Nous avions à peine eu le temps d'arracher de l'uniforme du mort ses galons d'or que nous étions rappelés en arrière. »

Même si, dans l'ensemble, les troupes réparties dans cette zone eurent des pertes insignifiantes en comparaison des bataillons engagés dans des secteurs plus chauds, ce combat tout en embuscades et effets de surprise fut particulièrement impitoyable. Les hussards du 7e se tenaient depuis un bon moment à l'arrêt, immobiles sur leurs selles, sans courir apparemment aucun risque – tant et si bien qu'un sergent avait gardé sa femme auprès de lui, montée sur un poney –, quand plusieurs d'entre eux s'effondrèrent brusquement. Impossible de savoir qui les prenait de mire. (L'épouse du sergent étant saisie de peur, son mari se mit à l'insulter grossièrement, jusqu'au moment où un officier, dégoûté, lui ordonna de la renvoyer en arrière.) Finalement, l'un des cavaliers s'aperçut que ces tirs irréguliers venaient d'un champ de seigle, plus haut qu'un homme, à petite distance, sur leur gauche. Un escadron galopa jusque-là et surprit un groupe de tirailleurs qu'il anéantit à coups de sabre.

L'épisode le plus célèbre survenu dans cette zone est celui de l'escadron de cuirassiers qui, après s'être porté au milieu des carrés, essayait de regagner ses propres lignes en empruntant la route de Nivelles, quand il la trouva bloquée par une barricade dressée à l'aide d'arbres coupés. Une compagnie du 51ᵉ était postée derrière. Le sergent Wheeler, qui se trouvait là, laissa un tableau très parlant de ce qui suivit : « Il y en avait presque une centaine, tous des cuirassiers. Ils descendent vers nous au grand galop et les arbres jetés en travers du goulet d'étranglement [que formait là la route] les bloquent. Nous les avions vus arriver et nous les attendions. Nous avons ouvert le feu et en avons fini en un instant. Nous avions rechargé, quand la fumée s'est dissipée : il n'en restait qu'un, qui filait tout seul. Le capitaine John Ross en a sauvé un autre, le faisant épargner par les hommes du Brunswick qui voulaient le tuer. Je suis allé voir ce qu'avait produit notre salve. Jamais je n'avais vu un spectacle pareil : il y avait juste la place pour une centaine d'hommes et de chevaux, et ils gisaient tous en tas. Ceux qui sont morts sur le coup étaient les plus chanceux, car les chevaux blessés s'agitaient et ruaient et ils ont rapidement achevé la besogne que nous avions commencée. En examinant les hommes, nous n'en avons pas trouvé un qui pouvait s'en tirer et, comme nous avions autre chose à faire, nous avons dû les abandonner à leur destin. »

L'épisode dut faire grande impression, puisqu'il n'a pas moins de cinq témoins pour l'évoquer spontanément à bien des années de distance. Tous insistent sur l'anéantissement des cuirassiers, à une exception près. Il est pour le moins curieux que le seul à offrir une version différente soit précisément le capitaine John Ross, qui commandait la compagnie postée à l'emplacement de la barricade. Selon ce capitaine, les cuirassiers, une soixantaine en tout, s'étaient rendus après avoir pénétré au milieu des carrés ; tandis qu'ils se trouvaient sous l'escorte de quelques dragons légers, ils avaient décidé de tenter le sort, essayant de s'enfuir par la route de Nivelles. Averti par le feu irrégulier qui se levait à leur passage, le capitaine Ross avait posté ses hommes derrière la barricade et, à leur arrivée, avait ouvert le feu. Trouvant la route barrée et voyant arriver à leur poursuite les dragons légers anglais, l'officier qui commandait les cuirassiers préféra ne pas retomber dans les mains de ces derniers. Il offrit donc son épée au capitaine Ross. « En cette occasion, douze chevaux et huit cuirassiers furent tués ; les autres, soixante hommes environ, contraints de mettre pied à terre, furent capturés ou dispersés », conclut le capitaine. L'écart entre ces chiffres et ceux fournis par le sergent Wheeler montre les risques encourus à nous fier à la mémoire des témoins oculaires.

52. « De l'infanterie ! Où voulez-vous que j'en prenne ? »

Bien qu'affaiblie, la cavalerie alliée déployée en soutien derrière les carrés cherchait encore à coordonner son action avec celle de l'infanterie pour faire payer cher leurs attaques aux escadrons français. Un officier hanovrien eut l'impression que la cavalerie ennemie était délibérément attirée à portée de tirs des carrés par de feintes attaques de la cavalerie anglaise, et observa qu'à la longue les cuirassiers étaient usés par ces manœuvres et qu'ils menaient leurs attaques avec de moins en moins de fougue. Le major von Goeben, du 3e Hussards KGL, s'aperçut lui aussi qu'au bout d'un peu de temps l'ennemi commença à ne plus avoir la même envie de pousser avant. À plusieurs reprises, certains escadrons de chasseurs à cheval de la Garde se portèrent à trois cents, quatre cents pas de son régiment, qui était désormais réduit à quelque quatre-vingts hommes environ. « Les officiers avaient de hauts et gros colbacks en peau d'ours et plus d'un allait et venait à cheval, défiant nos officiers à des joutes individuelles. Comme ils étaient beaucoup plus forts, le régiment ne put accepter cet honneur, et la cavalerie ennemie ne fit rien d'autre que d'offrir ces grands colbacks pour cible aux tireurs d'élite de l'infanterie. »

Les fameux lanciers rouges de la Garde essayèrent de pousser leurs attaques plus à fond, ainsi que les longues lances dont ils étaient armés auraient théoriquement dû le permettre. Mais un carré opposait à chaque chevau-léger un tel nombre de baïonnettes qu'il était impossible, en réalité, de faire avancer les chevaux. Le capitaine de Brack, qui commandait un escadron, vit certains de ses lanciers, exaspérés, se dresser sur leurs étriers et projeter leurs lances comme des javelots, ce qui n'était certainement pas une solution à leur problème. Les lanciers rouges chargèrent aussi un carré du Brunswick, mais ne parvinrent pas là non plus à s'approcher. La charge était à peine repoussée que deux fantassins allemands sortaient des rangs, couraient jusqu'à un officier pris au piège sous son cheval, le fouillaient pour le voler et lui tiraient en pleine tête avec son propre pistolet, au milieu des cris lancés par les Anglais : « Honte à vous ! Honte à vous ! »

Les attaques de la cavalerie commençaient donc à perdre de leur vigueur. Il y avait désormais, autour des carrés, une telle quantité d'hommes et surtout de chevaux morts ou à l'agonie qu'il était matériellement impossible d'approcher. Certes, les carrés étaient eux aussi remplis de blessés et de moribonds et, comme les cavaliers continuaient à tourner dans les parages, il était impossible d'envoyer les officiers blessés vers l'arrière, ainsi qu'on avait coutume de le faire dans l'armée anglaise. Pour ce qui était des simples soldats, on ne s'y essayait même pas. Mais la cavalerie payait un prix encore plus élevé. Le feu des carrés était lent, irrégulier, inefficace. Et pourtant, il avait à la longue une incidence. « Je n'oublierai jamais l'étrange bruit que produisaient nos projectiles contre leurs cuirasses ; c'était comme de la grêle tambourinant sur des vitres », observe encore Gronow ; et il ajoute qu'à la fin ces charges, dont ses hommes avaient d'abord eu si peur, étaient devenues un soulagement, car ces avancées de la cavalerie contraignaient l'artillerie ennemie à suspendre ses canonnades.

Tous reprennent la même observation. L'officier des Royal Engineers, qui avait cherché refuge dans un carré, s'aperçut que la cavalerie n'osait pas venir au contact des baïonnettes. « De temps à autre, un individu plus audacieux que les autres poussait sa monture jusqu'aux baïonnettes, agitait son sabre et nous menaçait. Mais le gros se tenait à distance, tirant sur les rênes à cinq ou six mètres, comme s'ils avaient eu peur d'approcher et, tout en même temps, avaient honte de se retirer. Nos hommes s'aperçurent vite que l'avantage était de notre côté et, de ce moment, il semble que, lorsqu'ils entendaient approcher la cavalerie, ils aient considéré la chose comme un agréable changement. » Reynell, qui commandait le 71e, le régiment le plus avancé de la brigade d'Adam, arrivé presque à la hauteur de la haie d'Hougoumont, parle des « visites répétées des cuirassiers » : « Je ne dis pas des attaques, poursuit-il, car ces colonnes de cavalerie n'ont en aucune occasion tenté d'enfoncer notre carré. Les cavaliers se sont limités à avancer jusqu'à dix ou quinze mètres, et, arrivés là, sont retournés sur leurs pas, essuyant les faibles décharges que nous pouvions leur adresser non moins que celles du carré proche, au passage. » Macready, du 30e, va même jusqu'à observer que ses hommes « commencèrent à prendre en pitié l'inutile obstination de l'ennemi. Lorsqu'il s'avançait, certains grommelaient : "Voici ces damnés fous qui arrivent de nouveau" ».

En fin d'après-midi, alors que le soleil entamait sa lente descente vers la ligne d'horizon, les troupes regroupées dans les carrés commençaient à reprendre moral. En face, c'était tout le contraire et les officiers français, en dépit d'une intrépidité à laquelle tous les témoins ennemis rendent hommage, peinaient toujours davantage à reformer et ramener en avant les rangs de moins en moins fournis de leurs cavaliers. « Au milieu de notre feu terrible, se souvient Gronow, nous voyions leurs officiers se déplacer comme à la parade, maintenant l'ordre dans les rangs et les encourageant. Ils n'arrivaient plus à charger, mais ne voulaient pas se retirer, et agitaient leurs épées aux grands cris de "Vive l'empereur !". » La phase initiale d'équilibre passée, le fléau de la balance penchait dans l'affrontement psychologique en faveur des uns, ce dont de plus en plus d'hommes se rendaient compte, chacun réagissant ensuite à sa manière : avec une exaltation suicidaire parfois pour ce qui était des officiers français ; avec un esprit sportif pour ce qui était de leurs adversaires. Tomkinson, du 16e Dragons Légers, qui assistait au spectacle à distance, raconte : « Un officier des cuirassiers s'avança jusqu'à un de nos carrés avec un détachement de ses hommes. Il vit qu'il n'y avait aucune chance de réussir, se jeta seul au galop contre le carré ; une décharge partit et l'étendit mort. Il déplut à nos hommes qu'il ait connu ce sort. »

L'artillerie anglaise avait contribué à émousser la puissance de choc de la cavalerie. Son rôle, toutefois, fut moins important qu'on ne le suppose d'ordinaire, pour diverses raisons dont ce qu'indique sir Augustus Frazer : « Nos canons, à cause du recul, avaient tellement glissé en arrière qu'ils avaient perdu leur position d'origine, laquelle était la bonne. Sur un terrain aussi boueux et tenace, les servants de l'artillerie peinaient beaucoup. En dépit de tous leurs efforts, ils ne furent plus en mesure de ramener les canons sur la crête sans l'aide des chevaux. Or employer des chevaux aurait voulu dire les perdre. » Force est donc d'imaginer que les canons de nombreuses batteries ne se trouvaient plus sur le sommet de la crête, comme ils l'étaient au départ, mais qu'ils avaient glissé sur le versant protégé, d'où ils ne pouvaient plus tirer sur la cavalerie en repli.

Mais, surtout, il faut retoucher le chromo des artilleurs anglais retournant à leurs canons entre une charge et une autre pour se remettre à tirer, comme si rien ne s'était passé, sur l'ennemi battant en retraite. Les charges de la cavalerie pénétraient à ce point en profondeur qu'à plus d'une occasion les cuirassiers sabrèrent hommes et chevaux de l'artillerie installée à l'arrière avec les avant-trains et les caisses de munitions. Il était inévitable, en pareilles circonstances, que le désordre et la panique se répandent parmi les servants. Comme nous le savons du témoignage explicite de Wellington, nombre de ceux-ci, une fois leurs pièces abandonnées pour se mettre à l'abri, n'y retournèrent plus de toute la bataille. C'est même l'inverse qui se produisit, dans un cas au moins, ainsi que le relate Tom Morris : la cavalerie française s'introduisit entre les canons mis en batterie à quelques petites dizaines de mètres des carrés en amenant avec elle des artilleurs, qui tournèrent un canon et tirèrent à bout portant contre l'ennemi. Plusieurs coups à mitraille ouvrirent de larges vides dans les rangs du 73e. Or ce qui suivit démontre toute la solidité de l'infanterie anglaise, puisque les hommes resserrèrent les rangs, tirant les blessés à l'intérieur du carré et jetant les morts au-dehors, sans permettre à la cavalerie d'exploiter l'occasion.

La batterie du major Lloyd, plantée depuis le matin devant les carrés de Halkett, est l'une des rares dont nous sachions avec certitude que ses hommes retournèrent vraiment à leurs pièces dans les intervalles entre deux charges, tirant à mitraille sur la cavalerie ennemie qui redescendait la pente en désordre. « Là-devant, précisément, j'ai vu quatre ou cinq hommes et chevaux couchés l'un sur l'autre comme des cartes à jouer. Sous l'effet de la mitraille, les hommes n'avaient même pas été jetés bas de leurs selles », commente un des subordonnés de Lloyd. Et pourtant, en une circonstance au moins, le commandant de la batterie, voyant se replier la cavalerie ennemie, poussa à cheval jusqu'à ses canons pour constater qu'aucun artilleur ne l'avait suivi. Lloyd descendit de selle, vérifia que les canons étaient chargés, ce qui en dit long sur la hâte avec laquelle les servants les avaient abandonnés, mit tout seul le feu à un premier, puis à un second et, finalement, ne pouvant rien faire d'autre, retourna sur ses pas.

La batterie qui infligea les plus grands dommages à la cavalerie française fut la seule dont les servants, contrevenant aux ordres, restèrent constamment auprès de leurs pièces au lieu de se réfugier dans le carré le plus proche. Le capitaine Mercer se fiait si peu aux jeunes recrues allemandes groupées dans les carrés à proximité (« les carrés des *Sauerkraut* ») qu'il avait préféré ne pas envoyer ses artilleurs s'abriter parmi eux : « Chercher refuge au milieu de gens dans leur état aurait été une folie. Au moment précis où mes hommes auraient abandonné leurs canons, je suis sûr qu'ils se seraient débandés. » Si sa batterie avait été positionnée sur la pente, une décision de ce genre aurait été impossible. Mais les canons de Mercer se trouvaient plus en arrière, parfaitement en ligne par rapport aux carrés, et ils étaient protégés par la défense naturelle que constituait par le talus du chemin creux. C'est ainsi que le capitaine Mercer la fit charger avec une double charge, à mitraille et boulets, et qu'il repoussa diverses charges des grenadiers à cheval de la Garde. À la fin, il y avait tant de chevaux morts devant ses canons que, même si elle l'avait voulu, la cavalerie ennemie ne serait plus parvenue à les atteindre.

En deux heures de charges incessantes, les régiments français avaient subi de telles pertes en hommes et en chevaux que leur puissance de choc s'était évanouie. Un calcul permet de se faire une idée de ces pertes. Les vingt régiments engagés dans les charges avaient, dans leur effectif, un peu plus de cinq cents officiers. Une cinquantaine moururent à Waterloo et deux cent cinquante environ y restèrent blessés. Furent tués ou blessés un commandant de corps sur deux, cinq commandants de division sur six, dix commandants de brigade sur douze, onze colonels sur vingt. Les officiers supérieurs de la cavalerie de Napoléon commandaient, bien évidemment, à cheval et conduisaient les charges sabre au poing, en en payant le tribut au même titre que leurs hommes. À ce taux de pertes humaines, déjà supérieur à cinquante pour cent, il faut ajouter les pertes en chevaux, d'ordinaire bien plus élevées et tout aussi débilitantes. Il semble donc qu'on puisse raisonnablement conclure qu'à six heures du soir pas plus d'un quart des cavaliers de la Garde et des corps de Kellermann et de Milhaud étaient encore en selle et en mesure de manier le sabre. Un taux de pertes suffisant pour détruire la cohésion et le moral de n'importe quelle unité, y compris la plus aguerrie, la rendant, de fait, inutilisable.

Vu l'issue finale de la bataille, l'action prolongée contre les carrés est sans nul doute à considérer comme une erreur fatale, qui usa la puissante cavalerie de Napoléon sans le moindre résultat concret. Il est clair que l'empereur avait une idée imparfaite de la consistance du dispositif de Wellington et que Ney et ses généraux poursuivirent l'attaque sans jamais se demander si l'entreprise avait réellement quelque chance de réussir. Mais le véritable problème tient au non-emploi de l'infanterie de la Garde en soutien de la cavalerie. Napoléon affirme dans ses Mémoires qu'il avait précisément l'intention de l'engager, mais que la cavalerie avait attaqué trop tôt, alors qu'il n'était pas encore possible de lui apporter ce soutien. Que devons-nous conclure de ces propos comme à l'ordinaire réticents et ambigus de l'empereur ? Probablement qu'au moment où il aurait fallu décider de l'emploi des réserves Napoléon hésita et finalement recula. Dans la phase culminante des charges, le maréchal Ney dépêcha un messager à l'empereur pour demander de l'infanterie avec laquelle soutenir l'attaque. La réponse que lui fit tenir, de mauvaise grâce, Napoléon est célèbre : « De l'infanterie ! Où voulez-vous que j'en prenne ? Voulez-vous que j'en fasse ? »

En réalité, l'empereur, à ce moment, avait encore la Moyenne et la Vieille Garde à disposition. Mais les doutes qui l'avaient retenu jusque-là d'employer ses réserves l'en détournaient bien davantage à présent que les Prussiens menaçaient son flanc. En premier lieu, il n'était pas certain que les forces détachées sur sa droite suffiraient à arrêter l'avancée prussienne, et Napoléon ne pouvait se permettre de rester sans réserves pour faire face à l'attaque de Bülow, si celui-ci débouchait de Plancenoit en menaçant de couper la grand-route derrière la Belle-Alliance. En second lieu, Hougoumont et la Haye-Sainte résistaient encore, et l'empereur était encore moins disposé qu'avant à faire avancer ses dernières réserves dans le gouffre entre ces deux bastions, en sorte que seule la prise de l'un ou de l'autre aurait pu donner le signal de l'avancée finale. Il lui restait désormais à peine assez de troupes pour une unique poussée et il était vital que cette offensive soit lancée au bon moment. Éprouvé comme tous par une nuit blanche ou peu s'en faut, entamé par l'épuisante tension d'une longue journée de combat, habitué de plus à penser que la Vieille Garde ne devait être employée que dans la phase finale d'une bataille, Napoléon hésita, en cet après-midi suffocant, et décida, pour finir, d'attendre, tout en nourrissant un sentiment de malaise et d'inquiétude croissante qui devait l'amener, dès les jours suivants, à se convaincre que la charge de la cavalerie avait été lancée trop tôt, et que c'était entièrement la faute de Ney si cette manœuvre prématurée n'avait pas obtenu de succès.

53. Le dernier effort contre Hougoumont

Les charges de la cavalerie française ne se résument pas à la tentative, manquée, d'enfoncer le centre de la position adversaire. Elles se proposaient un autre objectif, qui n'est pas toujours mis suffisamment en évidence : soutenir la pression qu'exerçait l'infanterie de Reille et de d'Erlon contre Hougoumont et la Haye-Sainte, laquelle, dans les intentions de Napoléon, était précisément destinée à débloquer à un moment ou un autre la situation, ouvrant un espace suffisant pour déclencher l'attaque finale. Or la cavalerie apporta, de ce point de vue, une contribution décisive non seulement en clouant sur leurs positions la totalité des troupes de Wellington et en empêchant tout déplacement de ses réserves, mais aussi en coordonnant sa propre action avec celle de l'infanterie tant dans la zone d'Hougoumont, où l'offensive finalement échoua, que dans celle de la Haye-Sainte, où, vers six heures du soir, les efforts furent enfin couronnés de succès.

Ce furent les tirailleurs des divisions du prince Jérôme, puis de Foy, qui soutinrent tout au long de l'après-midi l'attaque contre Hougoumont. Or ces généraux sont habituellement accusés d'avoir poursuivi une attaque sans espoir, gaspillant inutilement leurs troupes sans aucun résultat concret et sans ordre spécifique qui les ait obligés à le faire. En vérité, Napoléon voyait parfaitement ce qui se passait à Hougoumont, tout comme Foy voyait l'empereur, rendu si proche par sa longue-vue qu'il en distinguait tous les gestes (« Je l'ai vu, avec ma lunette, se promener de long en large, revêtu de sa redingote grise, et s'accouder souvent sur la petite table qui porte sa carte »). La poursuite de l'attaque contre Hougoumont fait partie intégrante de la stratégie de Napoléon. Dans l'après-midi, l'empereur en personne envoie, du reste, un ordre précis aux généraux chargés de l'opération : même s'ils ne l'ont pas fait jusqu'à présent, le château étant presque invisible au milieu de la végétation touffue, ils doivent rassembler leurs obusiers et tirer des charges incendiaires sur les édifices pour essayer d'y mettre le feu.

Reille, à la réception de cet ordre, le transmit à ses commandants de batterie. Peu après, ces officiers qui avaient eu toute la journée pour ajuster leurs tirs ouvraient le feu contre le château. Leurs obusiers tiraient avec une telle précision que, presque aussitôt, un incendie commença à se propager à l'intérieur d'Hougoumont, éclatant tout d'abord dans une meule dressée en plein air pour ensuite se communiquer au toit de la grange et à celui de l'habitation principale. La garnison dut détacher un nombre d'hommes croissant pour essayer de contenir les flammes et mettre au sûr les blessés. Beaucoup furent cependant brûlés vifs, tout comme les chevaux des officiers qu'on avait abrités dans la grange. À la vue des flammes qui montaient du château, le duc de Wellington rédigea hâtivement un ordre à l'intention de l'officier qui commandait la place et dont il ignorait qui ce pouvait être. Il l'avisait de la nécessité de tenir à tout prix la position ; il convenait d'évacuer les bâtiments en flammes, mais, dès que les toits se seraient écroulés, les hommes devaient réoccuper les décombres. Les soldats abandonnèrent peu à peu les édifices les plus menacés pour y faire retour dès que l'incendie eut fini de les dévorer. En peu de temps, presque tout le château ne fut plus que ruine calcinée, entourée d'un immense nuage d'épaisse fumée noire. Seule la chapelle fut épargnée par les flammes, ce qui ne manqua pas d'impressionner les soldats, car c'était comme si le crucifix accroché au-dessus de l'entrée les avait tenues éloignées.

L'infanterie française continuait à se présenter le long des murs du château et dans le verger, désormais presque entièrement dévasté et rasé jusqu'au sol. Les défenseurs durent, à plusieurs reprises, évacuer ce même verger et gagner le refuge offert par la route couverte, mais les tirs soutenus provenant du mur du jardin empêchèrent toujours l'ennemi de progresser. Quand l'incendie commença à dévorer les édifices, les grenadiers de Foy se portèrent de nouveau contre le mur sud du château et, profitant de la couverture que procuraient les flammes et la fumée, parvinrent à s'introduire dans la cour par une petite porte latérale. Les coups tirés des fenêtres de la maison les tinrent en échec jusqu'à ce qu'une contre-attaque des Guards les contraigne à débarrasser les lieux. Les Français avaient laissé bon nombre de prisonniers aux mains de l'ennemi, mais emmenaient aussi, dans leur retraite, un certain nombre d'Allemands, capturés au début de l'action.

Toute la zone du bois et des pâturages était si solidement tombée aux mains des Français que leurs batteries étaient désormais plantées juste derrière les haies d'Hougoumont. Ces canons tenaient sous leur feu les carrés disposés, à quelques petites centaines de mètres de distance, sur les hauteurs à l'arrière du château. Pour les généraux qui observaient l'attaque, il existait un réel danger que l'ennemi progresse au point d'isoler le périmètre d'Hougoumont. La défense du château aurait alors bel et bien risqué de céder, puisqu'il serait devenu impossible d'envoyer des compagnies de tirailleurs et des chariots de munitions pour alimenter les tirs. C'est probablement pour cette raison que le colonel Du Plat tout d'abord, puis le général Adam reçurent l'ordre de faire avancer leurs troupes le plus possible, jusqu'à atteindre la route couverte qui était devenue une artère vitale pour la garnison.

En dépit de ce soutien, la garnison d'Hougoumont risqua sérieusement de se retrouver isolée tant les tirailleurs français intensifièrent à certains moments leurs tirs, y compris contre la porte arrière du château. L'infatigable capitaine Seymour avait été chargé de trouver des munitions et de les acheminer à tout prix jusqu'à la cour du château, où les cartouches commençaient à manquer. Ayant rencontré un soldat du train auquel avait été confié un wagon de munitions, Seymour lui expliqua ce qu'exigeait la situation. L'homme fouetta ses chevaux et descendit la colline, tout droit en direction du portail d'Hougoumont. Les tirs dont il fut la cible étaient si fournis que le capitaine ne put s'empêcher d'admirer le courage de cet homme et jugea difficile que les chevaux ne soient pas abattus avant d'achever le trajet. Le chariot atteignit malgré tout le portail ; et les défenseurs reçurent les munitions dont ils avaient désespérément besoin.

Dans le secteur d'Hougoumont, les charges françaises, surtout conduites par la cavalerie de la Garde, furent régulièrement coordonnées à l'action de l'infanterie qui tenait les pâturages et partie du verger. C'est là que la cavalerie anglaise paya son plus lourd tribut. Au début, elle se lançait, de fait, volontiers à la charge afin de repousser les offensives de l'ennemi. Or il advint plus d'une fois qu'un régiment, en descendant la pente au trot, se trouva inopinément sous le feu des tirailleurs dissimulés au milieu des blés hauts et qu'il dut regagner en grande hâte ses positions de départ pour éviter que l'infanterie ennemie ne lui coupe toute retraite en avançant dans son dos. D'autres fois, la cavalerie française, en se retirant, attirait ses poursuivants vers les carrés formés par l'infanterie de Reille. Les conséquences en étaient invariablement désastreuses. Le lieutenant Lane, du 15e Hussards, raconte comment deux escadrons de son régiment chargèrent les grenadiers à cheval de la Garde, lesquels refusèrent l'affrontement. « Sitôt après, nous attaquâmes, en ligne et sans réserves, un carré d'infanterie français ; nos chevaux arrivèrent à quelques pas du carré. Nous ne parvînmes pas à l'enfoncer et nous subîmes, bien naturellement, des pertes très lourdes... À la fin de la bataille, les deux escadrons étaient effroyablement mal en point.

L'infanterie de Wellington éprouva elle aussi l'efficacité avec laquelle les Français parvinrent à coordonner charges de cavalerie et pression exercée par les fantassins dans la zone d'Hougoumont. Les troupes allemandes de Du Plat venaient tout juste de descendre la pente pour prendre position le long de la route couverte qu'elles se trouvaient face aux tirailleurs de Foy en train d'avancer dans la direction du château. Elles furent cependant contraintes de rester en carré pour pouvoir repousser la cavalerie qui, tout aussitôt, se présentait, menaçante. Celle-ci s'éloignait à peine que déjà les tirailleurs français, tapis derrière les haies, couchaient les Allemands en joue. Le colonel Du Plat fut tué dès le début de cette action confuse et sanglante, alors qu'il s'efforçait d'entraîner ses hommes en avant et de déloger l'ennemi à la baïonnette. Les hommes de la KGL étaient tous des professionnels. Dans l'ensemble, ils tinrent leurs positions, empêchant l'ennemi de gagner du terrain et repoussant les charges de la cavalerie les unes après les autres. Assez rapidement, ils se trouvèrent cependant si diminués que deux de leurs bataillons durent se réunir pour former un unique carré. Tous les chevaux de leurs officiers avaient été abattus par les tirailleurs.

Quand Adam fit à son tour avancer ses régiments, ce qui restait des bataillons de Du Plat put se replier légèrement plus en arrière. Le 71e, un régiment d'infanterie légère écossais, prit, soutenu par deux compagnies de fusiliers du 3/95e, position à leur place, presque à l'angle du verger d'Hougoumont. L'ennemi, à ce moment, se manifesta de nouveau, sous la forme d'une ligne fournie de tirailleurs en capotes grises sortie à l'improviste de la fumée, juste devant eux. Non moins surpris que leurs adversaires, les Français ouvrirent instantanément le feu. Plutôt que de répliquer, les Écossais se mirent froidement à manœuvrer afin de se redéployer en ligne. Un officier des fusiliers laissa ce commentaire : « Les Français et le 71e étaient plus proches que je n'ai jamais vu l'être deux unités ennemies en formation régulière, et à une bien plus petite distance que celle à laquelle on s'affronte d'ordinaire. »

Ce n'était pas simplement une énième tentative de faire gagner du terrain aux tirailleurs. Reille avait observé que l'infanterie anglaise occupait, disposée en carrés, une position très avancée sur le côté d'Hougoumont. Il avait donc résolu de l'attaquer en force et de faire intervenir aux côtés de la division Foy la dernière de ses trois divisions : la division Bachelu, forte de trois mille autres fusils. Sur le papier, il s'agissait de troupes fraîches, restées tout le jour en position, arme à l'épaule (« selon d'aucuns, on nous avait oubliés », commenta le major Trefcon, chef d'état-major de la division). Dans la réalité, les hommes de Bachelu avaient subi des pertes si terribles, deux jours plus tôt aux Quatre-Bras, et étaient restés si longtemps sous le feu de l'artillerie ennemie que leur esprit offensif était éteint. Il sembla un moment que l'infanterie française, avançant en colonne derrière l'épais rideau des tirailleurs, allait réussir à entrer physiquement en contact avec l'ennemi : alors qu'ils arrivaient à portée de fusil, Foy, qui était un des généraux les plus populaires de l'armée française, tapa sur l'épaule de son aide de camp, le major Lemonnier-Delafosse, et lui dit : « Demain à Bruxelles, et colonel par l'empereur. »

Mais les deux mille cinq cents hommes de la brigade Adam – une brigade entièrement composée d'infanterie légère et pour un tiers armée de carabines Baker – s'étaient immédiatement redéployés sur quatre rangs, selon la formation partout adoptée ce jour-là par l'infanterie anglaise. Leurs salves, soutenues par les canons plantés un peu plus en arrière, stoppa net l'attaque. Le général Bachelu fut blessé par un éclat d'obus et son cheval tué sous lui. Un autre éclat du même obus causa une autre blessure au général de brigade Campi. Effleuré à la poitrine par deux balles qui ne produisirent que deux douloureuses ecchymoses, le major Trefcon roula à terre, son cheval ayant en revanche été touché à mort, se luxa le pouce et s'évanouit de douleur. Le général Foy prit une balle dans l'épaule, alors qu'il essayait d'empêcher ses hommes de fuir. Assez vite, toute la multitude des attaquants avait regagné à la course le vallonnement d'où elle était partie. Le major Lemonnier-Delafosse avait lui aussi roulé à terre quand son cheval avait été tué. Au moment où il se relevait, il vit un demi-pain attaché au havresac d'un soldat mort. « Je m'en emparai et le dévorai, c'est le mot ; car depuis deux jours, de la bière seule m'avait nourri. »

Mais l'infanterie française venait à peine de s'évanouir à nouveau dans la fumée que les Écossais du 71e voyaient arriver sur eux la cavalerie. Ils firent tout juste à temps pour reformer un carré, au sein duquel le général Adam lui-même fut contraint de se réfugier en toute hâte. Lorsque la cavalerie, impuissante devant le carré, battit en retraite, les officiers écossais s'aperçurent que les tirailleurs ennemis étaient encore postés dans les environs et qu'ils les tenaient sous leurs tirs. Le régiment accomplit alors la prouesse d'avancer en ligne, repoussant l'ennemi devant soi, d'occuper une partie du verger avec ses tirailleurs et de se redéployer, pour finir, en carré à la réapparition de la cavalerie. Des troupes moins expérimentées, comme celles du Brunswick, n'auraient jamais pu manœuvrer de cette façon, devant l'ennemi et sous le feu. Le 71e était un régiment de vétérans. Ses fantassins légers soutinrent la gageure et tinrent bon. C'est en grande partie sa résistance qui fit qu'en dépit des charges incessantes de la cavalerie de la Garde et des tentatives répétées de l'infanterie de Reille les Français ne parvinrent pas à isoler le périmètre d'Hougoumont. C'est aussi plus ou moins à ce moment que le duc de Wellington fut entendu du général Adam en train de marmotter : « Après tout, je crois que nous les battrons. »

Ce n'est pas le seul cas où la capacité de manœuvre sans pareille de l'infanterie anglaise, en mesure de passer froidement du carré à la ligne, d'avancer ou de reculer selon la nécessité sans désorganiser ses rangs, prévalut face aux attaques de la cavalerie et de l'infanterie françaises. Lord Saltoun, qui avait regagné les hauteurs avec les survivants de sa compagnie légère, vit le 3/1er Foot Guards manœuvrer pour se soustraire à l'action combinée de la cavalerie et des tirailleurs. « Pendant les attaques de la cavalerie contre le centre, un grand nombre de tirailleurs ennemis avaient rampé vers le haut de la pente et causaient de très lourds tracas au troisième bataillon, alors en carré... Le bataillon, qui souffrait beaucoup de ces tirs, se déploya en ligne, repoussa l'ennemi au bas de la colline, se porta sur une position plus avancée et, là, reforma le carré. »

L'offensive contre le périmètre muré d'Hougoumont ne représentait, pour Napoléon, qu'un aspect d'une plus ample manœuvre, dont l'objectif était de forcer toute l'aile droite de Wellington. L'impression, souvent relayée par les historiens, que cette attaque contre le château d'Hougoumont fut un gaspillage de forces, où une multitude fut tenue engagée par un petit nombre de défenseurs et finalement vaincue par des adversaires en spectaculaire infériorité numérique, est à rectifier. Il n'y eut, certes, jamais plus de deux mille fusils à la fois à l'intérieur du périmètre d'Hougoumont, mais le chiffre s'élève de beaucoup si l'on compte le nombre de bataillons qui s'épuisèrent dans la fournaise. Au début de la journée, la position était défendue par le I/2e Nassau du major von Büsgen, renforcé par une compagnie de *Jäger* hanovriens. Très vite, deux bataillons de Guards de la brigade de sir John Byng prirent place aux côtés des Allemands. Au cours de l'action, la brigade de Du Plat et la brigade d'infanterie légère du Brunswick envoyèrent dans le château toutes leurs compagnies légères. À la fin de la journée, ces troupes étaient à leur tour réduites en un tel état qu'il fallut les flanquer de la brigade de Landwehr hanovrienne du colonel Hew Halkett, la dernière réserve dont disposait Wellington dans ce secteur. Avant le soir, Hew Halkett, frère de sir Colin Halkett, prit le commandement du château, en tant que supérieur hiérarchique des divers lieutenants-colonels des Guards présents sur les lieux. Il plaça un bataillon dans le verger, deux autres dans le couloir de la route couverte, et un seul à l'extérieur, près du mur d'enceinte.

Si l'on ajoute que la pression du corps de d'Erlon ne s'exerçait pas seulement contre les troupes postées à l'intérieur de l'enceinte, mais, comme nous l'avons vu, contre toute l'infanterie alliée déployée dans le secteur, qu'elle tint constamment engagée jusqu'aux phases ultimes de la bataille, il apparaît clairement que la disproportion des forces mises en œuvre à Hougoumont relève de la pure et simple légende historiographique. Au long de la journée, les Français utilisèrent dans le secteur les trois divisions du 2e corps, soit un total de trente-trois bataillons et moins de quatorze mille fusils. Wellington employa contre eux les brigades Byng, Du Plat, Adam, Hew Halkett, cinq bataillons du Brunswick, un de Nassau, trois compagnies de chasseurs hanovriens et deux compagnies de la brigade Maitland, c'est-à-dire l'équivalent de vingt et un bataillons, dont six anglais et cinq allemands, et un total de douze mille fusils. De plus, au cours de l'après-midi, diverses batteries d'artillerie, telles celles de Rogers et de Sinclair, en action dans la zone de la Haye-Sainte, reçurent l'ordre de se transférer vers Hougoumont, signe que le château d'Hougoumont continuait à préoccuper suffisamment le duc pour qu'il consente à dégarnir son centre en sa faveur – non sans quelques conséquences déplaisantes dont nous parlerons bientôt. Si bilan négatif il y a pour Napoléon, ce n'est pas parce que les combats d'Hougoumont tiendraient engagées une quantité disproportionnée de ses troupes contre un nombre dérisoire d'ennemis, mais parce que le château, pour finir, ne tombe pas.

À la longue, les édifices se révélèrent la clef de tout. La garnison y tint bon, pour isolée et presque abandonnée qu'elle se soit sentie à certains moments. Le lieutenant-colonel Hepburn, qui était à l'intérieur du château, se retrouva à la tête de toute la brigade Byng quand ce dernier dut prendre le commandement de la division des Guards, suite à une blessure du général Cooke. « Je ne savais rien de ce qui se passait ailleurs », avoua-t-il plus tard. De même, le major von Büsgen, qui commandait les Nassauviens, affirma : « Personne ne me dit jamais ni quand je fus détaché à Hougoumont, ni, pendant le combat, de qui je devais prendre des ordres. Les arbres, les haies et l'enceinte qui limitaient mon champ visuel, non moins que l'intensité des combats faisaient que je ne voyais rien de ce qui se produisait un peu plus loin. » Au milieu des ruines fumantes, sur le sol encore brûlant que jonchaient des monticules de détritus carbonisés, dans le bourbier de la route couverte, entre les vestiges aux formes tourmentées des pommiers du verger, les défenseurs tinrent pourtant bon jusqu'à la fin, tandis que le long du mur sud chaque tentative des tirailleurs de se porter en avant laissait des monceaux de morts. L'attaque finale de Napoléon ne passerait pas par Hougoumont.

54. La prise de la Haye-Sainte

Le succès dont l'empereur avait besoin pour poursuivre son offensive se produisit de l'autre côté du champ de bataille : alors que les tirailleurs de Reille étaient tenus en échec sous les murs d'Hougoumont, ceux de d'Erlon parvenaient finalement à s'emparer de la Haye-Sainte. Cette issue, tout compte fait, était la plus probable, si l'on compare la situation dans les deux édifices fortifiés. Hougoumont était, de fait, un ensemble beaucoup plus puissant, encore susceptible d'héberger une garnison de deux mille fusils après qu'une bonne partie des bâtiments eurent été brûlés. Dans le périmètre de la Haye-Sainte, le major Baring n'en avait pas plus de quelques centaines et n'aurait sans doute pas pu en avoir davantage. Mais, surtout, Wellington avait concentré derrière Hougoumont une telle masse d'hommes que les charges de la cavalerie française ne parvinrent jamais à isoler la garnison du gros de l'armée alliée, quoique le château se soit trouvé assez loin de la ligne principale. Pendant tout l'après-midi, renforts et chariots de munitions continuèrent à pénétrer dans sa cour par le portail nord.

Derrière la Haye-Sainte, où le bombardement de la grande batterie était le plus intense, la ligne de Wellington devenait au contraire si mince que la pression combinée des charges de cavalerie et de la multitude de tirailleurs envoyés en avant par Donzelot risquait continuellement d'isoler la garnison. La situation demeura assez fluide tant que la cavalerie alliée conserva assez de forces pour pouvoir lancer une contre-attaque de temps à autre : disposant d'un certain espace de manœuvre, les bataillons allemands d'Ompteda et de Kielmansegge lancèrent eux aussi d'occasionnelles contre-attaques et en profitèrent, à plusieurs reprises, pour envoyer des renforts à l'intérieur de la ferme. Non qu'il y ait eu grand monde à disposition pour cela. Ompteda était encore parvenu à rassembler une compagnie légère, celle du 5e KLG, quand il dut se rendre à l'évidence : ses propres troupes étaient réduites à rien. Aussi envoya-t-il demander deux compagnies de son 1er Nassau au colonel von Kruse, lesquelles compagnies furent dûment retirées des carrés et envoyées en renfort aux hommes de Baring. Mais, à mesure que les interventions de la cavalerie alliée se raréfiaient, les troupes d'Ompteda et de Kielmansegge se voyaient de plus en plus réduites à un rôle strictement défensif, ne pouvant plus prétendre qu'à tenir bon, en formation carrée, sur la dorsale derrière la ferme. À partir de la fin de l'après-midi, personne ne vint plus apporter de renforts ni d'ordres au major Baring et à ses hommes assiégés à l'intérieur de la Haye-Sainte, pas plus que n'arrivèrent les munitions demandées avec insistance par le major pour ses fusils Baker.

Baring réfléchissait à cette absence d'approvisionnement qui lui semblait inexplicable, puisqu'il avait déjà envoyé trois officiers pour réitérer la demande, quand il s'aperçut que les Français étaient en train de mettre le feu à la ferme de l'extérieur : exaspéré par la résistance des défenseurs, l'assaillant avait décidé de recourir au moyen déjà employé contre Hougoumont. Le grenier, en l'occurrence l'édifice le plus exposé, se mit aussitôt à brûler et disparut au milieu d'une épaisse fumée noire. Par chance, la Haye-Sainte était bien fournie en eau et les défenseurs réussirent à éteindre l'incendie à l'aide des gamelles qui faisaient partie de l'équipement des Nassauviens. Mais le grenier, dont le portail manquait depuis le début, était de plus en plus difficile à défendre, en dépit de toute l'obstination allemande. Baring vit le fusilier Lindau, la tête bandée d'un chiffon déjà à demi trempé de sang, s'abriter derrière la petite porte postérieure de la grange et, de là, empêcher les Français de faire irruption à l'intérieur en tenant l'entrée principale sous son tir. Le major admira d'autant plus l'attitude que l'homme avait en poche une bourse remplie d'or, trouvée dans la besace d'un officier français qu'il venait de renverser de cheval et qu'il était donc en train de mettre en péril non seulement sa vie, mais aussi son butin. Touché par tant d'abnégation et voyant que le chiffon ne suffisait pas à arrêter l'hémorragie, le major ordonna au fusilier d'abandonner la position et de se mettre à l'abri. Lindau s'y refusa en grommelant : « Seule une canaille pourrait l'abandonner maintenant, monsieur le major. »

« Ce brave fut capturé à peu de temps de là, et perdit son trésor », note Baring, s'associant à l'épreuve. Un léger sentiment de culpabilité pourrait être pour quelque chose dans ces paroles compatissantes, car Lindau, quand il avait trouvé la bourse, avait prié le major de la lui garder. Et Baring avait refusé de prendre cette responsabilité : « Qui sait ce qui nous attend aujourd'hui ? C'est à toi de savoir comment mettre ton argent au sûr. » En réalité, si le major avait accepté de le prendre en dépôt, l'or du pauvre Lindau aurait été sauvé. Mais Baring avait, à ce moment, bien d'autres soucis en tête : quand il retourna compter les munitions de ses hommes, il se rendit compte avec effroi qu'il ne restait que trois ou quatre coups par personne. Les derniers arrivés, les Nassauviens avaient évidemment beaucoup plus de réserves, sans que cela soit d'aucune utilité, car ces cartouches faites pour les fusils étaient inadaptées aux armes à canon rayé. Pour ce qui était des hommes, le major préfère ne pas s'attarder sur leurs prestations, mais il est clair que des recrues inexpérimentées ne pouvaient remplacer les fusiliers. La ferme était enveloppée par l'épaisse fumée de l'incendie et les Français avaient réussi à apporter quelques pièces d'artillerie en vue du mur extérieur, où le bombardement avait commencé à ouvrir des brèches : même si, loin de perdre courage, les fusiliers profitaient de chaque instant de répit pour aller les colmater à l'aide de détritus, il était évident qu'on ne pouvait résister longtemps dans ces conditions.

Baring écrivit un message dans lequel il avertissait explicitement qu'il ne serait pas en mesure de tenir tête à une nouvelle attaque et fit sortir un officier avec mission de le remettre au colonel von Ompteda. Quand les tirailleurs se présentèrent à nouveau devant le grenier, que ré-éclata l'incendie et que ses fusiliers finirent leur dernier fond de poudre, le major en rédigea un second, expliquant qu'il allait être contraint d'abandonner la place s'il ne recevait pas de munitions, car la seule chose qui restait à sauver, parvenu à cette extrémité, était la vie de ses soldats. Pendant ce temps, les Français, s'étant aperçus que les tirs des défenseurs se raréfiaient, approchèrent également du côté de la route, et quelques sapeurs, armés de haches, commencèrent à abattre la porte charretière. Finalement, comme des hommes du 13e Léger escaladaient les murs et faisaient irruption dans la cour, le major prit la décision la plus difficile de sa vie. « Pour indiciblement douloureuse que fût la décision de céder la position, mon sens du devoir en tant qu'homme prévalut sur celui de l'honneur, et je donnai ordre de se retirer par la maison s'élevant dans le jardin à l'arrière. »

Plus qu'une retraite, ce fut, en fait, une fuite désordonnée. Les défenseurs avaient sur leurs talons des Français rendus mauvais par leur résistance acharnée et décidés à ne pas faire de quartier. Par ailleurs, le passage à travers la maison était étroit. Beaucoup furent capturés. Les plus chanceux s'en tirèrent par une volée de coups, avant d'être brutalement poussés vers les arrières. Pour d'autres, les choses tournèrent plus mal. Bon nombre de blessés qui criaient « Pardon », supplique conventionnelle commune à qui demandait à avoir la vie sauve, furent achevés à la baïonnette. L'enseigne Franck se réfugia, le bras cassé, à l'intérieur de la maison, se dissimula derrière un lit et resta caché là jusqu'au soir ; mais, quand deux fusiliers cherchèrent refuge dans la même pièce, les Français firent irruption derrière eux au cri de « Pas de pardon à ces coquins verts ! » et déchargèrent leurs armes sur eux. Le lieutenant Graeme trouva la route barrée devant lui par un officier et quatre soldats. L'officier le prit par le col et l'un des hommes lui décocha un coup de baïonnette, mais Graeme avait encore son épée et para le coup. L'officier, qui l'avait lâché, le ressaisit par le col et le secoua violemment. Graeme se libéra d'un coup et s'échappa. Les Français firent feu derrière lui en criant « Coquin ! », mais ne le poursuivirent pas, et Graeme rejoignit son commandant. Baring remonta en courant la pente avec les rares survivants et alla s'unir aux deux compagnies du 1er Léger, qui formaient un petit carré derrière le chemin creux (« même si nous ne pouvions tirer un seul coup, nous contribuions à faire nombre »).

Resté désarmé, le fusilier Lindau s'était réfugié avec d'autres camarades et un officier derrière la palissade qui fermait un angle de la cour et, là, s'était rendu aux Français. L'ennemi les contraignit à quitter leur refuge et à sauter par-dessus la palissade aux cris furieux de « En avant, couillons ! » en les aiguillonnant de la pointe de leurs baïonnettes. À peine sur la route, ils furent dépouillés de tout : Lindau perdit sa bourse pleine d'or, en sus de deux montres. La violence avec laquelle ils étaient traités exaspéra à tel point les prisonniers que certains se baissèrent pour ramasser des pierres avec lesquelles se défendre. Le capitaine, qui était avec eux, parvint cependant à les calmer, évitant ainsi qu'ils ne soient tous massacrés. Les prisonniers reconnurent, parmi les ennemis, un officier qu'ils avaient capturé, l'année précédente, « dans le cimetière juif de Bayonne ». Celui-ci tenta de les protéger, interdisant à ses hommes de les dépouiller, mais ses subordonnés lui répondirent par des sifflets et des hululements. Finalement, les prisonniers furent remis à un groupe de cuirassiers, rescapés des combats de l'après-midi, qui avaient ordre de les accompagner vers l'arrière. « La majeure partie des cuirassiers avaient la tête bandée. Ils nous obligèrent à courir à la vitesse de leurs chevaux et tuèrent d'un coup de sabre un homme du premier bataillon parce qu'il n'arrivait pas à courir assez vite. »

Comme à Hougoumont, la coordination entre l'infanterie et la cavalerie françaises se révéla, dans la zone de la Haye-Sainte, bien plus efficace qu'elle ne l'avait été sur le reste du champ de bataille. On aurait pu croire les escadrons de Kellermann et de Milhaud trop usés par des heures et des heures de charge pour pouvoir encore prendre l'initiative. Tout à l'inverse, les cuirassiers se présentèrent à nouveau dans la montée, dès que les tirailleurs de Donzelot se furent emparés de la ferme. Le lieutenant Graeme n'avait pas encore eu le temps de souffler que le carré dans lequel il se trouvait était chargé par la cavalerie. À son soulagement, les fusiliers postés dans le couloir du chemin creux avaient encore assez de munitions pour la tenir éloignée (« je crois qu'ils ont découvert que leurs cuirasses n'étaient pas assez épaisses pour les fusils rayés »). Cependant, les tirailleurs s'étaient portés si avant, sous la protection de la cavalerie, que la position devint rapidement intenable. À ce moment précis, Graeme, qui se tenait debout, en compagnie d'autres officiers, sur le bord du chemin, en train d'agiter son chapeau pour encourager ses hommes, eut la main droite fracassée par un coup de fusil, et dut abandonner le champ de bataille.

L'avancée des tirailleurs, après la chute de la Haye-Sainte, fut partout si soudaine qu'elle provoqua la panique et la consternation. Se rendant compte que le feu des défenseurs allait se raréfiant, le duc de Wellington avait dangereusement poussé en avant, bien au-delà du chemin creux, pour chercher le moyen de leur envoyer des munitions. Il resta là jusqu'à ce que les premiers tirailleurs ennemis passent l'angle de la maison, arrivant assez près pour le prendre de mire. Ce n'est qu'à ce moment que le duc et les officiers de son entourage décidèrent de s'éloigner. Or il existait une seule et unique brèche dans l'épaisse haie qui longeait le chemin d'Ohain, si bien qu'il fallut un peu de temps pour que tous traversent. Le dernier à passer, le lieutenant Cathcart, attendait son tour et observait avec inquiétude les tirailleurs, parvenus à deux cents mètres sans plus, quand l'un d'eux tira sur lui. La balle toucha son cheval qui s'effondra. Cathart chercha frénétiquement à le faire se relever, puis, s'apercevant que c'était peine perdue, l'abandonna à la mort et détala à pied derrière les autres.

À ce point, les généraux qui assistaient à l'action depuis la dorsale derrière la Haye-Sainte commencèrent à perdre la tête. Sir Charles Alten rejoignit le colonel von Ompteda et lui ordonna de reprendre la ferme avec le seul de ses bataillons dont les rangs étaient encore à peu près pleins, le 5e KGL. L'idée de redescendre la pente avec un unique bataillon, face à l'infanterie française qui s'était désormais retranchée derrière les murs de la Haye-Sainte et aux escadrons de cuirassiers qui battaient les environs, était si hasardeuse que le colonel von Ompteda commit une chose impensable : émettre des objections aux ordres reçus. Il dit à son général que, selon lui, la situation ne se prêtait pas à une telle avancée. Le prince d'Orange, qui était leur supérieur à tous deux, n'avait pas plus de vingt-trois ans et devait avoir lui aussi perdu la tête, lui ordonna sèchement d'obéir. « C'est bien, je le ferai », répondit à voix un peu trop haute le colonel. Puis il appela le commandant du bataillon, von Linsingen, et lui murmura : « Cherchez à sauver mes neveux. » Comme bien des officiers supérieurs, en un temps où le plus désinvolte des clientélismes était de règle, Ompteda avait procuré des postes d'officiers dans son unité à deux neveux de quatorze et quinze ans. De toute évidence, il craignait à présent de les conduire au massacre.

Le lieutenant Wheatley était resté jusqu'à cet instant dans un carré avec le reste du 5e KGL et s'allait répétant les vers du poète Southey (« Mais ce fut une victoire fameuse ») tout en cherchant réconfort dans de fréquentes prises de tabac, quand arriva l'ordre soudain de se déployer en ligne et d'avancer au pas.

À quelques petites dizaines de mètres désormais de l'ennemi, Ompteda fit sonner la charge et lança son cheval au milieu de l'épais rideau des tirailleurs français. L'adversaire se débanda. Wheatley se mettait aux trousses d'un petit tambour qui essayait de s'esquiver en sautant par-dessus un fossé. Au même moment, la cavalerie française apparut sur le flanc de son escadron et le heurta en plein. Wheatley entendit quelqu'un crier « Cavalerie ! Cavalerie ! », mais n'y prit pas garde, avide comme il l'était de se saisir du tambour resté empêtré dans les ronces. Il avait à peine eu le temps de tendre les mains qu'un coup donné du plat du sabre l'étendit sur le sol, évanoui.

Le colonel von Ompteda était entouré de fantassins français auxquels leurs officiers, stupéfaits de son courage, criaient de ne pas le massacrer. Mais Ompteda, gagné à son tour par la fureur, se mit à distribuer des coups de sabre sur les têtes de qui l'entourait. Aussi en fut-il un qui perdit patience. Quand le lieutenant Wheatley reprit connaissance, le colonel gisait mort à deux pas de lui, la bouche ouverte, un trou dans la gorge ; et lui-même était prisonnier des Français. Von Linsingen s'était saisi des deux neveux du commandant et les avait emmenés au sûr. Le reste du bataillon avait été taillé en pièces. Son drapeau était perdu.

Le capitaine Kincaid, posté à faible distance avec le reste des fusiliers du 1/95e, assista à la destruction du bataillon hanovrien. L'action lui parut si foudroyante que bien peu, selon lui, pouvaient s'être sauvés (si ce n'est « un officier sur un petit cheval noir qui fila vers l'arrière comme si on l'avait lancé avec une batte »).

Placés à distance de tir, les hommes de Kincaid s'apprêtaient à ouvrir le feu contre les cuirassiers lorsque apparurent des dragons légers anglais et qu'ils se portèrent contre l'ennemi, sans trop d'enthousiasme à ce qu'il semble. « Quelques-uns commencèrent à échanger des coups de sabre, mais on avait l'impression que cela finirait par un match nul et que personne ne se ferait beaucoup de mal. » Les fusiliers, leur capital de patience épuisé, se mirent, pour finir, à tirer dans le tas, en sorte que la cavalerie se dispersa en un instant, de part et d'autre. Tandis que les cuirassiers s'éloignaient, Kincaid eut le temps de voir, avec une rage impuissante, que l'un d'eux se penchait de sa selle pour tuer les blessés gisant sur le sol.

Ce témoignage et d'autres laissent l'impression qu'en dépit de tout un après-midi de combat la cavalerie française conservait encore une capacité d'action qu'avait à cette heure perdue son homologue alliée. Sir Colin Halkett, pour donner du cœur à ses bataillons désormais réduits à une poignée d'hommes, essaya de pousser à la charge un bataillon hollandais disposé juste derrière. Mais, au bout de quelques pas, les Hollandais s'arrêtèrent, refusant d'aller plus avant, puis firent tourner bride à leurs montures. Gagnés par l'indignation, les fantassins de Halkett, regroupés dans les carrés, commencèrent à leur tirer dessus, en renversant un assez bon nombre de selles. Si la brigade de cavalerie légère Van Merlen, composée du 5e Dragons Légers belge et du 6e Hussards hollandais, se comporta beaucoup mieux, puisqu'elle chargea l'artillerie française en train de prendre position à côté de la Haye-Sainte, les résultats, eux, ne furent guère meilleurs. Le général Van Merlen, que Napoléon avait fait baron d'Empire à peine trois ans plus tôt, fut tué par un boulet de canon qui le prit à l'estomac, et la brigade se désagrégea. Le colonel Van Boreel, qui était à la tête des hussards, essaya d'en prendre le commandement à sa place, mais les dragons légers rescapés de la charge refusèrent d'obéir à un Hollandais et allèrent s'unir à une autre brigade légère, sous les ordres du Belge De Ghigny.

Arrivé à ce point, la division de cavalerie des Pays-Bas avait subi des pertes telles qu'elle ne pouvait plus être considérée comme opérationnelle. Plus de la moitié des hommes manquaient dans la brigade de Ghigny. Le commandant de la division, De Collaert, avait été blessé à un pied par un éclat d'obus ; la blessure était assez grave pour le contraindre à quitter le champ de bataille, et le général, du reste, devait finalement en mourir une année plus tard. Ultime réserve de cavalerie encore disponible derrière le centre de Wellington, la division avait cessé de pouvoir être utilisée à une quelconque fin pratique ; et la cavalerie française, bien qu'éclopée, compte tenu de la fatigue et des pertes, était restée maîtresse du terrain. Lorsque, consterné par la chute de la Haye-Sainte à laquelle il avait assisté, sir James Kempt, qui commandait la division initialement aux ordres de Picton, voulut donner ordre à sir John Lambert de contre-attaquer avec le 27e et de reconquérir la ferme, nécessité lui fut bien vite de constater que ce régiment ne pouvait pas plus qu'aucun autre abandonner sa formation en carré, « puisque la cavalerie ennemie les entourait ».

55. L'avancée de l'artillerie française

À présent que la Haye-Sainte était tombée, les généraux français pouvaient faire ce qu'ils n'avaient osé faire jusque-là : porter en avant leur artillerie, soutenue par les escadrons de cuirassiers qui avaient encore assez d'hommes en selle et de chevaux suffisamment frais pour poursuivre le combat. Dans certains cas, les canons furent par trop audacieusement avancés et l'on eut à payer le prix de l'imprudence. C'est ainsi que deux pièces furent détachées des avant-trains et mises en batterie juste devant les fusiliers de Kincaid et qu'elles commencèrent à tirer sur eux à mitraille. Elles étaient en réalité si proches qu'en quelques minutes le feu des Bakers abattit la majeure partie des artilleurs et les réduisit au silence. Mais, en général, les Français firent avancer tant de canons et une quantité apparemment si inépuisable de munitions que les tirailleurs alliés jugèrent difficile de maintenir leur position avancée : les Français tiraient en effet à mitraille y compris contre eux, ce qui, normalement, ne se faisait jamais, précisément pour ne pas gaspiller les munitions, et ne pouvait, à la longue, qu'entamer le moral de ces tirailleurs déjà décimés, déployés en couverture de la ligne de Wellington.

Le lieutenant Pratt, aux ordres de qui avait été placée la compagnie légère du 30e, au début de la bataille, avait toujours réussi jusque-là, après chaque charge de la cavalerie, à sortir du carré et à réoccuper une position plus avancée, presque au pied de la colline. Mais, lorsqu'il tenta d'y reprendre encore une fois position, il s'aperçut que ses hommes étaient désormais régulièrement accueillis par la mitraille. Il essaya quelque temps de tenir bon, non sans se rendre compte que cela ne pourrait beaucoup durer et que l'ennemi s'était bel et bien rendu maître de l'espace séparant les deux fronts. « À ce moment, je fus blessé, et naturellement je n'ai plus rien vu de ce qui s'est passé par la suite. » Le 73e, regroupé en un carré avec le 30e, ne disposait même plus d'un tirailleur à faire sortir des rangs. Le capitaine qui commandait à ce moment le régiment demanda donc des volontaires pour le suivre. Tom Morris et son frère William acceptèrent avec quelques autres de l'accompagner. À peine étaient-ils sortis du carré que la mitraille pleuvait sur eux, les couchant presque tous. Seuls les deux Morris étaient indemnes. Ils prirent par les bras leur capitaine, souffrant d'une jambe cassée, et le ramenèrent en arrière.

L'enseigne Macready, qui avait remplacé Pratt au commandement de la compagnie légère du 30e quand celui-ci avait été blessé, jugea que le peu de rescapés placés sous ses ordres serait plus utile à l'intérieur du carré pour remplir les vides ouverts par la mitraille. À un certain point, « l'artillerie française remonta notre colline au trot ; je reconnus à leurs colbacks qu'ils étaient de la Garde impériale. Je venais à peine de le faire noter à un camarade, quand deux canons s'arrêtèrent à une distance horriblement réduite ; la mèche était déjà prête et paff !, leur mitraille frappa notre carré. Ils rechargèrent aussitôt, et continuèrent à maintenir un feu destructeur. Il fallait admirer les nôtres pour la manière dont ils remplissaient les vides après chaque décharge ». Comme Macready l'avait prévu, ses hommes étaient indispensables en cet endroit. Le très jeune officier ne s'en sentait pas moins coupable de les exposer de cette manière au danger. « J'ordonnai à trois de mes garçons d'entrer en ligne. Ils avaient à peine eu le temps de prendre leur poste que deux furent vilainement blessés. L'un d'eux, du nom d'Anderson, me regarda en face, avec une sorte de reproche plaintif ; les mots me vinrent aux lèvres sans le vouloir : "Par Dieu, ce n'a pas été de ma faute !" » Le lieutenant Rogers, qui se trouvait dans le même carré, se souvenait fort bien des deux canons. « Je ne les oublierai jamais. Chaque décharge ouvrait une véritable trouée dans le carré. Je m'étonnais de voir avec quelle froideur nos hommes et ceux du 73e les refermaient. »

L'action des sous-officiers, des vétérans surtout qui avaient combattu en Espagne, contribua de façon décisive à maintenir les hommes à leurs postes. Et pourtant aucun d'eux ne se souvenait d'une situation aussi dramatique. Le sergent major Ballam, du 73e, était pâle comme un mort quand il s'adressa au commandant du régiment et murmura : « Cela n'a jamais été comme cela en Espagne, monsieur. » Mais, voyant un des soldats se baisser par intervalles, quand les balles passaient trop près de lui, il ne lui en fit pas moins la leçon : « Damnation, monsieur, pourquoi vous penchez-vous ? Vous ne devez pas vous pencher même s'ils vous arrachent la tête ! » (L'homme, chatouilleux de nature, lui en garda rancune. Quelques minutes plus tard, quand une balle frappa le major en plein visage, le tuant sur le coup, le soldat se pencha sur le cadavre défiguré et s'exclama en contrefaisant son supérieur : « Damnation, monsieur, pourquoi êtes-vous à terre ? Vous ne devez pas être à terre, même s'ils vous arrachent la tête ! »)

À peine plus à l'est, les officiers du 1er Nassau, qui avait déjà été presque emporté par une charge de cuirassiers, virent avec horreur une batterie française se porter crânement à trois cents mètres de leur carré et ouvrir le feu à mitraille. En l'espace de quelques minutes, les pertes devinrent telles que le commandant du bataillon, le major von Weyhers, ordonna à ses recrues de charger à la baïonnette pour s'emparer des canons. Les Nassauviens, abêtis par le fracas et la fumée, ne s'étaient pas mis en mouvement que la mitraille fauchait le major. Ses hommes s'arrêtèrent, hésitants. Tandis que la majeure partie reculait, deux compagnies déclenchèrent contre les artilleurs un feu de file désordonné. Un instant plus tard, un escadron de cuirassiers débouchait de derrière les canons et les enfonçait, donnant du sabre. Quoi qu'il en soit, les officiers des Nassauviens, dont le professionnalisme devait réellement être stupéfiant, réussirent à arrêter les survivants en fuite et à les réordonner en un semblant de carré.

Les artilleurs de Wellington s'aperçurent eux aussi que le feu ennemi s'était encore intensifié, pour impossible que cela ait pu paraître. Le capitaine Samuel Bolton se tenait à cheval au milieu de ses canons et était en train de parler au lieutenant Sharpin, debout à côté de lui, la main posée sur son étrier. « À ce moment, se souvient Sharpin, les tirs d'une batterie française volaient, très denses, au milieu de nous. » Une balle passa juste entre les deux officiers. Bolton, avec une admirable froideur, observa : « Je crois que, pour aujourd'hui, nous avons échappé au plus grave danger. » Un instant plus tard, une autre balle frappait le sol devant lui, puis rebondissait, transperçant la poitrine du capitaine et réduisant en charpie l'épaule de son cheval. L'homme et la bête s'effondrèrent pour ne former qu'un amoncellement ; quand les artilleurs parvinrent à le tirer de sous la carcasse, le capitaine Bolton était mort.

Une autre batterie française se porta sur le flanc de la batterie du capitaine Mercer et ouvrit le feu à moins de cinq cents mètres. Le compte rendu de Mercer est indicatif de l'état d'esprit dans lequel commençaient à se trouver les artilleurs alliés en cette fin d'après-midi. « Ce feu était d'une rapidité et d'une précision épouvantables. Chaque coup ou presque atteignait sa cible ; j'étais persuadé qu'ils allaient finir par tous nous anéantir. Du fait qu'ils étaient un peu plus en arrière sur la pente, nos chevaux et avant-trains s'étaient trouvés jusque-là relativement à couvert des tirs opérés de face. Mais, désormais, les coups pleuvaient précisément au milieu d'eux, les culbutant deux à deux et créant une confusion terrible. Les conducteurs s'étaient tant bien que mal dépêtrés d'un cheval mort que déjà en tombait un autre, quand ce n'était pas à eux que le coup était échu. Dans de nombreux cas, les sacs de selle furent arrachés des dos des chevaux et leur contenu éparpillé tout alentour. Je vis un obus exploser sous les deux plus beaux chevaux de la batterie, et les bêtes s'effondrer toutes deux. » Sous l'impact du feu français, la batterie de Mercer fut littéralement repoussée en arrière : à chaque coup, de fait, ses pièces reculaient et les artilleurs encore valides étaient trop épuisés pour les ramener en avant à la seule force de leurs bras. « À la fin, nous étions dangereusement près des avant-trains et des wagons de munitions, dont certains étaient totalement privés de chevaux et d'autres sens dessus dessous, du fait qu'ils avaient perdu leurs conducteurs ; nombre de chevaux gisaient morts, encore attachés à leurs chariots. » Quand il reçut, plus tard, l'ordre de changer de position, Mercer n'avait plus assez de chevaux pour se déplacer.

Plus chanceux, le capitaine Cleeve, de la King's German Legion, eut ordre de se replier avec sa batterie afin de se refournir en munitions, puisque ses wagons étaient vides. « À l'exception du canon numéro 4, qui resta où il était et rentra plus tard en action, je parvins à traîner mes canons hors du chaos, car nous avions encore les avant-trains avec nous. Nous nous arrêtâmes dans un champ proche de Mont-Saint-Jean et je fis remplir les caissons vides. » Quand la batterie fut remise en position, divers canons anglais, qui étaient restés isolés, s'unirent à ceux de Cleeve : un détail qui montre le courage des servants, mais aussi l'extrême désorganisation dans laquelle se trouvait désormais l'artillerie de Wellington. Aucun rapport officiel de source anglaise, et ce n'est pas un hasard, ne se soucie de mentionner un fait du genre.

Seule l'extraordinaire discipline des servants permit à quelques batteries de maintenir leurs positions. « Le terrain sur lequel nous nous trouvions était tout creusé de sillons, à cause du recul des canons, des boulets qui arrivaient en rasant le sol et des nombreux trous creusés par les obus qui explosaient après s'être enfoncés dans la terre raconte le capitaine Rudyard, de la batterie de Lloyd. À mesure que les chevaux étaient tués ou rendus inutilisables, leurs harnachements étaient retirés et portés sur les wagons, ou ailleurs. Les havresacs de nos hommes étaient bien empilés devant ou derrière les avant-trains et les wagons, afin que les soldats soient plus libres dans leurs mouvements. Canons, voitures, pièces d'équipement, tout avait été touché en plusieurs points. » Rudyard s'étonnait de voir le duc de Wellington, le prince d'Orange et leurs seconds visiter fréquemment les arrières de sa batterie et partager le même danger. « Je vis un boulet couper ses pattes avant au cheval d'un adjudant de Son Altesse ; la bête continua pendant quelques instants à reculer sur les pattes arrière, son très gras cavalier, vêtu de vert, sur le dos. Mon cheval fut traversé par un boulet de canon, à l'arrière de sa chabraque[1], et ne tomba pas non plus immédiatement. »

La ligne alliée n'était pas seulement exposée au feu de l'artillerie, mais également à celui d'une multitude de tirailleurs désormais maîtres de toutes les positions dominantes qu'avaient occupées au matin les fusiliers anglais et

1. Pièce de drap ou de peau dont étaient recouverts les flancs des chevaux de selle de certaines troupes de cavalerie [N.d.T.].

allemands dans la zone de la Haye-Sainte, de la ferme elle-même à la petite colline qui surplombait la carrière de sable. Ce fut en premier lieu le 27e (Inniskillings) qui en fit les frais. Le régiment était placé à l'endroit le plus exposé de tous : l'angle nord-est du croisement. Adossé à la petite colline sur laquelle étaient à présent postés les tirailleurs français, il se trouvait à deux cents mètres à peine derrière la Haye-Sainte. Les Inniskillings restèrent là, en carré, jusqu'au soir, conformément aux ordres de sir James Kempt spécifiant qu'ils ne devaient lâcher la position à aucun prix : seule leur présence empêchait, de fait, l'ennemi de pénétrer en profondeur au centre de la ligne défensive. Le régiment, sans jamais bouger d'un pas, perdit en trois ou quatre heures plus des deux tiers de ses hommes : le plus haut pourcentage de pertes de tous les bataillons engagés à Waterloo. « À sept heures du soir, rapporta Kincaid, le 27e gisait mort en carré, quelques mètres derrière nous. » Reprenant sans le savoir la même image, le major Harry Smith observait qu'à la fin de la journée le général Lambert commandait trois régiments : « Deux vivants et un mort. » À cette heure-là, le régiment était commandé par un lieutenant, huit des dix compagnies par des sergents.

Tout advint, au cours de ces quelques heures, au sein du carré formé par le 27e, y compris qu'une épouse de soldat, restée aux côtés de son mari au lieu de se réfugier à l'arrière, s'employa, enceinte, à soigner les blessés jusqu'au moment où elle fut touchée elle-même à la jambe par un éclat. Le mari connut un sort pire, puisqu'il perdit les deux bras. La tragédie des Inniskillings a fini par symboliser, dans l'historiographie militaire anglaise, l'aspect le plus inhumain de la bataille napoléonienne. Comme l'a observé John Keegan, ce fut probablement une chance que les hommes aient parcouru quatre-vingt-dix kilomètres et n'aient pratiquement pas dormi dans les soixante-douze heures qui avaient précédé la bataille, car ils n'auraient pu résister à l'horreur si la fatigue ne les avait anesthésiés. Lorsque, vingt ans plus tard, le capitaine Siborne entreprit de construire sa grande maquette de la bataille de Waterloo, sir John Lambert insista pour que soit représentée la petite colline sur laquelle se trouvaient postés les tirailleurs français, figuration absolument nécessaire selon lui « parce qu'elle avait eu un rôle si important dans ce secteur, si honorable et fatal pour le 27ᵉ régiment, qui maintint sa formation et perdit plus d'hommes et d'officiers que tout autre régiment au cours de la journée, et qu'autrement ils auraient accordé à l'ennemi la possibilité de percer dans une zone d'une importance extrême ».

Que le moment ait été dramatique, c'est ce que confirme le nombre de généraux et d'officiers de l'état-major de Wellington blessés ou tués dans cette phase précise de la bataille, surtout dans la zone derrière la Haye-Sainte. Le secrétaire du duc, lord Fitzroy Somerset, qui se trouvait à ses côtés un peu en arrière du croisement, fut touché au bras par un coup de fusil parti du toit de la ferme et dut être emmené au poste de soins, où les chirurgiens l'amputèrent (« Eh ! s'exclama le patient, ne jetez pas ce bras tant que je n'ai pas retiré mon alliance de mon doigt ! »). Un des aides de camp, le lieutenant-colonel Canning, fut blessé par une balle à l'abdomen, tandis qu'il s'employait à maintenir en ligne des troupes allemandes sur le point de se débander. « Bien que parfaitement conscient, il pouvait à peine parler, à cause de la douleur, rapporta un témoin. Nous le fîmes asseoir, en lui mettant tout autour des havresacs, mais il mourut quelques minutes plus tard. » Un autre membre du haut commandement, sir Alexander Gordon, qui était aussi un ami personnel de Wellington, eut la jambe fracassée par un boulet de canon, alors qu'il encourageait un carré du Brunswick tout près de vaciller. Emporté jusqu'à Waterloo, il fut amputé de cette jambe, mais ne survécut pas jusqu'au lendemain. Le quartier-maître général, sir William de Lancey, jeune officier de trente-quatre ans que Wellington avait un jour décrit comme « le type le plus oisif que j'aie jamais connu », fut jeté à bas de son cheval par un boulet de canon qui était passé assez près de lui pour lui provoquer de graves lésions internes, en l'absence de toute blessure apparente. Il devait mourir, en l'espace de quelques jours, dans les bras de sa femme, épousée tout juste deux mois plus tôt. Sir Charles Alten venait d'observer qu'un des carrés de la brigade Kielmansegge était en train de reculer sous la mitraille et de donner ordre de l'arrêter à son général, lorsqu'il fut blessé par un éclat d'obus et contraint de quitter le champ de bataille. Kielmansegge prit le commandement de la division, ou de ce qui en restait, pour être aussitôt blessé à son tour. Un peu plus tard, ce fut, comme nous le verrons, à Colin Halkett, qui l'avait remplacé dans ses fonctions, bien qu'à ce point il ne soit presque plus resté personne à commander, de tomber blessé. Entre-temps, légèrement plus à l'ouest, le commandant de la division des Guards, George Cooke, avait eu le bras droit réduit en charpie par un boulet de canon.

L'infanterie allemande, dans ce moment critique, ne tint qu'à grand-peine et par la seule vertu de ses officiers qui s'y employèrent frénétiquement. L'infanterie anglaise, elle, montra toute sa ténacité, cette qualité qui la rendait si justement célèbre. « Les hommes dans les rangs grommelaient tout bas "Sale affaire que celle-ci" », nota Macready ; il s'agissait de voir qui avait le plus d'endurance et pouvait rester là à se faire tuer le plus longtemps. » Ses hommes auraient préféré de loin attaquer les canons, qui avaient pris position à quelques petites centaines de mètres de distance ; mais ils ne le pouvaient pas, car la cavalerie française se tenait toujours prête à côté des pièces, tandis que son homologue alliée avait disparu du champ de bataille. « Nos hommes, rapporta un officier, disaient que c'était un assassinat, et protestaient beaucoup de ne pas avoir la permission d'attaquer. » À un certain point, Wellington en personne alla se réfugier dans le carré ; quelqu'un parmi les hommes se mit alors à s'exclamer à voix haute : « Devons-nous nous faire massacrer ici ? Allons donner de la baïonnette ! » Le duc l'entendit et répliqua aussitôt : « Attendez encore un peu, les garçons. Nous irons d'ici peu. »

En vérité, la situation ne pouvait se prolonger bien longtemps. Dans le carré du 3/1er Foot Guards, les sergents se tenaient derrière leurs hommes, leurs piques à l'horizontale, pour les obliger à rester en ligne. « La situation de notre bataillon était, à un certain point, si désespérée, se souvient un sergent, que la ligne n'a été maintenue que grâce à nos piques tenues en hauteur contre l'échine des hommes. Non par manque de courage de leur part, mais parce qu'ils étaient au désespoir. Un court moment, les pertes ont tellement fait vaciller la ligne ! » Le carré hanovrien dans lequel se trouvait le capitaine von Scriba « avait perdu sa forme originelle sous le feu de l'artillerie ; il devint tout d'abord un triangle irrégulier, puis une masse sans forme d'hommes entassés et tournés de toutes parts vers l'extérieur ». Tout au long du front, à l'intérieur des carrés remplis de morts et de blessés, où l'on suffoquait à cause de la fumée et où les munitions venaient de plus en plus à manquer, un nombre croissant d'officiers se persuadaient qu'on allait vers une issue fâcheuse. « Là, j'ai pensé que les choses tournaient mal », avoue le lieutenant Howard, du

33e, dans une lettre à son frère. Les officiers rescapés de la pluie de feu décidèrent de renvoyer les drapeaux du bataillon vers l'arrière. Peu après, décision sans précédent, c'étaient tous les drapeaux de la brigade de Halkett qui étaient mis au sûr. Le capitaine Kincaid, qui tenait encore le chemin creux, derrière la petite colline, avec une poignée de fusiliers, était « las, épuisé non tant de fatigue que d'anxiété ». Quand il regardait autour de lui, au milieu de la fumée de plus en plus épaisse, il ne voyait que des morts et des agonisants. « Je n'avais jamais entendu parler d'une bataille où tout le monde était tué, mais il semblait que celle-ci fût une exception, car tous s'en allaient à tour de rôle. »

56. La nouvelle attaque à Plancenoit

La tradition veut que l'on ait entendu le duc de Wellington dire plus ou moins à cette heure : « Il faut que la nuit ou les Prussiens arrivent. » L'absence de nouvelles de la part de ces derniers était d'autant plus frustrante que les avant-gardes prussiennes, après avoir poussé jusqu'à la Papelotte, avaient redisparu depuis un petit bout de temps dans les fourrés et que personne n'était encore arrivé derrière elles, en dépit des promesses. « Le temps qu'ils mettaient pour venir paraissait interminable », écrivit par la suite Wellington. « Il semblait que tant eux que ma montre se fussent arrêtés. » La fumée qui s'élevait dans le lointain, autour du clocher de Plancenoit, et le bruit de la canonnade venant du sud auraient, certes, pu lui suggérer que les Prussiens étaient déjà en action ; mais, pour ce qui était du combat désespéré qu'il menait sur la ligne de crête, le duc ne percevait aucune retombée tangible de leur intervention, ni n'aurait su le faire de là où il se trouvait.

En réalité, même si Wellington ne pouvait le savoir, leur intervention avait déjà des conséquences, et elles étaient décisives. Sur les trente-sept bataillons que Napoléon avait amassés au matin le long de la grand-route, entre Rossomme et la Belle-Alliance, et qui devaient constituer sa réserve stratégique, à faire avancer au moment opportun pour enfoncer le point le plus faible du dispositif allié, non moins de vingt-trois avaient déjà été détachés pour faire front à l'avancée de Bülow et se consumaient déjà lentement dans le brasier de Plancenoit. Épuisées par leur interminable marche dans la boue, les deux dernières brigades du 4e corps avaient fini par arriver elles aussi devant Plancenoit. L'une d'elles, la 14e de von Ryssel, était incomplète, ayant laissé deux bataillons près de Wavre. Mais le vieux Blücher n'en avait pas moins à sa disposition trente-quatre bataillons ou, si l'on préfère, quelque chose comme vingt-quatre mille fusils, contre les dix mille qui formaient la ligne défensive française. Bien évidemment, ces chiffres sont tout théoriques. En vérité, les forces des uns et des autres s'étaient déjà usées et les Prussiens dans leur avancée les avaient bien plus dissipées que ne l'avaient fait les Français. Nous les citons néanmoins, car ils sont malgré tout indicatifs d'une énorme disproportion numérique.

C'est ainsi que les Prussiens retournèrent à l'attaque avec cette fois à leur tête les deux bataillons du 11e d'infanterie, aux ordres du colonel von Reichenbach. Ce régiment, recruté en Silésie, était le premier des vieux régiments de ligne prussiens, appartenant à l'armée régulière reconstituée en 1808, que Blücher ait été en mesure d'engager dans la bataille ce jour-là. Les deux régiments de la Landwehr qui formaient, avec le 11e, la brigade von Ryssel, étaient vraisemblablement eux aussi des régiments de qualité, recrutés en Poméranie, une des régions les plus patriotiques du vieux royaume de Prusse. (Curieusement, von Ryssel était, en revanche, natif de la Saxe et avait fait toute sa carrière dans l'armée saxonne alliée de Napoléon, obtenant en 1813 la Légion d'honneur, avant de se retrouver soudainement sujet prussien.) Sous cette pression redoublée, les hommes de Duhesme durent évacuer les premières maisons du village, et la bataille se remit à faire rage dans les rues étroites de Plancenoit, avec toute la férocité sanguinaire d'un combat maison par maison, mené à la baïonnette et à la crosse du fusil. Portés tout à la fois par leur nombre et par leur enthousiasme, les Prussiens atteignirent le centre du village ; là, autour de l'église et du mur d'enceinte du cimetière, l'affrontement devint encore plus sauvage. Et, pour finir, les Prussiens, usés par le feu violent qui partait sans répit des maisons et du cimetière, furent rejetés hors du village.

La ténacité des défenseurs de Plancenoit mérite d'être analysée. Les maisons les plus au sud du village – où se concrétisait le risque d'une avancée prussienne susceptible de prendre les Français de flanc et même de revers – étaient défendues par le 5e de ligne. Or ce n'était pas là n'importe quelle unité. C'était le régiment qui, le 7 mars, avait été déployé par ses officiers monarchistes, à quelques kilomètres au sud de Grenoble, pour barrer la route à Napoléon, à peine débarqué en France après sa fuite de l'île d'Elbe. C'était le régiment vers lequel Napoléon s'était avancé, seul, pour demander aux soldats dont les canons de fusil n'étaient plus qu'à quelques mètres : « Vous tireriez sur votre empereur ? » À ces mots, la troupe s'était mutinée et l'avait porté en triomphe. Mais le fait le plus extraordinaire, c'est que le colonel Roussille, tout en désapprouvant la défection de ses hommes, avait demandé à Napoléon de pouvoir rester à leur commandement, déclarant : « Mon régiment m'a abandonné, mais moi je ne veux pas l'abandonner. » L'empereur l'avait laissé à la tête du 5e de ligne et, le soir de Waterloo, Roussille était là ; il allait être mortellement blessé, tandis que ses hommes défendaient avec succès Plancenoit.

Mais il ne faut peut-être pas exagérer l'importance de ces facteurs idéologiques. De fait, ironie du sort, dans l'autre division qui défendait bec et ongles les hauteurs au nord de Plancenoit, il y avait le 10e de ligne, aux ordres d'un colonel presque du même nom, Roussel. Or c'était un régiment qui, quelques semaines encore auparavant, avait combattu dans le sud de la France sous les ordres du duc d'Angoulême, membre de la famille de Bourbon ayant cherché à soulever les populations méridionales contre Napoléon. À leur entrée dans Laon, au début de la campagne, les soldats du 10e de ligne s'étaient refusés à crier, comme les autres, « Vive l'empereur », et avaient lancé à la place « Vive le roi de Rome » : un slogan jugé par beaucoup comme de mauvais augure et comme un pur et simple expédient pour manifester sa fidélité au roi. Et pourtant, à Plancenoit, les monarchistes du 10e se battirent tout aussi bien que les bonapartistes du 5e de ligne.

Ce qui, au bout du compte, explique le mieux la résistance obstinée des Français est probablement la présence de la Jeune Garde. Ces quatre régiments d'infanterie légère avaient été constitués après le retour de Napoléon de l'île d'Elbe, en rappelant des vétérans mis en congé, en accueillant un grand nombre de jeunes volontaires de

Paris et de Lyon et en y refondant des unités non régulières et s'ils n'avaient certainement pas la solidité des régiments de grenadiers ou de chasseurs de la Vieille Garde, l'enthousiasme suppléait à l'hétérogénéité des cadres. Ils étaient, de surcroît, commandés par un homme d'exception en la personne de Duhesme. Celui-ci n'était certes pas à l'abri de critiques sur le plan personnel, puisque ce vieux jacobin guerroyeur s'était, comme beaucoup, enrichi de manière peu claire et avait trempé dans des histoires si scabreuses (allant jusqu'à tomber sous des accusations d'assassinat) que l'empereur l'avait licencié et exilé de Paris en 1810 ; mais c'était un chef extraordinaire sur le champ de bataille, un spécialiste précisément de ces combats d'infanterie légère dans lesquels ses hommes étaient en train de se mesurer au milieu des maisons de Plancenoit. Si les Prussiens furent chassés une nouvelle fois du village, on le doit sans doute en partie à ce personnage auquel avaient été rendus, à pareille heure, et grade et honneurs.

Le retrait prussien fut à ce point précipité que les tirailleurs de la Jeune Garde, lancés à la poursuite des fuyards, sortirent de Plancenoit et s'avancèrent si bien en rase campagne qu'ils parvinrent à portée de fusil du vallon où les autres bataillons prussiens, entamés par le précédent combat, réorganisaient péniblement leurs rangs. Éreintée comme elle l'était, l'infanterie prussienne se laissa gagner par la panique sous ces tirs précis et inattendus, jusqu'à ce qu'un escadron du 6e Hussards lance une charge qui culbuta certains des tirailleurs et contraignit les autres à regagner le village au plus vite. Reste que les progrès accomplis par les Prussiens se trouvaient à nouveau réduits à néant et l'attaque de Blücher ramenée, pour la seconde fois, au point de départ.

Mais de nouveaux renforts continuaient sans cesse de déboucher de la route de Wavre. Le 2e corps, commandé par von Pirch, s'était mis en marche, dès la fin de la matinée, à la suite du corps de Bülow ; et ses hommes, non moins éreintés de fatigue que les autres et couverts de boue de la tête aux pieds, commençaient à être en vue. Désormais certain d'avoir bientôt à disposition de nouvelles réserves, que l'on hésite à qualifier de fraîches, mais qui, en somme, n'avaient pas tiré un coup de fusil de tout le jour, Blücher ordonna à Bülow de retourner à l'attaque avec ce qu'il avait. Cette fois, les bataillons laminés de la 14e et de la 16e brigade ne s'arrêtèrent pas au centre du village, mais réussirent à se frayer un chemin jusqu'au bout. Duhesme, qui avait si longtemps animé la résistance, était à présent moribond, touché à la tête. Quelques-uns de ses hommes l'emportèrent vers l'arrière, le maintenant en selle à la force de leurs bras. Dans un premier temps, ils s'efforcèrent de le mettre au sûr ; mais, la nuit venue, ils durent l'abandonner et le général mourut deux jours plus tard, prisonnier des Prussiens. Autour du cimetière si longuement disputé, des groupes entiers de soldats de la Jeune Garde commençaient à lever les mains et à se constituer prisonniers, encore qu'il ne semble pas que les Prussiens, exaspérés par leur résistance obstinée, aient toujours accepté leur reddition.

Napoléon, qui était en train d'organiser ses dernières réserves pour l'attaque finale contre la ligne vacillante de Wellington, dut encore une fois pointer sa longue-vue vers la droite et se hâter de prendre des contre-mesures. Il n'avait rien d'autre sous la main que les treize bataillons de la Moyenne et de la Vieille Garde (ceux-ci auraient, d'ailleurs, dû être quatorze, mais l'un d'eux, le 1/1er Chasseurs, avait été laissé à la ferme du Caillou avec les bagages et le trésor de l'empereur). Tous ces bataillons avaient déjà quitté leur position d'origine, de part et d'autre de la grand-route, juste au nord de Rossomme, et s'étaient portés presque jusqu'à la Belle-Alliance en l'attente d'avancer contre les Anglais. Napoléon ordonna dans l'instant que ceux qui se trouvaient à droite de la route se déploient en carré, afin de former une ultime ligne de défense en cas de percée prussienne ; deux de ces bataillons, choisis parmi les meilleurs dans l'absolu, le 1/2e Grenadiers et le 1/2e Chasseurs de la Vieille Garde, devaient quant à eux retourner en arrière et aller reprendre Plancenoit.

Ils alignaient à peine plus de mille baïonnettes, mais c'étaient tous des vétérans ayant dix ou douze campagnes derrière eux, à la peau couverte de tatouages et aux grosses boucles d'oreilles en or, comme des pirates d'un autre temps. Un Anglais, qui les avait vus à Fontainebleau l'année précédente, écrit : « Je n'ai jamais vu de gens plus effrayants que la Garde de Napoléon. Ils avaient l'aspect de véritables brigands, aux longs états de service et disciplinés. La dépravation, la témérité et la soif de sang étaient imprimées sur leurs visages. Des moustaches noires, de gigantesques colbacks et une expression féroce faisaient leurs caractéristiques. » Ils n'étaient guère aimés des autres soldats, même si tout un chacun nourrissait au fond de son cœur le désir d'être un jour appelé à en faire partie : la dureté et l'arrogance des officiers de la Garde, la double solde et la double ration qui leur revenaient à tous, jusqu'au moindre tambour, la prééminence toujours accordée à leurs besoins en matière de logement et de nourriture suscitaient d'autant plus de ressentiment qu'à y bien regarder la Garde était beaucoup plus rarement envoyée au feu que la chair à canon formant les régiments de ligne. Mais, à

Plancenoit, les deux bataillons démontrèrent qu'ils méritaient tous les privilèges que leur avait toujours accordés Napoléon. Le général Morand les achemina rapidement, en colonne. La route à parcourir n'était, d'ailleurs, pas bien longue, puisque les dernières maisons de Plancenoit se dressaient à moins d'un kilomètre de la chaussée. Or les vétérans avaient à peine entamé la descente qui conduisait au village qu'ils rencontrèrent des fuyards de la Jeune Garde réchappés des combats qui leur déclarèrent avoir les Prussiens à leurs talons. Les tambours battirent le pas de charge, et les hommes de la Vieille Garde avancèrent au pas cadencé sur Plancenoit, baïonnettes aux canons.

Ce qui se passa ensuite ne s'explique que par l'extrême fatigue des troupes prussiennes, l'inexpérience d'une grande partie de ces recrues, les pertes terribles déjà subies et, peut-être aussi, la terreur superstitieuse qu'inspiraient, en ce crépuscule de juin, les colbacks de la Garde. Le fait est que les deux bataillons de Morand heurtèrent et renversèrent les premiers tirailleurs prussiens en train de pointer prudemment leur nez hors des dernières maisons du village, qu'ils s'ouvrirent un chemin à la pointe de la baïonnette et à coups de crosse de fusil le long des rues pavées, au milieu des amoncellements de morts et de blessés et des maisons incendiées, et que la multitude de Prussiens, plusieurs fois supérieure en nombre, qui leur faisait face se laissa repousser dans un désordre qui tourna bientôt à la débandade. Massacrés et piétinés sans pitié par des Français triomphants, les Prussiens furent rejetés hors du village. En l'espace de vingt minutes, la Vieille Garde s'était rendue maîtresse de Plancenoit, ivre de sang et de victoire à un point tel que le général Pelet, commandant du 2e Chasseurs, trouva ses hommes occupés à égorger les prisonniers et qu'il dut employer la manière forte pour parvenir à en sauver quelques-uns. Derrière eux, les bataillons de la Jeune Garde, remis en ligne par leurs officiers et en confiance par ce triomphe, revenaient peu à peu défendre les positions. À sept heures et demie du soir, l'offensive de Blücher en était revenue, pour la énième fois, à son point de départ.

57. Ziethen à Smohain

Ironie des événements, ce ne fut pas l'attaque contre Plancenoit, conduite par Blücher avec la majeure partie de ses forces et au prix de pertes terribles, qui convainquit Wellington que les Prussiens étaient finalement en train de lui apporter une aide sérieuse. Le duc n'acquit pareille conviction qu'au moment où il vit d'autres masses de Prussiens déboucher bien plus près de lui, à proximité de la Papelotte et, surtout, lorsqu'il sut que ces alliés, au lieu de disparaître à nouveau dans les broussailles plus au sud, entraient cette fois en action contre l'extrême droite de l'aile française. Pour finir, le commandement prussien avait suivi les indications de Bülow, donnant ordre au dernier corps d'armée parti de Wavre, le 1er corps commandé par von Ziethen, d'emprunter la route passant le plus au nord : celle qui suivait le cours du Smohain et débouchait près d'un petit groupe de maisons du même nom, dans la zone où les Nassauviens du prince Bernard s'étaient opposés tout au long du jour aux troupes de Durutte.

Le chef d'état-major du 1er corps, von Reiche, était à peine parvenu à son poste, précédant la colonne, que Müffling le rejoignait, très agité, et l'informait que le duc de Wellington attendait anxieusement l'arrivée des

Prussiens et avait déclaré à plusieurs reprises qu'il ne lui restait guère de temps et que s'ils n'arrivaient pas rapidement il allait être contraint de se retirer. Les deux hommes se mirent à la recherche du général von Ziethen, auquel Müffling répéta qu'il n'y avait pas un moment à perdre. Pas plus que Bülow avant lui Ziethen n'avait cependant très envie de faire progresser ses hommes à l'aveuglette le long du chemin creux, au risque de se trouver à l'improviste sur la trajectoire de l'offensive française. Un officier envoyé examiner la situation rapporta que la ligne de front de Wellington montrait sur toute sa longueur des signes de désagrégation. Blessés et soldats débandés se pressaient à l'arrière. Les troupes qui défendaient la Papelotte et Smohain perdaient à ce moment du terrain devant l'avancée ennemie. En conclusion, les Prussiens, s'ils continuaient à avancer, risquaient de se trouver au beau milieu d'une défaite.

Comme Ziethen restait là hésitant, un autre officier arriva du sud au galop. C'était le fils du célèbre Scharnhorst, le réformateur de l'armée prussienne tombé, deux ans plus tôt, au cours des guerres de libération. Il servait comme aide de camp de Bülow. Ce major von Scharnhorst référa que l'attaque contre Plancenoit était en train d'échouer, que le 4e corps avait besoin d'aide et que, par ordre de Blücher, les troupes de Ziethen devaient elles aussi infléchir leur progression vers le sud-ouest pour aller le soutenir. Von Reiche, qui venait tout juste de revenir à son tour d'une reconnaissance et avait formellement promis aux officiers des Nassauviens engagés à la Papelotte de leur porter un secours immédiat, essaya de protester, mais son chef estima que les ordres étaient les ordres et indiqua à l'avant-garde de prendre en direction de Plancenoit. La vue de cette énième colonne prussienne se dirigeant vers le sud, comme pour se retirer, au lieu de venir les rejoindre, sema un effroi bien compréhensible au sein des troupes alliées fourbues qui, déployées le long du chemin d'Ohain, subissaient depuis des heures et des heures les bombardements de la grande batterie et peinaient toujours davantage à contenir les infiltrations des tirailleurs ennemis.

Müffling et Reiche continuaient toutefois de discuter avec Ziethen, l'implorant de revenir sur sa décision. L'un et l'autre avaient compris que les renforts prussiens étaient indispensables à Wellington. Müffling, pour sa part, savait le duc au bord de l'exaspération vu le manque de secours et les officiers anglais dans leur ensemble nullement informés de l'action à Plancenoit, en sorte que l'armée prussienne risquait de perdre la face devant ses alliés, en dépit de ses efforts. Devant tant d'insistance, Ziethen, pour finir, prit la responsabilité d'ignorer la demande de Bülow et de poursuivre selon le plan d'origine. Ses colonnes reprirent leur avancée vers la Papelotte et, peu après, commencèrent à entrer en action contre les tirailleurs français qui pressaient à nouveau des Nassauviens à bout de force, avaient pénétré dans l'enceinte de la Papelotte et avaient chassé les défenseurs de Smohain.

En réalité, le corps de Ziethen, qui n'avait pu se mettre en marche qu'à deux heures de l'après-midi, formait sur la petite route fangeuse une si longue colonne, ralentie et par la presse qui en naissait et par l'état déplorable du terrain, que seule son avant-garde arriva à temps pour entrer en action avant la nuit : ne participèrent à la bataille que les trois régiments de la 1re brigade von Steinmetz, par ailleurs si laminés deux jours auparavant à Ligny qu'ils n'alignaient pas même quatre mille fusils à eux trois. Mais ces forces fraîches, soutenues par diverses batteries d'artillerie, étaient plus que suffisantes pour arrêter l'avancée de Durutte, d'autant que l'une des deux brigades au commandement de ce général venait d'être rappelée vers la Haye-Sainte pour prendre part à l'offensive finale contre le centre de la ligne de Wellington. Ne restaient à Durutte que quatre bataillons, forts de mille cinq cents fusils peut-être ; et ils n'avaient aucune chance de s'en sortir face aux renforts prussiens.

Dans la confusion du crépuscule, il ne manqua pas, sur une aire coupée de haies et de broussailles comme celle qui s'étendait autour de la Papelotte, de se produire, une fois encore, de ces incidents que nous qualifierions aujourd'hui, par emprunt au lexique de l'armée américaine, de *friendly fire*. Les Prussiens qui avançaient en ordre dispersé vers Smohain virent soudain courir vers eux une multitude de soldats aux uniformes apparemment français et, sans y faire autrement réflexion, ouvrirent le feu contre eux. Il s'agissait, en réalité, de Nassauviens fuyant Smohain. Le prince Bernard de Weimar, qui se trouvait au milieu d'eux et s'efforçait de réordonner leurs rangs, fut pris lui aussi sous le feu ami. Quand il se rendit compte que c'étaient les Prussiens qui les prenaient ainsi de mire, le prince partit au galop à la recherche de leur commandant et fut assez chanceux pour rencontrer presque aussitôt le général von Ziethen. En se voyant ainsi agresser par un officier étranger qui se plaignait violemment, dans un excellent allemand, du comportement de ses hommes, Ziethen se piqua et, ignorant qu'il avait affaire à un prince, répondit sèchement : « Mon ami, ce n'est pas de ma faute si vos hommes sont habillés comme les Français ! »

Sur les hauteurs derrière la Papelotte, le dernier régiment de la brigade Steinmetz, le 1er Westfalisches Landwehr, avançait, avec ses tirailleurs, vers la ligne tenue par les hommes de Pack. Les Écossais étaient si nerveux eux aussi que, lorsqu'ils virent venir vers eux ces inconnus, ils déclenchèrent de même le tir sans autre forme de procès. L'officier au commandement de la première patrouille réussit cependant à leur faire comprendre presque immédiatement qui il était ; peu après, les Prussiens serraient la main des Écossais de Pack et des Hanovriens de Best : la jonction des deux régiments alliés était finalement opérée. Sans perdre de temps, une des batteries à cheval de Ziethen grimpa sur la crête et mit ses canons en position à côté des bataillons de Wellington, tandis que deux autres batteries entraient en position à quelques petites centaines de mètres de Smohain et ouvraient le feu à hausse zéro contre les édifices occupés depuis peu par les tirailleurs français.

Sous ce feu inattendu, les Français se débandèrent, mais le général coriace qu'était Durutte parvint à reprendre ses hommes en main, et un nouveau combat, sanguinaire, se déclencha entre les enclos, les haies et les chemins bordés d'arbres autour de Smohain. Avant d'entrer en action, les Brandebourgeois du 12e régiment s'étaient approvisionnés en munitions : « Chacun de nous reçut quatre-vingts cartouches, empruntées au wagon d'une autre unité, car le nôtre était resté embourbé très en arrière. Nous mangeâmes quelques bouchées, debout, puis nous marchâmes sur l'ennemi », se rappelle le simple soldat Johann Karl Hechel. Tandis qu'ils progressaient vers Smohain, à couvert de la file de peupliers qui longeait la route, les tirailleurs du régiment se trouvèrent sous le feu à revers des hommes de la Landwehr westphalienne, qui les avaient pris pour des Français. Avançant davantage, ils rencontrèrent l'ennemi positionné sur le dernier tronçon du chemin creux qui descendait vers le village, l'en chassèrent de vive force et firent irruption entre les premières maisons du village.

Hechel sauta au-dessus d'une haie, regarda autour de lui et vit bon nombre de blessés à terre. L'un d'eux, un ennemi, incapable de bouger, criait sans interruption : « Italien ! Italien ! » Hechel, qui était fils d'un maître d'école et parlait français, lui demanda s'il y avait d'autres Français plus loin. L'homme lui répondit de manière affirmative (« Oui, monsieur »). D'autres soldats prussiens arrivés sur les lieux voulurent achever le malheureux à coups de baïonnette, mais Hechel leur dit de le laisser en vie. L'homme s'agrippa à lui et lui baisa la main. En avançant au milieu des cadavres, Hechel découvrit mort un sergent prussien, dont la chaîne de montre sortait de son gousset. Au moment même où il se penchait pour s'en emparer, une balle siffla près de son oreille. La main de Dieu est sur moi, pensa ce dévot protestant, mais je dois m'en aller d'ici, et vite ; cette pensée fut aussitôt suivie d'une autre chez cet homme pénétré de la Bible : « Où pourrais-je aller loin de Ton esprit, où pourrais-je fuir Ton visage ? »

Hechel regagna le chemin creux et reprit position parmi les tirailleurs qui soutenaient un vif échange de tirs avec les Français, à la distance d'un jet de pierre, jusqu'au moment où il ressentit une chaleur soudaine au bas du ventre. Ses yeux se voilèrent, il se sentit chanceler et lança : « Camarades, je suis blessé ! » Deux hommes le prirent immédiatement sous les aisselles pour le porter vers l'arrière ; « un troisième ramassa mon havresac et nous suivit. Il ne lui déplaisait en rien de s'éloigner du feu », commente le blessé. Un officier les rejoignit en courant et leur demanda où ils allaient. « Ce n'est pas vrai que cet homme est blessé », s'exclama-t-il, car on ne voyait pas de sang. Ses camarades firent asseoir Hechel, lui déboutonnèrent son pantalon : un flot rouge et des boyaux s'en échappèrent. L'officier eut un mouvement d'horreur et ordonna qu'on l'emmène au sûr ; « Mais toi, dit-il au troisième, jette ce sac et retourne à ta place ! » Le récit de Hechel témoigne de l'obstination avec laquelle les hommes de Durutte, dont les anciens prisonniers du 85e de ligne, continuèrent à résister en cette heure dernière sur le terrain qu'ils avaient disputé à l'ennemi tout le jour durant. Mais la disproportion de forces était telle que l'issue du combat n'était plus qu'une question de temps.

À la ferme du Caillou, où stationnaient les équipages et tous les bagages de Napoléon, son valet Marchand essayait, plein d'inquiétude, de deviner le cours suivi par la bataille au fracas de l'artillerie, quand le mameluk Ali, l'un des plus fidèles serviteurs de l'empereur, arriva au galop : il venait chercher quelque chose à manger pour son maître. Ali – qui, en vérité, était un ancien employé auprès d'un notaire et tout ce qu'il y a de plus français – prit à peine le temps de lui dire « Ça va mal » et d'expliquer que les Prussiens étaient en train d'arriver avant de repartir à bride abattue. Marchand, en proie à un mauvais pressentiment, chercha le général Fouler, directeur de l'écurie impériale, lequel lui dit qu'il importait de ne rien laisser transpirer, mais qu'à son sens les bagages n'auraient pas dû rester si près du champ de bataille ; seul un ordre de l'empereur pouvait cependant permettre de les éloigner. Marchand songea que, par chance, la voiture personnelle de l'empereur, pleine d'or et de diamants, était encore plus en avant, à proximité de la Belle-Alliance : c'était là, au moins, une chose dont la responsabilité revenait à un autre que lui.

58. L'attaque ultime de Napoléon

Les comptes rendus de tous ceux qui se trouvaient dans les carrés entre six et sept heures du soir se ressemblent au point de donner l'impression qu'avec une autre demi-heure de bombardements la ligne de Wellington se serait tout simplement brisée, sans même que les Français aient eu besoin de l'attaquer. Comme les choses se déroulèrent autrement, il faut bien se demander en quoi différait la situation réelle. La première chose qui vient à l'esprit est que les batteries françaises tiraient alors leurs dernières cartouches de mitraille et qu'elles n'auraient aucunement pu poursuivre leurs tirs pendant une demi-heure de plus. Au matin, une pièce de six livres n'était pas accompagnée de plus de trois caissons de munitions, réserve suffisante pour quelques heures de feu soutenu : au moment où tombe la Haye-Sainte et où tous les canons disponibles sont hâtivement portés en avant, il est probable que la majeure partie des caissons sont déjà vides. L'énorme dépense de munitions faite en ces ultimes instants n'avait ni ne pouvait avoir pour but de disperser l'infanterie anglaise et allemande, mais simplement de l'affaiblir le plus possible en brûlant les derniers restes de poudre dans l'attente de l'attaque finale. Les officiers subalternes qui se trouvaient au milieu de la tempête pouvaient ne pas le savoir, mais Napoléon, lui, le savait, tout comme le savait Wellington, qui, s'il en avait été autrement, n'aurait pu avoir encore les nerfs aussi solides, alors que ses généraux et ses aides de camp tombaient fracassés autour de lui, en une hécatombe sans précédent d'hommes pris à la nasse.

L'empereur devait donc attaquer, et il décida de le faire le long de toute la ligne et avec toute son infanterie, y compris celle qui se trouvait désormais à bout de forces d'avoir combattu toute la journée. Sur la gauche, le corps de Reille était tout entier engagé dans l'assaut d'Hougoumont ; même si, arrivé à ce point, il n'y avait plus guère d'espoir de prendre le château, il était indispensable que les tirailleurs nichés dans le parc maintiennent leur pression sur sa garnison éreintée. Pour ce qui était de la situation plus à droite, on pourrait penser que le corps de d'Erlon était devenu inutilisable dans une quelconque opération offensive depuis le revers infligé par la cavalerie lourde anglaise ; mais il n'en allait pas ainsi. Les régiments mis en déroute avaient eu plusieurs heures pour reprendre leur souffle et réordonner leurs rangs, et un grand nombre de soldats débandés avaient été contraints de retourner en ligne. Un piquet, composé d'une poignée de fantassins et de lanciers à cheval, avait été improvisé le long de la grand-route, « avec consigne de ne laisser passer que les blessés et de faire rebrousser chemin à tous soldats en état de porter les armes [...] en moins d'une heure, nous avions arrêté plus de quatre cents fuyards », rapporte le caporal Canler, qui faisait partie du petit groupe.

Après la déroute du corps de d'Erlon, les hommes de Kempt et de Pack étaient restés quelque temps désœuvrés, si bien que nombre d'entre eux étaient sortis impunément de la ligne pour fouiller les poches des morts « et peut-être aussi des blessés », commente un officier anglais. Un colonel, pour le moins préoccupé d'un pareil relâchement de la discipline, avait dû recourir au plat de l'épée pour ramener dans les rangs ses hommes récalcitrants (« quelqu'un d'autre le fera d'ici peu, alors pourquoi pas nous ? »). De leur côté, ces mêmes officiers, du moins ceux qui savaient le français, s'étaient mis à tromper le temps en lisant les lettres trouvées dans les havresacs de leurs ennemis restés sans vie. Mais cet interlude n'avait guère duré. Depuis un petit bout de temps, les troupes de Kempt et de Pack devaient faire face à la pression d'un nombre croissant de tirailleurs venus s'infiltrer dans l'intervalle entre les deux fronts, tandis qu'au fond du vallon les divisions Quiot et Marcognet venaient à nouveau se ranger en formation d'attaque. Plus à gauche, la division Donzelot, en dépit des pertes subies, avait encore assez de tirailleurs à l'intérieur de l'enceinte de la Haye-Sainte pour soutenir l'offensive de son feu. La division Durutte, enfin, avait une brigade engagée jusqu'à ses dernières forces dans le combat pour la Papelotte, mais l'autre brigade, la brigade Pégot, était presque intacte et l'empereur donna ordre de la déplacer derrière la Haye-Sainte pour qu'elle prenne part à l'attaque.

En somme, un dernier effort fut donc demandé sur l'ensemble de la ligne à l'armée française : tout au long du front, d'Hougoumont à la Papelotte, la multitude des tirailleurs s'avança de nouveau, non plus seulement pour occuper leurs homologues ennemis et défendre la position, mais pour essayer, encore une fois, de les contraindre à évacuer les lieux et ouvrir la voie aux colonnes d'attaque. Toutes les batteries qui avaient encore des munitions dans leurs caissons poursuivirent jusqu'au dernier moment leurs tirs contre la crête, et tous les bataillons se regroupèrent de nouveau, épaule contre épaule, derrière leurs officiers pour marcher contre les positions ennemies. Il est, en ce sens, impossible d'établir combien de baïonnettes participèrent à cette ultime offensive, car pratiquement tous les hommes du 1er et du 2e corps encore en mesure d'empoigner un fusil furent appelés à y prendre part.

Mais tout cela ne constitue pour ainsi dire qu'un arrière-plan, car on ne peut mener à bien une offensive sans rien d'autre que des troupes déjà laminées. Lorsqu'elles sont restées de longues heures au feu, les unités, même si elles n'ont subi que des pertes limitées et qu'elles conservent une apparence d'ordre parfait, ont déjà brûlé grande part de leur force morale. Si elles reçoivent l'ordre d'avancer, elles vont marcher, mais à la première difficulté elles tendront à s'arrêter ; leurs tirailleurs feront leur possible pour ouvrir la voie, mais ils penseront surtout à sauver leur peau et à ne pas se faire tuer juste au dernier moment, et, du reste, il leur restera alors dans leurs cartouchières un nombre réduit de munitions. Il suffira de peu, l'explosion d'un obus au milieu des rangs, quelque cri de panique provenant de dieu sait où, l'impression que d'autres battent en retraite, pour que l'avancée réticente d'un bataillon marque un brusque coup d'arrêt, malgré toutes les exhortations des officiers, et pour que les hommes commencent à se débander et à faire demi-tour.

Seules des réserves fraîches permettent donc de mener une offensive jusqu'au bout. C'est pourquoi la dernière attaque ordonnée par Napoléon au soir de la bataille de Waterloo est connue comme l'attaque de la Garde. La percée décisive, visée par l'empereur depuis le matin, ne pouvait être réalisée qu'en envoyant en avant ces bataillons de la Garde impériale qui constituaient l'ultime réserve fraîche à disposition. C'était, en définitive, de leur succès que dépendrait l'issue de toute l'action. On comprend pourquoi l'avancée prussienne sur Plancenoit, même si elle se trouvait désormais dans une phase d'immobilisation, contribua de façon décisive à réduire les chances de victoire de Napoléon, puisque, si l'empereur disposait au matin d'une réserve stratégique de trente-sept bataillons en vue d'une percée, quelque vingt-cinq bataillons avaient désormais été engagés dans le combat contre les Prussiens. Il en restait douze, ou mieux onze, vu que le bataillon resté au Caillou ne peut être inclus dans le compte. Six bataillons de la Moyenne Garde et cinq de la Vieille Garde : un peu plus de six mille hommes en tout, tous des vétérans. Une demi-heure plus tôt, à peine plus d'un millier de leurs camarades avaient rejeté les Prussiens hors de Plancenoit. Il s'agissait à présent de voir si les autres sauraient enfoncer le dispositif de Wellington.

Toute la journée, les hommes de la Garde étaient restés sans rien faire de chaque côté de la grand-route, dans l'attente du moment où il leur appartiendrait d'intervenir, comme cela s'était passé dans tant d'autres batailles et à Ligny, la dernière en date, deux jours auparavant. Ils n'étaient pas entièrement à l'abri du danger, car il n'y avait pas un endroit du champ de bataille où ne soit arrivé de temps à autre quelque boulet de canon, fauchant d'aventure qui se tenait pacifiquement assis sur son havre-sac à fumer sa pipe. Au début de l'après-midi, alors que les grenadiers venaient à peine de rejoindre leur position, un boulet avait tué une de leurs vivandières, Maria, une femme d'Elbe qui, sur l'île, s'était mise avec un vétéran et avait voulu l'accompagner dans la nouvelle aventure. Quels qu'aient été ces risques, les hommes de la Garde avaient eu bien peu à faire de tout l'après-midi, en sorte qu'ils avaient eu le temps de creuser une fosse pour Maria et de l'enterrer, avec une croix de bois et une épitaphe clouée. Mais leur heure, à présent, était venue.

59. « Voilà Grouchy ! »

Tandis que la Garde accompagnée de Napoléon en personne remontait, au son joyeux de ses tambours, la route pavée presque jusqu'à la Haye-Sainte pour ensuite s'ouvrir en éventail vers la gauche sur le plateau entre la Haye-Sainte et Hougoumont, sur la droite l'infanterie de d'Erlon se mettait elle aussi en marche, précédée par le long rideau de ses tirailleurs. Le bruit de la fusillade et de la canonnade venant de la zone de la Papelotte s'était intensifié dans les dernières minutes, et les hommes de d'Erlon regardaient nerveusement vers la droite, cherchant à comprendre ce qui se passait par là. Napoléon flaira que l'arrivée des Prussiens risquait de provoquer la panique parmi ses troupes et décida délibérément de les tromper : ses aides de camp eurent ordre de parcourir toute la ligne au galop en répandant la nouvelle que les masses d'hommes en train d'arriver étaient les troupes de Grouchy. L'un d'eux, le général Dejean, rejoignit au grand train le maréchal Ney, qui surveillait les préparatifs de l'attaque, et hurla : « Monsieur le maréchal ! Vive l'empereur ! Voilà Grouchy ! » Ney envoya sur-le-champ un de ses aides, le colonel Levavasseur, porter la nouvelle à ses troupes ; et le colonel galopa le long de la ligne, son chapeau à la pointe de son épée, en hurlant : « Vive l'empereur ! Soldats, voilà Grouchy ! », tandis que son cri était repris par des milliers de voix.

Transporté d'enthousiasme, le 1er corps dans son avancée fit vaciller encore une fois l'infanterie, décimée et non moins fourbue que les Français, de Picton et d'Alten. Un officier de la brigade rapporte : « À cette heure-là, nous avions fini toutes nos cartouches ; et comme il n'y avait pas de ravitaillement sous la main, les tirailleurs furent rappelés. Ce que voyant, ceux de l'ennemi avancèrent, pas après pas, avec la plus grande audace. Le chariot des munitions fut porté au plus vite jusqu'à la hauteur ; puis, l'ayant laissé là pour nous, les chevaux retournèrent en arrière. » Tous les hommes envoyés jusqu'au chariot pour récupérer des munitions tombaient cependant tués ou blessés, quand, enfin, un sergent parvint à se mettre un baril rempli de cartouches sur l'épaule et à redescendre au pas de course vers ses compagnons. Touché au talon, il s'écroula à son tour avant d'arriver, mais il parvint à faire rouler le baril au bas de la pente, permettant aux hommes de se ravitailler et de tenir bon.

Sous le feu des tirailleurs nichés sur les toits de la Haye-Sainte, les fusiliers du 1/95e durent se retrancher dans le couloir formé par le chemin creux. L'infanterie de d'Erlon n'avait cependant plus la force d'attaquer à la baïonnette et engagea à la place un long échange de tirs. Le capitaine Leach, qui commandait à cette heure le 1/95e, relata que, face à l'ensemble du front formé par la brigade Kempt, toute la ligne française avait mis genou à terre et tirait sans interruption. « J'imagine que la distance était d'un peu plus d'une centaine de mètres. À diverses reprises, les officiers français ont tenté désespérément d'amener leurs hommes à charger notre ligne ; plus d'une fois, j'ai vu des groupes de Français devant nous sauter sur leurs pieds, abandonnant leur position genou à terre, et avancer de quelques mètres vers la haie de ronces, avec leurs officiers à leur tête qui faisaient de grands gestes ; mais notre feu était si intense qu'ils faisaient aussitôt demi-tour au pas de course, en laissant chaque fois derrière eux bon nombre de morts et de blessés. »

À un certain point, tandis que se poursuivait ce combat à l'arme à feu (« je crois fermement que ça a été le plus rapproché et le plus prolongé que l'on ait jamais vu »), la crainte d'être débordés sur leur droite saisit les fusiliers du 1/95e, car les Français progressaient bien plus nettement le long du chemin d'Ohain. C'était là, en effet, que se trouvait la brigade Pégot, la troupe la plus fraîche présente dans toute cette zone. Face à elle, les survivants des brigades d'infanterie allemande de Kielmansegge et d'Ompteda furent contraints de reculer et commencèrent à se débander. Les hommes de von Baring, réfugiés, depuis qu'ils avaient abandonné la Haye-Sainte, dans le couloir du chemin creux, quelques centaines de mètres plus en arrière, se trouvaient de nouveau à court de munitions. Leur major, qui ne cessait d'aller et venir derrière eux pour essayer de soutenir leur moral, roula brusquement à terre : son cheval, le troisième de la journée, venait d'être abattu. Il en resta étourdi, et prisonnier sous la carcasse. Ses hommes, le croyant mort, le laissèrent là. Puis, au bout d'un bon petit moment, l'un d'eux s'approcha, dans la possible intention de le voler, et, s'apercevant qu'il était encore en vie, l'aida à se libérer.

Baring, une jambe contusionnée et rendue insensible par le choc, se traîna vers l'arrière, offrant de l'or à quiconque lui procurerait une autre monture. Mais personne ne lui prêtait attention. Finalement, un soldat anglais lui trouva un cheval sans maître et l'aida à se hisser sur la selle. Baring retourna, endolori, en ligne, où on lui référa que sir Charles Alten était gravement blessé. Le major s'aperçut avec consternation qu'il ne restait plus qu'une poignée d'hommes sur les positions tenues par la brigade Ompteda, et trouva le chemin creux désert lorsqu'il y parvint : leurs munitions épuisées, ses hommes s'étaient eux aussi éclipsés vers l'arrière. À cet instant, un dragon français solitaire fit son apparition, et

Baring, tremblant de rage et d'humiliation, dut se replier au galop pour ne pas être capturé. On comprend que, quelques dizaines de mètres plus loin, les officiers du 1/95e aient craint d'être débordés et attaqués de revers. L'un d'eux suggéra à Leach de concentrer une partie des fusiliers à l'extrême droite, pour tenir la chaussée sous leurs tirs. Mais le capitaine répliqua que le carré du 27e, qui se trouvait derrière eux, à l'angle du croisement, devait suffire à les défendre : « Les Français arrivent si vite et en rangs si serrés devant nous que nous ne pouvons détacher un seul homme. »

Pour soutenir son centre vacillant, Wellington avait rappelé de l'extrême gauche les deux brigades Vivian et Vandeleur, fortes encore de presque deux mille sabres. Lorsqu'ils arrivèrent derrière la Haye-Sainte, après avoir passé une grande partie de la journée dans la relative tranquillité des arrières, leurs officiers restèrent suffisamment choqués de ce qu'ils virent pour se convaincre que les choses allaient très mal. « Je n'ai jamais rien vu d'aussi fou, affirme sir Hussey Vivian. Le terrain littéralement couvert de morts et de moribonds, des boulets de canon et des obus qui volaient plus denses que des balles de fusil, et nos troupes, ou du moins une partie, en train de reculer. » « Le terrain était couvert de blessés, au point qu'il était parfois impossible d'éviter de les piétiner, confirme le colonel Murray, commandant du 18e Hussards. Des chevaux blessés ou mutilés erraient ou tournaient en rond. Le bruit était assourdissant, et aussi loin que portait le regard il y avait de toutes parts un air de ruine et de désolation qui ne suggérait certes pas des idées de victoire. »

Les éclats d'obus et les coups de feu de tirailleurs arrivaient effroyablement drus. Un des premiers à en rester victime fut le colonel Quentin du 10e Hussards, celui qui au matin avait brûlé ses bottes au feu de cheminée : il était en selle devant ses hommes quand un éclat le blessa à la cheville. « Il est difficile d'en donner une idée, et, pour moi, c'est un miracle qu'ils ne nous aient pas tous tués, conclut sir Hussey Vivian ; nous nous attendions à voir d'un moment à l'autre l'ennemi débusquer sous notre nez de la fumée, car cette fumée était si épaisse que l'on ne voyait littéralement pas à dix mètres. » « Le feu devenait plus intense d'instant en instant, confirme le major Luard, du 16e Dragons Légers, et, à la vitesse à laquelle il se rapprochait, il semblait que l'ennemi fût en train de conquérir la colline à l'abri partiel de laquelle nous étions. J'avoue avoir pensé, à ce moment, que la journée tournait au pire pour nous, que l'infanterie était battue et que, nous, la cavalerie, allions devoir charger dans la précipitation pour reprendre ce qu'ils avaient perdu. »

Si l'on n'en vint pas là, c'est que sir John Lambert fit avancer les deux autres bataillons de sa brigade, les portant en ligne avec le carré des Inniskillings, de l'autre côté de la chaussée de Bruxelles. Déployés sur deux rangs, ces mille ou mille deux cents hommes couvraient un front de plus de trois cents mètres. Face à ce rideau, l'avancée française dans la zone de la Papelotte finit par s'enliser, laissant la place à un échange de tirs confus. Le major Browne, du 40e, vit les Français avancer jusqu'à la hauteur de la ferme, mais ne parvint pas à comprendre s'il s'agissait d'une colonne désorganisée ou d'un essaim de tirailleurs. « Je pense qu'ils ont été repoussés, dans leur tentative de gravir la colline, en partie par notre feu et en partie par celui des troupes à notre droite ; mais le nuage de fumée dont nous étions entourés m'empêcha de savoir pourquoi ils restaient dans une position si exposée et se comportaient de manière si intrépide et audacieuse ; à mesure qu'ils tombaient, des troupes fraîches prenaient leur place. » Les tirailleurs qui occupaient la petite colline par-delà la carrière de sable (et qui « semblaient choisir leurs cibles avec une grande précision, bien que couchés à terre », comme le nota un autre officier du 40e) tentèrent, à un certain point, de progresser, mais le feu de la ligne anglaise mit rapidement fin à cette tentative.

Tandis que les hommes de d'Erlon s'engageaient, de la Papelotte à la Haye-Sainte, dans ce combat obstiné à l'arme à feu, du côté opposé du champ de bataille les hommes de Reille, obéissant de même aux ordres, avaient avancé une ultime fois contre Hougoumont. Les tirailleurs s'emparèrent presque aussitôt du verger, et ce qui restait de la garnison dut se barricader une fois encore à l'intérieur du périmètre muré du château. La brigade Adam, qui, on s'en souviendra, était descendue tout au bas de la pente, jusqu'aux haies fermant les alentours du château, et avait repoussé là, à de nombreuses reprises, les attaques de la cavalerie de la Garde, se trouva sous le feu rapproché des tirailleurs introduits dans le verger et de l'artillerie portée à quelques petites centaines de mètres. Colborne, qui commandait le 52e, vit quelques défenseurs d'Hougoumont s'enfuir à toutes jambes et pensa que cette fois le château ne résisterait pas. Auquel cas la position de la brigade Adam, qui n'était déjà pas des meilleures, deviendrait insoutenable. Les généraux anglais décidèrent donc qu'il était temps de la retirer plus en arrière : Adam fit replier ses gens derrière la crête, où la majeure partie des boulets de canon volaient haut au-dessus de leurs têtes, et renvoya vers les arrières tous les blessés en mesure de marcher. Ce repli laissa à découvert plusieurs batteries, ayant de surcroît épuisé leurs munitions, si bien que les artilleurs estimèrent spontanément qu'il n'y avait plus lieu de rester là. Ils abandonnaient déjà leurs canons quand sir Augustus Frazer, surgi inopinément au milieu d'eux, les convainquit avec la dernière énergie de retourner à leurs pièces.

Sitôt après, un déserteur français remontait la pente au galop pour avertir les Anglais que la Garde impériale se préparait à attaquer. Les comptes rendus de cet épisode divergent si bien dans les détails qu'ils nous montrent de manière exemplaire avec quelle circonspection nous devons accueillir les témoignages oculaires. Selon Colborne, le déserteur était un colonel des cuirassiers, qui aurait rejoint les lignes du 52e au cri de « Vive le roi » et se serait adressé personnellement à lui en ces termes alarmants : « Ce sacré Napoléon est là avec les Gardes. Voilà l'attaque qui se fait. » (En toute apparence, Napoléon n'avait pas réussi à purger l'Armée du Nord de tous ceux qui n'étaient pas « des nôtres ».) Selon le major Blair, officier en second dans la brigade Adam, le déserteur était un officier des hussards et il l'aurait rejoint, lui, Blair, alors qu'il conversait avec Frazer derrière les lignes du 52e, avertissant que la garde impériale allait attaquer dans la demi-heure. Sir Augustus serait alors parti au galop prévenir le duc, et Blair serait resté à surveiller le prisonnier jusqu'au moment où il se serait aperçu que son avertissement s'avérait exact ; il l'aurait alors envoyé vers l'arrière sous l'escorte d'un sergent. Dans une lettre à sa femme, Frazer confirme avoir parlé avec cet homme, lequel était, à ses dires, un officier des cuirassiers ; mais il avoue ne pas avoir compris s'il s'agissait d'un déserteur ou d'un prisonnier et affirme l'avoir remis à Adam en chargeant ce dernier de transmettre l'information au duc. (En 1844, le sergent Cotton, qui gagnait sa vie en faisant le guide sur le champ de bataille de Waterloo, rencontra cet officier, qui confirma avoir déserté par conviction monarchique ; selon Cotton, il appartenait au 2e Carabiniers. Une appartenance confirmée par le capitaine Duthilt, puisque celui-ci, sur la base toutefois de simple ouï-dire, déclare que « cet infâme criminel » était un capitaine des carabiniers à cheval.)

L'infanterie d'Adam, qui se tenait immobile, sur quatre rangs, trente ou quarante mètres derrière la crête, n'était pas en mesure de voir ce que Blair, monté sur son cheval, voyait depuis la position la plus avancée : l'infanterie de la Garde, immédiatement reconnaissable à ses énormes colbacks, prenant position tout au long du plateau entre Hougoumont et la Haye-Sainte. L'enseigne Leeke, qui tenait le drapeau du 52e, profita de cet intervalle d'apparente tranquillité pour regarder autour de lui et analyser ses propres sensations. L'air était chargé d'une étrange senteur : la fragrance du blé mûr piétiné mêlée à l'odeur de la poudre. Il y avait tout alentour des chevaux morts et blessés, et plusieurs de ces derniers, y compris parmi les plus atrocement mutilés, essayaient de manger le blé et le seigle écrasés dans les champs. Un chat mort, probablement échappé d'Hougoumont, rappela à l'adolescent sa maison. Il était là, songeur, quand il s'aperçut qu'un boulet de canon dévalait la pente en roulant dans sa direction exacte. L'objet lui rappela une balle de cricket, « si lente que j'étais sur le point, raconte-t-il, d'allonger le pied pour l'arrêter, quand mon sergent m'avertit en hâte de ne pas le faire, car j'aurais pu me faire très mal » : de fait, il en aurait probablement eu le pied arraché.

Les tirailleurs ennemis, cependant, avaient repris leur progression. S'agissait-il de ceux des colonnes de Bachelu qui, du fait du repli d'Adam, avaient de nouveau devant eux un espace où se déployer et avancer en laissant derrière eux, sur la gauche, le verger d'Hougoumont, ou déjà des premiers escadrons de tirailleurs envoyés en avant en couverture de la Garde impériale, la chose n'est pas claire. Le général Adam essaya de leur tenir tête en dépêchant vers l'avant les tirailleurs de ses propres bataillons, mais presque aussitôt quelques escadrons de cuirassiers français se mirent à remonter la pente, et ses tirailleurs durent précipitamment regagner les rangs. Cette énième avancée de la cavalerie ennemie provoqua la panique parmi les artilleurs au service des batteries déployées en arrière d'Hougoumont, dont le moral, déjà, était vacillant. Beaucoup, exécutant les ordres, abandonnèrent leurs pièces et coururent se réfugier auprès de l'infanterie, mais, dans plus d'un cas, officiers et servants n'eurent pas le courage de laisser leurs canons sur place et les emportèrent, reculant au milieu d'une confusion croissante jusqu'à la route de Nivelles.

Il y a lieu de s'étonner que les régiments exténués de Kellermann aient encore été capables de se porter en avant ; et pourtant il est absolument certain qu'ils le firent dans ce secteur d'Hougoumont, intervenant si bien en masse que l'ultime attaque française apparut aux yeux de Frazer comme une attaque de cavalerie dans laquelle l'infanterie de la garde impériale n'avait qu'un rôle de soutien. Mais les cuirassiers étaient trop fourbus pour aller loin, et leur charge, encore une fois, s'épuisa quand ils furent inutilement parvenus au milieu des canons anglais abandonnés. Lord Saltoun les vit hésiter face au carré du 3/1er Foot Guards : « Nous évitant, ils passèrent entre nous et l'angle intérieur du verger en se prenant notre feu ; ils ne chargèrent pas dans l'espace entre nous et le 52e, où se trouvaient les fusiliers, mais passèrent le long du front du 52e dans l'intention de le déborder sur le flanc droit et furent totalement détruits par les tirs de ce régiment. » Le 23e Dragons Légers avança pour repousser les survivants. Le général Adam, qui s'était porté en avant, à dos de sa monture, faillit être entraîné dans leur chevauchée. Finalement, il parvint à retourner auprès de ses hommes, mais il s'en était fallu d'un cheveu. Son domestique lui amena un cheval frais et Adam enfourcha sa nouvelle monture. Un instant plus tard, une balle le blessait à la jambe. Le général serra les dents et parvint à rester en selle jusqu'à la fin de la bataille. Ce n'était pas le moment de quitter le terrain, car la Garde impériale s'était mise en mouvement pour asséner le coup décisif.

60. L'avancée de la Garde

En dépit de l'épaisse fumée qui entourait le champ de bataille, la Garde était si reconnaissable à son aspect et l'avancée de ses colonnes sur le plateau entre Hougoumont et la Haye-Sainte avait été si imposante et solennelle au milieu des cris de « Vive l'empereur » repris par des milliers de voix rauques et du roulement obsessionnel des tambours, que tous les officiers à cheval pour le moins savaient ce qui était en train de se produire. L'infanterie, qui était restée en carrés sur le versant couvert pendant les charges de cavalerie, fut portée en avant pour empêcher que les canons ne tombent aux mains de l'ennemi et unir à leurs tirs celui de leurs fusils. Maitland, placé au commandement d'un des secteurs les plus exposés du front, reçut la visite de Wellington qui lui ordonna de déployer ses hommes en ligne, mais, encore une fois, dans la plus solide formation sur quatre rangs au lieu de l'habituelle disposition sur deux rangs, « car Sa Grâce s'attendait à ce que la cavalerie ennemie prît part à l'action ».

Maitland obéit. Il conduisit ses hommes jusqu'au chemin creux et les fit mettre à plat ventre pour réduire les effets du bombardement. « La brigade avait à grand-peine fini de se déployer quand l'avancée de l'ennemi devint visible. »

Wellington galopa vers Hougoumont et s'arrêta à la première batterie d'artillerie qu'il rencontra sur son chemin, s'informant auprès d'un officier de qui la commandait. L'officier en question, le lieutenant Sharpin, répondit que c'était le capitaine Bolton, mais qu'il venait d'être tué, et que le commandement était passé au capitaine Napier. « Sa Grâce me fit alors : "Dites-lui de surveiller sa gauche de l'œil, car les Français seront rapidement dans ses parages", puis il s'éloigna. » Il ne restait plus que cinq canons à cette batterie, car l'un des deux obusiers avait été chargé par erreur d'une cartouche de mitraille. Comme sa remise en état demandait un travail passablement long, le sous-officier qui le commandait eut ordre de l'emporter vers les arrières, de l'y réparer et de revenir se joindre à la batterie au plus vite : « Mais, pour un quelconque motif, il ne nous retrouva qu'une fois la bataille terminée. » Sharpin eut à peine le temps de rejoindre le capitaine Napier pour lui communiquer la recommandation de Wellington : « Nous vîmes les colbacks des Français juste au-dessus du blé haut, à quarante ou cinquante mètres de nos canons. »

Déployée en ligne, même sur quatre rangs, l'infanterie de Wellington occupait un espace bien plus étendu qu'elle ne l'avait fait disposée en carré, ce qui permit de laisser en arrière les bataillons les plus éprouvés et de ne porter en avant que les bataillons les plus fiables pour faire face à l'attaque. Les trois brigades Adam, Maitland et Halkett, entièrement composées d'infanterie anglaise, couvraient, une fois en ligne, presque toute la longueur du front contre lequel marchait la garde impériale. C'était sur leur puissance de feu que comptait Wellington pour repousser l'attaque. Il est difficile de calculer combien d'hommes pouvaient, à ce moment, comprendre les trois brigades. À la fin de la bataille, celle d'Adam en avait encore environ deux mille en ligne, celle de Maitland un peu plus d'un millier et celle de Halkett peut-être cinq cents à six cents. Leurs rangs étaient certainement un peu plus fournis avant le combat contre la Garde impériale, en sorte qu'un chiffre estimatif de quatre mille hommes paraît crédible. Ce qui voudrait dire que les trois brigades, une fois disposées sur quatre rangs, présentaient à l'ennemi un front de mille hommes, soit l'exact correspondant, compte tenu des larges intervalles entre un bataillon et un autre, des mille mètres couverts par le front d'attaque.

Derrière cette robuste ligne rouge, Wellington disposait encore de réserves importantes, bien qu'entièrement composées de ces troupes étrangères envers lesquelles les officiers anglais étaient si mal disposés. Les carrés de l'infanterie du Brunswick, placés au dos de la brigade Adam, avaient subi de fortes pertes sous le bombardement et avaient dû détacher bon nombre de contingents à la défense d'Hougoumont. Mais il est probable qu'ils comptaient encore près de deux mille fusils et le professionnalisme de leurs officiers avait fait ses preuves : en dépit de leur inexpérience, les hommes ne s'enfuyaient pas. Derrière les Guards était arrivée, depuis quelque temps déjà, la division hollandaise Chassé, qui avait été placée, au matin, très en arrière et sur la droite, à proximité de la petite ville de Braine-L'Alleud, afin de faire barrage à une éventuelle tentative de débordement de ce côté. Chassé avait atteint les cinquante ans ; ancien officier napoléonien, vétéran d'Espagne et baron d'Empire, il avait encore été blessé un an auparavant en combattant les Prussiens pour Napoléon. À présent, sa division, forte de six mille cinq cents fusils et constituée pour moitié de troupes régulières, constituait la principale réserve de Wellington au centre du dispositif. Plus à gauche, vers la Haye-Sainte, se tenaient les trois bataillons d'infanterie de ligne brunswickois, regroupés autour de leurs drapeaux jaunes et bleus, et les trois régiments nassauviens de von Kruse. Ils avaient compté plus de quatre mille fusils au début de la bataille. Il en restait, certes, à présent beaucoup moins et leur moral ne prêtait pas à la confiance, mais ils étaient encore en mesure de combattre, comme ils allaient le prouver peu après.

À l'arrière de toute cette infanterie, Wellington avait également amassé des réserves de cavalerie supérieures à tout ce que Napoléon pouvait encore faire entrer en lice. La brigade Vivian, avec ses mille sabres passés, était l'unique formation de cavalerie encore fraîche de tout le champ de bataille. La brigade Vandeleur était encore en honnête condition et les brigades Grant, Dornberg, Trip et Ghigny, bien qu'éprouvées, disposaient de quelques escadrons toujours en mesure de s'engager dans la bataille. Seules les deux brigades de cavalerie lourde étaient à considérer comme totalement hors d'état de combattre. En arrivant là, sir Hussey Vivian avait rencontré lord Edward Somerset à la tête d'un détachement de dragons et avait demandé, ébahi : « Lord Edward, où est votre brigade ? » « Ici », avait répondu tristement Somerset, en désignant d'un geste cette centaine d'hommes mal en point. Quoi qu'il en soit, il stationnait, en tout, plusieurs milliers de chevau-légers en arrière de la ligne alliée et l'ensemble de cette cavalerie était à présent portée au dos de l'infanterie pour l'obliger, de gré ou de force, à maintenir sa position. L'officier en second du 18e Hussards, Duperier, un officier sorti des rangs chez qui la vivacité des souvenirs compense une maîtrise un peu approximative de la langue écrite, avait vu des officiers belges tenir leurs hommes en ligne à coups de bâton. Pendant l'attaque de la Garde impériale, son régiment fut à ce point porté en avant que les museaux des chevaux touchaient presque l'échine des fantassins. Et Duperier résolut de faire comme les Belges : « Je mettais mon épée sur l'épaule du fantassin qui se retournait et lui disais que, s'il ne reprenait sa place, je l'embrochais ; ça a fonctionné, puisqu'ils ont tous tenu bon »).

Il est difficile, à ce point, de donner tort à qui soutient que l'attaque de la Garde impériale représenta pour Napoléon un pari quasi désespéré. Mais les choses changent d'aspect si l'on prend conscience que l'objet du pari était la tenue morale de chacune des armées. Du point de vue purement matériel, les six mille hommes de la Vieille et de la Moyenne Garde n'auraient jamais pu prévaloir sur les troupes déployées en face d'eux ; sur le plan moral, le discours était tout différent. L'infanterie anglaise et allemande était éprouvée au point d'être pour ainsi dire au bord de la rupture, ses pertes avaient été épouvantables et la réputation de la Garde impériale était au fond de toutes les consciences, y compris du dernier des miliciens. Il était parfaitement possible qu'en voyant marcher sur eux cette masse de vétérans les hommes déployés en face aient commencé à se débander ; et une telle débandade, au point où en étaient arrivées les choses, pouvait se communiquer à toute l'armée de Wellington, la transformant en une marée humaine fuyant en déroute vers la forêt de Soignes.

La confiance en l'effet moral explique aussi la prudence avec laquelle Napoléon organisa cette ultime attaque, comme s'il pensait que la seule vue de la Garde dût provoquer l'effondrement des défenseurs et qu'il n'était donc pas nécessaire de l'engager tout entière, ni de courir des risques inutiles. Les deux bataillons du plus ancien régiment, le 1er Grenadiers, restèrent près de la Belle-Alliance, comme pour garantir un dernier point d'appui au cas où les choses tourneraient mal. Des neuf bataillons envoyés à l'attaque, seuls cinq avancèrent en première ligne, accompagnés par Napoléon lui-même jusqu'à la hauteur de la Haye-Sainte, au milieu des cris enthousiastes de « Vive l'empereur ! ». Les trois autres se maintinrent deux ou trois cents mètres plus en arrière, constituant une sorte de seconde ligne. Enfin, et c'est l'aspect le plus insolite de la manœuvre, tous ces bataillons avancèrent non point en colonne ou en ligne, mais en carré.

En vérité, les témoignages des officiers anglais qui leur faisaient face parlent invariablement de colonnes, mais de leur point de vue, dans la fumée qui enveloppait l'ensemble du champ de bataille, il était impossible de distinguer une formation d'une autre. Les témoignages français parlent, au contraire, de carrés, et c'est à ceux-ci qu'il faut prêter foi. Bien que né comme une formation avant tout statique, le carré pouvait se déplacer, certes plus lentement qu'une colonne, et des troupes très entraînées comme la Garde impériale pouvaient certainement le faire mieux et plus vite qu'aucune autre. Cette décision d'avancer en carré fut prise par les généraux de la Garde et probablement par Napoléon lui-même, en réaction spontanée à ce qui était advenu, quelques heures plus tôt, aux colonnes de d'Erlon : si la cavalerie anglaise avait de nouveau chargé à l'improviste dans la pente, elle aurait trouvé face à elle une Garde impériale déjà en formation carrée, et elle l'aurait payé cher.

C'est ainsi donc qu'ils avancèrent, cinq bataillons de la Moyenne Garde en tête, suivis d'un autre bataillon de cette garde et de trois bataillons de la Vieille Garde, au son des tambours qui battaient la charge. Ils avançaient au pas cadencé, leurs officiers vérifiant leur alignement, accompagnés de treize généraux – puisque, dans la Garde, chaque bataillon était commandé par un général de brigade – et précédés d'une multitude de tirailleurs. Pour imposant qu'ait été ce mouvement, il ne faut pas oublier que, dans toute cette force d'assaut, seuls les bataillons de la Vieille Garde qui formaient la seconde ligne étaient vraiment à la hauteur des anciens critères de la Garde impériale. Les bataillons de la Moyenne Garde n'avaient été constitués qu'après le retour de l'île d'Elbe, par transfert d'hommes issus de l'infanterie de ligne : il avait été demandé à chaque régiment de fournir trente hommes robustes, de haute stature, personnellement bien notés et ayant quatre ans de service minimum – ce qui, à bien y regarder, n'était pas beaucoup. L'absence d'une commune expérience au sein d'un même régiment était trahie par leur aspect vestimentaire : par manque de temps et d'argent, les régiments de la Moyenne Garde n'avaient été que partiellement pourvus d'uniformes réglementaires, si bien que beaucoup d'hommes ne portaient pas le colback, mais des shakos, des bicornes ou même des bérets de laine. Leurs capotes étaient non du bleu réglementaire, mais de toutes les couleurs. C'étaient, en somme, de bonnes unités, mais sans rien de sublime : une donnée qui n'est ordinairement pas assez soulignée dans les comptes rendus de cette dernière offensive.

61. L'attaque des grenadiers de la Garde

Les deux premiers bataillons sur la droite étaient le 1/3e Grenadiers et le 4e Grenadiers ; ce furent aussi les premiers à entrer en contact avec les défenseurs. Devant ce millier d'hommes, en qui les défenseurs aveuglés par la fumée tendaient à voir une unique colonne, se trouvaient déployés les survivants de la brigade Halkett ; très légèrement plus en retrait se tenaient la brigade d'infanterie régulière du Brunswick et le régiment von Kruse, les seules unités allemandes concernées par l'attaque de la Garde. Alors que les hommes de Halkett s'étaient déployés sur quatre rangs, non seulement par peur de la cavalerie, mais parce que c'était la formation la plus aisée à obtenir à partir d'un carré (« dans l'état dans lequel nous étions à cette heure-là, aucune puissance terrestre n'aurait pu nous former en un quelconque type de ligne, sinon une ligne par quatre », commenta Macready), l'infanterie allemande était encore probablement en carré, l'unique formation garante d'un minimum de solidité avec les très jeunes recrues qui la composaient.

Tout au long du jour, deux batteries avaient été positionnées devant la brigade Halkett : celle de Lloyd et celle de Cleeve. Mais à l'heure à laquelle on était, il ne restait rien en ligne de leurs douze canons et plus de six cents servants. La batterie de Cleeve avait épuisé ses munitions depuis assez longtemps et avait évacué vers l'arrière. Celle de Lloyd, qui était restée obstinément sur place, envoyant de temps à autre un officier avec un wagon vide faire le plein de munitions, s'y était si bien usée que ses servants ne purent que prendre leurs jambes à leur cou quand les premiers tirailleurs apparurent devant leurs canons. Le major Lloyd, qui, tout le jour durant, s'était exposé au danger avec une bravoure frôlant la folie, s'attarda un peu trop derrière ses compagnons. Il fut rejoint par un officier français et abattu à coups de sabre. Recueilli encore vivant après la bataille et emporté à l'hôpital, il allait succomber quelques semaines plus tard.

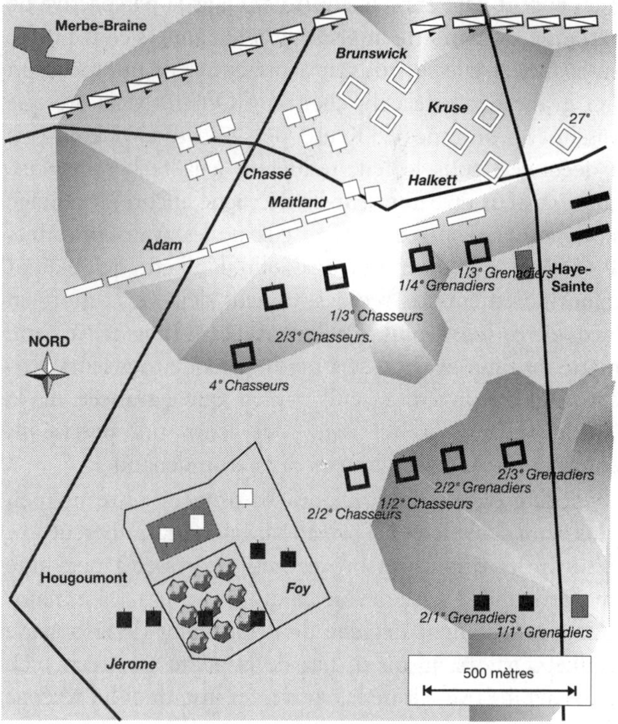

14. L'attaque de la Garde

À l'apparition, face à eux, des grenadiers, les défenseurs ouvrirent le feu. Au lieu de marcher sur l'adversaire à la baïonnette, les masses d'attaquants à peine sorties de la fumée s'arrêtèrent et commencèrent à répondre aux tirs. Il s'ensuivit un combat confus, au cours duquel personne, d'une part, ne sut très bien ce qui se passait et, d'autre part, à peu près toutes les troupes engagées de chaque côté perdirent, semble-t-il, plus ou moins vite leur enthousiasme et reculèrent tant que leurs officiers n'en eurent pas repris le contrôle. Dans la perspective de l'attaque, l'infanterie anglaise et allemande s'était portée en avant, et elle se trouvait à présent dans une position très avancée, au-delà du chemin d'Ohain. Mais presque aussitôt les hommes de Kruse, puis les Brunswickois, pris à découvert sous le feu, refluèrent à la recherche d'un abri ; et peut-être auraient-ils décroché encore davantage si la cavalerie rangée derrière eux ne les avait contraints à s'arrêter. Les hommes de Colin Halkett, qui étaient majoritairement des recrues, avaient déjà vu la mort en face, deux jours plus tôt, aux Quatre-Bras et, à cette heure du jour, avaient déjà perdu presque tous leurs officiers, se retrouvèrent seuls : bien que l'avancée de la Garde se soit arrêtée net sous leurs tirs précis, ils commencèrent bien vite eux aussi à se débander.

Le duc de Wellington, qui se trouvait juste un peu plus loin, derrière la brigade Maitland, s'aperçut du désordre et donna ses ordres sans s'adresser à personne en particulier : « Allez voir ce qui ne va pas. » Le major Kelly, précisément détaché de l'état-major de la brigade Halkett, galopa jusqu'au bas de la pente à la recherche du général. Il venait de le trouver à l'instant et lui référait les paroles du duc quand il vit avec effroi une balle de fusil toucher sir Colin, lui perçant la joue avant de ressortir de l'autre côté. Les balles de l'époque volaient à si faible vitesse que le général ne tomba même pas de cheval. Il n'en fallut pas moins l'accompagner vers l'arrière.

La brigade, ou ce qui en subsistait, restait sans commandant. Le colonel Elphinstone, un des officiers les moins estimés de toute l'armée, sous le commandement duquel était placé le 33e, rejoignit Kelly pour lui demander s'il avait des ordres. Aucun, répondit le major, si ce n'est de comprendre comment peut régner pareille confusion. Le colonel répliqua que l'affaire était fort simple : les hommes étaient depuis trop longtemps sous pression et n'en pouvaient plus.

Elphinstone découvrit qu'il devait prendre le commandement de la brigade, puisqu'il était le plus ancien des colonels encore en lice, une responsabilité dont il se serait volontiers passé. « Que dois-je faire ? Vous, que feriez-vous ? » demanda-t-il au major dans son trouble. Kelly, exaspéré, lui répondait de mettre ses hommes le plus à couvert possible, d'essayer de réorganiser les rangs et de les faire se coucher à terre, quand deux sergents du 73e arrivèrent en courant pour dire que tous leurs officiers avaient été tués ou blessés et qu'ils n'avaient plus personne pour les commander. Kelly, dont c'était le régiment, les suivit afin de se rendre compte de la situation et, arrivé au milieu de la troupe, n'eut d'autre solution que d'en prendre le commandement. Les régiments voisins avaient déjà renvoyé leurs drapeaux en lieu sûr, dans les arrières ; le major estima qu'il y avait lieu d'agir de même avec les drapeaux du 73e (« qui étaient tout troués par les balles et presque complètement arrachés de leur hampe », note Morris). Les deux drapeaux, ou ce qui en restait, furent donc détachés et un sergent reçut l'ordre de se les rouler autour du corps et de partir en courant pour Bruxelles.

Même si les colonnes de la Garde avaient pour le moment arrêté leur avancée et si la fumée les avait soustraites à la vue, le major Kelly avait évidemment peu d'espoir de pouvoir tenir encore longtemps. En dehors de l'inepte Elphinstone (qui fit malgré tout carrière et qui, trente ans plus tard, en Afghanistan, conduisit toute une armée anglaise à l'anéantissement), il ne restait plus aucun officier d'un rang supérieur au sien dans la brigade. Aussi est-ce probablement Kelly en personne qui, profitant d'un moment où le feu ennemi s'était fait moins intense, ordonna aux survivants de reculer jusqu'à la haie qui contournait le chemin creux et semblait offrir un peu de protection. Des années plus tard, Macready frissonnait encore à la pensée que « quelqu'un au commandement » avait pu donner un ordre de ce genre sans tenir compte de son effet moral. Cette reculade n'avait pas commencé que les tirs redoublaient, côté français, au milieu de cris d'enthousiasme. Les blessés anglais s'agrippaient à leurs compagnons en les suppliant de ne pas les abandonner. Certains se laissaient prendre par la panique. Et, en un instant, le repli se transforma en déroute. Réduite à une foule de fuyards, la brigade Halkett se précipita au-delà de la haie. Ce qui restait d'officiers eut la pire peine à arrêter ce flot à renfort de cris et de bourrades. « Par chance, l'ennemi n'en profita pas, commente, acerbe, Macready. Cinquante cuirassiers auraient anéanti la brigade. »

Si la Garde impériale ne profita pas de cette débandade anglaise, c'est qu'entre-temps le prince d'Orange, seul commandant encore en selle de toute la zone, avait compris que cet échange de tirs prolongé risquait de laminer la ligne défensive et résolut d'y mettre fin par une charge à la baïonnette. L'épée au clair, avec l'enthousiasme de ses vingt-trois ans, le prince prit la tête d'un des bataillons von Kruse et le conduisit à la charge. Les soldats, en dépit de leur fatigue et de leur inexpérience, se laissèrent prendre par cet enthousiasme et le suivirent.

Le carré du 1/3e Grenadiers, après un instant de confusion à la vue de ce mouvement inattendu, ouvrit le feu avec son habituelle et effrayante efficacité. Le prince d'Orange fut presque immédiatement blessé à l'épaule, et ses aides le persuadèrent, non sans peine, de retourner en arrière, tandis que la troupe, prise de panique, se repliait en désordre. Le colonel von Kruse fut contraint de porter également en ligne son troisième bataillon, constitué de miliciens, et, derrière la protection qu'il offrait, parvint à réorganiser ce qui restait du régiment, mais suffisamment en retrait pour ne plus être aspiré dans le combat.

Pendant ce temps, les officiers de la brigade Halkett avaient eux aussi mis un terme à la débandade de leurs hommes. Tous les tirailleurs subsistants furent envoyés sur la crête, pour tenir la position à tout prix, et les vestiges du bataillon furent redéployés derrière eux. Lorsqu'ils furent enfin en ordre de bataille, le major les reporta en ligne. Tout juste à temps, car les deux carrés de la Garde, l'attaque du prince d'Orange repoussée, reprenaient leur avancée. « La dernière colonne d'attaque, rapporta par la suite le major, apparut à travers le brouillard et la fumée qui avaient stagné, épais, sur le terrain tout au long de la journée. Leur avancée était, comme toujours chez les Français, très bruyante et visiblement réticente, les officiers se tenant de quelques mètres en avant de leurs hommes qu'ils incitaient. » Tout en avançant, les grenadiers maintenaient un feu confus et désordonné, auquel l'infanterie anglaise ne répondit qu'au moment où l'ennemi fut à distance rapprochée. Il s'ensuivit une brève fusillade au terme de laquelle les Français commencèrent à reculer pour disparaître définitivement dans la fumée.

Cette conclusion inattendue de l'attaque laissa les officiers toujours en poste de la brigade Halkett plus perplexes qu'elle ne les fit exulter de joie. « Comme nous nous étions attendus à de grandes choses de leur part, nous sommes restés stupéfaits, commente l'enseigne Macready. Les jeunes soldats que nous étions pensaient presque qu'il y avait un truc là-dessous. » Le major Kelly émit l'hypothèse que les unités engagées n'appartenaient pas à la Garde, mais au corps de d'Erlon qui était en action quelques petites centaines de mètres plus loin, autour de la Haye-Sainte. Mais Macready, qui s'aventura au milieu des blessés français et les interrogea, rapporte qu'ils étaient tous de la Moyenne Garde. Comme le combat s'était déroulé dans des conditions de visibilité nulles, le major Kelly conclut sagement qu'il ne fallait pas prétendre expliquer de manière précise ce qui s'était passé. Du fait de la fumée, observa-t-il, « nous ne nous sommes aperçus de l'approche de l'ennemi qu'à cause du tapage et des claquements d'armes que produisent toujours les Français quand ils avancent à l'attaque. C'est pourquoi il m'est souvent arrivé de penser que le soin et le renfort de détails avec lesquels on a si souvent et si méticuleusement discuté de cet épisode doivent comporter une bonne dose de fantaisie ».

En réalité, l'insuccès de l'avancée française n'est pas dû aux quelques centaines de fusils que pouvait lui opposer la brigade Halkett, mais à l'intervention intempestive des réserves hollandaises de la division Chassé. La batterie à cheval du capitaine Krahmer prit position à côté de l'infanterie anglaise et commença à tirer à hausse zéro avec ses huit pièces de six livres. C'étaient les premiers canons auxquels était confrontée la Garde impériale en ce secteur ; et c'est sous la grêle soudaine de la mitraille que les deux carrés de grenadiers commencèrent à vaciller.

Macready se souvenait bien de cette batterie, même s'il n'avait aucune idée de sa nationalité. « De quelles troupes qu'aient pu être ces canons, écrivait-il plus tard, ils ont vraiment été glorieusement servis ; leur grandiose bang, bang, bang, bang métallique et la pluie de mitraille qui suivait sont les sons les plus plaisants qui soient jamais parvenus à mon oreille jusqu'au jour de mon mariage. »

Dans l'intervalle, le duc de Wellington avait envoyé un aide de camp au colonel Detmers, commandant de la première brigade de la division Chassé, en lui ordonnant de porter immédiatement trois de ses bataillons en première ligne. Le colonel rangea ses hommes en colonne et leur fit longer le dos de la crête, « en sorte qu'ils étaient, jusqu'à un certain point, à l'abri de la fusillade et que les balles ne touchaient que leurs baïonnettes » : un détail qui en dit long sur l'intensité des tirs à ce moment culminant de la bataille. Pour finir, le colonel trouva un endroit où tourner à droite et déployer ses hommes en ligne « à la gauche de deux bataillons qui exécutaient un feu de file très violent et fort bien maintenu et, de l'autre côté, d'un bataillon formé en triangle sur une position plus en retrait ». Soit, très probablement, entre les bataillons de la brigade Maitland et ce qui restait de la brigade Halkett. En prenant position à cet endroit, les Hollandais étaient venus se placer sur le flanc des grenadiers de la Garde. Il était temps, car au moment même où ils entraient en ligne, ils virent le « triangle » commencer à se débander et communiquer sa panique aux unités encore plus à gauche.

Sans perdre un instant, sinon pour adresser une brève allocution à ses troupes, le général Chassé ordonna la charge à toute la brigade Detmers : à savoir à un bataillon belge de chasseurs, un bataillon hollandais de ligne et non moins de quatre bataillons de renfort composés de milice hollandaise. Pendant une bonne partie de la matinée, ces troupes étaient restées en position à proximité de la petite ville de Braine-L'Alleud, où les hommes avaient été bien nourris par les habitants et abondamment abreuvés de bière et d'eau-de-vie de genièvre. À présent, toute cette multitude courait, en colonne, vers l'avant, folle d'enthousiasme, « en tambourinant et en hurlant comme des fous, leurs shakos à la pointe de leurs baïonnettes », selon Macready. Les soldats anglais moulus de fatigue ne comprirent pas tous qui étaient ces étrangers. Si beaucoup les saluaient avec de grands cris et des rires de soulagement, d'autres réagissaient tout autrement : « Ils ressemblaient tellement aux Français, là devant nous, que je surpris bon nombre de mes hommes en train de leur tirer dessus », rapporta un officier. Placés face à cette multitude gaillarde qui, dépassant la crête, se précipitait contre eux au cri de « Oranje boven » et, pour les Belges, de « Vive le roi », les grenadiers, eux, ne pouvaient avoir de doute, si bien qu'ils commencèrent à se replier dans un croissant désordre, communiquant la panique aux troupes de d'Erlon qui avaient avancé sur leur droite. Dans ce secteur, l'ultime attaque de Napoléon avait été arrêtée.

62. « La Garde recule ! »

Tandis qu'à petite distance de la Haye-Sainte se déroulait cette lutte confuse, les deux bataillons du 3e Chasseurs remontaient la pente, marchant en carré contre les positions tenues par la brigade Maitland. Ce régiment était lui aussi de formation récente ; il avait complété ses rangs en intégrant bon nombre d'hommes de la Jeune Garde et portait des tenues assez disparates. Sur le papier, le combat dans lequel, pour la première fois dans l'histoire des guerres napoléoniennes, les gardes français allaient affronter les gardes anglais n'était pas trop inégal : un millier de fusils dans les deux carrés français contre un peu plus d'un millier dans les deux bataillons anglais, même si la formation de ces derniers permettait un tir plus efficace. Mais, avant d'en arriver à une confrontation au fusil, les deux camps firent un large emploi de leur artillerie en vue d'affaiblir l'adversaire. Diverses sections d'artillerie, de deux pièces chacune, avançaient avec les carrés de la Garde, s'arrêtaient pour tirer quelques coups, puis, dès que possible, se portaient plus en avant. Les hommes de Maitland étaient tous à plat ventre au milieu de ce qui restait d'un champ de blé, à couvert du chemin creux qui, dans cette zone, était particulièrement profond et longeait un terre-plein : « Sans cette protection, nous serions tous morts », commenta plus tard l'un d'eux.

Les pertes commencèrent à grimper de manière préoccupante parmi les hommes de Maitland, quand les pièces françaises parvinrent à faible distance, de même qu'une quantité de tirailleurs qui s'abritaient au milieu des canons. Mais, arrivé à ce point, le 3e Chasseurs en avait déjà subi de bien plus lourdes. L'artillerie anglaise, qui, dans tout ce secteur, avait encore diverses batteries en mesure de fonctionner, tirait contre eux à mitraille : « La tempête les balayait comme une pluie de grêle flagellant le blé mûr », écrivit un officier anglais. Un autre, qui assistait d'un peu plus loin à la progression des carrés, eut la vision de grandes masses sombres en mouvement et « de longs traits de lumière zébrant la masse noire », chaque fois que les balles abattaient des rangs entiers.

Arrivés au sommet de la déclivité, les chasseurs, au lieu d'avancer à la baïonnette, s'arrêtèrent et commencèrent à tirer, exactement comme l'avaient fait les grenadiers un peu plus à droite. Tandis que les premiers rangs faisaient feu, des officiers anglais eurent l'impression que les rangs suivants essayaient de manœuvrer pour passer de la formation en carré à une formation en ligne.

Il est difficile de dire ce qui est à l'origine de ce renoncement à porter l'attaque jusqu'au bout, à la baïonnette. Est-ce le signe d'un moral déjà pas trop bon de la Moyenne Garde ou l'effet d'une décision sciemment prise par ses généraux, confiants en la terrible puissance de feu que pouvaient développer leurs hommes ? Maitland, qui se trouvait là en compagnie de Wellington, jugea que cet arrêt de l'adversaire n'était assurément pas une bonne idée de sa part. « Quelle qu'ait été l'intention de l'ennemi en s'arrêtant dans une situation aussi périlleuse et sur cette position relativement exposée, on ne lui accorda pas le temps de la mettre en œuvre. » Les quatre rangs que formaient les troupes de Maitland sautèrent sur leurs pieds, sur ordre direct de Wellington d'après la légende (« Debout, les gardes, et en avant ! ») et ouvrirent un feu qui, à une distance aussi rapprochée, pas plus de cinquante ou soixante mètres peut-être, se révéla dévastateur. « Ceux qui étaient plus loin et sur le flanc, et qui ont vu l'action, nous disent que la tête de colonne parut physiquement ramenée en arrière sous l'effet de notre feu », écrivit un officier du 1er Foot Guards.

Quelle qu'en fût la cause – apparition inattendue des hommes de Maitland ou efficacité de leurs tirs –, le 3e Chasseurs commença immédiatement à se désagréger. Le général Michel, qui commandait la division des Chasseurs de la garde, fut tué au milieu de ses hommes.

Tombèrent de même le colonel Malet, placé au commandement du régiment (un vétéran qui avait été tambour-major au temps de la Révolution et avait suivi Napoléon à l'île d'Elbe) et un des deux commandants de bataillon, tandis que l'autre, « l'indestructible » major Angelet, était blessé pour la douzième fois de sa carrière. Quelques-uns des officiers épargnés essayaient encore de changer de formation et de déployer le régiment en ligne pour pouvoir répondre plus efficacement au feu, mais cette tentative de manœuvre finit par engendrer le chaos dans les rangs des chasseurs. Voyant les assaillants à la débandade, la brigade Maitland marcha sur l'ennemi baïonnette en avant. Selon la légende, Wellington, cette fois encore, en avait directement donné l'ordre (« Maintenant, Maitland, maintenant, c'est le moment »). Avec un immense soulagement et une stupeur certaine, les Anglais s'aperçurent que la Garde impériale ne les attendait pas, mais reculait en désordre, puis en une fuite précipitée vers le bas de la pente.

Les hommes de Maitland s'étaient déjà largement avancés à la poursuite des chasseurs en déroute quand le cinquième et dernier bataillon de la première ligne d'attaque, le 4e Chasseurs, s'approcha, menaçant, sur leur flanc. La première idée de Maitland fut de former un front sur sa droite avec toute sa ligne, mais, au milieu de la fumée et des tirs de l'artillerie française qui battait la ligne de crête, son ordre ne fut pas compris, et peut-être ne pouvait-il pas l'être. Une autre instruction se mit spontanément à courir, comme un mot qu'on se passe de bouche en bouche, chez ces soldats qui s'attendaient à être chargés d'un moment à l'autre par la cavalerie ennemie, celle de « former le carré », et sous l'effet de cette suite d'ordres contradictoires la brigade commença à se débander. Les officiers eurent quelque peine à remettre leurs hommes en rangs et à les ramener avec une certaine hâte sur leurs positions de départ, tandis que le carré français remontait la pente sur leurs talons.

Deux jours plus tôt, à Ligny, le 4e Chasseurs avait subi de si lourdes pertes que ses deux bataillons avaient été réunis en un seul, au demeurant très puissant avec ses huit cents fusils passés. Toute l'artillerie anglaise dispersée dans la zone tirait contre ce carré qui progressait comme pris dans une tempête, accompagné de ses tambours qui battaient le pas de charge de manière obsessionnelle. Les officiers de la batterie de Bolton les virent avancer sous le feu : « La colonne oscillait, à chaque décharge, comme le blé mûr quand souffle le vent. » Arrivés au sommet de la pente, les officiers français s'efforcèrent, comme leurs collègues, de déployer leurs hommes en ligne, mais le feu conjugué de l'artillerie et de l'infanterie de Maitland qui avait repris position le long du chemin creux était si meurtrier que la manœuvre échoua et que le carré se transforma en une masse désorganisée. Selon le lieutenant Sharpin, les Français n'en demeurèrent pas moins là pendant une dizaine de minutes, répondant comme ils pouvaient au tir et s'essayant à plusieurs reprises à avancer.

Dans l'intervalle, le général Adam, sur le constat que toutes les colonnes ennemies attaquaient les brigades placées sur sa gauche, estima qu'il était inutile de maintenir sa position et qu'il y avait, au contraire, un espace où avancer et contre-attaquer. La multitude de tirailleurs ennemis sortis des carrés fit, dans un premier moment, âprement obstacle à cette progression. Le combat fut long et confus. Lord Hill, commandant du 2e corps, qui se trouvait dans la zone et surveillait l'avancée de la brigade, finit sous le feu croisé des tirailleurs, eut son cheval tué sous lui et se fit si mal dans sa chute que ses aides le crurent mort pendant une demi-heure. Son cheval avait cinq balles plantées dans le corps. Mais la brigade Adam était entièrement formée d'infanterie légère, deux bataillons du 95e armés de Bakers compris. Sous leur pression, les tirailleurs français durent à la longue abandonner le terrain, laissant à découvert le flanc du carré qui avançait.

C'est alors qu'entra en scène sir John Colborne. Avec ses mille fusils environ, son régiment, le 52e, était le plus fort de la brigade. Il était, de plus, l'un des régiments d'infanterie légère les mieux entraînés dans l'absolu de l'armée anglaise. Quant à Colborne, c'était un commandant d'exception, adoré de ses hommes. Écoutons Harry Smith, qui avait servi sous ses ordres en Espagne : « Nous avions tous la confiance la plus automatique en lui. Il avait plus de connaissance du terrain, il comprenait mieux la disposition des piquets et, par conséquent, avait besoin de moins d'hommes, il savait mieux ce que l'ennemi allait faire et anticipait plus rapidement ses intentions que tout autre officier ; ajoutez cette froideur et cette vivacité sous le feu, peu importe son intensité, qui distingue le chasseur quand il trouve le renard sur le terrain le plus adapté. » (Son courage n'avait trouvé qu'une seule fois sa limite : à la prise de Ciudad Rodrigo, une balle lui avait traversé l'épaule droite et s'était plantée dans l'os, où les chirurgiens ne pouvaient apparemment l'atteindre ; quelques mois plus tard, sa blessure s'était mise à suppurer et nécessité avait été de procéder à une opération. « La douleur était trop grande, même pour lui. Il mettait sa montre sur la table et concédait cinq minutes de travail à la fois aux chirurgiens ; il fallut trois ou quatre jours pour qu'ils parviennent à extraire la balle de l'os. »)

L'unique défaut de Colborne était de prendre parfois, dans la bataille, des décisions trop audacieuses ; et il avait déjà eu l'occasion un jour de s'en repentir. En 1811, à Albuera, il s'était trouvé au commandement provisoire d'une brigade, et il l'avait entraînée en avant au milieu d'une tempête qui réduisait presque entièrement la visibilité. Les lanciers polonais l'avaient pris de flanc et littéralement balayé en quelques minutes. De manière bien compréhensible, plus aucune brigade ne lui avait été confiée par la suite, si bien qu'à quatre ans de là sir John, en dépit de l'estime universelle dont il jouissait, n'était toujours qu'un commandant de régiment. Et pourtant, cette fois encore, lorsqu'il vit avancer sur sa gauche la dernière colonne française, Colborne résolut d'un coup de se fier à son intuition : il ordonna à son régiment de faire front à gauche et de prendre à angle droit par rapport au reste de la brigade, de manière à se trouver sur le flanc de l'ennemi en train de les dépasser à ce moment précis. C'était une manœuvre périlleuse, et elle aurait même été un peu folle si la cavalerie française avait encore été dans la zone. Mais si elle réussissait, elle allait avoir un effet décisif. Son supérieur direct, Adam, qui, nous le savons, n'appréciait aucunement les initiatives individuelles, galopa jusqu'à lui et lui demanda ce qu'il entendait faire. « Faire sentir notre feu à cette colonne », lui répondit Colborne. La tentation était trop forte, et Adam céda. Il permit au colonel d'avancer et partit au galop vers le régiment suivant, pour que celui-ci se conforme au mouvement.

Quand les premiers tirailleurs envoyés en avant par Colborne arrivèrent à distance de tir de l'ennemi et ouvrirent le feu, le colonel eut l'impression qu'une partie de la colonne française s'arrêtait et se redéployait en ligne pour faire front. La rapidité de la manœuvre et l'intensité du feu ennemi le surprirent grandement. Comme nous le savons, les chasseurs de la garde avançaient, en réalité, en carré et tout un flanc de leur formation était, par conséquent, déjà prêt à ouvrir le feu au premier mouvement d'approche de l'ennemi de ce côté. Ce qui démontre à nouveau que la formation d'attaque conçue par les généraux français n'était, somme toute, pas si erronée. « L'ennemi continuait de se porter en avant avec de grands cris qui dépassaient le bruit de la fusillade », rappelle un autre officier anglais, stupéfait lui aussi, à distance de tant d'années, de l'efficacité inattendue des tirs provenant de la colonne en marche. Sir John Colborne, devenu, à trente-six ans, colonel sans jamais avoir acheté un grade, mais uniquement grâce à la promotion au mérite, dut craindre pendant un bref instant, un bref instant seulement, d'avoir à nouveau joué toute sa carrière.

De fait, le volume de feu développé par le 52e, dès que sa ligne entière fut arrivée à distance de tir, était de toute manière supérieur à celui que pouvaient lui opposer les Français ; de plus, le carré du 4e Chasseurs recevait frontalement les tirs de la brigade Maitland et de l'artillerie. Plus de deux mille fusils et une quinzaine de canons pour le moins tiraient à bout portant contre l'ultime colonne de la garde, victime de sa formation trop dense. Le carré cessa d'avancer et, pendant un court moment, continua de riposter aux tirs, mais les pertes au sein des chasseurs devenaient rapidement insupportables. Le commandant du régiment tomba, blessé, et celui du bataillon fut tué. Au bout de quelques minutes à peine, Colborne s'aperçut que le carré commençait à se débander et, saisissant encore une fois le moment décisif, ordonna la charge à la baïonnette. Instantanément, le 4e Chasseurs se défit et ses survivants se précipitèrent en déroute vers le pied de la colline.

Quand il devint évident pour tous, malgré la fumée qui obscurcissait le champ de bataille, que l'attaque de la Garde avait échoué, un cri, d'après la légende du moins, s'éleva : « La Garde recule ! » La panique se répandit à une vitesse fulgurante parmi les soldats français, en dépit des efforts de leurs généraux qui s'efforçaient de maintenir les troupes dans leur formation. Le maréchal Ney, qui avait déjà eu cinq ou six chevaux tués sous lui, hurla à d'Erlon qu'il fallait tenir à tout prix : « Car si nous ne mourons pas ici, nous serons pendus par les émigrés. » (Il ne se trompait que sur un point. Six mois plus tard, le tribunal des Bourbons allait, de fait, le faire fusiller. D'Erlon, condamné à mort lui aussi, s'enfuit à l'étranger et eut encore le temps de devenir gouverneur de l'Algérie et maréchal de France sous Louis-Philippe.)

Quatrième partie

« VICTOIRE ! VICTOIRE ! »

63. L'avancée anglaise

Napoléon avait perdu son dernier pari. Ce fut son armée qui, à compter de ce moment, subit le choc moral qu'il avait espéré provoquer dans l'armée anglaise. À la panique causée dans toute l'aile gauche française, entre Hougoumont et la Haye-Sainte, par le spectacle de la Garde en fuite s'ajouta, sur l'aile droite, la non moins désastreuse panique produite par l'avancée des Prussiens du côté de Smohain. La découverte que les troupes en question n'étaient aucunement le corps de Grouchy, ainsi que l'avaient annoncé les aides de camp de l'empereur, agit comme une douche froide sur le moral des soldats français, bouleversés. Le colonel Levavasseur venait tout juste d'achever sa chevauchée quand l'artillerie prussienne ouvrit le feu, avec vingt-quatre canons, sur le flanc et même à revers de l'infanterie française désormais presque à la hauteur de la crête. « L'enthousiasme, rapporte Levavasseur, laissa place à un profond silence, à la stupeur, à l'anxiété. » Le colonel se rendit au galop auprès du maréchal Ney, mais celui-ci, sachant fort bien ce qui se passait, lui interdit d'aller le vérifier. Incrédule, Levavasseur se tourna vers un autre général, dont il n'a pas indiqué le nom, et ce dernier finit par admettre : « Voyez ! Ce sont les Prussiens. »

De nombreux témoins ont, par la suite, mis cet effondrement moral de l'armée française en rapport avec l'incertitude qui avait régné chez les soldats dès le début de la campagne. Selon le capitaine Duthilt, qui avait été jeté à bas de son cheval, blessé à la tête par un coup de sabre et fait prisonnier pendant la grande charge de la cavalerie lourde anglaise, puis libéré par les lanciers de Jacquinot, et qui se trouvait désormais, à pied et couvert de sang, au milieu des fuyards, les soldats étaient impressionnés par le trop grand nombre d'officiers supérieurs qui avaient trahi ou que l'on soupçonnait prêts à trahir l'empereur. Ils n'avaient pas confiance en leurs commandants, n'étaient pas à même de supporter la discipline et, surtout, étaient obsédés par les proclamations brutales des souverains alliés promettant aux prisonniers « les déserts de la Sibérie ou les pontons anglais et espagnols, où ils se perdraient pour toujours », si bien que la terreur de tomber prisonniers avait contribué à accélérer leur débandade. Il est vrai que tout cela n'avait pas empêché la troupe de bien se battre jusqu'au coucher du soleil. Mais, à présent, elle avait vraiment épuisé toute ressource.

Les soldats alliés qui défendaient la crête restèrent euxmêmes stupéfaits de la soudaineté avec laquelle les Français se mirent à reculer devant l'avancée prussienne. Le sergent Robertson, des Gordons Highlanders, vit courir vers lui un des tirailleurs du régiment qui lui recommanda d'observer les lignes ennemies, car « il était en train de se produire quelque chose d'extraordinaire ». Les Gordons avaient perdu tant d'officiers que Robertson commandait, à ce moment, deux compagnies. Il avait une longue-vue, et il y colla son œil. S'offrirent à sa vue des hommes apparemment vêtus des mêmes uniformes qui tiraient les uns sur les autres. Le sergent resta perplexe. Il ne comprenait pas de quoi il s'agissait. Quelqu'un suggéra qu'une mutinerie avait peut-être éclaté dans les rangs français. Mais un aide de camp arriva au galop en criant : « La journée est pour nous, les Prussiens sont arrivés. » « Jamais un condamné à mort ne reçut avec autant de soulagement la nouvelle de la suspension de sa peine », commenta avec sincérité Robertson.

À l'extrémité opposée du champ de bataille, le duc de Wellington et le général Adam discutaient de l'opportunité de poursuivre immédiatement son avancée contre l'ennemi en retraite. Préoccupé du désordre dans lequel se trouvaient ses rangs, Adam demanda la permission de s'arrêter pour les réorganiser. Wellington y consentit, bien qu'avec réticence, puis revint sur sa décision, après avoir observé les Français pendant quelques instants de plus. « Ils ne résisteront pas, mieux vaut attaquer. » Un réel désordre régnait parmi les hommes du 52e, par ailleurs assez nerveux, du fait notamment que leur flanc était complètement découvert. Quand ils virent passer à faible distance d'eux une multitude de cavaliers hurlants, ils ouvrirent sans y réfléchir davantage le feu, avant de s'apercevoir qu'il s'agissait des dragons légers du 23e lancés à la poursuite de l'ennemi. Le commandant des dragons protestait âprement auprès de Colborne, lui désignant du geste ses hommes et ses chevaux abattus par les tirs de l'infanterie (« C'est toujours comme cela, nous perdons toujours plus d'hommes de la faute des nôtres que de l'ennemi »), quand Wellington arriva sur les lieux et cria à Colborne : « Peu importe ! Avancez ! Avancez ! » Le colonel, qui était resté à pied, puisque ses hommes avaient réussi à tuer jusqu'à son cheval avec leurs tirs désordonnés, ne se le fit pas répéter par deux fois, et le 52e se remit à avancer, baïonnette au canon.

Le duc avait, dans l'intervalle, arrêté que c'était le moment de jouer le tout pour le tout ; et il parcourait tout son dispositif au galop, d'Hougoumont jusqu'à la Haye-Sainte et au-delà, en transmettant à tous ses commandants l'ordre de l'avancée générale. Le sillage de sa chevauchée se marquait au hourrah de triomphe qui se communiquait comme une onde à toute la ligne de front. De nombreux mémorialistes affirment que, dans ses instants décisifs, le duc rejoignit, à dos de monture, leur régiment, s'enquit de qui commandait – en général des subalternes, vu que les officiers supérieurs avaient été tués ou blessés – et donna en personne l'ordre d'avancer au milieu des cris d'enthousiasme des soldats. Dans le couloir du chemin creux, derrière la Haye-Sainte, Kincaid, aveuglé par un nuage de fumée et de poudre, n'avait pas la moindre idée de ce qui se passait. Il entendit, raconte-t-il, « un hourrah, que nous reconnûmes aussitôt comme anglais, se lever loin sur la droite, et qui nous fit lever l'oreille à tous. Il se rapprochait peu à peu, devenant de plus en plus fort à mesure qu'il se faisait plus proche ». Kincaid et ses hommes avancèrent, d'instinct, baïonnette au fusil, rejoignirent la petite colline au-dessus de la carrière de sable et, en sortant de la fumée, découvrirent le spectacle stupéfiant de l'armée française tout entière en fuite. Le duc, juste après, survint au milieu d'eux et répondit aux hourrah qui l'accueillirent avec sa froideur ordinaire : « Pas de hourrah, les garçons. En avant et parachevez la victoire ! »

Lord Uxbridge, alarmé par les risques que pouvait comporter une avancée aussi désordonnée, conseilla de faire arrêter les troupes une fois la crête de la Belle-Alliance atteinte, mais Wellington lui répliqua avec impatience : « Oh, au diable ! Si vous jouez un penny, autant vaut que vous jouiez une sterling, cela a toujours été ma maxime, et si les troupes avancent, elles iront le plus loin qu'elles pourront. » En réalité, les hommes, dans leur majeure partie, étaient si hagards qu'ils se limitèrent à avancer de quelques centaines de mètres, s'assurant que l'ennemi devant eux était en fuite, avant de s'arrêter bivouaquer pour la nuit. L'avancée ne fut conduite à fond que par la brigade Adam, la brigade hollandaise Detmers et un des bataillons de la Landwehr hanovrienne du colonel Hew Halkett, qui, de sa position à proximité de la Haye-Sainte, se porta en avant pour couvrir le flanc droit, sinon à découvert, de la ligne d'Adam.

Dans cette poursuite de l'ennemi qui retraitait, Wellington employa également la cavalerie qu'il avait encore à disposition ; à savoir ce qui lui restait des brigades Dornberg, Vandeleur, Trip et De Ghigny, et surtout la brigade des hussards au commandement de Vivian, la seule qui n'ait pas encore échangé un coup de sabre de toute la journée. Bien que ce général ait cédé, dans les années qui suivirent, à la tentation de magnifier un peu trop son rôle, à tel point que l'on ironisait volontiers, dans les cercles de l'armée, sur la manière dont sir Hussey Vivian avait gagné la bataille de Waterloo, il est indubitable que l'intervention de ce millier de troupes fraîches contribua de manière décisive à accélérer la dissolution de l'armée française. Vivian était obsédé par le souvenir de Marengo, où la chance de Napoléon avait transformé une bataille perdue en un triomphe, et il était bien décidé à éviter que l'histoire ne se répète. Aussi se prépara-t-il à faire entrer sa brigade en lice avec l'intention délibérée de causer à l'ennemi le plus de dommages possible et insista-t-il auprès de Wellington pour que ce dernier lui donne l'ordre de charger sans perdre de temps.

Lord Uxbridge, lorsque le duc consentit, décida qu'il allait conduire personnellement la charge, mais, à ce moment précis, un éclat d'obus lui fracassa le genou droit. « Par Dieu, j'ai perdu la jambe ! » s'exclama le duc ; ce à quoi Wellington répliqua froidement : « C'est un fait, par Dieu ! » L'anecdote pourrait être apocryphe, mais il est hors de doute que le code d'honneur de ces gentilshommes exaltait plus que tout le sang-froid et la bonne tenue face au danger. Le témoignage de Duperier, du 18e Hussards, en apporte une confirmation. Celui-ci ne se trouvait pas bien loin et vit soudain lord Uxbridge serrer la main de Vivian et s'acheminer au pas vers l'arrière. À ce spectacle, Duperier soupçonna qu'il avait été blessé, « mais il se comporta si bien que personne ne s'en aperçut ». Peu après, dans une maison de Waterloo, les chirurgiens amputaient lord Uxbridge d'une jambe, qu'il fit ensevelir avec tous les honneurs dans son jardin.

Prenant congé des commandants de la cavalerie, Wellington se dirigea au galop vers les hommes d'Adam pour les encourager à continuer la poursuite. Tout comme ses soldats, il était envahi par l'excitation de la victoire, mais du *staff* brillant et nombreux qui l'accompagnait au début de la journée il ne restait presque plus personne autour de lui. À son arrivée au milieu de la brigade d'Adam, le major Blair fut surpris de le voir accompagné d'un unique officier et plus encore, adressant la parole à celui-ci, de s'entendre répondre en français : « Monsieur, je ne parle pas un seul mot d'anglais. » (Pendant de longues années, Blair resta persuadé que cet homme était un officier français au service de Louis XVIII et ne cessa de s'étonner qu'en pareille heure le seul compagnon de Wellington ait été un Français ; il s'agissait, en réalité, du comte de Sales, envoyé du roi de Sardaigne.)

Pendant ce temps, sir Hussey Vivian descendit la pente au trot avec ses escadrons et les conduisit contre les masses de cavaliers français qui couvraient le repli de l'infanterie. Dans des conditions normales, les hussards auraient eu quelques difficultés à affronter des cuirassiers et des lanciers, mais, à ce point de la journée, la cavalerie de Napoléon était si fourbue et démoralisée que, dans l'ensemble, elle ne résista pas au choc. Seuls des groupes isolés de Français décidèrent de se battre plutôt que de s'éclipser. Vivian lui-même trouva la route barrée devant lui par un cuirassier dépourvu de la moindre intention de se rendre. Le général, qui avait le bras droit en écharpe à la suite d'une blessure reçue l'année précédente, parvint tant bien que mal à se défendre en empoignant son sabre de la main gauche, jusqu'à ce que son ordonnance, un Allemand, l'ait rejoint et qu'elle ait renversé « ce type de cheval ». Le major Poten, du 1er Hussards KGL, eut la chance de rencontrer un adversaire plus sportif : bien qu'ayant perdu le bras droit en Espagne, le major trottait avec son escadron, accompagné de deux sous-officiers chargés de l'escorter, mais dans la confusion il se retrouva seul ; un cuirassier fondit sur lui, sabre levé. Poten lui montra sa manche vide. L'homme alors retint son geste, transforma le coup de sabre déjà en train de s'abattre en un salut et, piquant des deux, s'éloigna.

Pressée par les hussards de Vivian et par les autres brigades de cavalerie anglaises et hollandaises qui s'étaient ébranlées juste après, ce qui restait de la cavalerie de Napoléon ne tarda pas à évacuer le terrain : les poursuivants, à un certain point, se retrouvèrent en train de faire avancer leurs montures au milieu de cuirasses jetées sur le sol par ceux qui les avaient revêtues afin de pouvoir s'échapper plus vite. Pour le reste, la cavalerie française se retira dans l'ensemble de manière assez ordonnée et « en hurlant les plus épouvantables menaces », comme l'observa, non sans amusement, le colonel Hew Halkett. Le capitaine Barton, du 12e Dragons Légers, arriva avec son régiment pratiquement au contact des grenadiers à cheval de la Garde qui se retiraient en formation serrée. « Ils s'aperçurent à peine de notre présence ; comme ils passaient à côté de nous, ils tirèrent quelques coups de pistolet ou de carabine, c'est tout. Nous étions un peu avancés par rapport au reste de la brigade et trop faibles pour les importuner, si bien qu'ils quittèrent le champ de bataille littéralement au pas, d'une allure majestueuse. » Barton, quelque peu embarrassé, se laissa convaincre dans la suite par les bavardages d'un officier français que les grenadiers à cheval n'avaient pas été engagés dans la bataille, et qu'il avait donc été judicieux de ne pas en venir aux mains avec eux. Quoi qu'il en soit, il est instructif de comparer ce compte rendu avec celui du capitaine Mercer, d'où l'on pourrait conclure que les grenadiers avaient été pratiquement anéantis en chargeant sa batterie.

64. Les carrés de la Vieille Garde

Au milieu du flot croissant des fuyards, que le repli de la cavalerie risquait d'exposer sans défense à la poursuite des vainqueurs, la seule résistance efficace fut celle des quatre carrés de la Garde – dont trois de la Vieille Garde et un de la Moyenne Garde – qui avaient constitué la seconde ligne d'attaque. Ils étaient un peu plus de deux mille et ne pouvaient en aucun cas espérer tenir tête à la marée humaine qui se déversait vers eux. Mais, en se retirant pas à pas, sans perdre leur cohésion, tandis que s'allongeait continûment le sillage de leurs morts et de leurs blessés, ils couvrirent la retraite de l'armée française le long de la route de Charleroi, lui permettant entre autres de sauver toutes ses enseignes ; car, aussi incroyable que cela puisse paraître, pas une aigle ne fut perdue au cours de cette retraite. (Les officiers prussiens qui, au même moment, s'emparaient finalement de Plancenoit s'étonnèrent d'entendre les Français, dont le repli était pourtant, là aussi, si hâtif qu'il ressemblait à une déroute, crier non point « Sauve qui peut ! » mais « Sauvons nos aigles ».) En ce soir de juin, les carrés de la Vieille Garde écrivirent la dernière page de l'épopée napoléonienne, entrant tout droit dans la légende.

La cavalerie anglaise, qui tenta à plusieurs reprises de les enfoncer, s'aperçut à ses dépens que leur capacité défensive était encore intacte. Le major Howard, du 10e Hussards, reçut l'ordre de charger un carré et demanda l'avis d'un collègue ; celui-ci lui répondit que mieux valait attendre l'arrivée de l'infanterie, car le carré paraissait trop solide. Le major, perplexe, observa qu'il lui semblait épineux de désobéir à partir du moment où il avait reçu l'ordre de charger, et se porta en avant avec son escadron, mais une autre de ses connaissances, qui le salua d'un signe de la tête, nota qu'« il avait le visage de quelqu'un dont l'heure est venue ». Comme prévu, le carré tint bon, les hussards se dispersèrent avant d'arriver à son contact, le major Howard qui galopait devant tous ses hommes fut touché par une balle en pleine face et tomba de son cheval juste devant les baïonnettes ennemies. Sur ce, un Français sortit des rangs et lui fendit la tête de la crosse de son fusil.

Dans d'autres cas, l'attaque contre les carrés de la Garde avorta avant même de commencer. Un bras en écharpe, son casque déformé par des coups de sabre, le colonel Muter, des Inniskillings, commandait ce qui subsistait de l'Union Brigade quand un jeune officier d'état-major, l'honorable George Dawson, frère du malheureux lord Portarlington, arriva à grand train pour lui transmettre l'ordre de s'unir à la charge. « Je n'oublierai jamais leurs regards quand je lui communiquai cet ordre », avoua plus tard Dawson. Ceux qui avaient survécu des dragons, et dont beaucoup étaient blessés ou contusionnés, se hissèrent péniblement en selle et se mirent à avancer au pas, jusqu'au moment où ils se trouvèrent sous le feu français ; une des premières balles frappa Dawson au genou et le jeta à bas de sa monture. « Je pense que maintenant vous en avez assez, monsieur », grommela le colonel Muter, dans son dialecte écossais, et la charge s'arrêta là.

Les relations des officiers anglais laissent, en général, l'impression que les poursuivants apprirent presque d'entrée de jeu à laisser en paix ces carrés de la Garde qui se retiraient relativement en bon ordre, préférant talonner les unités à bout de forces de l'infanterie de ligne : elles aussi cherchaient à former des carrés face à la cavalerie, mais elles avaient vite tendance à aller à la débandade, à jeter leurs armes et à se rendre. Duperier, dont les souvenirs sont pour le moins aussi pétulants que son orthographe, chargea avec son escadron « un régiment de Franssais : on n'entendait que “Vive le roy”, mais c'était trop tard, et puis nos hommes ne comprenaient pas le franssais ; ainsi nous sommes-nous ouvert la voie à coups de sabre, jusqu'au moment où nous sommes tombés sur les réserves, qui nous ont salués avec une rafale à la distance de deux sabres ». À ce point, les hussards firent tourner bride à leurs chevaux et recommencèrent à poursuivre les fuyards qui offraient bien plus de « divertissement » (le mot est de Duperier) et moins de résistance que les carrés de la Garde.

Partout où arrivait la cavalerie, des unités entières jetaient leurs armes, leurs hommes se serraient les uns contre les autres pour ne pas se faire piétiner ou se jetaient à terre pour échapper aux coups de sabre et restaient là à attendre que quelqu'un les fasse prisonniers. Murray, qui commandait le 18e Hussards, décrivit avec stupeur ces multitudes s'abattant sur le sol, « les prisonniers qui hurlaient "Vive le roi"... Quand nous chargions, non seulement l'infanterie se jetait à terre, mais les cavaliers sautaient au bas de leur cheval, beaucoup à genoux, en criant "Pardon" ». Arrivés à ce point, les fuyards étaient à peu près sans défense et il ne dépendait que de leurs poursuivants de les faire prisonniers ou de les massacrer. Murray se retrouva, à un certain moment, en train de galoper au beau milieu d'une foule de Français. Quand l'un d'eux fit le geste de le frapper de sa baïonnette, raconte-t-il, « mon ordonnance fut obligée d'en sabrer cinq ou six l'un après l'autre, pour garantir la sécurité de son maître » (« ce n'est point là une histoire qui convaincrait une cour », note, sardonique, John Keegan). Lorsque le général Durutte, que ses hommes, fuyant la Papelotte, avaient laissé isolé, fut rejoint par les chevau-légers de Vandeleur, un coup de sabre lui réduisit la main droite en bouillie et un autre lui fendit le visage, le laissant défiguré et aveugle d'un œil (nous verrons toutefois d'ici peu que le général échappa à la capture, arriva vivant à Paris, après avoir été amputé en chemin de la main droite, et vécut encore douze autres années).

Les quatre carrés de la Garde parvinrent à tenir bon jusqu'à la tombée du soir, puis allèrent se dissoudre dans la foule des fuyards qui encombrait la route en direction de la France. Eux aussi laissèrent, toutefois, un certain nombre de prisonniers aux mains des poursuivants. Un officier hanovrien, le lieutenant Richers, a légué un tableau précis de l'attaque de son bataillon de milice, qui, commandé par Hew Halkett, talonna les carrés, accélérant leur retraite et parfois leur désagrégation. « Le bataillon avançait en silence, tendu en raison du grand nombre de boulets de canon, tant nôtres qu'ennemis, qui volaient au-dessus de nos têtes. Après avoir descendu la pente et remonté la crête de l'autre côté, nous nous trouvâmes face à un bataillon de la Vieille Garde. Nos tirailleurs se déployèrent contre ceux de l'ennemi et engagèrent un échange de tirs. Nous avancions, mais l'ennemi tint ferme, là où il était. Le centre de notre ligne de tirailleurs s'écarta involontairement pour laisser le passage à la colonne, car il était clair qu'allait commencer une charge à la baïonnette. Dès que le bataillon, en avançant, eut atteint la ligne des tirailleurs, il accéléra le pas ; les tirailleurs ennemis se dispersèrent, et la colonne française tira sur nous une salve. » Le feu français était toujours redoutable, y compris dans la formation désavantageuse que constituait le carré, et était d'autant plus éprouvé comme tel qu'il touchait une unité de milice : « Je crois que nous avons tous hésité et que nous nous sommes arrêtés où nous étions. »

Le colonel Halkett, qui eut le temps d'avoir trois chevaux tués sous lui au cours de ce bref combat, sauva la situation en poussant ses hommes en avant par un « hourrah ». En les voyant marcher sur eux, baïonnettes au canon, les Français perdirent courage. « Ils attendirent encore un moment, puis ils oscillèrent, tournèrent les talons et se retirèrent pour un peu encore en assez bon ordre. Puis leur formation commença à se désagréger et, pour finir, ils s'enfuirent dans un total désordre », poursuit le lieutenant Richers. « Il était clair que nous étions plus frais et ceux de la Vieille Garde déjà exténués, car dans notre poursuite nous nous rapprochions de plus en plus d'eux, en capturant bon nombre qui n'arrivaient plus à courir. On continuait à tirer, mais toujours en courant. Les officiers ennemis essayaient de remettre leurs hommes en ligne, en agitant leurs épées et en criant : “En avant !” mais c’était totalement inutile, car lorsqu’un officier parvenait à rassembler un peu d’hommes autour de lui, notre poursuite les obligeait à reprendre la fuite. »

Le plus célèbre de tous les prisonniers faits en cette occasion fut le général Cambronne, commandant du 2/1er Chasseurs ; celui-là même qui, un peu plus de trois mois auparavant, avait débarqué à Antibes à la tête du millier de grenadiers ayant accompagné l’empereur dans sa fuite de l’île d’Elbe. Cambronne, c’est l’homme qui s’exclama, selon le compte rendu paru quelques jours plus tard dans la presse parisienne, « La Garde meurt, mais ne se rend pas » ; c’est l’homme qui, bien plus probablement, lança, au moment où ses soldats commençaient à se débander, un « Merde ! ». Celui qui reçut cette gracieuse réponse à son injonction à peine intimée de se rendre fut le colonel Hew Halkett, lequel précisément s’aperçut, à un certain moment, que le général était resté en dehors du carré, avec deux de ses subalternes, à aller et venir en encourageant ses hommes. Les tirailleurs hanovriens s’en rendirent très vite compte eux aussi et se mirent à tirer sur les trois officiers, tant et si bien que le cheval de Cambronne, atteint par un projectile, chuta en entraînant son cavalier à terre. « Je donnai ordre à mes tirailleurs d’avancer, se souvient Halkett, et je galopai en direction du général. Alors que je m’apprêtais à le sabrer, il cria qu’il se rendait, et je l’accompagnai vers l’arrière, quand mon cheval fut touché et s’effondra. En quelques instants, je réussis à le faire se relever, et je découvris que mon ami Cambronne avait filé à l’anglaise [1] dans la direction d’où il était venu. Je le rattrapai aussitôt, l’attrapai par les

1. L’expression anglaise dit « *to take a french leave* » [N.d.T.].

cordons de ses épaulettes et le remis à un sergent pour qu'il le porte au duc. » Le colonel ne savait pas encore qui était le prisonnier. Il le lui demanda, au milieu d'une multitude d'officiers allemands qui s'étaient approchés pleins de curiosité. Le prisonnier était blessé et avait le visage couvert de sang. Du revers de la main, il essuya le sang qu'il avait sur la bouche et dit : « Je suis le général Cambronne. »

65. La rencontre de la Belle-Alliance

Tandis que l'avancée anglaise repoussait l'ennemi en arrière, les Prussiens parvenaient finalement à avoir raison de la résistance obstinée des Français, tant à la Papelotte, où les hommes de Durutte, désormais réduits à quelques centaines de fusils, avaient cédé d'un coup à la pression de Ziethen, lorsqu'ils avaient entendu la fusillade se rapprocher sur leur flanc et presque à leur revers, qu'à Plancenoit, où les troupes fraîches portées en ligne par Pirch réussissaient, pour finir, à écraser la résistance de la Garde impériale. L'attaque fut surtout menée par le 25e d'infanterie, qui avait été formé à partir du Freikorps du célèbre commandant et partisan von Lützow et qui en revêtait encore l'uniforme noir. L'église de Plancenoit était la proie du feu, comme presque toutes les maisons du village, et des flammes sortaient par les ouvertures, mais de furieuses rafales tirées depuis le mur du cimetière empêchaient les Prussiens d'avancer au-delà de la place, où déjà s'entassaient les morts. La seule façon de déloger les défenseurs était de les déborder. Le major von Witzleben conduisit, à travers bois, le bataillon de fusiliers du 25e au sud du village et fit irruption dans les maisons au dos des Français. Les hommes de la Garde défendirent obstinément chaque maison, chaque haie, chaque muret, mais les tirailleurs prussiens, désormais en nombre infiniment supérieur, gagnaient partout du terrain. Se rendant compte qu'ils risquaient d'être pris en tenaille, les Français renoncèrent à défendre le village et entamèrent une retraite de plus en plus hâtive vers Le Caillou, en abandonnant canons et wagons de munitions. Jusqu'à la route, les bataillons maintinrent un certain ordre, formant à plusieurs reprises des carrés pour repousser la cavalerie prussienne ; mais, arrivés sur le pavé, tout semblant d'ordre s'évanouit : ce fut le sauve-qui-peut général.

À la Belle-Alliance, le maréchal Soult rencontra le général Radet, commandant de la police militaire, et lui ordonna de rassembler tous les cavaliers privés de montures et de les armer de fusils. Radet se mit au travail avec ses aides de camp et une poignée de gendarmes, récupéra des armes sur le champ de bataille et en munit tous les cuirassiers sans cheval qu'il parvint à réunir, ainsi que des fantassins débandés. Quand les Prussiens débouchèrent de Plancenoit, précédés d'une chaîne de tirailleurs, Radet leur opposa sa troupe de fortune et tint bon pendant quelque temps, au son d'un tambour qui battait la charge. Dans cet intervalle, il s'employa à faire mettre au sûr les voitures de l'empereur et du maréchal Soult, dont les conducteurs avaient déjà entrepris de détacher les chevaux et de s'éclipser. Puis, dans la lueur de plus en plus incertaine du crépuscule, chacun pensa à se tirer d'affaire comme il pouvait, d'autant que l'auberge depuis laquelle Napoléon avait dirigé la bataille pendant une grande partie de la journée était le point de ralliement vers lequel convergeaient non seulement l'infanterie de Pirch et de Bülow qui remontait de Plancenoit, mais aussi celle de Ziethen qui venait de la Papelotte et celle d'Adam et de Hew Halkett en provenance d'Hougoumont.

Il faisait désormais presque nuit et la seule formation encore en mesure de combattre de toute l'armée de Napoléon était le 1er Grenadiers de la Vieille Garde, commandé par le général Petit : ce qu'il y avait de meilleur parmi les meilleurs, un millier d'hommes en tout, dont près de la moitié décorés de la Légion d'honneur. Ses deux bataillons n'avaient pas participé à l'offensive, tenus en réserve qu'ils avaient été près de la Belle-Alliance, et ils se repliaient à présent en carré, sans désordre aucun, en s'arrêtant régulièrement au bout de quelques pas pour rectifier leur alignement et tirer. Leur feu tint à distance les poursuivants non moins que la foule des fuyards qui cherchaient à entrer dans leurs carrés pour y trouver protection et qui en auraient probablement provoqué la désagrégation. Nous tirions sur tous ceux qui se présentaient, admit le général Petit, amis et ennemis, de peur de laisser entrer les uns avec les autres. Napoléon, qui, peu auparavant, avait cherché refuge dans un de ces carrés, galopait déjà vers Le Caillou, d'où il partit aussitôt pour la France, escorté par le 1/1er Chasseurs de la Vieille Garde qui était resté tout le jour durant à surveiller les équipages et le trésor impérial.

Juste après avoir traversé la route, à proximité de la Belle-Alliance, le major Blair, officier en second dans la brigade Adam, rencontra les premiers Prussiens. Des Français, dans la zone, il n'y en avait pas, et les officiers anglais étaient occupés à écrire le numéro de leurs régiments à la craie sur les canons ennemis abandonnés pour pouvoir ensuite les revendiquer comme prise de guerre. (Hew Halkett, qui soutenait avoir pris une douzaine de canons de la Garde impériale, laissés sur place pour continuer sa poursuite, fut fort irrité de les retrouver, le jour suivant, marqués aux numéros du 52e et du 71e régiment.) Le 18e Hussards, toujours conduit par sir Hussey Vivian en personne, rencontra lui aussi les Prussiens non loin de la route et dans son enthousiasme en sabra un bon nombre, les prenant pour des Français. Le crépuscule touchait à sa fin et dans l'obscurité menaçante Anglais et Prussiens tirèrent les uns sur les autres pratiquement chaque fois qu'ils se rencontrèrent, provoquant d'innombrables incidents du genre « *friendly fire* ». Wellington lui-même s'aperçut qu'une batterie prussienne était en train de tirer contre les hommes d'Adam et dut s'adresser au comte de Sales, afin qu'il se rende au galop auprès des artilleurs pour les avertir. Arrivé au milieu des canons, le comte trouva par chance quelqu'un qui parlait français et réussit à faire cesser le bombardement.

Les officiers concernés par ces incidents prirent parfois la chose avec philosophie, comme le lieutenant Ingilby, de l'artillerie à cheval, dont la batterie fut prise pour cible par l'artillerie prussienne tandis qu'il attachait ses chevaux pour participer à la poursuite, ce qui valut de sa part ce commentaire tranquille : « Puisque les Prussiens n'avaient probablement jamais vu de troupes anglaises jusque-là, il n'y avait rien d'extraordinaire à ce qu'ils les prennent pour des ennemis dans la confusion qui se présenta à leurs yeux quand ils apparurent sur le lieu. » Mais d'autres réagirent de manière moins sportive. Quand une batterie prussienne prit position à quelques petites centaines de mètres et se mit à lui tirer dessus, le capitaine Mercer ordonna sans y repenser à trois fois de répondre. Assez vite, un officier allemand arriva au galop et expliqua, consterné, au capitaine qu'il était en train de tirer contre « sses pons alliés, les Prussiens ». Mercer répliqua que quiconque lui tirait dessus était un ennemi, et continua, imperturbable, à répondre au feu. L'officier allemand s'éclipsa, après avoir failli être tué par une balle, et le bombardement continua de fracasser véhicules, hommes et chevaux des deux camps jusqu'à l'arrivée d'une batterie belge prenant à son tour position à petite distance. Mercer parvint à convaincre ces Belges (« ils étaient saouls comme des cochons ») de tirer sur les Prussiens plutôt que contre lui, en sorte qu'au bout de peu ses alliés cessèrent le feu et évacuèrent le terrain.

Après neuf heures du soir, non loin de la Belle-Alliance, se produisit la fameuse rencontre entre Wellington et Blücher que l'iconographie postérieure représenta toujours comme ayant eu lieu juste devant l'auberge, eu égard à son nom si prophétique. Les deux hommes étaient à cheval. Le Prussien ne s'en pencha pas moins vers l'Anglais et parvint à lui donner l'accolade et à l'embrasser, au grand effarement de Wellington, peu accoutumé à l'expansivité continentale. « *Mein lieber Kamarad ! Quelle affaire* », balbutia le vieillard. (« C'était tout le français qu'il savait », commenta plus tard le duc avec malignité.) Les deux généraux décidèrent d'un commun accord que les Prussiens continueraient seuls la poursuite. On explique ordinairement cette décision par l'épuisement des troupes de Wellington, mais celles de Blücher n'étaient certainement pas moins fatiguées. Cette mesure reflète plus probablement la conduite routinière des troupes anglaises et la lenteur de mouvement qui les distinguaient, même si elles étaient commandées par le meilleur de leurs généraux. Il est également vraisemblable qu'elle ait été jugée opportune compte tenu du très grand nombre d'incidents qui se vérifiaient à la convergence des deux armées.

L'infanterie à bout de forces de Wellington se prépara à bivouaquer sur le terrain qu'elle avait défendu tout le jour. Mais, avant de s'éteindre, le feu du combat continua longtemps à brûler de manière irrégulière le long du front, si bien que personne ne pouvait se considérer comme vraiment en sécurité. Quelques officiers de la brigade Halkett étaient réunis autour de leur commandant provisoire, le colonel Elphinstone, et commentaient la journée. Le plus gai de tous était le major Chambers, car son ancienneté lui avait valu de commander le 30e régiment, et il déclara qu'il s'attendait à être immédiatement promu lieutenant colonel. Tandis que tous les autres acquiesçaient et le félicitaient, un tir résonna à faible distance et des balles sifflèrent non loin d'eux. Le capitaine Pattison dit qu'il allait aller voir ce qui se passait, salua ses amis et s'avança de quelques pas, tant et si bien qu'il avisa quelques Français isolés qui s'obstinaient à tirer contre eux. Une balle lui siffla aux oreilles. Instinctivement, Pattison se retourna et vit le major Chambers qui, touché à la poitrine, chancelait et s'effondrait mort sur le sol.

De même vers l'arrière, où de maigres détachements de cavalerie ou de milice gardaient des groupes fournis de prisonniers français, la tension de la bataille était bien loin de s'être relâchée. Les chevau-légers anglais ou allemands ne pouvaient certes se permettre d'user de bonnes manières pour faire mettre les prisonniers en colonne et les pousser de force sur la route en direction de Bruxelles ; mais plus d'un profita de l'occasion pour maltraiter les Français et se moquer de leur défaite. Il en est, il est vrai, qui se souviennent d'avoir surtout éprouvé de la pitié pour ces hommes aux vêtements en lambeaux, couverts de boue, recrus de fatigue, trempés et pour beaucoup défigurés par des blessures affreuses. Mais, parfois, les prisonniers, y compris les blessés, étaient si hostiles et si peu disposés à collaborer qu'il fallut les contraindre à se mettre en marche sous la menace des armes, et un officier anglais observa qu'il aurait été peu prudent de s'approcher d'eux sans avoir chargé son pistolet ou, pour le moins, dégainer son épée. (Le jour suivant, à l'hôpital de Bruxelles, le capitaine Bridges, des Royal Engineers, vit de ses propres yeux et entendit de ses propres oreilles les blessés français qui criaient « Vive l'empereur », tandis que les chirurgiens leur sciaient bras et jambes.)

66. La poursuite prussienne

Au Caillou, le valet de l'empereur, Marchand, avait écouté s'approcher la fusillade avec une inquiétude croissante. Il fit, de sa propre initiative, emballer le lit de camp de son maître et le fit charger sur une mule. Puis il ferma à clef et chargea dans sa voiture le grand nécessaire impérial, qui contenait entre autres cent mille francs en or et trois cents mille francs en billets de banque. Quand le filet continu des blessés et des fuyards qui, depuis des heures, remontait la route vers la frontière se transforma en une marée, Marchand, sans en demander l'autorisation à personne, donna ordre de quitter les lieux avec l'important cortège de voitures qui formait l'équipage impérial. Mais la route était encombrée de chariots et l'on y progressait au pas. Napoléon lui-même, qui suivait la route à cheval escorté par le 1/1er Chasseurs, ne tarda pas à rejoindre ce convoi de voitures et, excédé de fatigue, monta dans sa berline de campagne, donnant ordre de poursuivre vers la France. Quelques minutes plus tard, les Prussiens atteignirent Le Caillou, où ils mirent le feu à la ferme et aux granges adjacentes, brûlant vifs tous les blessés français que l'on avait abrités dans ces édifices.

La poursuite de l'ennemi vaincu fut conduite par les Prussiens avec une férocité paroxystique, fruit de la tension accumulée au cours des combats sans quartier à travers les rues de Plancenoit, mais aussi de la fanatique propagande anti-française dont avaient été abreuvées les troupes de Blücher. Le lieutenant Jackson, du *staff* de Wellington, se trouva au milieu des Prussiens entre la Belle-Alliance et Rossomme, et craignit sérieusement de leur servir de cible, tant ils étaient excités. Partout, autour de lui, les blessés français étaient achevés à la baïonnette. À un certain moment, le lieutenant tomba sur un groupe de fantassins prussiens se demandant entre eux s'ils devaient tuer ou non un cheval-léger qui était blessé. S'approchant, il vit que c'était un dragon léger anglais et se mit tant et si bien à crier « *Er ist ein Engländer !* » qu'ils s'éloignèrent. Arrivé à ce point, Jackson en avait assez de ces fidèles alliés. « Je me libérai des Prussiens dès que possible, et fus bien content de me retrouver encore entier au milieu du 52e. »

Le docteur Larrey, chirurgien en chef de la Garde impériale et inventeur de l'ambulance, essayait de s'échapper au milieu des volées de cavalerie prussienne et avait déjà été atteint par deux coups de sabre quand un uhlan l'abattit de sa lance. L'uhlan, descendu de cheval pour le voler, s'aperçut qu'il n'était pas mort. Après lui avoir pris tout ce qui pouvait valoir quelque chose, il lui lia les mains derrière le dos et le conduisit sanguinolent à son général. Selon Larrey, le cheval-léger, trompé par sa corpulence et la redingote grise qu'il portait, était convaincu d'avoir capturé Napoléon. Le général ennemi s'aperçut immédiatement que ce n'était pas le cas et ordonna froidement de fusiller le prisonnier. Larrey était déjà devant le peloton d'exécution quand un chirurgien prussien qui avait travaillé en sa compagnie à Berlin le reconnut et parvint à lui sauver la vie.

L'efficacité de la poursuite prussienne, qui accrut énormément le butin des vainqueurs et contribua de manière décisive à briser le moral de l'armée napoléonienne, est d'autant plus notable que les Prussiens, étant non moins fatigués que les Anglais, avaient très peu de troupes encore en mesure de marcher. Gneisenau se mit personnellement à la tête de l'avant-garde et toute la nuit poussa en avant ses hommes exténués. « Il fit battre le tambour sans discontinuer pour signaler son arrivée et répandre partout la terreur parmi les ennemis, les chasser de leurs bivouacs par la peur et les maintenir dans un état de déroute », rapporte Clausewitz. Jusqu'à l'aube, les Français continuèrent, talonnés par le tambour prussien, à fuir, abandonnant canons et bagages chaque fois que la route se faisait difficile. C'est au cours de cette poursuite et non de la bataille à proprement parler que l'armée de Napoléon fut privée de presque tous ses canons et que sa défaite tourna ainsi à la catastrophe. « Ce fut la plus belle nuit de ma vie », écrivit plus tard Gneisenau.

Le principal butin fut recueilli là où la route traversait des centres habités, avec leurs inévitables engorgements. À Genappe, où un unique pont enjambait la Dyle, nombre d'artilleurs détachèrent les chevaux et s'éclipsèrent, laissant leurs canons aux poursuivants. Tandis que les maisons commençaient à brûler et que les fusiliers prussiens démolissaient une barricade hâtivement dressée à l'entrée du village au moyen de chariots et de canons, Napoléon lui-même dut quitter sa voiture et remonter à cheval. Peu après, le major von Keller, du 15e régiment d'infanterie, s'emparait de l'épée de l'empereur, de ses médailles et d'une bourse de diamants, sans oublier son chapeau tombé par terre dans la panique. (Il ne fallut guère de temps pour que la splendide voiture bleu et or, aux roues couleur vermeil et aux vitres à l'épreuve des projectiles, soit achetée par un entrepreneur anglais et exposée au public, à Londres, où, en échange de quelques schillings, tous les curieux pouvaient éprouver l'émotion de s'y asseoir.)

Un peu plus loin, les uhlans tombèrent sur les dernières voitures du cortège impérial, abandonnées par Marchand et restées au milieu de la route, avec leur attelage de six ou huit chevaux chacune. En dehors de ces bêtes, il n'y avait âme qui vive en vue. Dans ces voitures-là aussi étaient cachées des bourses remplies de pierres précieuses, que Napoléon, avec un réflexe d'aventurier plus que d'empereur, emportait toujours avec lui comme réserve immédiatement convertible en liquide pour les cas d'urgence. Engagés à pousser plus avant par leurs officiers, les uhlans se remplirent précipitamment les poches de ce qu'ils trouvaient et passèrent leur chemin. Les fusiliers du 15e, arrivant à leur suite, s'emparèrent du gros du butin. Le lendemain, écrit un de leurs officiers, il y avait des fusiliers qui vendaient pour quelques francs des diamants gros comme des petits pois. (La rumeur que les voitures de Napoléon étaient pleines de pierres précieuses se répandit à la vitesse de l'éclair : le matin suivant, un officier anglais, passant à proximité des épaves, rencontra bon nombre de soldats prussiens en train de creuser et de tamiser le sol, dans l'espoir qu'il en soit tombé quelques-unes.)

C'est à Genappe que la retraite de l'armée française se transforma définitivement en déroute. Le colonel Brô, commandant d'un des régiments de lanciers qui avaient tiré une si terrible vengeance de la cavalerie anglaise, était resté blessé au bras droit dans la mêlée, et était si affaibli par le sang perdu qu'il devait se faire soutenir par son domestique. Entendant dire que tous les blessés devaient se replier sur Charleroi, Brô paya le conducteur d'une calèche qui faisait partie du convoi de bagages et se fit ramener en arrière, mais ne parvint pas à aller plus loin que Genappe : la route était, de fait, bloquée par les chariots de l'artillerie. Il était encore là quand les fuyards commencèrent à se déverser sur la route, annonçant que la bataille était perdue et que l'armée se retirait. Deux cavaliers, empressés de passer, lui crièrent que Napoléon avait été tué dans un carré de la Garde. Il fallut un peu de temps à Brô pour se remettre de cette effroyable nouvelle et songer à sauver sa peau. Autour de lui, les fuyards, fous de peur, s'entre-tuaient pour s'ouvrir plus vite la voie. Le général Radet, qui cherchait à maintenir l'ordre, fut tiré au bas de son cheval et si bien roué à coups de crosse qu'il en fut presque laissé pour mort.

Le major Trefcon, endolori par ses contusions et son pouce luxé, s'était traîné vers l'arrière à la recherche d'une ambulance. Bien vite, il se retrouva à son tour sur la route de Genappe au milieu d'une foule croissante de fuyards. Il rencontra là un vieux chef d'escadron des cuirassiers, qu'il avait connu en d'autres temps en Espagne. Lui aussi était blessé et cherchait les ambulances. L'homme s'approcha de Trefcon et lui dit : "Mon pauvre colonel, nous sommes bien malheureux. La bataille est perdue." Trefcon était furieux, et lui répondit des grossièretés. Le chef d'escadron ne dit plus rien. Il dodelina tristement de la tête, l'air hébété. Très vite, Trefcon dut admettre que son vieux camarade avait raison : les fuyards étaient si nombreux et si désespérés que la bataille ne pouvait qu'être perdue. Ballotté au milieu de la foule et affaibli par ses contusions, le major décida de quitter la route et de chercher son salut à travers la campagne. Là, il réussit, par un coup de chance, à arrêter un cheval abandonné, l'enfourcha et piqua des deux vers la frontière.

Le chef de bataillon Jolyet, blessé au ventre près d'Hougoumont, était étendu sur la paille dans une maison de Genappe, après s'être réconforté avec un peu de pain et un verre de bière, et il allait songeant que peut-être l'armée s'arrêterait là et livrerait bataille le lendemain, quand il entendit les trompettes de la cavalerie prussienne qui galopaient dans les rues du village. « Pauvre France ! Pauvre armée ! », pensèrent-ils, lui et ceux qui l'entouraient. Ils éteignirent cependant la bougie et fermèrent la porte à clef, espérant encore se tirer d'affaire. Au matin, un officier prussien vint frapper à la porte et leur intima d'ouvrir. Après quoi il confisqua les montres, l'argent et même les épaulettes des officiers, avec l'air de dire qu'ils avaient de la chance qu'on leur laissât la vie. Jolyet, qui avait caché une partie de son argent dans ses bas, fut fouillé par un nombre coquet de soldats, et l'un d'eux s'apprêtait précisément à lui ôter ses bottes, mais il fut chassé par ses propres camarades. « On me prit mes bretelles, ma cravate, ma ceinture, ma chemise, mais on eut la magnanimité de me laisser ma capote et ma culotte », se souvient Jolyet.

À la sortie de Genappe, le général von Gneisenau réunit ses fusiliers autour de lui et leur ordonna de chanter l'hymne « *Herr Gott, Dich loben wir* » (« Seigneur Dieu, nous te louons »). Puis, dans l'obscurité, désormais profonde, leur donna ordre de reprendre la poursuite. Marchand, qui les précédait de peu, était déjà presque arrivé aux Quatre-Bras avec les voitures qui lui restaient lorsqu'il s'aperçut qu'un canon embourbé au milieu de la route l'empêchait de poursuivre. Au même moment, les Prussiens rejoignaient ses dernières voitures et commençaient à les saccager. Marchand ouvrit le nécessaire, glissa les billets de banque sous ses vêtements et s'esquiva, abandonnant le reste. Toutes les voitures tombèrent aux mains des Prussiens, et des milliers de louis d'or disparurent dans les poches des soldats avant que leurs officiers parviennent à ramener un peu d'ordre et à placer des sentinelles. Les véhicules du quartier général et les voitures personnelles des généraux furent aussi capturés sur ce tronçon de route. Mais Gneisenau continua à pousser en avant ses hommes saoulés de fatigue et appesantis d'or. « À la fin, rapporte Clausewitz, la troupe que le général Gneisenau poussait inlassablement en avant n'était guère plus forte qu'un bataillon de fusiliers, avec son tambour que le général avait fait mettre en selle sur un des chevaux d'attelage de Bonaparte. »

Napoléon, quant à lui, continuait de fuir à cheval, accompagné de quelques aides de camp, au milieu de la foule de ses soldats en déroute. Le général Durutte le rencontra à Gosselies, bien au-delà des Quatre-Bras, sur la route de Charleroi. Si épouvantables qu'aient été ses blessures, Durutte avait été aidé par un cheval-léger qui lui avait serré un mouchoir autour de son bras blessé pour arrêter l'hémorragie, puis il avait rencontré un officier de son état-major et un de ses domestiques, qui l'avait accompagné dans sa fuite à travers champs. Quand il se sentait sur le point de défaillir, le général appelait son domestique, qui le soutenait en le tenant par le col et le ranimait avec une gorgée d'eau-de-vie. À Gosselies, Durutte reconnut l'empereur et voulut aller se présenter, pour lui expliquer que, dans la condition où il était, il avait peur de ne pouvoir poursuivre le combat. Mais Napoléon, « fâché d'être reconnu ou absorbé dans ses réflexions », ne daigna même pas lui répondre. Seul un de ses aides s'exclama : « Oh, général, comme vous êtes terriblement accommodé ! »

Dans les dernières heures de la nuit, la foule des fuyards atteignit Charleroi, où un unique pont permettait de traverser la Sambre et de rentrer en France. Le peu qui restait des équipages fut définitivement abandonné dans les ruelles étroites qui descendaient vers ce pont. Partout étaient éparpillés des sacs de farine et de riz, des tonneaux de vin et d'eau-de-vie, des centaines de miches de pain que les fuyards, marquant un temps d'arrêt, enfilaient sur leurs baïonnettes avant de se remettre en chemin. L'officier payeur de l'Armée du Nord, Peyrusse, arriva à l'entrée du pont avec un wagon tiré par six chevaux qui contenait le trésor personnel de l'empereur, un million de francs en or, pour s'apercevoir qu'aucune voiture ne pouvait poursuivre. Peyrusse distribua alors les sacs d'or aux hommes de l'escorte, prenant note de tous les noms et leur faisant prêter serment de se retrouver de l'autre côté de la rivière. Au même moment, des tirs se firent entendre à petite distance et quelqu'un cria : « Les Prussiens ! Sauvez-vous ! » Dans la panique, les hommes de Peyrusse se dispersèrent et tout l'or fut saccagé : l'officier payeur, le lendemain, n'en retrouva pas même un franc. Alors que les premiers uhlans prussiens entraient dans Charleroi, dans une des voitures bloquées sur la route, le ministre des Affaires étrangères de Napoléon, Maret, duc de Bassano, donna ordre de déchirer tous les documents officiels qu'il avait avec lui et de les disperser dans la boue.

Reste ce qui contraste partiellement avec ses images de désagrégation. La plus grande partie des unités combattantes parvinrent, malgré tout, à gagner des lieux sûrs en maintenant un minimum de cohésion. Pas une aigle ne tomba aux mains des Prussiens au cours de toute cette poursuite, signe que, d'un certain point de vue, l'armée de Napoléon ne s'était pas désagrégée. Enfin, les Français, pendant leur retraite, emmenèrent avec eux un grand nombre de prisonniers anglais, qui ne furent libérés que bien des jours, voire des semaines plus tard. Cette nuit-là, au cours de cette marche fébrile vers la France, le lieutenant Wheatley fut contraint de traverser le champ de bataille des Quatre-Bras. Il n'y avait partout que cadavres dénudés et privés de sépulture, en telle quantité qu'il était impossible de ne pas les piétiner. Le prisonnier, qui était pieds nus, puisqu'on lui avait volé ses bottes, avoua par la suite avec quelque embarras que marcher sur la chair morte et réduite en gélatine était une sensation agréable comparée à la torture du pavé.

67. La nuit sur le champ de bataille

Sur le champ de bataille, officiers et soldats de l'armée victorieuse essayaient de se cuisiner quelque chose avant de sombrer dans le sommeil. Quelques chanceux avaient encore assez d'alcool pour fêter le danger auquel ils avaient échappé. Quand les survivants du 73e furent rassemblés pour l'appel, le soldat Morris se retrouva face à son vieil ami, le sergent Burton. Celui-ci lui donna une claque dans le dos et lui dit : « Sors le grog, Tom ; je ne te l'avais pas dit qu'ils ne l'ont pas encore fabriqué, le projectile pour toi et pour moi ? » Le capitaine Walcott, de l'artillerie à cheval, qui avait ordre de faire le tour des batteries pour établir la liste des morts et des blessés, passa une bonne partie de la nuit à errer sur le champ de bataille, monté sur un cheval efflanqué qu'il s'était fait donner par un soldat (« car mon cheval de bataille avait été fait prisonnier »). Quand il se présenta au rapport, à deux heures et demie, il était mort de fatigue, mais surtout imbibé du brandy dont les commandants de batterie et les officiers prussiens l'avaient abondamment restauré.

Il était hors de discussion de distribuer une quelconque ration et chacun devait s'arranger comme il pouvait. Le sergent Lawrence fut chargé de chercher du fourrage pour le cheval du général Lambert, et finit par trouver un sac que les Français avaient abandonné. Il découvrit avec délice qu'outre du fourrage le sac contenait un jambon et deux poulettes. Sir Lambert lui permit de les garder, en lui conseillant de se tenir à distance des Prussiens, « qui étaient des gens à la main leste et les lui auraient certainement volés s'ils les avaient vus ». Lawrence était précisément en train de cuire son jambon lorsque toute une foule de ces mêmes Prussiens passa non loin et que deux d'entre eux s'approchèrent pour allumer leurs pipes à son feu. Les deux hommes remarquèrent le jambon et observèrent fortuitement qu'il avait l'air bon. Le sergent tira aussitôt son épée, et coupa une tranche à chacun, après quoi il eut la satisfaction de les voir prendre congé sans autres prétentions. Une fois le ventre plein, Lawrence essaya de dormir, mais il était trop agité et souffrant pour y parvenir. Un éclat d'obus lui avait écorché la joue, et le fusil mal manié d'un compagnon, qui était en ligne derrière lui pendant la bataille, lui avait brûlé le visage.

Beaucoup d'autres n'avaient même pas la force de se mettre à manger, ne parlons pas de cuisiner, tel cet officier de la division Picton qui tomba endormi au moment même où l'on sonnait l'ordre de rompre les rangs. Quand il se réveilla, en pleine nuit, ses hommes étaient en train de cuisiner des côtelettes en utilisant comme poêle la cuirasse d'un cavalier mort. Il s'aperçut alors qu'il avait faim et prit part à leur dîner. Les cuirasses, observa-t-il, allaient très bien pour cuisiner, mais il fallait qu'elles n'aient pas été percées par des balles, sinon « le jus s'en allait par les trous ». Plus sagement peut-être, les artilleurs de la batterie de Mercer préférèrent utiliser les cuirasses en manière de sièges. Ils avaient trouvé dans un fossé un morceau de viande plein de terre, jeté là on ne sait quand, l'avaient nettoyé à l'aide de leurs sabres et frit dans leur poêle de campagne sur un feu alimenté avec des hampes de lances et des crosses de fusil. Puis ils réunirent autour du feu un bon nombre de cuirasses et s'y assirent pour manger tous ensemble.

Dans des circonstances similaires, personne n'avait envie de faire le délicat. Le 51e s'arrêta bivouaquer pour la nuit dans le verger d'Hougoumont. « L'endroit était plein de Français morts ou blessés », se souvient le sergent Wheeler. « J'allai dans l'édifice, quel spectacle ! Dans la cour, les Guards gisaient en tas, beaucoup ayant été blessés à l'intérieur ou à proximité de l'édifice étaient rôtis, certains qui avaient tenté de se traîner loin du feu étaient étendus morts, les jambes brûlées et réduites en cendre. » Au milieu de cette horreur, un lieutenant du régiment trouva une miche de pain noir dans la musette d'un Français mort ; un officier des Guards gisait à côté, également mort. La matière cérébrale sortie de sa tête avait imbibé la musette et, avec elle, la miche. Le lieutenant la nettoya soigneusement et la dévora. « Je n'avais pas touché à de la nourriture depuis la veille à l'aube, et je crevais de faim. »

L'enseigne Keowan, du 14e, ne parvenait pas à trouver son domestique, qui s'en était allé à la chasse au butin. Resté seul, Keowan dut se débrouiller. Avec un autre officier, il réussit à mettre la main sur de la viande cuite, appartenant à un animal inconnu, et l'engloutit avec un peu d'eau coupée de sang : « Voilà le vin que nous bûmes à notre festin de cannibales. » Puis ils se préparèrent une couche de paille, « afin que les pillards ne nous prennent pas pour des morts » et s'y jetèrent pour dormir. Même un jeune officier comme Keowan savait le champ de bataille rempli, à cette heure, de soldats qui fouillaient les poches des morts, non moins que des blessés qu'ils n'hésitaient pas à achever dans l'obscurité de la nuit pour éviter qu'ils ne se lamentent. Keowan, qui s'était couvert d'une capote ensanglantée prise sur le cadavre d'un dragon français, eut du mal à dormir « à cause des cris des moribonds et de l'agitation de mon esprit », dit-il, et lorsqu'il se fut assoupi, ne fit que revoir les moments les plus agités du combat.

Les officiers d'état-major pouvaient s'accorder quelque chose de mieux, tel le lieutenant Jackson, qui alla dîner à l'auberge de Waterloo. La salle était pleine d'officiers étrangers affamés, qui commentaient avec vivacité les faits de la journée. Par chance, un collègue avait réservé une table et les deux hommes au bout d'un court laps de temps furent assis devant un ragoût fumant. « Je n'ai rien mangé depuis le matin de bonne heure et, avant de m'asseoir, je croyais avoir faim. En fait, je ne parvins pas à faire descendre ne fût-ce qu'une bouchée. » Son collègue était dans la même situation, mais un officier de l'état-major hollandais demanda l'autorisation de s'asseoir à leur table et n'eut besoin de personne pour tout faire disparaître, sans cesser un instant de raconter ses propres entreprises. Malade de sommeil, Jackson s'enquit d'une chambre. L'hôte lui offrit celle qu'avait retenue sir William de Lancey qui, à la même heure, était à l'hôpital. Jackson y monta, mais il était à peine entré qu'il entendit un gémissement. Levant sa bougie, il vit un officier français étendu sur le lit, en uniforme, bottes aux pieds, la tête fendue par un coup de sabre, avec du sang partout.

L'homme raconta qu'il avait été fait prisonnier au début de la bataille et demanda comment elle avait fini. Apprenant la nouvelle de la défaite, il grinça des dents et dit : « Plutôt la mort ! » Puis, à y repenser : « Oh, eh bien ! Nous avons eu nos moments de gloire, il ne sert de rien de lutter contre le destin. » Jackson le laissa seul et s'en alla dormir sur le pavement de la salle commune, enveloppé dans son manteau. Mais il eut la plus grande peine à s'endormir, car la salle était encore pleine d'officiers étrangers qui mangeaient, buvaient et discutaient bruyamment. Pour finir, le lieutenant s'assoupit et eut un cauchemar épouvantable, où l'armée anglaise et lui fuyaient à toutes jambes, poursuivis par la Garde impériale, et où l'officier français blessé le menaçait de son sabre, l'accusant de lui avoir menti.

Bien des soldats avaient plus urgent à faire que de dormir. La recherche de butin ne justifiait pas les absences sans permission, mais après une journée comme celle-là les officiers étaient disposés à fermer un œil. Le lieutenant Hay, du 12e Dragons Légers, était étonné mais sans plus de ne pas voir revenir deux chevau-légers qu'il avait envoyés faire un tour d'inspection : « C'étaient deux Irlandais, des soldats impeccables, mais pour le reste des bandits prêts à tout, qui ignoraient des mots tels que peur et danger. » Les deux hommes réapparurent plus tard, amenant avec eux trois prisonniers français :

ils les avaient surpris alors qu'ils saccageaient une ferme et les avaient capturés, après en avoir tué un quatrième à coups de sabre. Hay, indulgent, ne voulut rien savoir d'autre. Certains des pillards se faisaient des scrupules, comme ce groupe de dragons légers du 11e descendus de cheval à la recherche de butin, et dont les éperons, tandis qu'ils erraient au milieu des cadavres, se prenaient continuellement dans les vêtements des morts, au risque parfois de trébucher et de tomber sur les corps broyés. Leur caporal, Farmer, admit que l'expérience était épouvantable, mais qu'il n'y avait rien à faire. « Il serait ridicule de cacher que, lorsque la besogne sanglante de la journée est finie, le premier désir du survivant est de s'assurer, sous forme de butin, un peu de récompense pour les dangers courus. »

Les pillards se souciaient rarement de secourir les blessés ; il y avait même plutôt le risque concret qu'ils ne les achèvent pour pouvoir les voler eux aussi. Un officier anglais se réveilla dans le noir pour découvrir qu'il ne pouvait bouger et qu'un Français était étendu mort sur lui, une épouvantable blessure due à un coup de sabre au visage. Cependant que le blessé retenait son souffle afin de ne pas se faire entendre, un soldat prussien fouillait un autre officier anglais qui gisait à proximité et, comme celui-ci lui résistait, il le poignarda à mort. Le chacal allait s'approcher du premier blessé quand un soldat et un sergent anglais apparurent sur les lieux. L'officier les appela et les deux hommes le libérèrent du cadavre, l'aidèrent à se relever et lui donnèrent une gorgée de brandy. Comme ils étaient sur le point de partir, l'officier avoua qu'il avait peur d'être tué par le Prussien, qui s'était caché derrière un cheval mort. Tout aussitôt, le sergent fit sortir le Prussien de sa cachette et l'abattit ; puis le soldat remit un fusil chargé à l'officier pour qu'il puisse se défendre. Ils s'excusaient beaucoup, mais ils pouvaient rester avec lui : ils avaient quitté leur régiment pour piller et ne pouvaient risquer de se faire découvrir. « Nous avons combattu assez dur pour nous mériter un peu de ces biens qui n'appartiennent à personne, avant que n'arrivent ici à l'aube ces rustauds de Flamands. »

Le cauchemar des pillards obséda aussi sir Frederick Ponsonby, qui était toujours immobilisé là où il était resté tout l'après-midi, vivant par miracle après que deux escadrons de cavalerie prussienne furent passés au trot par-dessus son corps. Quand il reprit ses esprits, c'était la pleine nuit et un dragon anglais, moribond, s'était traîné jusqu'à lui et s'agrippait à ses jambes. Il l'écrasait de son poids et le serrait en râlant quand il fut saisi de convulsions, et l'air sifflait sans répit, avec un bruit atroce, par la blessure béante qu'il avait au côté. La nuit était limpide, et tout autour erraient des soldats prussiens occupés à voler qui avaient succombé. Plus d'un s'approcha pour jeter également un coup d'œil à sir Frederick, mais, par chance, ils le laissèrent en paix. Finalement, un soldat anglais dispersé passa par là et s'arrêta lui tenir compagnie, le libérant du poids du moribond et maintenant les pillards à distance avec une épée ramassée sur le sol, jusqu'à ce que le colonel, au matin, puisse être porté sur un chariot et conduit auprès des chirurgiens.

Même les officiers qui trouvaient le pillage immoral hésitaient à se rendre impopulaires en cherchant à l'interdire. Tout ce qu'ils pouvaient faire, c'était renoncer à acheter. Un officier de la division Picton écrivit que, cette nuit-là, « le butin était en vente en grande quantité, surtout des montres en or et en argent, des anneaux, et ainsi de suite. Des montres, j'aurais pu en acheter une douzaine pour un dollar pièce, mais je ne crois pas qu'un officier en ait acheté. Probablement, tous pensaient, comme moi, que dans quelques jours nos poches seraient vidées comme l'avaient été celles des Français ». Beaucoup pensaient que la bataille à peine livrée serait la première d'une longue campagne. « Vers quatre heures du matin, nous nous sommes levés et avons commencé à discuter. Nous avons parlé de la bataille, la tête de plus en plus pleine de ce qu'ils auraient dit de nous à la maison. Il n'y avait aucune exaltation ! Aucune ! Beaucoup d'entre nous, en Espagne, avaient pris la mesure du soldat français – nous étions sûrs que la campagne ne faisait que commencer, et nous nous attendions à une autre bataille désespérée sous un jour ou deux, c'est pourquoi nous décidâmes de ne pas vendre la peau de l'ours avant de l'avoir tué. »

De fait, la majeure partie des combattants n'avaient pas été en mesure, de son point de vue restreint, d'apprécier l'ampleur de l'affrontement ; cette nuit-là, presque personne n'avait une idée claire de ce qui s'était passé. Kincaid, en rencontrant une de ses connaissances, lui demanda ce qui lui était arrivé pendant la bataille. « Qu'on me pende si je le sais, lui répondit l'autre. Je suis resté allongé dans la boue toute la journée, et tout coquin doté d'un cheval m'est passé dessus au galop. » C'était tout ce qu'il avait à raconter. Macready, qui était un très jeune homme dépourvu d'expérience, en était à se demander, comme Fabrice del Dongo, si ce qu'il avait vu pouvait réellement être tenu pour une bataille ou si cela serait classé par les historiens comme un affrontement mineur. Le lieutenant Ingilby, après avoir parcouru tout le terrain à cheval, rapporta qu'il avait découvert tant de morts et de blessés et tant de canons abandonnés par les Français que la bataille qu'ils avaient gagnée devait vraiment être une grande bataille ; mais les autres officiers lui firent comprendre que mieux valait ne pas exagérer. Sir Hussey Vivian, qui, après quelques heures de sommeil, alla se présenter à Wellington vers quatre heures du matin, référa lui aussi qu'il y avait partout des canons français abandonnés, ce dont le duc lui-même resta surpris. « Il me dit qu'aucun des rapports qu'il avait reçus ne correspondait à ce que je lui avais décrit, et je suis certain qu'à cette heure-là il n'était pas conscient de l'ampleur de sa victoire. »

68. « Une masse de corps morts »

Aux premières lueurs de l'aube, le champ de bataille de Waterloo offrait un spectacle épouvantable auquel on ne pouvait échapper en s'enroulant tout bonnement dans sa couverture et en fermant les yeux, car l'air était traversé de bruits bien plus atroces encore. Les tirs des soldats qui achevaient à coups de pistolet les chevaux à l'agonie et les martèlements des forgerons qui récupéraient les fers des animaux morts se superposaient aux cris lancés dans toutes les langues par les blessés qui mouraient de déshydratation, implorant un peu d'eau, le corps déjà livide et gonflé comme un cadavre. Mais, pour horrible qu'ait été le spectacle, les premiers amateurs, venus tout exprès de Bruxelles, sans bien imaginer peut-être ce qu'ils allaient trouver, étaient déjà là. Le capitaine Mercer vit descendre d'une voiture un monsieur élégamment vêtu et coiffé d'un chapeau qui pressait son nez contre un mouchoir blanc parfumé. « Il se déplaçait précautionneusement en essayant de ne pas piétiner les corps (auxquels il jetait *en passant* des coups d'œil effrayés), pour éviter de tacher les scintillants bas de soie qui couvraient ses extrémités inférieures. Tout ce qu'il portait était propre et à la mode, comme s'il sortait tout juste du magasin ; et il n'arrêtait pas d'appliquer son mouchoir sur son nez. »

Beaucoup d'officiers s'étaient eux aussi transformés en touristes, désireux d'imprimer dans leurs mémoires un spectacle hors de l'ordinaire. Le capitaine Pattison passa sa matinée à arpenter le champ de bataille, plein de compassion pour les hommes et surtout les chevaux qui gisaient partout blessés ou morts. Le cadavre d'un artilleur français attira son attention. « On l'avait assis, le dos appuyé à la roue d'un avant-train démoli, et il avait une expression si vive qu'il fallait l'examiner de près pour s'apercevoir que l'étincelle vitale l'avait quitté. Son shako était tombé de sa tête et gisait à côté de lui, ce qui laissait voir tout son visage. Ses yeux bleus semblaient me fixer et continuaient à avoir, dans la mort même, une expression vivante. Son bras droit était levé, en un geste qui semblait marquer une grande agitation, et, pendant un instant, je l'imaginai encore en vie, en train de s'exclamer avec enthousiasme "Vive l'empereur !". »

Tous les officiers qui parcouraient le champ de bataille n'étaient pas là poussés par la curiosité. Beaucoup de régiments avaient envoyé des patrouilles recueillir leurs blessés et enterrer les morts. Le major Harry Smith, au commandement d'une de ces équipes, avait déjà vu bien des batailles, mais aucune aussi dévastatrice. « À Waterloo, le terrain tout entier, de droite à gauche, était une masse de corps morts. En un endroit, sur la droite de la Haye-Sainte, les cuirassiers français étaient littéralement entassés l'un sur l'autre. » Le major se souvint que la bataille avait été menée un dimanche et se récita en silence le psaume 91 : « Qu'il en tombe mille à tes côtés et dix mille à ta droite, toi, tu resteras hors d'atteinte. »

Non loin de la grand-route, les officiers du 95e Fusiliers firent creuser une fosse commune et y ensevelir les morts de leur régiment, facilement reconnaissables à leurs uniformes verts. Tout autour résonnaient les tirs isolés des patrouilles prussiennes, qui achevaient les hommes trop gravement blessés pour être transportés, y compris quand c'étaient les leurs.

L'une et l'autre armée évacuèrent la zone bien avant d'avoir fini d'enterrer les morts. Cette horrible tâche, qui demanda dix à douze jours, fut laissée aux paysans du lieu. Les cadavres étaient rassemblés et transportés sur des charrettes jusqu'aux fosses communes, de grands trous carrés et profonds d'une paire de mètres. Les corps y étaient déchargés pêle-mêle, trente ou quarante par fosse, complètement nus, car pour les paysans les plus pauvres une malheureuse paire de souliers défoncés ou une simple tunique réduite en lambeaux restaient des objets de valeur. Un témoin raconte avoir vu creuser l'une de ces fosses : « Les paysans dépouillaient les cadavres avant de les jeter à l'intérieur et des Juifs de Russie participaient à la spoliation des morts en leur arrachant leurs dents en or, une opération qu'ils accomplissaient avec une indifférence brutale. Les coups de marteau de ces misérables résonnaient aux oreilles de manière atroce, mêlés aux coups de pistolet des Belges en train de tuer les chevaux blessés. » Les charognes des bêtes furent regroupées et brûlées. Un des témoins affirme avoir vu faire la même chose avec les cadavres des Français ; au reste, une gravure publiée à Londres en 1817 montre des paysans en train d'entasser du bois sous un tas de cadavres dénudés, dans la cour d'Hougoumont.

Le matin du 19, le capitaine Mercer était allé lui aussi dans cette cour et ce qu'il raconte laisse peu de doutes sur le genre de traitement réservé aux dépouilles, surtout à celles des vaincus. Des paysans du coin et des soldats allemands s'affairaient au milieu des cadavres gonflés et noircis de ceux qui avaient péri brûlés dans l'incendie, sans s'occuper aucunement du « nombre de pauvres diables encore en vie qui étaient assis là et essayaient de bander leurs blessures ». Mercer parlait avec un dragon allemand, « quand deux paysans, après avoir vidé les poches d'un Français mort, soulevèrent le cadavre par les épaules et le jetèrent de toutes leurs forces à terre, en proférant les injures les plus grossières et en lui rouant la tête et le visage de coups de pied ». « Ce spectacle révoltant, poursuit-il, était sans nul doute destiné à nous faire plaisir, mais il eut l'effet contraire, comme ils le découvrirent très vite. J'avais à peine laissé échapper, pour ma part, une expression de dégoût, que le sabre du dragon brilla au-dessus de la tête de ces deux gredins et s'abattit si vigoureusement sur leurs échines et leurs épaules qu'ils se mirent à hurler et s'enfuirent. »

Quant aux blessés, c'étaient vraiment de pauvres diables. Beaucoup, pendant la nuit, avaient été piétinés par les chevaux, devenus fous, qui déambulaient sur le champ de bataille en ruant contre tout ce qu'ils rencontraient, ou écrasés par les trains d'artillerie. Le capitaine Ingilby était sûr que l'artillerie française pouvait seule être assez inhumaine pour passer sur le corps des blessés, mais son compte rendu laisse comprendre que le danger était présent partout. « Il était presque impossible de ne pas passer avec les canons sur les cadavres des deux armées dont le terrain était rempli ; nous avons eu peine, quand on m'envoya prendre, pendant la nuit, certains wagons de munitions, à ne pas broyer, sur la route à proximité de la Haye-Sainte, un grand nombre des blessés qui s'étaient traînés jusque-là dans l'espoir de trouver de l'aide. Il y en avait, toujours vivants, qui devaient avoir été écrasés par l'artillerie française durant sa retraite. » D'autres étaient morts sous le choc, du fait de la perte de sang, ou sous le couteau des pillards. Du reste, ceux qui n'étaient pas en mesure de bouger ne furent pas à l'abri des voleurs, une fois le jour venu : le capitaine Tomkinson éloigna, à coups donnés du plat du sabre, un paysan surpris en train d'ôter ses bottes à un soldat anglais encore en vie.

Même lorsqu'ils n'étaient pas abandonnés sur le champ de bataille, le sort des blessés n'était guère enviable. Le soldat Hechel, blessé au ventre dans la lutte pour Smohain, fut porté par ses compagnons jusqu'à un poste de secours ; mais le chirurgien, après un très léger coup d'œil, refusa de s'en occuper : « Jetez-le là, il n'en a plus pour deux heures. » Hechel, avant que ses compagnons le quittent, leur offrit sa montre ; « elle m'avait coûté trente francs. Si j'y avais pensé, je leur aurais aussi donné les cinq thalers que j'avais cousus dans la doublure de ma veste deux ans plus tôt, quand j'avais dû quitter ma chère patrie, et auxquels je n'avais jamais touché depuis ce temps-là ». La pièce dans laquelle gisait Hechel avec beaucoup d'autres blessés était attenante à une grange et pleine de brocs de lait. Les blessés souffraient de la soif, mais le paysan ne voulut pas gaspiller son lait pour eux. À la fin, il apporta une grande casserole d'eau et la laissa au milieu de la pièce. Hechel but à s'en sentir mal, tant et si bien que de l'eau se mit à sortir par sa plaie. Il allait rester là pendant trois jours, sans nourriture ni soins, au milieu des autres blessés qui mouraient, tout autour de lui, l'un après l'autre. Les rares survivants, pour finir, priaient Dieu de mettre un terme à leurs souffrances (« Car vos pensées ne sont pas mes pensées »). Le troisième jour, les rescapés furent chargés sur un chariot et emportés à l'hôpital, à Bruxelles, au prix des épouvantables souffrances que causaient les cahots du véhicule sur le pavé.

L'hôpital en question, où avaient déjà été transférés les blessés des Quatre-Bras, ressemblait à un cercle de l'enfer. Le fusilier Costello y rencontra un jeune Allemand, qui n'avait pas encore vingt ans, recruté comme conducteur d'artillerie. Un boulet de canon lui avait fait perdre les deux jambes, un cuirassier lui avait fracassé un bras d'un coup d'épée et une balle perdue l'avait blessé à l'autre bras. À l'hôpital, les chirurgiens avaient été obligés de lui amputer également les bras, l'un au-dessus du coude, l'autre au-dessous : « Il gisait là, tronc privé de branches, et, alors que d'autres mouraient pour des blessures bien moins graves, il vivait encore au moment où je suis parti. » Entrer à l'hôpital n'augmentait pas beaucoup les chances de s'en tirer. D'innombrables blessés mouraient de péritonite, de gangrène ou à cause d'une perte de sang qu'aggravaient les saignées constituant, avec les amputations, l'essentiel des soins prodigués par les chirurgiens. Les statistiques montrent que les décès de blessés se succédèrent pendant des mois, puisqu'ils se poursuivirent tout au long de l'année 1816 et que le nombre final de morts fut supérieur d'au moins cinquante pour cent au chiffre établi au lendemain de la bataille.

69. Lettres aux proches

Les pertes de l'armée victorieuse étaient si épouvantables que nombre d'officiers, dans les premières heures de calme, ne parvenaient pas à penser à autre chose.

« D'ordinaire, quand on rencontre une connaissance après une bataille, on lui demande qui a été touché, observa Kincaid. Cette fois, on demandait : "Qui est encore vivant ?" » Peu avant minuit, sir Augustus Frazer écrivit à sa femme une de ces longues lettres auxquelles il l'avait habituée. « Comment ferai-je pour vous décrire les scènes à travers lesquelles je suis passé ce matin ? Je suis si fatigué que j'ai du mal à tenir ma plume. Nous avons obtenu une glorieuse victoire, contre Napoléon lui-même. Il n'y a jamais eu de bataille aussi sanglante, jamais de feu aussi intense... J'en suis plutôt bien réchappé, le cheval de Maxwell, que je montais au début, a pris une balle dans l'encolure, et, plus tard, je suis tombé, quand la mitraille a blessé ma jument en plusieurs endroits ; une balle m'a écorché le bras droit, juste au-dessus du coude, mais je n'ai pas mal et peux fort bien écrire. Au cours d'une pause dans la lutte, j'ai enseveli mon ami Ramsay et lui ai retiré le portrait de sa femme, qu'il portait toujours sur son cœur. J'ai à peine eu le temps de lui couper une boucle de cheveux, que j'inclus, et de déposer son corps encore chaud dans la fosse que déjà nous devions arrêter de sangloter et nous remettre à la besogne [...]. Les blessés sont si nombreux que je n'ose en énumérer les noms. Notre Bolton est mort, et aussi le jeune Spearman. Quelle étrange lettre que celle-ci, et quelle étrange journée que celle dont elle est le fruit ! C'est aujourd'hui dimanche ! »

Écrire à la maison fut la première pensée de bien d'autres officiers. Pour assurer qu'ils étaient toujours en vie et raconter ce qu'ils avaient fait. Le 19 au matin, le capitaine Taylor, du 10e Hussards, mena paître les chevaux de son régiment dans un champ de trèfle, puis entra dans la ferme proche : elle était « pleine d'officiers qui écrivaient en Angleterre ». Pour rassurantes qu'elles se voudraient, on retrouve, dans beaucoup de ces lettres, ce ton angoissé sur lequel Frazer écrivit à sa femme, où domine l'horreur des pertes subies. Wray, du 40e, n'arriva pas à relater son expérience ; sa lettre n'était qu'une liste endeuillée : « Le pauvre major Heyland, qui commandait, a été touché au cœur et le pauvre Ford à l'épine dorsale, mais il n'est pas mort sur le moment et on l'a éloigné des combats. Le pauvre Clarke a perdu le bras gauche et j'ai peur que Browne ne perde la jambe, il a été touché en haut de la cuisse et l'os est terriblement fracturé. Il y a huit autres de nos officiers blessés, mais ils vont tous bien, à l'exception de Thornhill, qui a été blessé à la tête. Anthony s'est pris sa huitième blessure et va bien. » Kelly, du Life Guards, écrivit à sa femme, à son « cher, très cher amour », pour l'informer qu'il était vivant, quoique blessé, mais la tonalité de la missive n'a rien de triomphal : « Tous mes beaux soldats taillés en pièces... ».

D'autres lettres, certes, sont d'une tout autre coloration. Avant d'aller enfin dormir, le vieux Blücher écrivit lui aussi à sa femme : « Avec mon ami Wellington, nous avons mis fin au ballet de Napoléon. Son armée est en complète déroute et la totalité de son artillerie, caissons, bagages et équipages, est entre mes mains. On vient tout juste de m'apporter les insignes des divers ordres honorifiques dont il était décoré, trouvées dans une boîte dans sa voiture. J'ai eu deux chevaux tués sous moi. On en aura bientôt totalement fini avec Bonaparte. » À deux heures du matin, le prince d'Orange écrivit en français à ses parents, le roi et la reine des Pays-Bas : « Victoire ! Victoire ! Mes très chers parents, nous avons vécu aujourd'hui un magnifique affrontement avec Napoléon. Mon corps d'armée est celui qui s'est battu le plus et auquel est due la victoire. Mais ce qui décida pleinement de la bataille, ce fut l'attaque menée par les Prussiens contre la droite ennemie. Je suis blessé, par balle, à l'épaule gauche, mais ce n'est que léger. À la vie et à la mort, tout à vous, Guillaume. »

Il semble, paradoxalement, que ce furent les plus jeunes et les plus frivoles, moins enclins à méditer sur les pertes tragiques, qui, parmi les officiers anglais, saisirent les premiers la portée de l'événement. Sir William Gomm, lieutenant-colonel des Coldstream Guards à l'âge de trente ans et chef d'état-major de la division Picton, écrivit à sa sœur pour la rassurer : il avait deux contusions, sans importance aucune, et deux chevaux blessés, ce qui en revanche en avait beaucoup. Il arrivait encore difficilement à parler, tant il était enroué d'avoir crié « hourrah » toute la journée. « Je suis resté quatre jours sans me laver le visage ni les mains, mais j'attends d'un moment à l'autre mon eau de lavande. » Sous cette pose de dandy transparaît, toutefois, la certitude d'avoir assisté à une journée historique, uniquement comparable aux grandes victoires de Marlborough contre les armées de Louis XIV : « Nous n'avons jamais rien fait de semblable depuis Blenheim. »

Le lieutenant Howard, du 33e, était de même conscient de l'importance de la bataille, bien que les risques courus aient contribué à refroidir son enthousiasme. « Grâce à Dieu, je suis sain et sauf, écrivit-il à son frère. Il s'en est cependant fallu de peu, un projectile a troué mon chapeau et doit être passé à un millimètre de ma tête. Je compte rapporter ce chapeau en Angleterre. J'ai peine à croire que je suis vivant et en mesure de t'écrire, après ce que j'ai vu. Nous pouvons quasiment dire que l'Angleterre a vaincu la France en un seul jour. » Même s'il se plaît à cultiver l'art de l'atténuation ou *understatement* des gentilshommes, ne laissant pas percer ses véritables sentiments en l'occasion, il est clair qu'à la différence d'autres le lieutenant ne nourrissait aucun doute sur la portée de l'affrontement auquel il avait participé. « J'avais souvent manifesté le désir d'assister à une grande bataille. À présent, je l'ai vue et me tiens pour complètement satisfait. »

70. « J'espère ne plus voir une autre bataille »

Il faisait noir quand Wellington regagna le village de Waterloo pour manger quelque chose et essayer de dormir un peu dans cette même auberge où il avait, la veille, passé la nuit. Ils étaient si fatigués et nerveux, son cheval et lui, que se produisit un incident qui aurait pu être fatal : lorsque le duc, descendu de selle, lui donna une tape sur la croupe, Copenhague rua si bien qu'il faillit frapper en plein son maître. Comme en d'autres occasions, l'excitation brusquement dissipée du combat avait laissé Wellington dans un état d'épuisement tel qu'il frôlait la dépression, d'autant que s'ajoutaient, cette fois, les pertes épouvantables qu'il savait avoir subies, jusque dans le cercle de ses plus proches collaborateurs. (« Quand je suis au fort de la bataille, avoua-t-il un mois plus tard à lady Shelley, je suis trop occupé pour éprouver une quelconque sensation ; mais, juste après, c'est terrible. Impossible de penser à la gloire. L'esprit est vidé, les sentiments laminés. » Avant de se mettre à table, il alla voir sir Alexander Gordon, l'ami le plus intime peut-être qui l'ait accompagné en Belgique, à qui l'on venait d'amputer une jambe quelques heures plus tôt. Il lui annonça la victoire et l'assura qu'il s'en sortirait. L'autre resta muet. Comme aucun lit n'était libre dans l'auberge, le duc ordonna d'emporter sir Alexander dans sa chambre pour qu'il puisse reposer sur le sien, et descendit dîner.

La table était exactement dressée comme la veille au soir, avec un couvert pour chacun de ses aides. Mais il n'y avait qu'un homme en état de s'asseoir avec lui autour de cette table, l'envoyé du roi d'Espagne, le général don Miguel de Alava, qui partageait depuis des années la vie de son *staff* et y était parfaitement intégré. Le duc mangea peu, sans mot dire et sans cesser de tout le repas de se tourner vers la porte, chaque fois qu'entrait quelqu'un, dans l'espoir de pouvoir ajouter un nom à la liste des rescapés. De tout ce même repas, il ne leva qu'une fois son verre avec Alava, en mémoire de la guerre d'Espagne, ce qui contrastait d'autant plus fortement avec l'habitude anglaise de conclure un repas à grand renfort de toasts enthousiastes que l'heure paraissait au triomphe. Avant d'aller dormir, le duc, ouvrant les bras, prononça une phrase destinée à être reprise à l'infini, y compris par lui-même : « La main de Dieu Tout-Puissant a été sur moi aujourd'hui. » Puis il s'enveloppa dans son manteau et se jeta sur un lit de sangle préparé en hâte à son intention.

Il avait peut-être dormi deux heures quand il fut tiré de son sommeil. Le quartier-maître général, autrement dit l'officier responsable du ravitaillement et du logement des troupes, avait besoin d'ordres. Et, puisqu'il était réveillé, son médecin personnel, le docteur Hume, l'informa que sir Alexander Gordon était mort, puis lui lut la liste des pertes qu'il avait réussi à dresser, et s'aperçut soudain, chose incroyable, que le duc pleurait. Wellington essuya ses larmes d'un geste brusque de la main et Hume, à ce moment, remarqua son visage souillé de poussière et de sueur mêlées. Il n'avait pas encore eu le temps de se laver. Puis le duc prononça une autre de ses phrases vouées à devenir célèbres : « Eh bien, grâce à Dieu, je ne sais pas ce que c'est que de perdre une bataille, mais il n'est assurément rien de plus douloureux que d'en gagner une en perdant tant d'amis. »

Il y avait trop à faire pour songer à retourner dormir. Wellington se lava et se rasa, puis s'assit pour écrire la dépêche officielle où il annonçait sa victoire au gouvernement anglais. Cette dépêche occupa quatre colonnes dans le *Times* du 22 juin, et demanda assurément plusieurs heures de travail au duc, par ailleurs continuellement interrompu dans sa tâche. C'est une relation précise et dépassionnée, bien dans le style du duc, que certains trouvèrent admirable par son *understatement* et d'autres insupportablement froide. Comme requis dans un pareil document, Wellington veilla à mentionner les officiers qui s'étaient distingués au combat, mais en des éloges mal dosés. En politique qu'il était, il eut soin de traiter avec égard les généraux influents et bien introduits à la cour, mais oublia, par exemple, de mentionner sir John Colborne, en sorte que le texte suscita des ressentiments durables à sa publication. (Le duc lui-même, à qui l'on demanda, bien des années plus tard, s'il était quelque chose qu'il regrettait dans sa vie et aurait pu mieux faire, répondit : « Oui. J'aurais dû louer davantage. »)

À l'aube, le duc remonta à cheval, emportant avec lui sa dépêche prête à l'envoi, et partit pour Bruxelles afin de pouvoir communiquer mieux et plus rapidement avec l'Angleterre. La politique, dans des moments comme celui-là, devenait plus importante que la guerre. Après avoir cacheté cette relation officielle, qui fut aussitôt envoyée à Londres avec les deux aigles capturées au cours de la bataille, Wellington consacra cependant une bonne partie de sa journée à des lettres privées, où transparaît clairement le choc émotif si bien dissimulé dans la dépêche destinée au gouvernement. Une des premières, datée de huit heures et demie du matin, s'adresse à lady Frances Webster. « Mes pertes sont immenses. Lord Uxbridge, lord Fitzroy Somerset, le général Cooke, sir Barnes et le colonel Berkeley sont blessés, et le colonel de Lancey, Canning, Gordon, le général Picton morts. Le doigt de la Providence était sur moi et moi seul en suis sorti indemne. » La mort de ses amis ôte tout triomphalisme à ce sentiment d'une protection providentielle, bien plutôt teinté de culpabilité. Il écrit au comte d'Aberdeen pour lui annoncer la mort de son frère, sir Alexander Gordon : « Je ne puis vous exprimer le regret et la douleur avec lesquels je considère ce qui m'entoure, quand je vois les pertes que j'ai subies, au premier rang desquelles celle de votre frère. Payée à ce prix, la gloire qui résulte de telles entreprises n'est pas une consolation. » « Les pertes que j'ai subies m'ont brisé, écrit-il au duc de Beaufort, en lui annonçant que son frère, lord Fitzroy Somerset, a perdu un bras, et je ne parviens pas à m'enthousiasmer pour les résultats que nous avons obtenus. »

Certes, il y a là à l'œuvre une rhétorique du deuil, et il ne faut pas prendre vraiment à la lettre ce que le duc écrit dans ces tristes missives. Qu'il se soit trouvé dans un état d'agitation profonde, bien loin de l'enthousiasme, ne fait cependant aucun doute. Dans la plus sincère de ses lettres, celle qu'il adresse à son frère William, transparaît un autre motif voué à souvent réaffleurer : la conscience que cette grande victoire a été à un cheveu de se transformer en une grande catastrophe. « Cela a été l'affaire la plus désespérée en laquelle je me sois trouvé. Je n'ai jamais été, dans aucune bataille, dans de pareilles difficultés, et jamais aussi près d'être battu. Nos pertes sont immenses, spécialement pour le meilleur de nos instruments, l'infanterie britannique. Je ne l'ai jamais vue si bien se comporter. » (« Il est sûr que pour moi je lui ai fait passer un mauvais quart d'heure », commenta Napoléon à Sainte-Hélène.) Le duc, reconnaissant Creevey dans la foule qui stationnait sous les fenêtres de l'auberge, le fit monter et lui tint les mêmes propos, quoique déjà tempérés d'une pointe de satisfaction personnelle. « Cela a été une affaire sacrément sérieuse, déclara le duc. Il s'en est fallu d'un rien : l'affaire la plus incertaine jusqu'au dernier moment que vous ayez jamais vue de votre vie. Par Dieu ! Je ne pense pas que cela se serait bien terminé, si je n'avais pas été là. »

La conscience d'avoir été tout près de perdre resta vive pendant quelque temps encore chez le duc, avant de s'estomper sous l'effet du triomphalisme avec lequel il fut accueilli dans sa patrie. Un mois après l'affrontement, un de ses hommes de confiance, Thomas Sydenham, qui n'avait pas été à Waterloo mais avait rejoint le duc peu après à Paris, écrit à son frère qu'il s'est longuement entretenu de la bataille avec le Maître, ainsi qu'ils nommaient entre eux le duc. Ce dernier continuait à ne pas avoir une très grande opinion de Bonaparte en tant que général et persistait à le décrire avec des expressions peu flatteuses empruntées au monde de la boxe : « Il dit l'avoir toujours considéré comme un glouton, qui se bat très dur pour s'emparer d'une position, mais n'a plus de ressource si son attaque principale rate. » J'ai cependant noté, poursuit Sydenham, que « lorsqu'il parle de la bataille de Waterloo, il la mentionne toujours avec des expressions d'horreur, telles que : “Cela a été une affaire horrible”, “une bataille terrible”, ou “une journée épouvantable”, en levant les bras et en agitant les mains. Il a répété à plusieurs reprises ne jamais avoir eu à autant se démener pour une bataille et qu'aucune bataille ne lui avait valu pareille anxiété ». Ce n'était pas un secret parmi les officiers de son *staff*, chez qui l'admiration pour le grand homme se tempérait d'une pointe d'irrévérence, que le Maître n'avait pas été loin de perdre la bataille. Après s'être entretenu avec eux, le capitaine Jackson rapporta que « tous s'accordaient pour dire que jamais jusque-là le duc n'avait été aussi sévèrement pressé et que jamais il n'avait eu autant de difficultés à maintenir sa position ».

Ce qui fait cependant le plus honneur à Wellington, c'est d'avoir décidé, au lendemain de sa plus grande victoire, que le métier des armes était un vilain métier. Quelques petites semaines plus tard, dans une conversation avec lady Shelley, l'idée a déjà pris une forme accomplie : « Je place en Dieu l'espoir d'avoir combattu ma dernière bataille. Ce n'est pas une belle chose que de devoir toujours combattre. » Mais, dès la première nuit, au chevet de sir William de Lancey, qui semblait devoir survivre à ses blessures et mourut, en fait, au bout de quelques jours, le duc avait dit : « J'espère ne plus voir une autre bataille ; celle-ci a été trop choquante. C'en est trop de voir des hommes aussi valeureux, aussi dignes les uns des autres se tailler en pièces de cette manière. » Lord Fitzroy Somerset, qui était présent, le raconta à d'autres et la phrase du duc circula parmi les officiers, recevant l'approbation de beaucoup. Certains la rapportèrent à sir Augustus Frazer : le duc, lui dirent-ils, avait avoué ne jamais avoir vu de bataille semblable, et espérait ne plus jamais en voir. Frazer jugea approprié ce seul commentaire : « À pareil souhait, nous répondons tous : amen. »

ÉPILOGUE

Près de 200 000 hommes se sont affrontés, au cours de la bataille de Waterloo, sur un petit bout de terre d'à peine quatre kilomètres sur quatre. Jamais jusqu'à ce jour un aussi grand nombre d'hommes n'avait été amassé sur un champ de bataille aussi réduit, et jamais plus il ne le sera par la suite. (À titre de comparaison, la VIe armée de von Paulus, encerclée par les Soviétiques dans la poche de Stalingrad en 1942, comptait plus de deux 250 000 hommes, mais la poche avait un diamètre de soixante kilomètres.) Il est tout naturel de se demander combien d'entre eux y trouvèrent la mort, mais les limites des statistiques existantes empêchent de répondre avec précision. Pour l'armée de Wellington, les données les plus fiables font état de 3500 morts, 3300 disparus, 10 200 blessés. Une bonne moitié des disparus anglais regagnèrent par la suite leurs régiments, les autres furent officiellement déclarés morts. Mais, tant que toutes les données conservées au Public Record Office n'auront pas été examinées régiment par régiment, il sera impossible d'établir combien de ces blessés n'ont pas survécu, même si l'on peut avancer un chiffre approximatif de 1000 à 2000.

Selon les statistiques disponibles, les pertes prussiennes s'élèvent à 1200 morts, 1400 disparus et 4400 blessés. Mais aucune donnée relative au sort des disparus ni au taux de mortalité des blessés n'a été publiée, et il est peu probable qu'il en soit autrement dans l'avenir, vu la destruction des archives militaires prussiennes au cours de la Seconde Guerre mondiale. Quant aux Français, il est impossible de calculer leurs pertes, puisque personne ne songea à tenir les rôles des régiments dans les jours qui suivirent la catastrophe. Le 22 juin, à Laon, la grande fuite ayant finalement pris fin, Soult, d'Erlon et Reille parvinrent à réunir 30 000 hommes environ, encore disciplinés et en mesure de combattre, ainsi qu'une cinquantaine de canons. Près de 40 000 avaient donc disparu, mais il est impossible de savoir combien d'entre eux restèrent prisonniers, blessés ou morts sur le champ de bataille, et combien s'en retournèrent tout simplement chez eux. Les publications françaises parues dans les années faisant immédiatement suite à Waterloo évaluent les pertes de l'empereur de 24 à 26 000 hommes, dont 6 à 7 000 prisonniers. Pareille estimation ne paraît pas invraisemblable, à condition qu'on y ajoute 15 000 hommes, un tiers des survivants ayant déserté sous l'impression de la défaite et de l'impitoyable poursuite lancée par les Prussiens.

Beaucoup d'historiens proposent des chiffres plus élevés touchant les blessés et les morts français, en arguant que les pertes subies par les vaincus à Waterloo doivent être nettement supérieures à celles de leurs adversaires. La seule donnée statistique disponible, celle relative aux officiers, amène à en douter. En tout, sont portés morts ou disparus au cours de la bataille 207 officiers français ; 66 autres succombent dans les jours suivants à leurs blessures. Si on collationne les statistiques, plus nombreuses et contradictoires – ne serait-ce que parce qu'elles concernent des armées distinctes sur le plan administratif –, relatives à leurs adversaires, on arrive à un minimum de 218 officiers morts ou disparus dans l'armée de Wellington, et 61 dans l'armée prussienne. Sauf exception rare, les hommes qui ne vont pas survivre à leurs blessures ne sont pas inclus dans ces calculs et, sauf pour l'armée britannique, il n'a pas été publié de données crédibles à ce propos. Si on les exclut donc du compte pour s'en tenir aux seules données comparables, il apparaît que, dans la journée du 18, disparurent ou trouvèrent la mort 207 officiers pour les Français et deux cent soixante-dix-neuf pour leurs adversaires. Il est donc légitime de se demander si, après tout, les pertes de l'armée de Napoléon, au cours de la bataille, n'ont pas plutôt été inférieures à celles de l'ennemi.

Contrairement à ce que l'on croit, en somme, l'Armée du Nord n'avait pas été entièrement détruite à Waterloo, mais sa volonté de résistance avait été brisée pour toujours. Les hommes disparaissent dans toutes les directions à la première occasion, communique Soult à l'empereur quatre jours après la bataille. La cavalerie montre plus de discipline et est en meilleure condition. L'infanterie est totalement démoralisée et les hommes disent les choses les plus incroyables. L'empereur, à cette date, n'était plus avec son armée, car il avait volé à Paris dans l'espoir de tenir la situation politique en main. Il se trompait, puisque ce même 22 juin il fut contraint d'abdiquer. Les hommes qui, malgré tout, restèrent sous les drapeaux et qui, dans les premiers jours de juillet, tinrent encore les Prussiens en échec aux abords de Paris au prix de combats sanglants, ne se battaient plus pour l'empereur, mais pour la France.

Bien que tous aient reconnu dans les combats du 18 juin une bataille qui ferait date, il fallut un peu de temps pour se mettre d'accord sur le nom à lui attribuer.

La tradition veut que Blücher, frappé par la valeur prophétique du nom de la Belle-Alliance, ait suggéré, le soir même, de la baptiser ainsi ; et il est de fait que les Prussiens s'efforcèrent longtemps d'accréditer cette dénomination. Une des places de Berlin fut rebaptisée Belle-Alliance-Platz, et jusqu'à la Première Guerre mondiale les historiens allemands préférèrent parler de « *Schlacht bei Belle-Alliance* ». Les Français, du moins au début, étaient indécis. Pendant la bataille, le maréchal Soult avait écrit à Grouchy sa dépêche d'une heure de l'après-midi en la datant « Du champ de bataille de Waterloo », mais quelque temps plus tard le colonel Combes-Brassard parlait encore de la « bataille de Soignes » et les publications apparues à Paris dans les années qui suivirent se référaient le plus souvent à la « journée de Mont-Saint-Jean ». Mais Wellington préféra utiliser le nom de Waterloo, d'où il data la dépêche annonçant sa victoire. Un nom qui présentait l'avantage d'être résolument plus prononçable pour un Anglais. L'hégémonie britannique en Europe et dans le monde, qu'avait précisément sanctionnée Waterloo, fit que cette version finit par s'imposer.

C'est ainsi que la bataille de Waterloo entra dans l'histoire et dans la légende. Toutes les générations qui vécurent en Europe jusqu'à la Première Guerre mondiale la considérèrent comme ce qui avait imprimé un tournant décisif à l'histoire du monde. Pour beaucoup, la bataille avait ouvert une ère de paix, de prospérité et de progrès mirobolante : écrivant, en 1868, ses souvenirs dans un mémorial destiné à ses petits-enfants, le capitaine Pattison en parlait comme de l'événement qui « détrôna Napoléon et assura à l'Europe une paix ininterrompue de plus de quarante ans », ajoutant : « Pendant cette période, nous tous en avons récolté les fruits. » Pour d'autres, moins satisfaits de vivre dans un monde dominé par le commerce anglais et surveillé par les canonnières de Sa Majesté, le nom de Waterloo sonnait comme un glas : c'était la « morne plaine » de Victor Hugo, où l'aigle finit dans la boue et où se brise le rêve généreux du plus grand homme qui ait jamais vécu. Les uns et les autres se seraient cependant accordés avec l'écrivain français lorsqu'il affirmait : « L'avenir du genre humain changea ce jour-là. Waterloo est la charnière du XIXe siècle. »

Le XXe siècle, on le sait, devait se charger de balayer les illusions de progrès illimités et de paix perpétuelle qui s'étaient répandues au lendemain de Waterloo. Les grandes célébrations prévues pour le centenaire de la bataille, en 1915, durent être annulées pour les motifs qu'on peut bien imaginer. D'autres grands hommes apparurent sur la scène de l'Histoire, capables de sortir du néant et d'y retomber tête la première, en répandant beaucoup plus de sang que ne l'avait fait Napoléon. Dans le même temps, une historiographie toujours plus attentive aux forces profondes, aux conditionnements économiques, aux facteurs structurels au long terme nous a habitués à ne plus croire qu'un événement particulier, pour mémorable qu'il soit, puisse inverser le cours de l'histoire humaine.

Si l'on devait écrire un de ces divertissements qu'on appelle en anglais *what-ifs* et, plus pompeusement, en italien et en français, *ucronia* et uchronie, en imaginant ce qui se serait produit si Napoléon avait gagné la bataille de Waterloo, il serait tentant de proposer une histoire différente pour les seules années qui suivent immédiatement 1815. Les idées libérales auraient été moins marginalisées et persécutées qu'elles ne le furent au temps de la Sainte-Alliance, et il n'y aurait probablement pas eu, en France, la révolution de 1830. Mais, après cette date, les différences se réduiraient à de simples détails, telle une carrière politique différente de lord Wellington. L'hégémonie économique et donc politique de l'Angleterre se serait imposée de même. La Prusse, un demi-siècle plus tard, aurait de même posé sa candidature à la direction d'une Allemagne unie ; quant à la France, il est séduisant d'imaginer que Napoléon III y serait, tôt ou tard, monté sur le trône, et que, en gros, à partir de 1850, l'histoire du monde aurait été parfaitement identique à celle que nous avons connue.

Mais ce sont là les raisonnements de l'historien, qui peut se permettre de voir les choses de loin et de faire passer les décennies sur le bout de ses doigts. Pour les hommes qui combattirent sur le champ de bataille de Waterloo et pour la plupart de leurs contemporains, la vie aurait été différente si l'issue des combats l'avait été. Tous ceux qui vivaient alors en Europe occidentale, qui furent informés de la bataille et comprirent ce que cela signifiait, éprouvèrent une vive émotion et lui attribuèrent aussitôt une forte charge symbolique. Une fois gravés aussi profondément dans la mémoire collective, les grands événements continuent à vivre de leur vie propre, en dépit des changements d'époque. Aussi continuons-nous tous, aujourd'hui encore, à près de deux siècles de distance, et sans même savoir exactement pourquoi, à être fascinés par le nom de Waterloo.

Bibliographie

La bibliographie relative à Waterloo est immense. Mais certaines publications récentes ont à ce point systématisé, élargi et en partie modifié notre connaissance de la bataille qu'elles supplantent vraiment presque toute la bibliographie ancienne. Citons, par ordre chronologique, le livre de D. Hamilton-Williams, *Waterloo. News Perspectives*, Londres, 1993. Un ouvrage controversé, radical dans sa dénonciation de la « vision politiquement correcte » de la bataille imposée par l'historiographie anglaise du XIXe siècle, souvent peu fiable dans les détails et cependant important. L'étude plus scrupuleuse mais non moins novatrice de P. Hofschroer, *1815 : The Waterloo Campaign. The German Victory : from Waterloo to the Fall of Napoleon*, Londres, 1999, qui, puisant à des sources jusqu'à présent peu utilisées, souligne fortement le rôle des armées allemandes. Le livre de P.J. Haythornthwaith, *Waterloo Men. The Experience of Battle, 16-18 June 1815*, Marlborough, 1999. D'une tendance beaucoup plus traditionnelle, avec un point de vue exclusivement anglais, mais un très riche choix de témoignages. L'ouvrage, enfin, d'allure encyclopédique, de M. Adkin, *The Waterloo Companion*, Londres, 2001, qui rassemble de très vastes informations et comporte une excellente série de cartes. Du côté francophone, il convient surtout de citer la série de volumes, ou mieux d'albums, abondamment illustrés, de B. Coppens et P. Courcelle, désormais rejoints par d'autres collaborateurs. Cette collection, dénommée « Waterloo 1815. Les Carnets de la Campagne », a été inaugurée par le volume *Hougoumont*, 1999. Les cinq volumes sortis jusqu'à ce jour, chacun sous son titre propre, proposent des témoignages, des images et des points de vue inédits sur des aspects particuliers de la bataille, avec une attention plus grande apportée au point de vue français que les autres œuvres signalées.

Parmi les classiques qu'il vaut toujours la peine de lire, soit pour l'ampleur de la reconstruction, soit pour la finesse de l'analyse, j'indiquerais, selon un choix tout personnel, au moins W. Siborne, *History of the Waterloo Campaign*, Londres, 1848 ; H. Houssaye, *1815*, Paris, 1899 ; E. Longford, *Wellington. The Years of the Sword*, Londres, 1969 ; ainsi que J. Keegan, *The Face of Battle. A Study of Agincourt, Waterloo and the Somme*, Londres, 1976, probablement l'étude la plus pointue et instructive du combat napoléonien dans sa réalité. La principale monographie sur Waterloo jusqu'à présent disponible en italien, D. Chandler, *Waterloo*, Milan, 1982, n'est en revanche pas totalement à la hauteur des autres œuvres de cet auteur.

Les témoignages d'époque cités dans le présent ouvrage sont en partie tirés, lorsqu'il s'agit d'officiers anglais, du volume *Waterloo Letters*, édité par H.T. Siborne, Londres, 1891. Les autres se trouvent généralement publiés sous le nom de l'auteur, dans des éditions du XIXe siècle et, assez fréquemment, dans de nouvelles éditions ou *reprints* parus au cours de cette dernière décennie. On peut aisément les retrouver grâce à la bibliographie donnée ci-dessus. En particulier, certains témoignages qui paraîtront moins familiers aux spécialistes, tels ceux du capitaine von Scriba, du caporal Canler et du soldat Hechel, ont été portés à la lumière l'un par P. Hofschroer, les autres par B. Coppens et P. Courcelle. Seuls trois des témoignages que j'ai utilisés avaient été jusqu'ici à peu près ignorés de l'historiographie. Ce sont ceux du général Desales, du colonel Combes-Brassard et du chef de bataillon Jolyet, publiés à l'origine dans des cadres divers entre 1885 et 1903, et aujourd'hui republiés dans le volume *Souvenirs et correspondance sur la bataille de Waterloo*, Paris, 2000.

Les données statistiques concernant les officiers tombés à Waterloo sont tirées, pour les Français, de A. Pigeard, *Les*

Campagnes napoléoniennes, Entremont-le-Vieux, 1998, vol. II, p. 778-80. Elles sont issues, pour les armées alliées, des appendices de Siborne, *History of the Waterloo Campaign*, cit., complétés, pour l'armée anglaise, par C. Dalton, *The Waterloo Roll Call*, Londres, 1904, et, pour les autres armées, par les publications spécialisées contenues dans la série « Men-at-Arms » de la maison d'édition Osprey. Citons aussi deux ouvrages bibliographiques : D.D. Horward, *Napoleonic Military History : a Bibliography*, New York-Londres, 1986, et J. Tulard, *Nouvelle Bibliographie critique des Mémoires sur l'époque napoléonienne*, Genève, 1991.

1. Sources

1.1. Sources britanniques

H.T. Siborne (ed.), *Waterloo Letters*, Londres, 1891.

G. Glover (ed.), *Letters from the Battle of Waterloo*, Londres-Mechanicsburg (PA) 2004.

La correspondance officielle de Wellington est publiée dans : *The Dispatches of Field Marshal the Duke of Wellington*, ed. J. Gurwood, 13 vol., Londres, 1837-1839, et dans : *Supplementary Dispatches and Memoranda of Field Marshal Arthur Duke of Wellington*, ed. A.R. Wellesley, 15 vol., Londres, 1858-1872.

• Mémoires, correspondances et journaux de combattants

Letters of Colonel Sir Augustus Simon Frazer, ed. E. Sabine, Londres, 1859.

Letters and Journals of Field Marshal Sir William Maynard Gomm, GCB, Londres, 1881.

The Reminiscences and Recollections of Captain Gronow, Londres, 1862.

W. Hay, *Reminiscences under Wellington 1808-1815*, Londres, 1901.

F. Hope Pattison, *Personal Recollections of the Waterloo Campaign*, Glasgow, 1870.

B. Jackson, *Notes and Reminiscences of a Staff Officer*, Londres, 1903.

J. Kincaid, *Adventures in the Rifle Brigade*, Londres, 1830.

J. Leach, *Rough Sketches of the Life of an Old Soldier*, Londres, 1831.

W. Leeke, *History of Lord Seaton's Regiment at the Battle of Waterloo*, Londres, 1866.

E.N. Macready, *Colburn's United Service Magazine*, 1845/I, p. 388-404 e 1852/II, p. 518-530.

A. C. Mercer, *Journal of the Waterloo Campaign*, Londres, 1870.

The Autobiography of Sir Harry Smith 1787-1819, Londres, 1910.

Letters of Captain Thomas William Taylor, Tetbury, 1895.

W. Tomkinson, *The Diary of a Cavalry Officer*, Londres, 1895.

The Reminiscences of William Verner (1782-1871), ed. R.W. Verner, Londres, 1965.

The Wheatley Diary, ed. C. Hibbert, Londres, 1964.

« Operations of the Fifth or Picton's Division in the Campaign of Waterloo », *The United Service Journal*, juin 1841.

• Témoignages des troupes

J. Anton, *Retrospect of a Military Life*, Édimbourg, 1841.

M. Clay, *The Household Brigade Magazine*, 1958.

E. Costello, *Adventures of a Soldier*, Londres, 1841.

G. Farmer et G. Gleig, *The Light Dragoon*, Londres, 1844.

The Autobiography of Sergeant William Lawrence, Londres, 1886.

T. Morris, *Recollections of Military Service*, Londres, 1845.

Journal of Sergeant D. Robertson, *Late 92nd Foot*, Perth, 1842.

The Letters of Private Wheeler, ed. B.H. Liddell Hart, Londres, 1951.

• Témoignage de civils familiers du duc de Wellington
The Creevey Papers, ed. L. Gore, Londres, 1963.
Lettres de Thomas Sydenham à son frère Ben : *The Waterloo Papers. 1815 and Beyond*, ed. E. Owen, Tavistock, 1997.

1.2. Sources alliées

G. von Baring, *Hannoversches militärisches Journal,* 1831.
B. Coppens et P. Courcelle, *Waterloo 1815. Les Carnets de la Campagne*, Bruxelles, 1999.
N.L. Beamish, *History of the King's German Legion*, Londres, 1837.
D.C. Boulger, *The Belgians at Waterloo, with Translations of the Reports of the Dutch and Belgian Commanders*, Londres, 1900.
P. Hofschröer, 1815. *The Waterloo Campaign : Wellington, his German Allies and the Battle of Quatre Bras*, Londres, 1998, et 1815. *The Waterloo Campaign. The German Victory : from Waterloo to the Fall of Napoleon*, Londres, 1999.
F.C. von Müffling, *Aus meinem Leben*, Berlin, 1851, trad. angl. *Memoirs of Baron von Müffling*, Londres, 1997.
J. von Pflugk-Hartung, *Belle-Alliance*, Berlin, 1915.
L. von Reiche, *Memoiren*, ed. L. von Weltzien, Leipzig, 1857.
Ch. Scheltens, *Souvenirs d'un vieux soldat belge*, Bruxelles, 1880.
F. Schirmer, *Nec aspera terrent. Geschichte der Hannoverschen Armee 1617-1866*, Leipzig, 1937.
C. von Scriba, *Das leichte Bataillon der Bremen-Verdenschen Legion in den Jahren 1813-1820,* Hameln, 1849.
A. von Thurn und Taxis, *Aus drei Feldzugen 1812 bis 1815*, Leipzig, 1912.

1.3. Sources françaises

La documentation officielle sur Napoléon à Waterloo se trouve dans la *Correspondance de l'Empereur Napoléon Ier*, vol. XXVIII-XXXI, Paris, 1868-1870.

Pour les ordres et les dépêches officielles, voir G. Le Doulcet de Pontécoulant, *Napoléon à Waterloo, ou Précis rectifié de la campagne de 1815*, Paris, 1866.

Pour le point de vue de Napoléon, voir les *Mémoires pour servir à l'histoire de France en 1815*, Paris, 1820.

E. de Las Cases, *Mémorial de Sainte-Hélène*, Paris, 1823.

G. Gourgaud, *Sainte-Hélène. Journal inédit de 1815 à 1818*, Paris, 1899.

Beaucoup des meilleurs écrits des mémorialistes français furent rédigés par des militaires qui n'étaient pas présents à Waterloo : E. Blaze, *La Vie militaire sous l'empire*, Paris, 1837. *Les Cahiers du capitaine Coignet*, Auxerre, 1851-1853. *Souvenirs du Capitaine Parquin, 1803-1814*, Paris, 1892.

Certains de ces mémorialistes participèrent aux batailles de Ligny et de Wavre : E.F. Berthezène, *Souvenirs militaires*, Paris, 1855. *Journal du général Fantin des Odoards. Étapes d'un officier de la Grande Armée 1800-1830*, Paris, 1895. *Journal du Capitaine François, 1792-1830*, éd. C. Groleau, Paris, 1903-1904. *Mémoires du Maréchal de Grouchy*, Paris, 1873.

Parmi les témoins oculaires de Waterloo, citons :

Mémoires du général Bro, 1796-1844, Paris, 2001.

Le Maréchal Drouet, comte d'Erlon, Vie militaire écrite par lui-même, Paris, 1844.

Mémoires du capitaine Duthilt, éd. C. Levi, Lille, 1909.

Les Cent Jours, Fleury de Chaboulon, Londres, 1820.

Souvenirs historiques, Lemonnier-Delafosse, Le Havre, 1849.

Les Derniers Jours de la Grande Armée, H. de Mauduit, Paris, 1847.

Souvenirs militaires, A. Petiet, Paris, 1844.

Souvenirs d'un cadet, Larréguy de Civrieux, Paris, 1912.

Souvenirs militaires, O. Levavasseur, Paris, 1914.

Mémoires, M. de Marbot, éd. Koch, Paris, 1891.

Mémoires de Marchand, éd. J. Bourguignon, Paris, 1952.

Mémoires du général Radet, éd. A. Combier, Paris, 1892.

Carnet de campagne, Trefcon, Paris, 1914.

Récits de combattants, Colonels Brack et Heymès, Paris, Teissèdre, 1999.

Souvenirs et correspondance sur la bataille de Waterloo, Général Desales, colonel Combes-Brassard et chef de bataillon Jolyet, Paris, 2000.

2. Études

L'historiographie de Waterloo commence au lendemain de la bataille. Citons notamment : C. Kelly, *A Full and Circumstantial Account of the Memorable Battle of Waterloo*, Londres, 1817 ; J. Booth, *The Battle of Waterloo, also of Ligny, and Quatre-Bras*, Londres, 1817 ; A. Gore, *An Historical Account of the Battle of Waterloo*, Brussels, 1817 ; C. von Plotho, *Der Krieg des verbündeten Europa gegen Frankreich im Jahre 1815*, Berlin, 1818 ; G. Gourgaud, *Campagne de 1815*, Paris, 1818 ; J. Berton, *Précis historique*, Paris, 1818 ; Fayolle, *Journée de Mont-Saint-Jean*, Paris, 1818 ; R. Batty, *An Historical Sketch of the Campaign of 1815*, Londres, 1820.

Parmi les œuvres plus tardives, voire posthumes : C. von Clausewitz, *Der Feldzug von 1815 in Frankreich*, Berlin, 1835 ; C. von Damitz, *Geschichte des Feldzuges von 1815 in den Niederlanden und Frankreich*, Berlin, 1837-38 ; H. de Mauduit, *Les Derniers Jours de la Grande Armée*, Paris, 1847 ; E. Cotton, *A Voice From Waterloo : A History of the Battle Fought on the 18th June 1815. With a Selection from the Wellington Dispatches, General Orders and Letters Relating to the Battle*, Mont-Saint-Jean, 1852 ; G. Le Doulcet de Pontécoulant, *Napoléon à Waterloo, ou Précis rectifié de la campagne de 1815*, Paris, 1866.

Pour l'historiographie anglaise du XIXe siècle, la référence fondamentale est : W. Siborne, *History of the War in France and Belgium in 1815*, Londres, 1844, dont la version définitive porte le titre *History of the Waterloo Campaign*, Londres, 1848.

C. Chesney, *Waterloo Lectures*, Londres, 1907. A.F. Becke, *Napoleon and Waterloo*, Londres, 1914.

Pour l'historiographie française du XIXe siècle : J.B.A. Charras, *Histoire de la Campagne de 1815*, Bruxelles, 1858. H. Houssaye, *1815. Waterloo*, Paris, 1898.

L'historiographie allemande a produit trois grandes œuvres : K. von Ollech, *Geschichte des Feldzuges von 1815 nach archivalischen Quellen*, Berlin, 1876. O. von Lettow-Vorbeck, *Napoleons Untergang 1815*, Berlin, 1904. J. von Pflugk-Hartung, *Belle-Alliance*, Berlin, 1915.

Le point de vue des Pays-Bas : D.C. Boulger, *The Belgians at Waterloo*, Londres, 1901, et F. de Bas-J. de T'Serclaes de Wommersson, *La Campagne de 1815 aux Pays-Bas*, Bruxelles, 1908.

Parmi les études datant du XXe siècle : J. Weller, *Wellington at Waterloo*, Londres, 1967 ; D. Howarth, *A Near Run Thing*, Londres, 1968 ; H. Lachouque, *Waterloo 1815*, Paris, 1972 ; N. Vels Heijn, *Glorie zonder helden. De slag bij Waterloo, waarheid en legende*, Amsterdam, 1974 ; *Waterloo. Battle of Three Armies*, ed. by Lord Chalfont, Londres, 1979 ; D. Chandler, *Waterloo : The Hundred Days*, Londres, 1980 ; J. Logie, *Waterloo, l'évitable défaite*, Paris, 1989 ; A. A. Nofi, *The Waterloo Campaign : June 1815*, Londres, 1993.

Waterloo occupe en général une bonne partie des biographies de Wellington, cf. E. Longford, *Wellington. The Years of the Sword*, Londres, 1971.

Pour l'analyse des armées sur le champ de bataille : S. Bowden, *Armies at Waterloo* : *A Detailed Analysis of the Armies that Fought History's Greatest Battle*, Arlington, TX, 1983 ; M. Chappell, *The King's German Legion* (2) *1812-1816* (Men-at-Arms, 339) ; R. Pawly-P. Courcelle, *Wellington's Belgian Allies 1815* (Men-at-Arms, 355) ; R. Pawly-P. Courcelle, *Wellington's Dutch Allies 1815* (Men-at-Arms, 371).

L'historiographie de la seconde moitié du XXe siècle s'est efforcée de relater la bataille d'après les témoignages des combattants ; parmi les ouvrages les plus réussis et les plus représentatifs de cette démarche : J. Keegan, *The Face of Battle.*

A Study of Agincourt, Waterloo and the Somme, Londres, 1976 ; P.J. Haythornthwaite, *Waterloo Men. The Experience of Battle, 16-18 June 1815*, Marlborough 1999.

Ces dernières années ont vu paraître beaucoup d'ouvrages sur Waterloo, souvent polémiques. Citons D. Hamilton-Williams, *Waterloo. New Perspectives*, Londres, 1993 ; P. Hofschröer, *1815. The Waterloo Campaign : Wellington, his German Allies and the Battle of Quatre-Bras*, Londres, 1998, et Id., *1815. The Waterloo Campaign. The German Victory : from Waterloo to the Fall of Napoleon*, Londres, 1999.

3. SITES INTERNET

www.napoleonseries.org ;
www.napoleonguide.com ;
www.napoleonic-literature.com ;
www.napoleonicsociety.com. ;
www.pbs.org/empires/napoleon.

Index des noms

Table des schémas

Table

Troisième partie

« UN CORPS-À-CORPS ENTRE DEUX BOXEURS »

Quatrième partie

« VICTOIRE ! VICTOIRE ! »

Composition et mise en page

NORD COMPO
multimédia

N° d'édition : L.01EHQN000115.N001
Dépôt légal : février 2008

Achevé d'imprimer en février 2008
par Novoprint (Barcelone)
N° d'édition : L.01EHQN000115.N001
Dépôt légal : février 2008
Imprimé en Espagne